U0941391

中国轻工业“十三五”规划教材

毛皮工艺学

张宗才　王亚楠　编著

中国轻工业出版社

图书在版编目（CIP）数据

毛皮工艺学/张宗才，王亚楠编著. —北京：中国轻工业出版社，2026.1

中国轻工业“十三五”规划教材

ISBN 978-7-5184-2368-2

Ⅰ.①毛… Ⅱ.①张…②王… Ⅲ.①毛皮加工-生产工艺-高等学校-教材 Ⅳ.①TS55

中国版本图书馆 CIP 数据核字（2019）第 014034 号

责任编辑：杜宇芳　　责任终审：滕炎福　　封面设计：锋尚设计
版式设计：王超男　　责任校对：晋　洁　　责任监印：张　可

出版发行：中国轻工业出版社（北京鲁谷东街 5 号，邮编：100040）
印　　刷：三河市万龙印装有限公司
经　　销：各地新华书店
版　　次：2026 年 1 月第 1 版第 2 次印刷
开　　本：787×1092　1/16　印张：19.75
字　　数：450 千字
书　　号：ISBN 978-7-5184-2368-2　定价：68.00 元
邮购电话：010-85119873
发行电话：010-85119832　010-85119912
网　　址：http://www.chlip.com.cn
Email：club@chlip.com.cn

260090J1C102ZBQ

前　言

“毛皮工艺学”是研究哺乳动物体被的组织构造、毛纤维的形态与结构、生皮化学及其鞣染加工等相关理论与技术的科学。它以具有较高经济价值的哺乳动物皮为研究与加工对象，属于动物生物质材料与工程范畴，主要涉及哺乳动物体被及其衍生物的基本结构、功能，毛的形态、结构与功能间的关系，生皮化学，毛皮原料皮及其鞣制、染整的加工原理与技术等。

“毛皮工艺学”是轻化工专业（制革方向）的专业必修课。本课程内容以前仅在制革工艺学课程中介绍，1988 年由骆鸣汉高级工程师在成都科技大学首次单独开设此门课程，现今已由最初的选修课设置为专业必修课。

毛皮业是我国皮革工业的四大主导产业之一，它包括毛皮动物养殖、鞣染加工以及服饰设计制作全产业链，是连接畜牧养殖业与时尚界的重要环节。随着世界产业结构的调整，我国已发展成为世界毛皮加工、制造与贸易大国，全球约 70％的毛皮原料皮在中国进行鞣染加工和服饰制作，而且我国毛皮动物的养殖量约占全球的 50％。毛皮作为一种天然、可持续的服饰材料，既具有优良的保暖性能，又能充分表现出时尚、高贵与奢华的特征，深得消费者的喜爱。虽然 85％的毛皮原料是源自农场或人工饲养的动物，但合理开发利用毛皮产品仍是人们十分关注的问题，这既有利于动物福利与生态环境的保护，也利于天然可循环资源的再利用，对于保护野生动物和生态平衡具有重要意义。毛皮工艺学是毛皮学与加工工艺学相结合的交叉及边缘科学，对培养学生多学科与交叉学科的宽知识面有重要意义。

《毛皮工艺学》是中国轻工业“十三五”规划教材，在骆鸣汉主编的《毛皮工艺学》基础上新增和完善了毛皮学的相关内容，把涉及毛皮加工用的化工材料作了删减，增加了哺乳动物体被、毛的形态结构、毛的生长规律以及毛纤维结构等内容，同时依据近年来的研究成果，对角蛋白结构、毛皮鞣制与染色理论与工艺技术进行了更新。全书共分九章，其中第一章、第二章、第三章、第六章第 3 节、第七章、第八章第 3、4、5 节和第九章由张宗才教授执笔，第四章、第五章、第六章第 1、2 节和第八章第 1、2 节由王亚楠副教授执笔。课题组研究生李凌云、韩国元、田遥和易玉丹等参与了资料收集和图片绘制等工作。本书的出版得到四川大学的资助。感谢德科理樹（大中華）有限公司对本书出版所给予的资助。

由于编著者水平有限，书中存在一些不足与缺陷在所难免，敬请读者批评指正。

作者
2018 年 11 月于成都

目　　录

第一章 绪　论

1.1 毛皮概念

毛皮产业是一个最古老的行业。毛皮（Fur）指带毛的动物皮经鞣制、染整所得到的具有使用价值的产品，又称裘皮、皮草、皮毛、毛革。

从10万年前的旧石器时代阳原侯家窑人用毛皮束石打猎（图1-1）、1万多年的虎头梁人学会磨制骨针和骨锥（图1-2）来缝制皮衣，到5000年华夏人文始祖——黄帝，在桑干河两岸盐碱滩发现最原始的鞣制技术，“垂衣裳而天下治”；再到3000多年前商朝比干丞相发明熟皮制裘工艺，人们通过“硝熟”动物的毛皮来制作裘皮服装，“集腋成裘”制作成一件华丽的狐裘大衣，故北方一直习惯称作“裘皮”，比干也被后人奉为“中国裘皮的鼻祖”。

图1-1　阳原泥河湾博物馆展出的束石打猎图（局部）

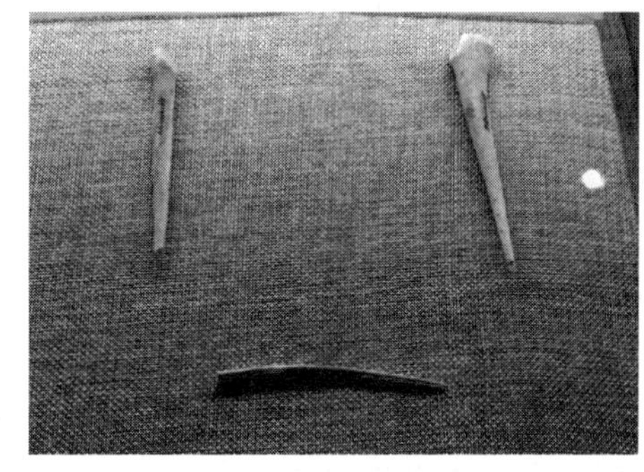

图1-2　骨针与骨锥（仿制品）

“毛皮”一词出自旧上海的殖民地，很多意大利商人在上海开设了毛皮店，由英文“FUR”店招翻译过来叫作“毛皮”，这种称法也一直沿用至今。所以一直就有“北方以北京为中心谓裘皮，南方以上海为中心称毛皮”之说法。“毛皮”是我国各种教科书等文献中较正式的称谓，也是官方的正式用语。但北方一些地区也有称“皮毛”的，如某某皮毛公司。

皮草出自粤语，目前已渐渐取代了“裘皮”一词，成为主流用词。虽有说粤方言“草”与成语“不毛之地”中的“毛”是同义语素，但两者却扯不上边的，皮草乃珍贵之物怎会出自不毛之地。另一说法是，在旧上海时期，一些犹太人在这里开设一些毛皮店，那时多以野生动物为主，毛皮非常昂贵。但上海的气温不是特别冷，冬短夏长，所以聪明的犹太人冬季卖毛皮，夏天就卖草席，随后就将店名改成了“皮草店”。在中华人民共和国建国后，很多皮草公司都搬到了香港，于是就有了仿照犹太人，开办“皮草公司”。

毛革，又称裘革，或皮毛一体，是指将制成的毛皮的肉面经过进一步特殊加工处理，如磨绒、涂饰、贴膜、印花等工艺，使得毛皮肉面也具有类似皮革的表面，可直接用于制造服装等制品，形成两面均可利用的产品，故英文称为 double face。

1.2 毛皮文化

毛皮（皮草）服饰，是许多女人一生之中的梦寐追求。寒意弥漫之时，轻拂皮草，手指过处，触感松软，有一种踏雪无痕的暖意。这种温柔与诗意的表达是对皮草的向往。从人类最早的服饰，到现在无与伦比的时尚裘皮，优质毛皮与现代工艺的完美结合，使古老的皮草服饰焕发全新光彩与魅力。在身份、地位和气质的传统象征意义之外，它更成为现代时尚、个性与品位的代名词。

“五花马、千金裘，呼儿将出换美酒，与尔同销万古愁。”道出了豪放的李白不惜将名贵宝物换取美酒，图个一醉方休的壮志豪情。

毛皮是带毛兽皮的总称，也泛指人的皮肤和发毛，即人体的浅表部分。《素问·阴阳应象大论》：“故善治者治皮毛，其次治肌肤，其次治筋脉。”（明）唐顺之《告病疏》：“不幸臣有狗马之疾，往年秋冬之交，触冒霜露，始自皮毛，转客脏胃，浸淫阏郁，壅而不散。”《周礼·天官·兽人》：“凡兽入於腊人，皮毛筋角，入於玉府。”

其次引申指皮裘，在我国众多典籍中都有许多相关的记载。如《礼记·礼运篇》记载：昔者，未有火化，食草木之实，鸟兽之肉，饮其血，茹其毛；未有丝麻，衣其羽皮。《论语·雍也》：“赤之适齐也，乘肥马，衣轻裘。”《慎子·知忠》：“粹白之裘，盖非一狐之皮也。”《后汉书·鲜卑传》：“又有貂豽鼲子，皮毛柔蠕，故天下以为名裘。”《庄子·让王》：“冬日衣皮毛。”《新序·杂事》：“皮子不存，毛将焉附？”

此外，毛皮一词也比喻表面的、肤浅的东西（多指学识方面）。（宋）叶适《王氏读书堂》诗：“勉哉造其微，勿逐皮毛麤。”（清）袁枚《随园诗话》卷一：“今人未窥韩柳门户，而先扫六朝 ；未得李杜皮毛，而已轻温李 。”（清）陈天华《警世钟》：“及到庚子年闹出了弥天的大祸，纔晓得一味守旧万万不可，稍稍行了些皮毛新政。”进而比喻虚礼、客套。（唐）韩愈《归彭城》诗：“见待颇异礼，未能去毛皮。到口不敢吐，徐徐俟其巇。”故而有成语“略知皮毛”。

清代毛皮业发展到鼎盛时期，贵族阶层穿戴裘服成为风尚，这也刺激了毛皮成衣业的迅猛发展，提升了裘服的制作工艺水平。在《红楼梦》中，作者曹雪芹大量记载或描述了眷属们的裘服穿戴。如，王熙凤“家常穿着紫貂昭君裙”，“石青刻丝灰鼠披风，大红洋绉面银鼠皮裙”；林黛玉“换上掐金挖云红香羊皮小靴，罩了一件大红绉面白狐狸皮的鹤氅”；史湘云“穿着贾母与她的一件貂脑袋面子”，“大红黑灰鼠里子，里外发烧大褂子，头上戴着一顶挖云鹅黄片金里子大红猩猩毡昭君套，又围着大貂鼠风领”，里面还“穿着一件半新的靠色三镶领袖秋香色盘金五色绣龙窄褙小袖掩银鼠短袄，里面短短的一件水红妆缎狐肷褶子，腰里紧紧束着一条蝴蝶结子长穗五色宫绦，脚下也穿着鹿皮小靴”，等等。

1.2.1　毛皮服饰的阶级化

随着生产力的发展，人类由原始社会步入奴隶社会，从奴隶社会开始，人类便有了文字记载的历史，人类历史由蛮荒步入文明。根据史料记载，商周时期中华祖先已经掌握了制造熟皮的方法，可将兽皮制成柔软的裘服，还可以依据社会等级做成不同的花色和款式。周朝时设有“金、玉、皮、工、石”五种官吏来管理人民日常生活必需品，可见毛皮成为当时人们日常生活不可缺少的一部分，此外，官方还特别设立了“司裘”专门负责为王室贵族制作优质华贵的裘皮礼服。

在奴隶社会，毛皮服装的功能除了原先的御寒保暖，更加入了许多精神和社会制度方面的内容，如：宗教、图腾崇拜、等级地位象征等。相应地，毛皮服饰也随着人类社会的等级分化而被分出高低贵贱并赋予不同的象征和含义。从西周到春秋战国时期，统治者提出以“德治”作为治国方策，确立了礼仪制度。《荀子·王制》：“有天有地而上下有差。明主始立而处国有制，夫两贵不能相事，两贱不能相使，是天数也。势位齐而欲恶同，物不能澹则必争，争则必乱，乱则穷矣。先王恶其乱也，故制礼义以分之，使有贫富贵贱之等，足以相兼临者，是养天下之本也。”《诗经》有：“羊裘逍遥，狐裘以朝”。

在近代文明历史上，很多稀有类别的毛皮也是统治者的一种象征，比如毛皮中最为名贵的紫貂曾经就是俄罗斯沙皇的专属用品，青紫蓝也是很多欧美国家皇室的御用品。由此可以看出，这种天然而无法被取代的毛皮制品也充满着权力的象征。

1.2.2　毛皮服饰的时尚化和平民化

毛皮服饰的时装化源于近现代欧洲的流行风尚。20 世纪初期，毛皮服饰开始登上流行时尚的舞台，逐渐从社会阶级地位的标志开始步入时装阶段。

随着毛皮动物养殖业的发展，毛皮生产的规模化，加工制作工艺的提高，毛皮服饰实现了从预约定制到成衣化的跨越，价格进一步降低，毛皮服饰消费逐渐显露“大众化”的端倪，以往显示宝贵、身份、地位的“千金裘”向越来越多的人敞开消费大门。

1.3　反毛皮运动与动物福利

20 世纪 80 年代末，一场轰轰烈烈的“反毛皮运动”在欧美爆发，对毛皮产业造成了巨大冲击。反毛皮运动的最激进团体 PETA（理性看待动物组织），不断在美国各地发起袭击毛皮动物养殖场和焚烧毛皮店的过激行为。90 年代又掀起了“与其穿毛皮，还不如裸体”的运动，超级模特们全裸着做反毛皮广告，在世界各国引起轰动。近年来，芬兰毛皮拍卖会或米兰国际服装展会期，都可以看到反毛皮运动。一些动物保护组织及有关人士不仅极力反对捕杀野生动物，而且也反对穿着人工饲养的动物毛皮，不断制造事端，攻击毛皮从业者、消费者，对整个毛皮行业造成巨大冲击。

极端的动物权益保护者认为动物与人一样拥有自由生存的权力，人没有理由去宰杀它们，更没有理由穿着它们的皮张，这种观点实质上是企图以动物本身的感觉作为价值判断的标准，况且一旦某种野生动物过快繁殖数量剧增，也会造成区域性的生态环境的破坏。善待动物保护人士常以素食主义者自居，那么植物的生命又当如何保护？因此我们应当提倡的是合理利用动物资源，而不是彻底禁用。

对于毛皮产业，动物福利是一个不可避免的话题，也是反毛皮运动紧追不放的问题。一个民族对待动物的态度和方式反映出它的文明程度，善待动物就是善待我们自己。国际上通常将动物福利理解为几大自由，即让动物享有免受饥渴的自由、生活舒适的自由、免受痛苦的自由、生活无恐惧感和悲伤感的自由以及表达天性的自由。动物福利的基本内容是先保证动物的健康，然后就是动物的安乐，综合起来即是动物的康乐。

1.4 毛皮及制品的独特属性

毛皮及其制品具有以下几方面的特点：

(1) 实用性

保暖御寒是毛皮制品最基本的功能，相对于其他服装材料面料，毛皮轻薄保暖，在高寒地区成为必需品，俄罗斯、北欧、我国华北和东北地区等是毛皮的传统固定消费市场。

(2) 美观性

毛皮原料皮品种极多，既有天然纹理、自然之光泽和舒适的手感，又因毛有一定长度，相对纺织面料而言，极具立体感与装饰特性。

(3) 奢侈性

毛皮制品体现了穿戴者的高贵、华丽，它满足消费者的一种内心感受，在更大程度上更是一种心理消费和文化消费，体现人的身份与地位。

(4) 保值性

毛皮被誉为“软黄金”，表明其价值的贵重。国人常提到的“细软”中的“软”即指毛皮，进而说明毛皮及制品既有实用性，又具有收藏与保值特性。

(5) 敏感性

影响毛皮制品品质的因素很多，涉及自然因素和人为因素两大方面。前者包括毛皮动物品种、生长环境和饲养水平等，后者则是后天加工过程中毛被和皮板质量综合体现与质量改进等。

1.5 我国毛皮产业现状与发展趋势

我国毛皮产业虽隶属于皮革工业，但由于毛皮产业链长，涉及毛皮动物养殖、动物皮加工、服装生产以及销售等多个环节，分别归属农业、林业、轻工、土畜产、商务流通等多个部门。毛皮产业在我国国民经济建设中发挥了重要作用，特别是在促进地区经济发展、提高农民收入，增加就业岗位，破解“三农”问题等方面表现尤为突出。

1.5.1 毛皮动物养殖

据不完全统计，2014 年全国水貂皮产量已超过 5000 万张，狐狸皮达 2000 万张，貉皮 2500 万张，獭兔皮 8000 万～10000 万张。据中国皮革协会毛皮经济动物养殖专委会调查统计，2017 年中国水貂皮、狐狸皮和貉皮产量分别为 2060 万张、1410 万张和 1240 万张，与 2016 年相比，同比涨幅分别为－21.25％、11.46％和－15.59％。

我国毛皮动物养殖主要分布于山东、辽宁、河北、黑龙江、吉林、山西、陕西、安徽、江苏、内蒙古、宁夏、新疆、天津、北京 14 个地区，面积跨度约为 4670000km^2。貂、狐、貉主要养殖区集中在山东、辽宁、河北、黑龙江与吉林境内，约占全国养殖总量的 95％，其中山东的水貂养殖量约占全国的 50％。獭兔养殖区域几乎遍布全国所有省份，但以四川、山东、河北为主产区。

我国毛皮动物养殖品种有水貂（标准貂，彩貂，北美黑貂，深咖啡、浅咖啡及红眼白貂以及短毛黑貂）、狐狸（蓝狐为主，其次为银狐、黑狐、赤狐）、貉（乌苏里貉）和獭兔（美系、法系、德系等进口品系及国内培育的吉绒兔、四川白獭兔等品种）。

1.5.2　毛皮及制品加工

我国毛皮及制品加工企业主要集中在浙江、河北、河南、山东、江苏等地区，全国仅毛皮服装企业总数有 600 余家，毛皮服装企业具有创新精神，经营理念先进，市场反应灵敏。

中国已经成为世界上最大的毛皮生产和加工中心，占世界毛皮加工总量的 70％左右，据世界粮农组织（FAO）报告，全球 74％的绵羊皮在中国加工。据统计，2011 以来，全国规模以上毛皮及制品企业数量呈总体上升趋势，2011 年有 399 家（不含养殖），至 2017 年规模以上毛皮及制品加工企业数达 614 家，同比增长 7.3％，行业从业人员达 700 万（含毛皮动物养殖，因养殖绝大多数是农户或小型养殖场）。近年来毛皮及制品产业经济运行数据见表 1-1。

表 1-1　　我国毛皮及制品产业经济运行情况

项　目	2011	2012	2013	2015	2016	2017
规上企业销售收入/亿元	579	717.91	837.76	962.11	969.33	947.22
同比增加/％	31.2	23.60	19.60		0.75	1.41
毛皮服装产量/万件	304	444.02	275	480.31	444.30	386.22
同比增加/％	11.3	8.69			－7.56	－0.36
总利润/亿元	46.9	56.21	72.96	56.14	67.94	53.08
出口(不含生皮)金额/亿美元	13.9	30.4		33.33	34.0	33.07
进口(不含生皮)金额/亿美元	3.4(36％)	9.3		5.59	4.2	5.39

毛皮作为中高档商品和消费升级产品，应用于各种时尚服装，与羽绒、纺织面料等广泛结合，扩大了应用范畴、消费季节和消费地区。未来几年，受国际经济发展缓慢和中国政府扩大内需政策的实施，毛皮行业内外销比重调整步伐将进一步加快，国内市场将迎来行业发展的增速期。预期 2018 年毛皮服装国内销售规模将突破 210 亿元。

1.6 世界毛皮产业格局

据记载，现代毛皮行业最早起源于希腊，目前作为细分行业已发展成熟。全球毛皮服饰及原料销售额在2010年后快速增长，2011年全球贸易额为156亿美元，2013年增加到358亿美元，增加了2倍多，至2015年达到400亿美元。

1.6.1 毛皮制品消费市场需求

由于毛皮的天然保暖和奢侈品属性，俄罗斯、美国、日本和西欧是世界毛皮制品进口和消费的主要国家和地区。俄罗斯由于气候寒冷，对各类毛皮制品的需求较大，是世界毛皮行业最重要的消费市场之一。俄罗斯的毛皮加工业总体技术水平较低，本国的毛皮加工能力仅能满足国内10%～15%的需求，市场缺口需要大量的进口填补。美国水貂消费量较大，每年需从国外进口大量水貂皮和其他毛皮服饰。日本的毛皮市场在20世纪七八十年代经历了急剧扩张期后市场需求稳定，消费额仅次于俄罗斯和美国，居世界第三位。西欧是传统的主要毛皮消费地区，其总体消费市场增长较为平稳。

随着人均国民收入水平的提高，以中国为代表的新兴工业化国家正在成为新兴的毛皮消费国，毛皮经销商开始把产品销售的重点转移到中国市场。

1.6.2 毛皮制品厂商格局

毛皮制品产业链条长，主要涵盖了特种动物养殖、原皮采购、鞣制、染色、加工等生产加工环节以及营销、毛皮服饰设计和品牌运营等环节。西欧、日本和中国香港地区属于毛皮制造产业的领先者，中国毛皮制造产业从2000年开始初具雏形，并逐步发展壮大，目前，中国已成为世界毛皮行业最大的生产基地。据统计，2008年我国毛皮及制品出口总额达8.68亿美元，2009年我国毛皮及制品（不含生皮）出口13亿美元，同比增长49.7%。2016年出口毛皮服装444万件，毛皮及制品（含生毛皮）出口金额为34亿美元，同比增长1.9%；同期，我国毛皮及制品（含生毛皮）进口12.3亿美元，同比下降18.4%。

1.6.3 国际毛皮原料皮拍卖制

与中国国内皮草市场不同，国外的优质毛皮都是通过拍卖行进行交易，这一做法有着数百年的历史。这种拍卖交易制度有其特殊作用，主要体现在：①每次拍卖时间、原料皮种类、数量等相关信息，购买者可提前了解，做出合理安排，这样集中销售的方式为采购商提供了便利；②通过严格的分级和检验，毛皮原料皮的规格和质量有充分的保障；③通过公平、公正和公开的竞价体系，可以使毛皮动物养殖户利益最大化，真正实现按质论价，同时也引导毛皮动物养殖企业（户）把质量放在首位，有助于产品质量的提升；④为饲养者提供了长期、稳定和直接的销售渠道；⑤养殖户或合作社参与拍卖过程，实现与加工企业的无缝对接，可以全程了解市场的需求，有利于养殖户根据市场需求及时调整养殖规模和品种结构，降低交易成本和规避风险；⑥每次拍卖行的成交结果都会在互联网上公布，它也决定和影响着世界毛皮原料的价格走向。

毛皮拍卖制度起源于 1672 年，在伦敦某咖啡馆，将 3000 张海狸毛皮分为 30 份，用竞价的方式进行销售。一支蜡烛被刻上标记，当火苗燃烧到标记时，投标即告结束。这就是世界上第一场毛皮拍卖会，迄今已过去 346 年。

所有的毛皮原料都受控于拍卖行严格的等级评定体系。在拍卖行里，根据毛皮的质量和颜色的清晰度等制定的详细标准，检验每一张毛皮原料的质量并予以定级。根据不同的质量水平，标以不同的标签，这个标签将保留到最终制成的毛皮服装上。参加竞拍的主要是来自于服装公司和毛皮加工企业的购买者。而毛皮养殖协会会员有义务每年为拍卖公司供应毛皮原料，并在每次拍卖前与养殖户和公司商定底价。公司通过拍卖方式代为销售会员提供的毛皮，公司的利润还来自貂皮的集中分捡、质量分级、拍卖、技术支持等增值服务，但毛皮价格的市场波动及其带来的市场风险由养殖户承担。

世界知名的毛皮拍卖行有丹麦哥本哈根毛皮拍卖行、芬兰世家皮草拍卖行、北美裘皮拍卖行、美国传奇拍卖行、奥斯陆拍卖行、西雅图拍卖行、野生毛皮拍卖行、圣彼得堡毛皮拍卖行等。

（1）哥本哈根毛皮中心（Copenhagen Fur Center）

丹麦的哥本哈根有世界上最大、最著名的毛皮拍卖行——哥本哈根毛皮中心。该拍卖行由丹麦毛皮动物养殖协会创办并经营，协会成立于 1930 年，现有会员 2800 家。该拍卖行每年举办 6 次拍卖会，拍卖季一般从 12 月开始，紧接着的是次年的 2 月、3 月、4 月、6 月和 9 月。每次拍卖会一般要持续 3～5 天，在每次拍卖之前有 4～5 天的验货期，一个典型大拍卖日一般要持续 8～10h。该拍卖行以拍卖水貂皮为主，占其全部拍卖量的 90%，每次拍卖会要拍卖水貂皮 200 万～300 万张，年拍卖水貂皮总量 1300 万张以上，占世界水貂年产量的 60%，拍卖的水貂皮主要是丹麦产，也有挪威、瑞典、荷兰、芬兰产水貂皮。该拍卖行另外还拍卖狐狸皮、毛丝鼠皮、羊羔皮、海豹皮、獭兔皮、波斯羔羊皮、浣熊皮、海狸鼠皮等。该拍卖行每年的拍卖额大约为 30 亿丹麦克朗，95%都是出口。每年参加哥本哈根拍卖会的客商有 300～400 家 ，来自世界 25 个国家，其中中国（包括香港）现在成为哥本哈根拍卖行的最大买家。

（2）世家皮草拍卖行（SAGA Fur Auction）

其前身是于 1938 年芬兰毛皮养殖协会成立的芬兰裘皮拍卖行，也称为芬兰赫尔辛基裘皮拍卖行。1954 年由丹麦、芬兰、挪威和瑞典北欧四国的毛皮养殖协会联合成立的世家皮草（SAGA FUR），旨在支持欧洲毛皮饲养业的发展，以毛皮质量上乘、种类齐全而驰名，毛皮主要来自于监管严格的欧洲国家，并在全球推广世家® 狐皮、水貂皮和芬兰貉皮。世家皮草拍卖行是同业中唯一一家上市公司。2011 年世家皮草拍卖公司成立，推出了全新企业战略。世家皮草为毛皮业和时尚界的合作所作出的贡献，为其赢得独一无二的地位。

世家皮草拍卖会一年举行 4 次，3 月以精品皮为主，6 月以精品皮与次品混合为主，9 月以种皮（公貂皮）为主，12 月由于貂皮尚未成熟，参加拍卖的皮质也很一般。

（3）北美裘皮拍卖行（NAFA）

NAFA 是北美大陆规模最大的毛皮拍卖行，也是世界第三大毛皮拍卖公司。总部设在加拿大的多伦多。饲养毛皮动物的农场主和狩猎野生动物的猎户们委托 NAFA 将他们获得的生皮拍卖给来自世界各地的毛皮服装生产厂家和毛皮经销商们。该拍卖行每年举办 4 次拍卖会，销售的毛皮来源是加拿大、美国以及欧洲的农场饲养的水貂、狐狸、毛丝鼠和各种野生动物皮毛，如北美貉子（浣熊）皮、猞猁皮、麝鼠皮、灰鼠皮、郊狼皮、狸獭皮、海狸皮等。NAFA 是世界上野生皮张供货最多的拍卖行，既控制野生动物数量剧增，又防止对其过度杀戮，维持生态平衡不受破坏。2012 年水貂皮的销售量达到 600 万张，年成交金额为 3.0 亿美元。

（4）美国传奇拍卖行（American Legend Cooperative）

1898 年美国传奇毛皮拍卖行诞生，成为世界上最古老和最著名的短毛水貂皮拍卖场所，为美国的貂皮养殖者所共有，总部位于美国西雅图。美国传奇毛皮拍卖行以其短毛水貂的美誉而在世界上受到青睐。它是由美国两大水貂生产组织——GLMA（美国五大湖水貂毛皮协会）和 EMBA（美国水貂养殖业者协会）于 1986 年创立的，拥有 1000 多位养殖业者会员，是美国唯一属于水貂养殖者的组织。美国传奇毛皮拍卖行每年都会在美国西雅图举行拍卖会，向全世界展示他们的“宝嘉美”（BLACK GLAMA）极品短毛黑貂，致力于巩固和销售世界上最优质的貂皮。美国传奇拍卖行作为一个合作社，合理而有节制地利用动物资源，并尽量做到合乎人道主义的标准。

（5）西雅图裘皮拍卖行

位于美国的西雅图市，该拍卖行每年举办 2～3 次拍卖会，主要拍卖品种为美国水貂皮，年销售量为 200 万～250 万张，其次为一些北美野生皮张，年成交金额为 1.5 亿美元左右。

（6）奥斯陆裘皮拍卖行（Oslo Fur Auctions Ltd.）

拍卖提供的狐狸皮为 40 万～50 万张，产自阿富汗和南非的波斯羔羊 40 万～50 万张，年成交金额约 5 亿美元。

（7）加拿大野生皮草拍卖行（Fur Harvesters Auction）

总部设在加拿大安大略省，这里所销售的是各种优质的野生动物毛皮，包括海狸、水獭、野生水貂、麝鼠、猞猁、郊狼、獾、黑熊、狼獾等，种类繁多。

（8）圣彼得堡毛皮拍卖行

每年举办 2～3 次毛皮拍卖会，主要销售俄罗斯的水貂皮、紫貂皮和灰鼠皮等皮张，年成交额不到 1 亿美元。

第二章　毛皮及其组织结构

毛皮用原料皮主要是指哺乳类动物的最外层组织器官，包括由毛被和皮层组成的体被部分。毛皮动物是指动物皮与毛被均具有较高综合利用价值的一类小型哺乳动物。

哺乳动物是指脊椎动物亚门下哺乳纲的一类用肺呼吸空气的温血脊椎动物，因能通过乳腺分泌乳汁来哺乳幼体而得名。哺乳动物的重要特征是：保持恒温，体表有毛，用肺呼吸和具有乳腺。

包裹在哺乳类动物胴体最外层的机体覆盖物（最大的组织器官），在外观上分为毛层（毛被）和皮层（皮板）两大部分，它不仅由此构成动物与外界环境的相对分界，也是成为动物体直接与外界环境接触和进行有关生命活动的有机部分。哺乳动物的这层机体覆盖物就是皮肤及其衍生物，统称为体被（integument）。

哺乳动物的体被作为一个高度进化、高度适应的复杂系统，具有一系列的构造和功能，在这些构造和功能处于高度协调、高度统一的同时，整个体被系统还与机体的其他器官系统相互联系、相互依存，形成一个有机整体。在机体与环境的协调统一过程中，体被系统以其与环境的高度协调一致，也保持着机体对环境的适应。体被既保护机体免受外界环境的影响，又能够感知外界环境的变化，实现机体与环境的交换，如通过排汗调节体温。

充分认识哺乳动物体被，对了解动物的分类、进化、适应、变异、生活习性、生长发育以及环境特点等具有极其广泛的意义，对了解毛皮动物产品的结构、性能、加工与利用等具有重要作用。

2.1　哺乳动物体被组织构造

哺乳动物皮肤本身包括浅层的上皮性表皮和深层的结缔性组织两大部分，同时通过皮下组织与深层机体相连。哺乳动物体被的分层情况如图 2-1 所示。体被组织构造如图 2-2 所示。

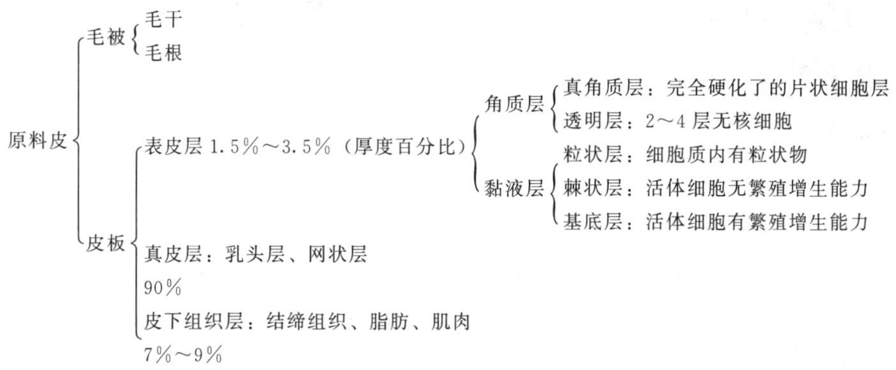

图 2-1　动物体被的分层情况

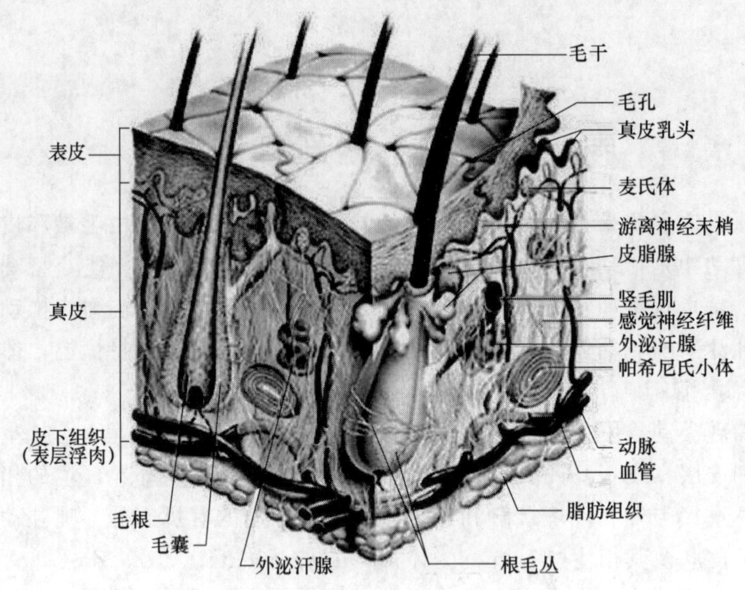

图 2-2 体被（皮肤）组织构造示意图（引自 Vikipedia）

2.1.1 表皮（epidermis）

2.1.1.1 表皮结构

表皮是皮肤的最外层，位于毛被之下、基底膜之上。表皮是实现皮肤多种功能的主要部分，它是外胚分化来的复层扁平上皮组织，皮肤表皮结构如图 2-3 所示。表皮由不同形状的上皮细胞组成（图 2-4），这些细胞包括角质形成细胞、黑色素细胞、朗格罕细胞和麦克尔细胞等。

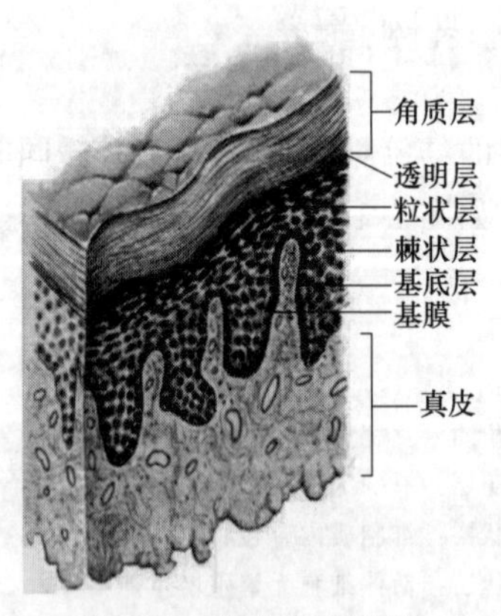

图 2-3 皮肤表皮结构

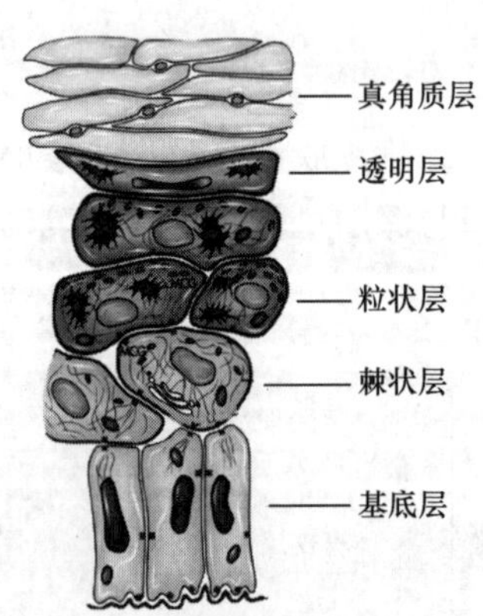

图 2-4 表皮细胞形态示意图

角质形成细胞由深层向浅层分化的过程，就是细胞不断形成和角化的过程，角质形成细胞正是因其能不断角质化而得名。因此，表皮的主要功能也就是不断更新细胞和进行细胞的新陈代谢（人一生脱落的表皮超过 200kg），以及防止细菌侵入皮肤和水分的流失。黑色素细胞能合成黑色素，防止紫外线对皮肤的损伤。哺乳动物的正常表皮都能稳定地保持一定厚度，处于表面角质的剥脱和深层细胞的增生之间的动态平衡。表皮的厚度随动物种类和部位的不同而不同。毛被不发达的动物，其表皮相对较厚。

表皮又可依据各层细胞的形态分为基底层、棘状层、粒状层（颗粒层）、透明层和真角质层。但因表皮的厚薄不同，其分层情况不尽一致，不仅不同动物间有表皮厚薄的差异，就是同种动物也存在不同部位、不同年龄、不同性别的表皮厚薄差异。就同一动物而言，经常接受摩擦和承重的部位以及躯干和四肢外侧，表皮较厚；幼龄动物表皮薄，老年动物表皮较厚；雄性动物较雌性动物表皮厚；而腹部表皮薄，背部表皮厚。

不论表皮的厚薄如何，都有分层结构，但分层的状况有所不同。毛被稠密的皮表皮较薄，只能分为黏液层（亦称生发层）和角质层。毛被较稀疏的厚表皮由深层向浅层可分为五层，依次为基底层、棘状层、粒状层、透明层和真角质层，基底层和棘状层统称为生发层。

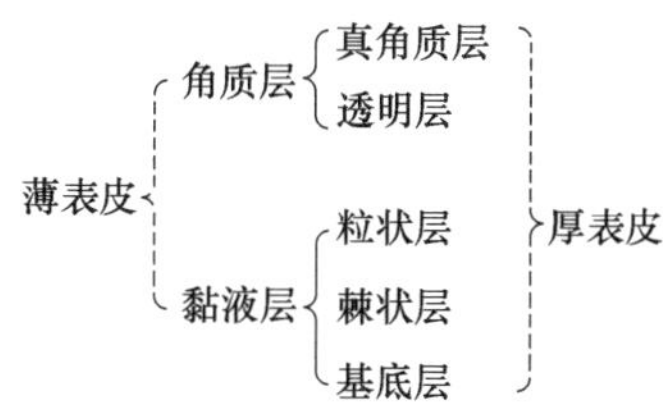

（1）基底层（stratum basal）

基底层是表皮的最深层，位于表皮与真皮间的基膜上。并通过基膜与真皮连接。由于表皮中没有血管，需要靠基膜很强的通透性使基底细胞从真皮摄取养分。正常情况下，营养物质甚至细胞都能通过基膜进入表皮，游离神经末梢也能通过基膜进入表皮细胞间。

基底层由一层立方的或矮柱状的排列整齐的细胞构成，是分裂增生能力旺盛的一层细胞，这些基底细胞，其胞质少，胞质体内含有成束的张力原纤维，为角蛋白的前身物质之一。基底细胞有丝分裂能力强，表皮中分裂细胞的70%位于基底层。由基底细胞所分裂增殖的细胞一部分仍留在原位，保持未分化状态，一部分根据细胞角化程度的不同逐渐分化出其余各层。

基底层下面，紧贴于真皮之上，有一层非常致密有光泽的基底膜（通常称为基膜）。它是一种极薄（20～30nm）玻璃状薄膜。

（2）棘状层（stratum spinosum）

棘状层是由基底层细胞分化而来的，由位于基底层上部的5～10层细胞构成。深层细胞有分裂增生能力，这些细胞呈多边形，核圆、胞质丰富。靠近浅层，细胞逐渐变扁平，并由胞质伸出许多棘状突起进入细胞间隙，相邻细胞突起的桥粒相互连接。浅层细胞变得浓稠，细胞间有清晰的间隙，类似细胞间质，营养和代谢物质借此弥散。细胞中张力原纤维较基底层细胞中的粗大且数量增多。特别是足底、掌等经常受到摩擦和挤压的部位，张力原纤维特别丰富，纵横交错，以适应外力的各种方向变化，维持细胞间的连接。

（3）颗粒层（stratum granulosum）

颗粒层是棘状层细胞变化而来的更浅层的部分，位于棘状层细胞上方，由2～4层梭状细胞组成，细胞短轴与皮肤表面垂直，细胞核染色浅，有趋向萎缩退化的现象。张力原纤维丰富，胞质内出现大小、形状不一的透明角质颗粒。普通染色呈强嗜碱性。电镜下，相邻细胞的桥粒仍可见，线粒体基质开始空泡化，膜颗粒增多，并移向细胞表面。该层是未角化的表皮细胞与角化的表皮细胞之间的过渡。薄表皮的颗粒层细胞常分散存在于棘状细胞层之上，其分层界限不明显。

(4) 透明层（stratum lucidum）

此层仅见于厚的表皮中，如食肉动物足底、鼻镜等无毛处和人的手脚掌上。透明层位于颗粒层上部，由 2～3 层扁平细胞组成，细胞排列紧密、界限不清，细胞核退化消失，细胞质中透明角质颗粒已液化变得透明，有强的反光性。光镜下，均质无结构；电镜下，核糖体、线粒体等均消失，胞质间充满张力细丝，细胞膜较厚。

该层富含有结合蛋白的磷脂，表现出一定的疏水性，故有防水透过的能力。

(5) 真角质层（stratum corneum）

角质层是表皮的最浅层，由多层扁平的角质细胞叠积而成。因表皮厚度的不同，角质层的厚薄相差甚大。薄的角质层仅有几层细胞，而厚的角质层可达几十层甚至上百层细胞。电镜下，细胞膜显著增厚，无胞核和细胞器，仅有大量的细丝埋藏在由透明角质颗粒形成的致密的无定形基质内。细胞质中充满角蛋白，最外层细胞常呈碎片脱落或为易于剥脱的角质鳞片。由深层向浅层，角质细胞由互相结合过渡到松散状态，细胞间失去联系后而剥脱。表皮之所以没有因为角质层不断剥脱而变薄，正是因为有分生增殖能力的基底层和棘状层细胞（生发层）不断将增生的细胞向浅层依次推移，补偿其损失，使剥脱与增生之间维持动态平衡，即表皮生发层细胞借基膜通过真皮的微血管养分，进行细胞的有丝分裂，增生的细胞不断被继续新生的细胞向上推移，并发生形状、组成和结构的改变，逐渐角化，直到成为角质层的最外层脱落，源源不绝，直至生命活动停止。

2.1.1.2 表皮的角质化

表皮的角质化是表皮基底细胞由深层向浅层移位过程中发生的一种特殊分化过程。在这一分化过程中，主要是角蛋白的形成和细胞逐渐变扁平。分化之所以特殊，是因为在完成角质化的角质细胞中，胞核和一切细胞器均已消失，细胞完全丧失其正常的生活功能，这一过程也正是活体分裂繁殖、成长、衰老、死亡所表现出来的形态变化，是新陈代谢的表现。这种死亡的细胞排成多层，在其脱落前执行保护功能。因功能需要的不同，角质层的细胞层数也不同。其脱落更换周期约一个月（28 天）。

保护性的角质层有可折性和弹性，这是因为其中的 α-角蛋白为含硫少的纤维型蛋白质，其无定形基质中的双硫键与角质细胞膜结合，以保持角质细胞的相对稳定性，其加厚的细胞膜使角质细胞得以保持完整。

2.1.1.3 表皮的色素细胞和色素

表皮内，黑色素细胞（melanocyte）的胞体呈圆形，并伸出许多长而不规则的突起在表皮细胞分支，镶嵌在基底层、棘状层细胞间，突起的末端终止于所达细胞的凹陷内。电镜下不见桥粒，张力原纤维很少，具有丰富的核蛋白体、粗面内质网和明显的高尔基复合体，来保证细胞内黑色素的合成。酪氨酸和酪氨酸酶为黑色素的必需物质，而核蛋白体便是合成酪氨酸酶的细胞器，合成后的酪氨酸酶需要进入粗面内质网腔并转入高尔基复合体。酪氨酸酶把酪氨酸转变为多巴胺，进一步形成多巴醌，直至形成黑色素颗粒（melanin）。

皮肤的颜色及其深浅，取决于四个方面因素：一是黑色素的含量；二是皮肤内胡萝卜素的含量；三是真皮内血液供应情况；四是表皮的厚度。黑色素在表皮和真皮细胞中呈现为黑色或棕色颗粒，使皮肤出现黑色或棕色；胡萝卜素存在于表皮角质层和皮下组织中，使皮肤呈现出黄色；真皮血管中的血液红血球内所含的氧合血红蛋白赋予皮肤以微红色；表皮越薄，表皮颜色越容易显露。而决定皮肤颜色及其深浅的最主要的因素是表皮细胞中黑色素颗粒的多少，因为黑色素多产于和存在于表皮。

黑色素来源于黑色素细胞，黑色素细胞存在于表皮基底细胞之间及其下方或上层，也见于毛囊中。由黑色素细胞制造的黑色素颗粒循黑色素细胞的树枝状突起沿途分送给表皮生发层的角质形成细胞。角质形成细胞虽不制造黑色素颗粒却含有黑色素，使皮肤表现出颜色。黑色素为细小的棕黑色颗粒，先进入生发层的角质形成细胞中，随着这些细胞向浅层移位时，使表皮各层分布黑色素颗粒，但在角质形成细胞向浅层移位时，黑色素颗粒有逐渐减少（消失）现象，使浅层的大多数细胞中只有浅淡着色。例如，皮肤白的人，黑色素只出现在生发层的某些细胞中，而皮肤黝黑的人，不但生发层的所有细胞甚至生发层以上的细胞都有黑色素。

2.1.2　真皮（dermis）

真皮位于表皮下层，由致密结缔组织组成，来源于中胚层，含有大量的胶原纤维和少量弹性纤维、网状纤维及其他细胞成分。另外，真皮中还分布许多表皮衍生物，如毛发、毛囊、皮脂腺、汗腺等，真皮中也广泛分布有血管、神经纤维等（图 2-5）。

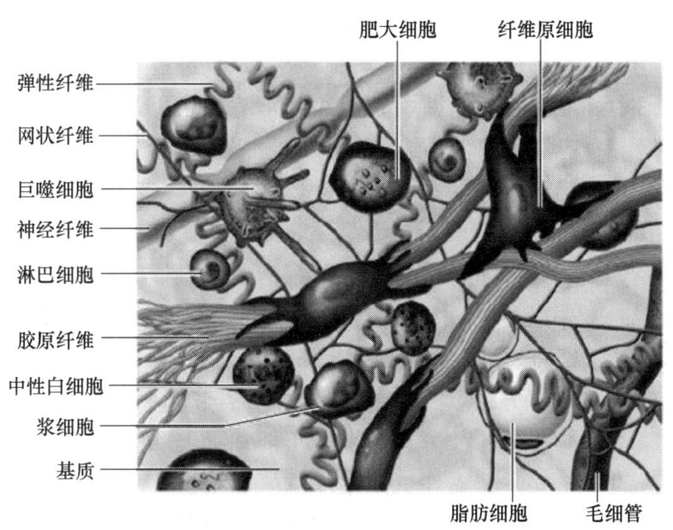

图 2-5　真皮中各组织成分（引自 Vikipedia）

2.1.2.1　真皮的构造

真皮主要分为浅表的乳头层和深层的网状层。

胶原纤维是真皮中的主要纤维，占真皮全部纤维质量的 95%～98%，胶原纤维以纤维束的形式存在，纤维束在真皮中相互穿插交织，编织成立体网状结构。胶原纤维束在真皮中的粗细和编织并不是均匀一致的。真皮层的乳头层和网状层便是根据胶原纤维束编织状况来划分的，乳头层和网状层的分界线一般以毛囊底部所在的平面划分（图 2-6）。

（1）乳头层（papillary layer）

乳头层是紧靠表皮的薄层疏松结缔组织，纤维排列成细束，形成较为疏松的细网，这层结缔组织向表皮突出而形成的乳头状突起部分称为真皮乳头，能扩大表皮与真皮的接触面，以增加表皮的营养供给和提高代谢水平。乳头层内富含有毛细血管网和感受器，来自毛细血管的组织液透过基膜与表皮内的组织液相通，供给表皮生发层营养物质并运走表皮的代谢产物。此外还含有汗腺、脂腺、竖毛肌等，能调节体温，故又称恒温层。毛的发育与生长是在该层的毛囊中完成的，所以又称生长层或生发层。真皮乳头层中的感受器能感受外界对皮肤的触觉刺激等。

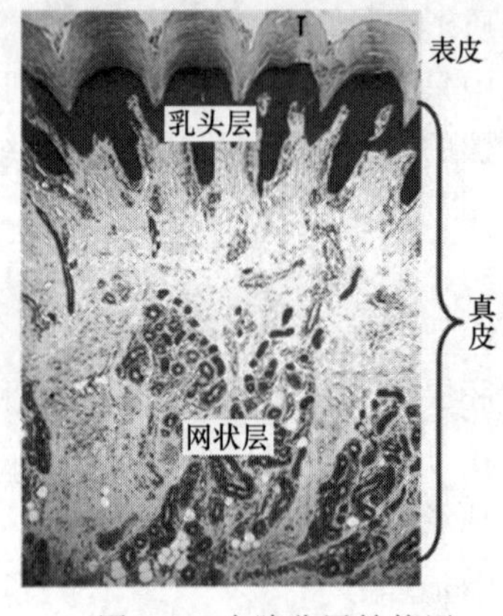

图 2-6　皮肤分层结构图

在制革加工过程中，因脱去表皮后，乳头层暴露于革的表面又叫作成革的粒面，所以制革业中称该层为粒面层。

乳头层因有突入表皮的真皮乳头而得名。这种真皮乳头在无毛或少毛的皮肤中发达，表现为高而细，表面致密平滑。例如，人和灵长类动物的手掌和足底部真皮乳头多而隆起，排列成行使表皮显现出嵴纹，而在多毛或表皮薄的皮肤上，真皮乳头很小甚至不明显。发达的表皮和由真皮乳头形成的表皮上的嵴纹更有助于足和掌的持握和增大摩擦力。

乳头层胶原纤维细小且编织相对松弛，越是乳头层的上层纤维越细小，但编织越紧密，直至表面形成致密平滑的膜。乳头层的汗腺、脂腺、竖毛肌等占据了一定空间，胶原纤维总体来说是比较稀疏的。乳头层下部通常很薄称为乳头下层，向下过渡到网状层。

（2）网状层（reticular layer）

网状层位于乳头层的下方，但两层间无明显界限。网状层的结缔组织较乳头层致密，含有粗大的胶原纤维束和弹性纤维束，并交织成网状，赋予皮肤较大的弹性和韧性。

胶原纤维束编织紧密且呈十字编织，纤维束走向多与乳头层水平面成约 45°夹角，少数纤维垂直下行，进入皮下组织，参与皮下组织支架的构成，成为真皮与皮下组织的联系。纤维的编织情况与动物的种类、性别、年龄和饲养状况有关。网状层的纤维束越粗壮，编织越紧密的动物皮，其物理机械性能越好。

网状层中有较大的血管、淋巴管，神经和神经末梢较丰富，而汗腺、脂腺、毛囊等组织较少。

2.1.2.2　真皮内的细胞

真皮内细胞数量较少，散布于纤维之间。网状层的细胞少于乳头层。正常的真皮中，成纤细胞最多，肥大细胞次之，巨噬细胞只有在它们表现吞噬时才易显现，浆细胞的多少随个体发育、身体功能和病理状态的不同而异，肥大细胞、巨噬细胞也有这样的变化。脂肪细胞在真皮内有单个散在的，而更多是成群聚集的。真皮内与色素有关的细胞有两种，一是黑色素细胞，二是载色素细胞。前者能制造黑色素，后者自己不能造黑色素，但含有黑色素颗粒，这些黑色素是其吞噬来的。另外，真皮内还有数目不定的淋巴细胞和粒细胞，它们在受到相应刺激时能引起反应。

2.1.2.3　真皮的色素细胞及色素

真皮靠黑色素细胞制造黑色素，由载色素细胞吞噬、着色。虽然真皮的黑色素细胞与表皮中的一样，都是从神经嵴发育而来的，它们在迁移过程中却停留在真皮中而未到达表皮。

真皮黑色素细胞呈带状分布，大多平行于皮肤表面，有宽有窄，常伴随着血管、竖毛肌等。细胞很大，着色也重，胞体呈星状或纺锤形，与钝形的载色素细胞有很大区别。黑色素细胞中充满黑色素颗粒，胞核常被遮盖，真皮中的黑色素颗粒比表皮中的大且色深。真皮黑色素细胞早于表皮黑色素细胞和真皮载色素细胞的出现。载色素细胞出现在真皮浅部，在毛乳头中能找到这种细胞，尤其是当毛脱换和变白的时候，载色素细胞多巴呈阴性，因其不制造多巴，而黑色素细胞为多巴阳性，借此以区别两者。

除黑色素外，真皮的颜色还与真皮内血液供应情况有极大关系，氧合血红蛋白多，则皮肤颜色呈现红色。

2.1.3　皮下组织（hypodermis）

皮下组织位于皮肤下层，与真皮间并无明显界限。真皮网状层致密，皮下组织疏松，但结缔组织纤维彼此过渡，网状层的支持带向下穿过皮下组织与深部结构相连，起固定作用，皮下组织也通过纤维与深层的筋膜、腱膜或骨膜相连，加强了皮肤与深部结构的联系。疏松而有弹性的皮下组织能便于皮肤在所附着的基础上做有限度的往返滑动，以适应机体的活动。

皮下组织由疏松的结缔组织构成，其间常填充脂肪组织。结缔组织中含有大量的血管、淋巴管、神经等通往皮肤，结缔组织的许多间隙中容纳组织液和在胚胎期间充质的基础上发育而成的脂肪组织。另外，毛囊、汗腺也有深达其中的。

脂腺多位于毛囊和竖毛肌之间，为泡状腺。

分泌部由一个或多个腺泡组成。腺泡周边是一层较小的干细胞，它们不断增殖，一部分子细胞逐渐向腺泡中部推移，细胞体积逐渐变大，胞质中聚集大量脂滴。最后，腺细胞解体，成为皮脂。

皮脂腺导管短而粗，开口于毛囊或皮肤表面。

2.1.4　皮肤中的其他组织器官

皮肤尚存在其他一些组织器官，如血管、淋巴管、神经组织和竖毛肌等。

(1) 血管

生皮内有许多枝状的血管，它们在皮内三个地方形成血管网：皮下组织和网状层交界处；乳状层和网状层交界处；乳头层内。脂腺、汗腺周围也布满血管网，乳头层处还有淋巴毛细管网。

成年动物正常皮肤的血管分布呈一定的规律性。皮下组织的动脉在真皮网状层和皮下组织之间分支，彼此交织成平行于皮肤表面的皮动脉网。由此动脉网分出许多小动脉，有的下行到皮下组织中，供血给脂肪组织、毛囊和汗腺；有的上行到真皮中互相连接，在乳头层和网状层之间形成乳头下网。此网除分支到皮脂腺、汗腺和毛囊外，还垂直地发出一些毛细血管袢，每个毛细血管袢一般只进入一个真皮乳头，袢的下行支进入乳头静脉网，再往下连接到乳头层和网状层之间的静脉网上。在真皮中层和真皮与皮下组织之间又有越来越粗的静脉网。从深部的静脉网汇成较粗的静脉网而进入皮下组织。静脉网和动脉网相互穿插，在两者之间有便道相通，有的便道发展成为动静脉吻合。

小动脉相互之间以动脉性或毛细血管性的横支连接成网。在毛囊周围，小动脉平行纵走，相互间以横支相连接，汗腺导管周围的小动脉亦如此。以上的小动脉一直向浅层发展到表皮下方并失去肌层而成为毛细血管。

（2）淋巴管

在真皮乳头有毛细淋巴管网，以盲端起始的毛细淋巴管收集乳头组织间隙中的淋巴液，在真皮和皮下组织之间汇集成淋巴管网，进而汇集成较大的淋巴管，伴随血管离开皮肤。

血液和淋巴液容易腐败，从而引起真皮的破坏，也妨碍防腐时氯化钠的进入，应先洗尽血污。枯瘦原料皮加工不当，易在粒面上显“血筋”。

（3）神经组织

皮肤中有极丰富的神经纤维和神经末梢。从皮下组织来的神经纤维在真皮中形成网丛，这些神经纤维包括来自脑和脊神经的有髓纤维及来自交感神经的无髓纤维。网丛的每根神经纤维最后都单独行走，通达一部分皮肤。一根纤维的许多终末支和邻近纤维的终末支部分地重叠分布，以致皮肤的任何一处都有网丛的数根神经纤维通达。

皮肤的感受器基本上分为游离的神经末梢和有被囊的神经末梢。游离神经末梢广泛分布于皮肤中。哺乳动物鼻子的无毛皮肤中有进入表皮的神经纤维，从表皮下网进入表皮的纤维斜行上升到棘状层、颗粒层和接近角质层。

毛囊周围有神经纤维缠绕，其分布形式与真皮的神经网基本相似，又称之为毛囊神经网，皮脂腺导管以上的神经网疏松。少数散开的神经纤维联络到皮脂腺上。从毛囊神经网向上有很细的纤维到表皮下面，分出能在光镜下看到的细枝，也可分出纤维到汗腺和竖毛肌。

毛囊的刺样神经末梢见于哺乳动物触毛的毛囊上。而有被囊的神经末梢只占皮肤感受器的一小部分，它们的形态结构特殊且常发生在感受能力特别敏感的地方，如口唇、结膜等处，它们司职感觉功能。皮肤的运动神经末梢有属于脑脊神经系统的，分布到表情肌，有属于植物神经系统的，都是交感神经，分布到腺体、血管的平滑肌和竖毛肌。

（4）竖毛肌

竖毛肌可调节体温的功能。在寒冷的情况下，竖毛肌收缩，拉扯毛发，令毛发直立，有助于在皮层表面形成较厚的空气层。由于空气具有良好的隔热作用，所以可降低热量的流失。在炎热的情况下，竖毛肌放松，毛发平伏在皮层表面。有助于热量从身体快速地流失。竖毛肌可使动物的体型看起来比实际更大，从而吓退敌人。

2.2　皮肤衍生结构

哺乳动物皮肤的衍生物是构成机体覆盖物的重要组成部分，对机体的调节、保护、运动、捕食和防卫起着积极作用。哺乳动物的皮肤衍生物包括毛、鳞、角、皮肤腺及趾（指）端保护物——爪、蹄、指甲等。

2.2.1　毛（hair）

毛为哺乳动物所特有的角蛋白细丝，由表皮的上皮滤泡凹陷部分的基质细胞发育而成。毛的生长是呈周期性的，每根毛从发育到脱落为一个周期，其中分为生长期、衰退期和静止期。

毛可分为皮肤以上的毛干和埋在皮肤内或皮下的毛根，毛根末端与毛囊共同形成毛球。真皮结缔组织突进毛球基底到凹陷处，形成毛乳头。毛根主要由表皮下陷形成的套囊包裹着，这个套囊称为毛囊。毛囊外一般附着有竖毛肌的一端。毛囊分为两部分，形成毛囊的下陷的皮肤中有表皮和真皮两部分，表皮部分称为毛根梢，真皮部分称为结缔组织梢。毛根梢又分为内毛根梢和外毛根梢，内毛根梢相当于表皮的角质层，紧靠着毛根，在皮脂腺开口于毛囊的上方，内毛根梢缺失；外毛根梢相当于表皮有分裂增生能力的生发层，它包裹整个毛根。

2.2.2　皮肤腺（skin gland）

哺乳动物的皮肤腺特别发达，种类也很多，但有两种主要的皮肤腺，即皮脂腺和汗腺（图 2-7、图 2-8）。乳腺、气味腺等均由主要的腺体特化而来。皮肤的许多功能是通过皮肤腺来实现的。皮肤腺都是外分泌腺，分泌物通过导管运输到体表。

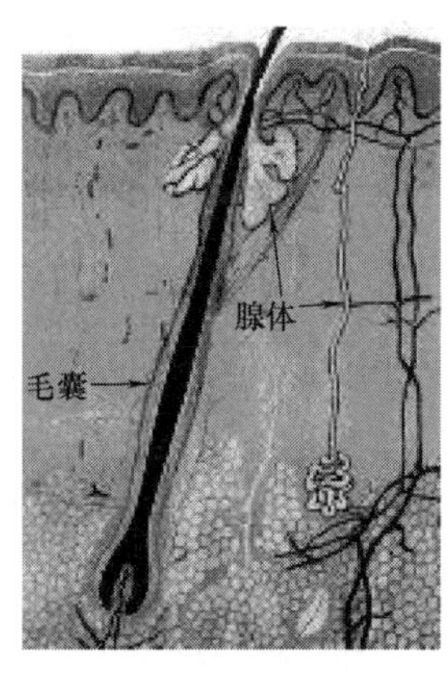

图 2-7　毛囊及皮肤腺

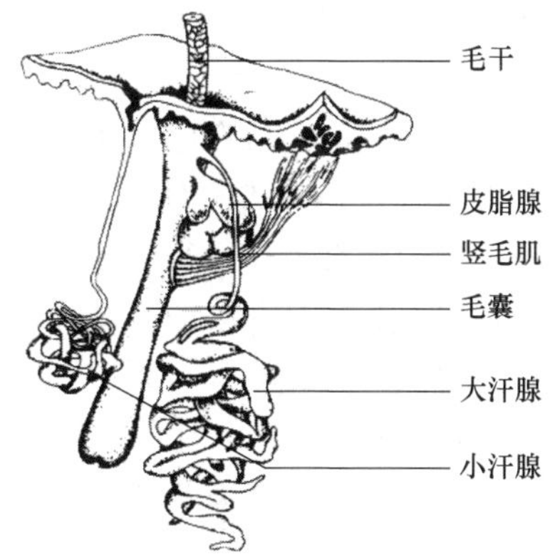

图 2-8　皮肤腺结构示意图

（1）皮脂腺（sebaceous gland）

皮脂腺是分泌油或蜡质的泡状腺，属全浆分泌腺，为哺乳动物所特有。皮脂腺通常存在于毛囊上 1/3 处，介于毛囊和竖毛肌之间，以短导管开口于毛囊，与毛和毛囊共同构成一个毛-皮脂单位（pitosbaceous unit）。

皮脂腺导管由复层鳞状上皮组织组成，一般过渡到毛囊壁上，分泌部由复层腺上皮围成，近导管处才有腺腔。腺上皮的基底层相当于真皮连接的基膜和外围结缔组织分界。基层细胞呈立方形，一般不含脂滴，核圆，相当于表皮的生发层细胞。增生的细胞依次向浅层推移、变大，越靠近浅层，细胞越趋于皮脂性分化，最后胞核消失，细胞界限不清，细胞全部变成皮脂。皮脂相当于表皮的剥落层，从腺上脱离下来，随导管进入毛囊。毛根周围间隙可能有毛细管作用，能引导皮脂排出，竖毛肌收缩也有助于皮脂的排出。

虽然皮脂腺在构造上都相似，但其分布、性质和皮脂的组成都存在物种间的差异。

(2) 汗腺（sweat gland）

汗腺属于管状腺，为哺乳动物所特有的局部分泌腺。汗腺是由表皮细胞衍生形成的细长管，依据它的结构可分为单结管状腺或分枝结管状腺。管一端盘绕成结，深入真皮下部或皮下组织中；另一端呈螺旋状穿透角质层，开口于皮肤表面，或通过微孔而进入毛囊。汗腺的结状部分由微细的毛细血管网所环绕，并包有来源于外胚层的薄层肌上皮细胞，协助排出浆液分泌物。

汗腺的重要功能是收集和排除由于代谢作用所产生的各种废物，协助保持恒定体温。所排除的代谢产物中除大量的水分和极少量的蛋白质外，主要是钾、钠、氯、尿素、尿酸和乳酸等。

汗腺的有无和发达程度与动物种类有很大关系。人体的汗腺最发达，也有些哺乳动物种类不具有汗腺，如鼹鼠、针鼹、穿山甲、大象、海牛、鲸等。有些动物的汗腺仅分布在身体某些部位，如鸭嘴兽限于口鼻部，鹿限于尾基，鼠、猫、猴等仅限于无毛的脚掌等处。马、绵羊的汗腺遍及全身。毛被发达的毛皮兽，其汗腺则不发达。

某些动物的皮肤色素颗粒常与汗腺分泌物混在一起排到体外。如南非的一种羚羊的汗液是蓝色、河马的汗液呈红色等。河马的红汗为包含汗液、黏液和红色素的黏性混合物，能保持皮肤湿润，有保护作用，这种混合物干燥后呈褐色。

(3) 乳腺（mammary gland）

乳腺作为哺乳动物特有的腺体，属于一种顶浆分泌型的汗腺。腺的主体位于皮下组织，腺管直接开口到皮肤表面。

哺乳动物因特有乳腺而得名，但在原兽类中，乳腺是复管腺，无乳头，直接开口在皮肤表面，整个乳区是凹陷的，乳汁流到这个凹陷区，幼仔借从凹陷区长出的簇毛舔食乳汁。其他兽类的乳腺管开口到真乳头或假乳头，仔兽有软唇吮乳汁。真乳头是乳房的一个突起区，并由一个或几个腺管直接开口到外部。只有一条乳腺管的动物有某些啮齿类、有袋类和食虫类，而食肉类和灵长类，则为有几个腺管开口，并在突起区有多达 20 条分享的管。

乳腺活动和分泌机能受卵巢、垂体腺前叶及肾上腺皮质的控制。

(4) 气味腺（scent gland）

气味腺的分泌物是化学通讯物质，有招引（如麝、大灵猫和麝鼠的香腺）或驱避

（如狐、水貂和黄鼬的臭腺）的作用。很多动物都有气味腺，有的已被人类利用，如药用或香料用，有的尚未被人类充分认识。气味腺可能存在于动物体的任何区域（部位），如啮齿类在尿生殖孔附近，蝙蝠在面部，袋鼠、野猪和骆驼在背部，偶蹄类动物在足部或两蹄之间，狗在尾基部，象在颞部，鹿和羚羊在眼区，麝在腹壁，许多食肉动物在腹部等。

2.2.3　角（horn）

角是哺乳动物中某些有蹄类如鹿、狍、羚羊、岩羊、犀牛等所具有的，为头部表皮和真皮部分特化的产物。表皮产生角质角，如牛、羊的角质鞘及犀的表皮角，和真皮形成骨质角，如鹿角。动物角是角斗和防卫器官。这些角一般分为四种：角质纤维角、鹿角、叉角羚羊角和洞角；也有人区分了介于洞角和鹿角的一种动物角，而归为五种，分别是洞角、实角、叉角羚羊角、长颈鹿角、表皮角。

（1）洞角（hollow horn）

洞角由骨心和角质鞘组成，角质鞘即习惯称之为角，成双着生于额骨上，终生不更换，有不断增长的趋势。洞角为牛科动物所特有。

（2）实角（solid horn）

实角为分叉的骨质角，无角鞘。新生角在骨心上有嫩皮，通称为茸角，如鹿茸。角长成后，茸皮逐渐老化、脱落，最后仅保留分叉的骨质角，如鹿角。鹿角每年周期性脱落和重新生长，这是鹿科动物的特征。除少数两性具角如驯鹿，或不具角如麝、獐之外，一般仅雄性具角。

（3）叉角羚羊角（prong horn）

叉角羚羊角是介于洞角与鹿角之间的一种角型。骨心不分叉而角鞘具小叉，分叉的角鞘上有融合的毛，毛状角鞘在每年生殖期后脱换，骨心不脱落。这种角型为雄性叉角羚羊所特有，而雌性叉角羚羊仅有短小的角心而无角鞘。

（4）长颈鹿角（giraffe horn）

长颈鹿角由皮肤和骨所构成，骨心上的皮肤与身体其他部分的皮肤几乎没有差别。

（5）角质纤维角（keratin－fiber horn）

角质纤维角也称为表皮角，完全由表皮角质层的毛状角质纤维所组成，无骨质成分，为犀科所特有。角质纤维是由覆盖真皮乳头上的表皮产生，每条纤维似一根毛，分别由每个乳头发生，乳头之间的部分产生的类似黏性物质把这些纤维聚集在一起。这些纤维像毛但不是真正的毛，因为它们的基部不是位于真皮的毛囊内。表皮角的着生位置特殊，在头部鼻骨正中，印度犀牛仅有一个角，非洲犀牛是双角，呈前后排列，前角生于鼻部，后角生长在额部。

这种角是由表皮形成的角质纤维黏结而成的，不够坚固，甚至可活动，是各种角中最原始的类型。

2.2.4　趾（指）端保护物

陆生四足脊椎动物以四肢运动，首先要用趾接触地面，就必须对趾端有保护措施，使爬行类、鸟类和哺乳类在趾端有了爪、蹄和指甲等保护物。

这些趾端保护物均为表皮角质层特化的坚硬结构。在这些结构中，能清楚地看到表皮的透明层。

(1) 爪（claw）

爪可看作是由鳞片所构成，一片位于背面称为爪体，另一片位于腹面称爪下体，整个把趾的末一节骨遮盖，并使之加强。哺乳动物有爪的种类中，其爪的下体偏小并和爪垫连接。在辐射适应过程中，爪的形状有许多变化，如獾和鼹鼠，为适应穴居掘土生活，爪变得宽而钝；猫科动物为便于运动和捕捉动物，爪尖锐而弯曲，能伸缩。一些动物由爪而发展为蹄和指甲，例如狐猴，有几个趾具爪，而另几个趾具指甲；眼镜猴后足的第二、三趾有爪，余趾具指甲。大多数动物只有蹄或指甲。

(2) 指甲（nail）

指甲是变形的爪，为末节指和趾骨背侧面上的角质板片，仅见于灵长类，爪体宽而扁，爪下体收缩成小的残余物，位于指甲顶端的下面，指甲根是爪体的生长区，埋于皮肤下方的囊中，这个部分称为甲沟。甲床位于甲体和甲根下方，分为近端、中端和远端三部分。近端部又称甲基，与指甲的形成有关，人的指甲基部可见一透明的白色弧影，生发层很厚，尤其是拇指指甲更明显，指甲基部上方皮肤的生发层构成比较粗糙的边缘，指甲由该处从甲沟显露出来，称为甲上皮。

(3) 蹄（hoof）

蹄为有蹄类动物特化的爪，爪体弯曲，围绕趾的末端，爪下体变宽，被包于爪体中央。爪体接触地面，爪垫位于蹄的后方。由于爪体较爪下体硬，磨损较慢，使边缘保持锐利，正是依赖此结构，许多有蹄类动物在行走时稳健而不滑。

不论是什么样的趾端保护物，均是与其生活方式密切相关的，是适应环境和进化的产物。

2.2.5 表皮鳞（epidermis scale）

表皮鳞本是多数爬行动物所具有的体表结构，而一些现存的哺乳动物仍保留着这种结构。典型的动物有各种犰狳，如三带犰狳（*tolypeates matacus*）、六带犰狳（*dasypus sexcinctus*）及九带犰狳（*dasypus novemcinotus*）和穿山甲（*manis pentadactyla*）。而有一些动物身体的个别部位有鳞。

哺乳动物的鳞是表皮衍生物，犰狳的表皮鳞位于真皮骨的上面，穿山甲除腹面外，全身都遮盖着大的、覆瓦状排列的角质表皮鳞，典型的爬行类鳞有周期性脱落更新，而穿山甲的鳞只是单个脱落和恢复。棕熊（*ursus arctos*）和欧洲刺猬（*erinaceus concolor*）的胎儿也曾短暂地出现表皮鳞，随后全部脱落。许多哺乳动物的尾和足都有鳞，只是常与毛相伴生。鼠类、麝鼠、海狸鼠等许多啮齿类尾部出现覆瓦状的表皮鳞，无论在构造上还是在发生上都与真正的爬行类的鳞相同，只是在角化程度上不那么明显，也没有周期性脱换。在这些有鳞部位，仍有毛从鳞间长出，例如鼠尾的每个鳞片下均长出三根毛，中间的一根比两侧的要长些、粗些。

这种表皮鳞是表皮角化的衍生物，具有发育良好的角质层，是陆地脊椎动物的显著特征。两栖类很少有表皮鳞，而爬行类、鸟类和某些哺乳类均发育得良好。

哺乳类动物毛的鳞片层也是一个相继排列整齐的角化鳞片。

2.3　哺乳动物体被的功能

皮肤及其衍生物构成了动物的体被，是覆盖在动物身体外表的一种组织构造。动物借助于体被保护身体，借助于体被直接与外界环境接触，也借助于体被完成一系列生命活动。皮肤及其衍生物构成了一个复杂的皮肤系统，作为机体重要的有机组成部分，实现着许多方面的功能。

哺乳动物体被在结构上的特殊性，使其功能更为完善，为哺乳动物的极强生命力和广泛的适应性创造了条件。在长期进化过程中，哺乳动物在一定程度上继承了其祖先的皮肤结构和功能并发展完善，使其与环境达到了广泛而高度的统一，也使哺乳动物机体内各器官系统与体被系统的联系更密切、更协调、更统一。

哺乳动物体被的功能主要表现在防卫、感觉、调节、排泄、分泌和运动等方面。

2.3.1　防 卫 功 能

防卫功能是动物的最原始、最主要的皮肤功能。体被遮盖在动物体表，保护体内的组织和器官。毛被发达的动物，靠毛被增强抵御体外撞击等机械性损伤和抗拒敌害袭击的能力；毛被退化的动物，其皮肤增厚，角质层发达，同样有此功能。哺乳动物所具有的坚固而柔软的体被在使这种功能得到完善的同时，又不限制身体活动。哺乳动物体被一边与内部结构相连，一边与环境直接接触，能有效地使内部组织器官与环境隔离，能防止外界物理的或化学的刺激作用于机体、干扰体内环境，也能防止体内水分过量散失。皮肤连同其各种外在的衍生物构成一层连续而无缺损的边界，能够防止细菌等微生物的侵入。

哺乳动物的毛被丰厚，其化学性质稳定，不易被水、酸、盐及微生物等所破坏，能有效地起到保护身体的屏障作用，除缓冲机械刺激外，还能防止雨水、污物等接触皮肤、损害皮肤，特别是水生种类，如海豹、海獭、水獭等动物的毛被丰厚平顺，虽然经常在水中生活，但能避免水接触皮肤；毛被还具有控制体温的保护作用；另外，毛色与环境协调统一，有伪装和隐蔽同样起到保护作用。

皮脂腺能不断分泌皮脂来润泽毛被和表皮，对加强和巩固体被的保护功能起到了积极作用。

发达的表皮角质层也同样对保护机体具有良好的屏障功能。一般毛被发达的动物，表皮较薄，因其靠毛被执行一部分屏障功能，而一些毛被稀疏及无毛的哺乳动物，表皮就显得十分重要了。如鲸、海豚等动物能在海水中浴而不缩，而河马能在淡水浴而不胀，正是因为其表皮有良好的抗透水性。不仅如此，发达角质层的抗击、抗磨能力都很强。经常性的外来刺激都不容易完全破坏角质层而损伤机体的原因还在于角质层是不断修复更新的结构。暴露在体表最外层的角质层是一些高度角化的细胞排列堆积形成的，它有可折性和弹性，在其脱落前执行保护功能。由于表面角质细胞的剥脱和内在生发细胞的分裂增生之间处于动态平衡之中，使表皮稳定地保持一定的厚度。另外，表皮内的黑色素细胞能使动物体免受紫外线的伤害。

真皮层有致密的结缔组织，并有良好的弹性和韧性，不仅使机体保持一定的外廓，也使其适应剧烈复杂的运动。真皮中纵横编织的胶原纤维有很高的抗张强度，而皮下组织中含有较多的脂肪，不仅使机体对外界机械刺激有一定的缓冲作用，又使得皮肤易于往返滑动和弯曲，适应动物快速奔跑、跳跃，免受其他动物的攻击。

一些动物所具有的驱避作用的气味腺常使天敌畏缩不前而得以逃生，带角的动物同样能发挥角的防卫作用，以使自身免受捕杀，各种趾端保护物也具有重要的保护作用。

2.3.2 感觉功能

2.3.2.1 皮肤的感觉功能

环境的变化是多种多样的，哺乳动物的体被与环境接触，并保持机体的一定状况，体被的感觉机能发挥着重要作用。皮肤及衍生物在与机体的周围神经系统建立密切联系的同时，还要有各种感受器，以有效地接受和传递环境变化的各种刺激，如温度觉、触觉、痛觉等。虽然哺乳动物的神经组织趋向离开体表而潜于皮肤深部，并形成特殊的感觉器官，但是由于皮肤及衍生物仍有丰富的感觉神经末梢，而使其成为面积最大的重要的感觉器官。

经皮下组织来的神经纤维在真皮中形成网丛，网丛的每根神经纤维最后都单独行走，分布在一小块的皮肤中。一根神经纤维的许多终末枝和邻近纤维的终末枝部分地重叠分布以至皮肤的任何一处都有网丛的数根神经纤维分布。脊神经纤维包括来自大脑、脊神经的有髓纤维和交感神经的无髓纤维，使皮肤的感受能传到神经中枢。

皮肤上有丰富的感受器，这些感受器基本上可分为两大类，即所谓游离的神经末梢和有被囊的神经末梢。有被囊的神经末梢只占皮肤感受器的一小部分，多存在于感觉能力特别敏锐处。游离神经末梢广泛分布于皮肤中，但这种神经末梢易见于光滑无毛处，特别是兽类鼻子的无毛皮肤区。从表皮下网进入表皮的纤维斜行上升到棘层、颗粒层，或接近角质层。毛囊周围都有神经纤维缠绕，其分布形式与真皮的神经网相似，称之为毛囊神经网。毛囊的刺样神经末梢见于动物的触毛上，是目前仅见于毛上的一种神经末梢，使这些触毛成为特化的感官。也许，毛的基本功能是触觉，只是在进化过程中发展了保护和调温功能，使大部分毛的触觉功能丧失，只保留了吻端等处的触毛的感觉功能。

机体正是凭借这些皮肤中的神经及感受器来感觉到其他感官所感觉不到的许多外来刺激并做出相应的反应，得以顺利生存。

皮肤的感觉作用是不可缺少的，甚至胜过视觉、听觉、嗅觉和味觉。当一个人失去了听觉、视觉、嗅觉和味觉后，仍能生活下去，但若失去皮肤的感觉功能，就将无法存活。通过皮肤的感受器，大脑能意识到触摸到的东西的形状、大小、硬度和质地（光滑或粗糙），是钝的还是锐利的，是热的还是冷的，有无刺激性等。痛和压物的感觉能保护机体避免严重的机械损伤，免遭灼热、寒冷和烧伤等。

2.3.2.2 触毛的感觉功能

触毛是许多哺乳动物的特殊感觉器官，与一般被毛相比，触毛比被毛长且粗直，多位于面部，有的触毛生长在腕部、跖部或体腹侧，触毛囊比被毛的毛囊大，且富有丰富的神经末梢，每根触毛极精确地与大脑皮层相连，并具有丰富的血窦腔。

一般把上唇和口围的触毛称为初生触毛，把面部其他部位或肢体的触毛称为次生触毛。触毛毛囊比被毛的毛囊大 5～6 倍，且每个毛囊只长一根触毛。触毛的竖毛肌发达，由充满血液的窦腔供给营养。

触毛的感觉功能有助于动物寻觅食物、袭击猎物、防卫、表达面部表情、传递信息、游泳时保持头部位置和对环境的觉察（如水中的潮流和陆地上风向的觉察）等。家畜或野生动物触毛的其他功能还有待研究，例如，野山羊、野牛和野马的触毛是否有觉察风向与天气的作用；草食动物的眼睛在头部两侧，是否通过触毛传递草的高度和草的种类信息；猫科动物是否用眼睛观察远物，用触毛觉察近物（尤其是密林中）？触毛在母兽与新生仔兽间母性行为中的作用是什么；有些动物触毛是否对外激素的传播有作用；另外，触毛在配偶、攻击中的作用等都是未解决的问题。

大鼠出生后 5 天就能听到声音，7 天后睁眼，可是出生时就有触毛，这时口须长 1～2mm，从 14 日龄时起就一直生长。小鼠的触毛毛囊也比一般毛囊发育快和早些。触毛的这种早期发育说明了触毛在出生后就有对食物的触觉定位功能。触毛生长的长度恒定，拔掉触毛后 8～11 天又在同一毛囊中以从前相同生长速度长出新触毛。帚尾袋貂的触毛在全部拔除甚至重复拔除后都能很快长出新的触毛。

触毛在行为中的作用可分为四个方面，即环境的适应、环境的觉察、社会行为和交往、攻击。

（1）环境的适应

哺乳动物的触毛在寻找食物、寻找配偶、照顾幼仔和运动等的环境适应中具有作用，能抓、爬的哺乳动物趾部有触毛，但只能行走的哺乳动物却缺少这种触毛。

树栖、水生或半水生动物中面部触毛高度发达，而陆地草食动物的触毛发育很差。触毛的发育程度还与不同动物的生活方式有关。猫的触毛在捕鼠时很重要，在探索大范围目标时，主要靠眼睛，但在小范围时，尤其是攻击或咬住鼠时，触毛起着重要的作用。如果把触毛的传入神经破坏，无效攻击的次数就增加。因此许多食肉哺乳动物的触毛发育都良好。差不多所有哺乳动物，甚至包括陆生的物种，都有游泳的本领，是触毛在游泳中起了重要作用。

（2）环境的觉察

大鼠、小鼠、鹿鼠和其他几种小啮齿动物的触毛会不停地以重复的形式活动着，而棉鼠只是在变换身体位置时才活动触毛；鲸、猪和猕猴的触毛平时不动；鳍足类动物的触毛有很发达的窦肌，且很活跃。这些差异是与触毛在行为中的功能有关的。

猫的近距离视力很差，在捕鼠时触毛起了补充作用；猎犬先靠触毛辨别方向，然后转身探索气味；有的动物还可能通过触毛感觉地磁场的微小变化。水生哺乳动物如海象等以触毛探测水流速度、压力和水深等，并凭借触觉和听觉、视觉等的综合来觉察周围环境。海生动物触毛可补充视力因眼睛侧偏所受到的限制。

（3）社会行为和交往

动物面部有四组肌肉牵动触毛，即鼻唇提肌、口轮匝肌、上睑提肌和颊肌。这些肌肉人类是很发达的，因此面部表情丰富。对海象和新西兰海豹的研究发现，在许多社会交往中，它们都展现出类似的面部表情，舐毛、打哈欠、察觉环境和受到威吓时，触毛的活动及面部表情与灵长类相似。加利福尼亚海狮几乎在每次交往时，都互相友好地触碰触毛。海狮与人偶尔相遇时，都以触毛轻拂人脸，反复地张开鼻孔。这时可看到触觉和嗅觉的配合作用。著名的南方象、海豹的触毛与分泌信息素的顶层泌腺相连，通过触毛的活动使信息素扩散。家畜动物的触毛也有类似作用。

(4) 攻击

哺乳动物中有两种主要的攻击，一是由于恐悸、震惊而激怒时的攻击，二是由于维护社会性统治和所占地盘而引起的同种间的攻击。

大鼠在受到另一只鼠的惊扰时会摆出拳击姿态的攻击反应。将其全部嗅球除去或摘除眼球对这种反应过程不产生影响，但是在剪除触毛后，这种攻击行为明显减少。把来自异群的鼠放在一起时，剪除触毛的比没有剪触毛的鼠所受攻击伤害的次数多达 3 倍，这就说明触毛在自身保卫中起重要作用。同群鼠的攻击可能是为争夺在群中的优势、抢夺食物、争夺地盘等，曾有人观察到公鼠在笼中激烈争斗持续 10 天，直到失败的公鼠触毛被咬掉才罢休。

2.3.3 调节功能

皮肤及其衍生物对机体的调节作用是多方面的，主要有以下几方面：

一是协助调节机体内部水分。海洋中的动物处于高渗的液体环境，陆栖动物处于干燥环境，这都需要皮肤防止体内水分的过多散失；而淡水中生活的动物，皮肤又要防止过多水分的渗入。机体内的水分除通过肾脏代谢外，皮肤中的汗腺分泌的汗液也起一定的作用。

二是对体温的调节。皮肤本身以及毛被等衍生物是哺乳动物调节体温的重要部分。体被好比一个辐射器和散热器，在体温调节中枢的作用下，通过控制皮肤内的血液量和及时脱换冬毛、夏毛等合适的调节活动，保持体温恒定。另外，汗腺要对体内水分进行调节的同时，蒸发的汗液也可将体内多余的热量散失，协助体温的调节。

2.3.4 排泄功能

皮肤的排泄功能主要表现在汗腺上，虽然汗液与尿液在成分比例上有所不同，但汗腺通过分泌汗液能够选择性地排除多种体内溶解物，汗液中浓度最高的溶解物是氯化钠，以及钾、钙、镁等其他一些无机盐，此外还有乳酸、尿素和肌酸等，因此通过皮肤能将体内部分代谢产物排除。汗腺与肾的功能相似，并起补偿作用。

2.3.5 分泌功能

哺乳动物的腺体发达，皮脂腺、乳腺、气味腺等有很强的分泌功能。皮脂腺分泌的皮脂能润泽皮肤和被毛；乳腺分泌的乳汁能哺乳幼仔；而气味腺分泌的通信物质有的用于向同类发送信息，有的用于驱避天敌。

2.3.6　运动及其他功能

除了一些动物以翼膜进行飞翔或滑翔，这种皮肤用于动物的特殊情况外，哺乳动物的运动器官上皮肤衍生物——爪、蹄等都是必不可少的，当然也有捕食和攻击的作用。张弛适度的皮肤，利于动物快速移动和奔跑。

另外，动物的皮下脂肪层有御寒和储存营养的作用。因为脂肪由碳水化合物和油脂转化而来，在营养缺乏时，可以消耗脂肪来维持生命。皮肤还可以通过汗孔、毛孔进行呼吸，直接从空气中吸收氧气，同时排出体内的二氧化碳。它的呼吸量大约为肺的1%；一些物质可透过表皮而进入真皮脉管，发挥吸收功能（如皮肤外用药）；皮肤细胞有分裂繁殖，更新代谢的能力；皮肤有反映功能，如人的情绪常通过皮肤反映出来。窘迫时，脸会红；害怕时，面色苍白；迷惑不愉快时，眉头会皱起；紧张时，会出汗。遇冷时，竖毛肌会收缩，使皮肤出现鸡皮疙瘩。

2.4　毛的形态

毛是哺乳动物所特有的皮肤衍生物，不论是何种哺乳动物，毫无例外地都具有毛，即使那些成体不再具有毛被的动物，在其胚胎期仍生长有胎毛，或者成体仍有少许触毛。哺乳动物是动物进化过程中出现的最高级类群，毛是其高级标志之一。因为毛不但有助于哺乳动物发达的感觉机能，也有助于其保持良好的体温调节和有效的保护防御，使哺乳动物具有强大的生命力和广泛的适应性。所以兽毛都具有基本的形态结构，但不同的动物，在毛的形态结构上又存在或多或少的差异，即使同一动物个体在不同的生命时期，毛的形态结构也不是一成不变的，同一动物个体即使在同一生命时期，被毛中也可能存在着不同形态结构的毛。

毛在形态结构上的一般特点和各种差异，是动物在长期进化过程中形成并巩固下来的，它能反映动物间的亲缘关系、适应性以及生命过程等许多方面，认识毛的形态结构，对于充分利用毛皮产品也有着重要作用。

2.4.1　毛的形态分类

毛作为兽类的皮肤衍生物之一，与鸟类的羽和爬行类的表皮鳞是同源器官，均来源于外胚层，为表皮角质层特化的产物，而与羽和鳞不同的是，毛成为细纤维状物，但由于哺乳动物种类繁多，进化程度高低不同，生活环境、行为方式和适应性的多种多样，毛的形态是复杂多样的，表现在形状、颜色、长度、细度等诸多方面。有的毛还特化成硬棘。

事实上，人类对毛的认识除了来源于对哺乳动物身体或皮张的直观感受外，最先研究的恐怕也是其形态。

早在1853年，有关毛的形态学研究就开始了，首先初步认识了各种毛的基本形态：远端尖细，有一定的长度和细度范围，有一定的弹性，是呈纤维状的。而各种各样的毛又有许多形态上的差异。到底各种毛有哪些形态类型呢？一个多世纪以来，有不少学者相继进行了一系列研究观察，并试图对所有哺乳动物的种种形态的毛进行分类和命名，由于他们所掌握的有关材料有限和各自认识的不同，在许多分类中出现同物异名或同名异物等问题，有些毛的形态特征还未被揭示，相比之下，在毛的形态分类命名方面比较系统的应属 Donforth 和 Toldt 的分类和命名法。

Donforth（1925）把毛分为两大类，即上毛（upper hair）和下毛（under hair），上毛又分为硬棘（spine）、硬毛（bristle）和针毛（awn）；下毛又分为柔毛（wool）、软毛（fur）和绒毛（vellus）。

Toldt（1935）根据毛是否有主动的感觉机能，先将毛分为触毛（vibrissa）和被毛（pelage）两大类，又进一步将被毛分为上毛（over hair）和细绒毛（fine under hair）两类，在上毛中又分为硬棘、硬毛、针毛和粗毛（coarse hair）；细绒毛又分为软毛、绒毛和细毛（fuzz）三类。

Toldt 的分类法相对较系统科学，基本上概括了各类哺乳动物的毛，现多接受此分类法，但其命名还有不够明确和具体的情况，总体描述如下。

2.4.1.1 第一大类——触毛

触毛为具有特殊毛囊和竖毛肌组织的一类毛，即一根毛长于一个毛囊内，如触须，所有的哺乳动物均有触毛，分布在吻端、脸部、四肢等处，有主动感觉机能，其形态特征是颜色单调、呈圆锥形且粗硬。

2.4.1.2 第二大类——被毛

被毛为无特殊毛囊和竖毛肌组织的一类毛，因毛囊中有神经或神经末梢，也可接受刺激、有被动感觉的反应，这是形成哺乳动物毛被的各类毛的总称。被毛又可分为较长、较粗的上毛，又称卫毛（guard hair）或顶毛（top hair）；位于毛被下层的较细、较短的下毛，也称细绒毛。

（1）上毛

上毛是毛被中长而粗的毛的总称，它们最先与外界环境相接触，光滑，弹性好，耐磨。综合各种动物毛可分为四小类。

① 硬棘：硬棘特化的毛，为粗而硬的棘样结构物，有防御和攻击作用，如豪猪和刺猬有这种硬棘。

② 硬毛：硬毛是一些动物被毛中特别硬的毛，也称刚毛。例如，大灵猫、大斑灵猫和野猪等动物的背脊及颈上的毛，还有动物四肢远端及掌垫处的毛。

③ 针毛：针毛是呈纺锤状的一类毛，即毛的远端尖而细，毛的上中段（即毛尖）较粗硬，毛干下部细软的毛，许多动物都具有此类毛，由它形成毛被的覆盖层，特别是食肉动物，上毛主要由针毛构成。针毛又细分为四种。

a. 锋毛：是指一些动物针毛中少许显著高出毛被的最粗、最长、最直、最硬的一类毛，一般只占毛纤维总数的1‰～5‰，有定向和支撑毛被的作用，又称定向毛，如漠猫、野兔都具有这类毛。

b. 直针毛：与锋毛形态相似，只是比锋毛短一些、细一些、略软一些，光泽弹性都略差一些的一类针毛，是针毛中数量最多的一类。

c. 披针毛：形态与直针毛相近，仅毛头与毛干间的夹角小于直针毛，比直针毛短、细、软。

d. 绒针毛：在形态上具有针毛样的毛头和绒毛样的毛干，这种纺锤形毛的毛干都不像其他针毛那样直，而是有弯曲，比其他针毛短、细、软，与绒毛接近。又称两性毛。

食肉动物中鼬科、猫科、犬科和灵猫科四科中的多数动物均有典型的直针毛、披针毛和绒针毛。

④ 粗毛（coarse hair）：粗毛是一些动物所具有的不呈纺锤形的上毛，一般这样的动物毛被仅由粗毛被覆盖层。相比之下，下层毛短细，有的动物下毛少或缺失，如熊、鹿科动物等的上毛即为粗毛。

（2）下毛

下毛主要是动物被毛中细而短的毛的总称。也称作绒毛。依据各种下毛在长度、细度等方面的不同又分三类。

① 软毛：软毛为细长、弯曲而柔软的一类下毛。

② 绒毛：为较短的一类下毛，食肉动物的下毛均为此类。细、短而弯曲，光泽差而略显粗糙。

③ 细毛：为极细、极短的毛。如人的汗毛（毳毛）。

以上关于毛的形态分类是综合动物的各种类型的毛而划分的。不同的动物有不同类型的毛，如针毛和粗毛虽都为上毛，但分别属于不同的动物。所以，不能笼而统之地使用同一名称，而要依据动物各种毛的形态的不同来冠以确切的名称。另外，不同的研究范围或应用领域，名称也不尽一致。例如，毛皮行业，其研究对象是毛绒发达且较柔软的动物的毛皮，一般有锋毛、针毛、绒毛之分，有时也将锋毛列入针毛范围中。而在毛纺行业中，研究对象多是各种羊毛，一般有粗毛、细毛、半细毛之分，也有刺毛、有髓毛、无髓毛、两性毛的分法；在有髓毛中分为正常有髓毛、干毛、死毛等；鬃尾毛加工行业，有鬃毛、尾毛、身毛、蹄毛、耳毛等之分。

2.4.2　毛的宏观形态

毛的形态多样性正是源于毛的形态涉及多个方面。不同形态的毛的区别表现在外形、长度、细度和色泽等各个方面。

2.4.2.1　毛的外形特征

作为纤维状的毛，其基本的外形是细长形的纤维状结构，其长度显著大于细度（直径）。而不同的毛在外形上又存在一定的差异，综合各类的基本形状，大致分为四类。

① 圆锥与圆柱形：由细的毛尖向毛根逐渐变粗，横断面近于圆形，如各种动物的触须（毛）、仅有硬毛的动物毛（大灵猫、野猪、海豹等）。

② 纺锤与柳叶形：从毛尖向毛根呈现由细到粗再到细的变化，横断面为圆形、卵圆形或不规则形，如各种针毛，其中典型纺锤形毛由粗到细的细度变化显著。

③ 线形：从毛尖至毛根除毛尖端尖细外，大部分毛干粗细相近，横断面为圆形或卵圆形。灵长类动物的上毛、人发为这种类型毛的典型代表，依据毛干弯曲情况又分弯曲形、螺旋形、直线形和卷曲形。

④ 予戈形：毛干较直，由尖到根逐渐变粗，但毛梢分叉，一般有 2～4 叉或更多。仅野猪、家猪有此种毛。

此外，一些动物毛中还存在一种具有针毛和绒毛两种形态的毛，即一根毛中既有绒毛的特性（毛根部）也有针毛的特性（毛上部），毛纤维的粗细差异较大，髓质层不连续，或一端有髓质层而另一端无髓质，称为两性毛。这种毛多见于改良动物品种。

此外毛的横断面也存在较大差异，横断面的外廓形状和内部髓层形状如图 2-9 所示。

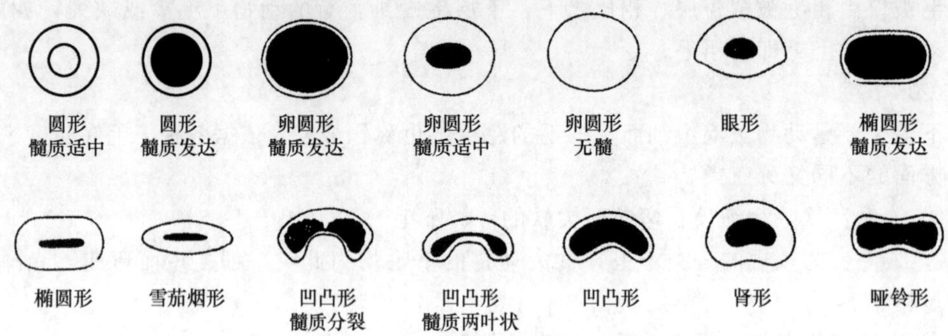

图 2-9 毛的横切面形态（引自 hans Brunner）

不同的种类动物的毛被或不同生长阶段的动物毛被，因毛色、毛发弯曲等原因，在宏观上也还存在着各种色花或图案上的差别。如猫科动物毛被外表上多呈斑点或条纹状的颜色变化；滩羊皮被毛呈波浪弯曲且缠绕成穗状；波斯羔羊毛被卷曲，其花纹富有立体感。

2.4.2.2 毛的长度与细度

毛的长度与细度决定毛皮产品的保暖性，也与产品的外观和手感有极大的关系。

不同种类的动物和不同生长阶段的毛，其长度有很大的差异。对于同种动物，刚长出的毛要短于已完成生长周期的毛，下毛要短于上毛。生长周期短的毛一般要短于生长周期长的毛。在毛的长度指标上，短者可短到肉眼难以看到，长者可达几十厘米（人发最长可达数米）。一般动物的毛都不会很长，马尾、马鬃算是最长的，金丝猴的背毛也有 20cm 以上，多数动物毛不过几毫米、几厘米。就一种动物而言，各种类型毛的长度都有一个范围，生长到一定时期达到一定长度便进入静止期不再生长，最后脱落，再长新毛，但人发却是可持续生长的，只是到一定长度后生长变缓慢。

在毛的细度指标上，除特化的硬棘外，粗的不过数百微米，细的仅几微米。一般毛类都很细，毛干上，有的毛粗细变化不大，有的毛头部很粗，毛干下部细；也有的自然结束生长的毛根骤然变细，如鹿科动物毛。

在毛皮行业常用毛绒丰厚、空疏等来表示毛的长度、密度的优劣。毛的长度分为自然长度（自由状态下测定的长度）和真正长度（毛拉直状态测量）。毛密度是指动物体被 $1cm^2$ 面积上毛的根数，毛的细度是毛横截面的直径，以微米（μm）表示。表 2-1 列出部分毛皮动物长度、密度和细度。

表 2-1　　部分毛皮动物毛的长度、密度和细度

动物皮	长度/mm	密度/(根/cm^2)	细度/μm
新疆细毛羊皮	65～70	2000～5000	16～25
半细毛羊皮	60～130	2000～4000	25～35
粗毛羊皮	92～165	1700～2100	32～40
山羊绒毛皮	50～80	500～2000	15～20
山羊粗毛皮	80～140	200～900	20～50
肉兔皮	25～35	500～12000	8～50
獭兔皮	18～23	15000～27000	5～25
麝鼠皮	10～25	—	10～20
狗皮	30～70	8000～10000	25～30
水貂皮	10～28	23000～33000	12～13
狐狸皮	40～80	10000±	10～20
黄鼠狼皮	10～30	12000±	—
家猫皮	20～30	—	11
旱獭皮	16～30	13000～28000	33
毛丝鼠皮	18～25	20000±	9～28
海狸鼠皮	35(针毛)	18000±	70(绒毛)、150(针毛)

2.4.2.3　毛的色泽

毛的色泽也是毛的主要指标之一。动物毛被的色泽和花纹决定于毛被的各种毛的色泽，主要是上毛的色泽。毛被的色泽和花纹是动物的主要形态特征，也是动物分类的重要的形态依据。

(1) 毛被色泽的多样性

哺乳动物毛被的色泽是多种多样的，因动物种类、年龄、性别和生活环境、季节等因素不同，毛被的色泽有不同程度的差异。毛被色泽的重要意义在于使动物与栖息环境相协调、相适应，我们称之为保护色或隐蔽色。

黄鼬在我国分布广泛，从大量的标本可以看出，其毛被的色泽与分布的土壤和环境的色泽是相协调的，如黄土高原地区，黄鼬的毛色为土黄色，而在华东、华南一带，黄鼬的毛色为棕黄色，与红土壤色相近。森林地带的黄鼬毛色深于草原地带黄鼬的毛色等。

生活在寒冷地带的雪兔、白鼬、伶鼬等，毛被在冬季则呈现出白色。

草原上的赤狐，毛色浅；而森林中的赤狐毛被呈现出红棕色。

森林中的多数动物毛被上有斑点或条纹，使动物身体上的斑纹与穿过树冠的光线和树冠的阴影构成的光斑相似，当动物静止不动时能与背景融合。又如许多猫科动物是靠偷袭猎捕动物的，当它们潜伏不动时，难以被其他动物所发现，是因为毛被的色调及花纹与环境协调一致。

旷野中的动物，多是全身毛色单调，如沙漠地带的许多小型兽，毛被颜色近似沙土色。分布在较暗环境中的动物毛色显深暗。而斑马的条纹和长颈鹿身上的斑纹，也是平原动物在保护色方面的典型特例，它们在草原的背景中就像隐了身，尤其在食肉动物进行捕食的黄昏时分更为显著。

高山地区生活的有蹄类动物的毛色与环境也十分协调并具有保护作用。岩羊喉部和前胸为黑色，腹部和四肢内侧则为白色，从山下看上去，犹如蓝天上的浮云围绕着悬岩浮动。

通常来说，南方动物毛色越深，毛被的斑纹越清晰。动物的毛色与湿度呈正相关性，除地域的湿度差异外，森林中的湿度大于平原草甸，在动物毛色上，也表现出深浅差异。

当然，也有部分动物毛被的颜色对动物的生存是不利的。北美加利福尼亚的一种小型啮齿动物——毛尾跳鼠（dipodomys），在由陆地地带通向海岸的变化中，其毛色逐渐变深，但毛尾跳鼠的尾部背腹两侧纵行黑白相同条纹的变化却对有些分布区的动物大为不利。逐渐趋向沙漠地带，毛尾跳鼠的尾部黑条纹逐渐变窄，白条纹的宽度增大，由于它是夜行性动物，这种变化使其尾部在夜间很明显，易于被天敌捕食。雪兔有时毛被会过早变成白色，而周围尚无积雪覆盖时，自然也是不利的。

（2）毛的色泽与动物毛被的色调和斑纹

动物毛被所表现出来的色调和斑纹是由组成毛被的毛纤维的色泽和分布组合而成的，尤其是由上毛上部的色泽所构成。大部分动物毛被的下毛色泽较单一，甚至上毛的毛干下部也是同下毛一样的单一色调。由此可见，毛被的上毛在决定动物毛色时起了重要作用。

根据毛纤维的色泽，大致可将各种毛分为三类：

① 单色毛：整根毛自毛根到毛尖为同一种深浅一致的颜色。

② 环节毛：毛干上有明显的不同颜色或不同深浅的环带，如獾、貉、貉等的针毛。

③ 色泽不均匀毛：整根毛自毛根到毛尖虽为同一种颜色，但呈逐渐加深的变化，或者毛头及毛尖色深，毛干部分色浅。

松鼠、红颊獴、食蟹獴、灰色型的金猫等动物的毛色便是由众多的环节毛构成的。各种有斑纹的动物是因整个毛被上各部分的毛纤维呈现不同的色泽所致。

（3）影响毛色的因素

毛所呈现的色泽主要取决于毛纤维中所含的色素颗粒，也受毛对光的吸收与反射的影响。

① 毛纤维中的色素沉着是决定毛的颜色的重要因子。所有毛色决定于两种色素，即真黑色素（eumelanin）和褐黑色素（phaeomelanin，又叫红黄色素），褐黑色素为溶于碱的圆形红色颗粒，能使皮肤和毛表现为黄色和红色；真黑色素比褐色素难溶，能使毛表现为褐色和黑色，两种色素分布和比例的不同造就哺乳动物不同的毛色。研究发现，调控毛皮动物毛色的主要候选基因有 MC1R 基因、Agouti 基因、TYR 基因、SILV 基因和 KIT 基因等，其中 MC1R 基因和 Agouti 基因是研究较早并已证实能调控哺乳动物的毛色变异的 2 个关键基因。

MC1R（Melanocortin Receptor 1）即可编码黑皮质激素受体 1，能在皮肤和毛囊中表达，在色素产生的类型方面起重要作用。细胞膜上的 MC1R 与促黑激素（α-MSH）和促肾上腺皮质激素（ACTH）结合后，使与其耦联的 G 蛋白转变为三磷酸乌苷（GTP），从而激活膜上腺苷酸环化酶系统，生成环腺苷酸（cAMP），随后进一步激活酪氨酸酶，催化黑色素细胞从血液中摄取的酪氨酸变成多巴胺，多巴胺在黑色素小体内积聚后释放出黑色素。如果黑素细胞中的酪氨酸酶过少，酪氨酸则经多巴和多巴醌，转化为半胱氨酰多巴，导致褐黑色素的表达。反之，过量的多巴及多巴醌将合成多巴铬的衍生物——真黑色素，使动物表现出不同的毛色。

Agouti 基因表达时，可引起褐黑色素的产生，相反则引起真黑色素的产生。Agouti 基因编码信号蛋白（ASIP）是一种旁泌信号分子。ASIP 是 MC1R 的拮抗剂，ASIP 与 α-MSH 竞争性地结合 MC1R，ASIP 与 MC1R 结合后可阻断 α-MSH 的起始信号，然后阻碍 cAMP 的产生，致使 cAMP 含量减少，最终导致真黑色素合成量增加，褐黑色素合成量减少。

毛中的黑色素颗粒，主要来源于生长过程中毛球深处的黑色素细胞，由黑色素细胞产生黑色素颗粒并转移到毛球所分生出的形成毛的上皮细胞中，继而成为正在生长中的毛的皮质层和髓质层的组成成分，如果因某种原因，黑色素的形成中断，而毛仍在继续生长，就会出现无色或呈白色的毛。

② 毛的髓质层中所含空气的多少是影响毛色泽的又一因素。髓质层中的气室会使毛色变浅，气室使空气多时毛显灰白色。例如，老年人的白发。

③ 毛表面鳞片的排列既影响毛的光泽又会突出毛色的清晰度。决定毛被色泽的主要是上毛的色泽，毛的鳞片层光滑会使毛更有光泽。针毛毛头部位的鳞片排列密集，抱合严紧，反光强，毛的色泽显著；而绒毛鳞片排列疏松，游离缘与毛干的夹角较大，反光差，毛的色泽不显著。

④ 毛囊皮脂腺分泌的皮脂能增强毛纤维的光泽。动物在秋季营养状况好，皮脂腺分泌旺盛，毛上有皮脂覆盖，使动物毛色鲜亮、光泽好；而春季，动物的皮脂腺分泌功能差，加上蒸发显著，毛纤维上的皮脂缺乏，毛显得干燥，光泽差或无光泽，毛色不鲜明。

⑤ 动物的营养与毛色关系密切。决定毛色的物质是毛纤维中的色素颗粒。而这些色素颗粒是蛋白质，它来源于机体的营养。正常的营养是毛中色素形成的基础。缺乏营养，会导致毛色变浅，或长出无色素的毛。

⑥ 环境与管理对动物毛色的影响。家畜的毛色遗传属于质量性状遗传的范畴，通常表现为相对的简单遗传，在自然条件下，可能发生基因突变而表现出其他的颜色，或由于后天环境的因素，使得动物的毛色表现形式发生变化。同一物种的毛色可能由于地处环境的湿度、温度、海拔等不同而有差异。人为控制动物的饲喂，可以使动物毛色发生变化，如俄罗斯的研究发现，给绵羊喂饲不同配方的微量金属元素，就能够改变绵羊的毛色，如铁元素可使绵羊毛变成浅红色，铜元素能使绵羊毛变成浅蓝色等，通过不同的配方，现在已培育出浅红色、浅蓝色、金黄色及浅灰色等颜色的彩色绵羊。

（4）等位基因与毛色遗传

等位基因（allele）一般指位于一对同源染色体的相同位置上控制着相对性状的一对基因。它可能出现在染色体某特定座位上的两个或多个基因中的一个。若一个染色体上的等位基因位上的基因以两个以上的状态存在，便称为复等位基因。成对的等位基因中两个成员完全相同，则该个体对此性状来说成为纯合基因。若两个等位基因各不相同，则该个体对该性状来说是杂合基因。

目前关于水貂、狐和家兔毛色遗传研究较多，已知的标准貂的毛色基因有 21 对，野生赤狐毛色基因有 10 对，控制家兔毛色基因有 10 对（表 2-2）。

表 2-2　　水貂、狐和家兔毛色基因及其所控制的毛色

水貂	基因	PP	IpIp	GG	AA	BB	BgBg	BiBi	BsBs	BaBa	BmBm
	毛色	银蓝色	银蓝色	钴石色	青蓝色	咖啡色	咖啡色	咖啡色	咖啡色	浅黄色	浅黄色
	基因	BpbP	cc	hh	oo	FF	SS	EbEb	JJ	fifi	CSCS
	毛色	米黄色	白化色	白色	草色	蓝霜	十字色	黑蓝色	本黑色	—	—
狐	基因	AA	BB	g^ng^n	CC	WW	PEPE	PMPM	BrFBrF	BrCBrC	RR
	毛色	银黑色	银黑色	金黄色	白化色	铂色	珍珠色	珍珠色	巧克力色	棕色	—
家兔	基因	AA	BB	CC	DD	EE	enen	DuDu	VV	WW	SiSi
	毛色	黑色	褐色	青紫蓝色	灰蓝色	黄色	黑白花	小白花色	白色	粟色	银色

下面以银黑狐为例，说明动物毛色的遗传特性。研究证明，赤狐至少有 2 个不同位点基因，突变后均可使狐的毛色成为银黑色，如阿拉斯加银黑色基因（aa）、标准银黑色基因（bb）。两种基因类型的银黑狐在表现型上基本一致，没有明显差别，都是银黑色，但基因型不同。当两种基因型的雏黑狐交配时，其后代并不是银黑狐，而是带黑色毛银狐杂种狐，也有人称之为银黑杂交色狐，通常称之为银十字狐或十字狐。如

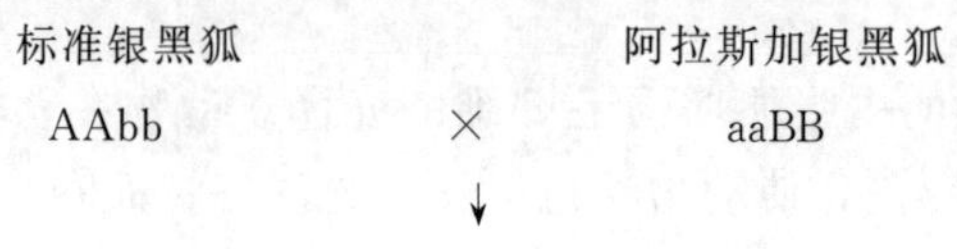

这种狐肩胛部的深色毛形成交叉十字，颈、腹和颈部两侧的毛带有黄色。从基因型上分析，银黑狐的毛色遗传类型可能有 5 种遗传型，即阿拉斯加银黑色（aaBB）、标准银黑色（AAbb）、亚-阿拉斯加银黑色（aaBb）、亚-标准银黑色（Aabb）和双隐性银黑色（aabb）。表 2-3 和表 2-4 分别列出了美国狐和北欧狐的基因系统。

表 2-3　　美国狐的基因系统

狐色型及名称		基因符号							
名称	英文名								
赤狐	Red fox	AA	BB	ww	PEPE	PMPM	BrFBrF	BrCBrC	gg
阿拉斯加银狐	Alaska silver fox	aa							
银黑狐	Eastern silver fox		bb						
铂金狐	Platinium fox		bb	W^pw					
白脸狐	White face fox		bb	Ww					
东方珍珠狐	Eastern pearl fox		bb		pEpE				
Mansfiled 珍珠狐	Mansfiled pearl fox		bb			pMpM			
巧克力狐	Burgundy fox		bb				brFbrF		

续表

狐色型及名称		基因符号							
名称	英文名								
Colicott 棕色狐	Colicott brown fox		bb					brcbrc	
北极大理石狐	Arctic marble fox		bb	W^mw					
大理石白狐	Arctic marble white fox		bb	W^mW^m					
蓝宝石狐	Sapphire fox		bb		pEpE	pMpM			
金黄色狐	Golden fox		bb						Gg

注：表中空格处基因符号同赤狐的基因符号

表 2-4　　北欧狐的基因系统

狐色型及名称		基因符号								
名称	英文名									
赤狐	Red fox	AA	BB	CC	GG	EE	PP	SS	ww	mm
阿拉斯加银狐	Alaska silver fox	aa								
银黑狐	Eastern silver fox		bb							
白化狐	Albino fox			cc						
巧克力狐	Burgundy fox		bb		gg					
Colicott 棕色狐	Colicott brown fox		bb			ee				
珍珠 I 狐	Pearl I fox		bb				pp			
珍珠 II 狐	Pearl II fox		bb					ss		
白脸赤狐	White marked red fox								Ww	
日光狐	Sun glow fox									Mm
日光白狐	Sun glow white fox									MM
白脸狐	White face fox		bb						Ww	
铂金狐	Platinium fox		bb						W^Pw	
乔治白狐	Georgin white fox								W^Gw	
北极大理石狐	Arctic marble fox		bb	W^mw						Mm
大理石白狐	Arctic marble white fox		bb	W^mW^m						MM
蓝棕狐	Fawn glow fox		bb			ee	pp			
金晖狐	Golden glory fox		bb		gg		pp			
蓝宝石狐	Saphire fox		bb				pp	ss		Gg

注：表中空格处基因符号同赤狐的基因符号

2.5　毛的组织构造

2.5.1　毛囊及其附属结构

着生在哺乳动物皮肤上的毛因其类型及生长阶段的不同，在毛囊及其附属构造的结构上也存在各自的特点。

毛生长在动物的皮肤上，分为皮肤内和皮肤外两部分，露出在皮肤表层外的部分称为毛干，位于皮肤内的部分称为毛根，其中毛干的尖部称为毛尖（也称毛梢或毛锋），针毛毛干的上部（粗的部位以上）又称毛头。毛干和毛根是相对的，当毛根向上生长而长出皮肤后，也成为毛干的一部分，而下面又有新的毛根。在皮肤内的毛根，由来源于表皮的上皮组织和来源于真皮的结缔组织所形成的毛囊包被，毛根底端与毛囊结合的膨大部分称为毛球，其上有毛的生长点。毛球的基底部有凹陷，内有真皮的毛细血管网和神经末梢及其他结缔组织突入，称为毛乳头，用以毛球细胞分裂增生的营养供应和接受感觉。毛囊及毛干的结构如图 2-10 所示。

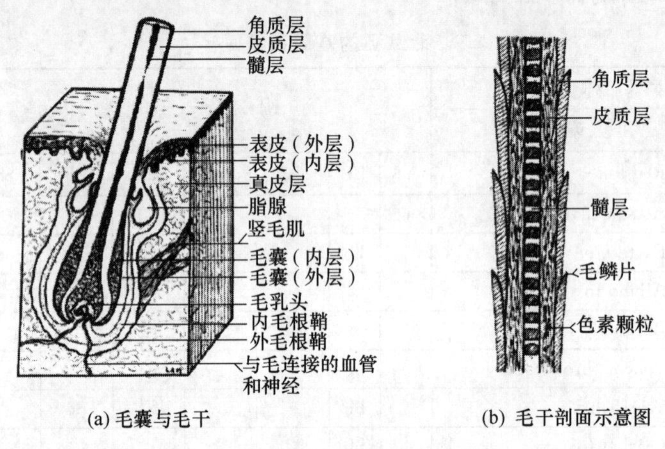

(a) 毛囊与毛干　　(b) 毛干剖面示意图

图 2-10　毛囊及毛干结构（引自 WILLIAM E. AUSTIN）

毛囊的最外层是结缔组织梢，为由环行和纵行的胶原纤维和弹性纤维所构成的网，富含血管和神经。结缔组织梢内为一层外观清亮的玻璃膜，来源于真皮层。

毛囊的内层为来源于表皮的根鞘（root sheath），由内向外分为内根鞘和外根鞘。内根鞘相当于表皮的角质层，外根鞘由数层与表皮的生发层相似的细胞构成，有分生能力，并与表皮的生发层相连。在外根鞘与玻璃膜之间有一层称为基板的结构，它为表皮与真皮间的基膜的延续。内根鞘只包被在毛根的下部，在皮脂腺开口的上方，内根鞘缺失。外根鞘从上到下整个包被着毛根，只是厚度逐渐变小。

内根鞘由内向外又分为鞘小皮、赫胥黎层和亨利层。鞘小皮为单层扁平角化细胞层，如同毛的鳞片层，由有规律排列的角质鳞片构成的，只是鞘小皮的鳞片细胞的游离缘指向毛根方向，与毛鳞片层鳞片细胞的游离缘指向刚好相反。赫胥黎层由 1～3 层角化细胞构成，其细胞中富含细丝和透明质颗粒。亨利层是内根鞘的最外层，由单层角化细胞构成，是早期角化而成的扁平状。

2.5.2　毛根的构造

毛根下部毛球包着毛乳头，毛乳头中有丰富的微血管和淋巴管，供给毛球底部细胞养料，以维持其生命，并进行繁殖，逐渐构成毛根以上部分。毛球表面细胞硬化成为鳞片层，内层变成皮质层，而附在毛乳头上端的细胞则皱缩干燥形成毛髓，如图 2-11 所示。正在成长的毛是通过毛球与毛乳头紧密连接的。在换毛季节，毛乳头萎缩，毛球上部和中部细胞逐渐硬化，与附着在毛乳头上的毛球基部活细胞分离，此时毛囊收缩，毛根上移直至脱落。在旧毛脱落之前，毛乳头细胞又开始繁殖形成新毛。

毛囊中有两代毛——新毛和旧毛。

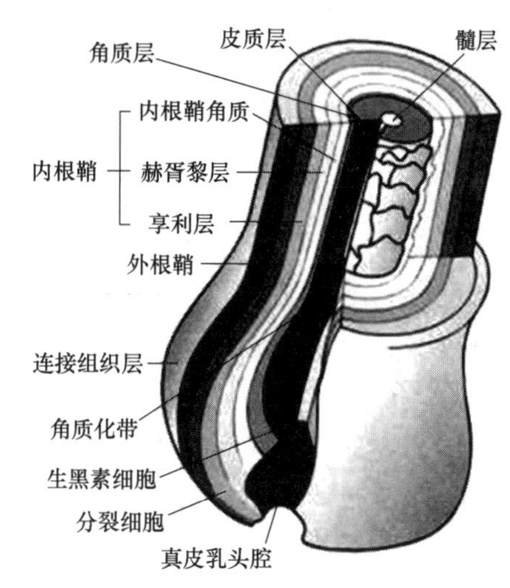

图 2-11　毛球结构

2.5.3　毛囊的构造

毛囊分为两层：外层叫毛袋，由胶原纤维和弹性纤维组成；内层叫毛根鞘，由表皮细胞组成。表皮凹入真皮内形成凹陷部分，毛根位于其中，毛的发生和成长在毛囊内进行。毛囊倾斜长在皮内，与真皮表面形成一定夹角。毛囊上有导管与脂腺相连，竖毛肌长在毛囊底部。

毛袋上胶原纤维细小，排列紧密，向两个方向分布，环状纤维包围在整个毛囊，纵向纤维则顺着毛囊轴向排列。分布在周围的弹性纤维和网状纤维则支撑着这个胶原纤维网。在毛囊最下端，毛袋凸入毛球内形成毛乳头。

毛根鞘分内鞘和外鞘：外鞘由表皮细胞构成，是进入毛囊深处的表皮细胞的延伸部分。其上部具有包括角质层在内的各层，其下部组成和表皮黏液层相似。内毛根鞘也是表皮的延伸部分，其组成和表皮的角质层相似。

毛由于被毛囊紧紧包住，毛球和毛乳头又紧密相连，因而牢固地长在毛囊里。所以无论酶脱毛还是灰碱法脱毛，都是破坏和削弱毛球和毛乳头的联系。

2.6　毛纤维结构

哺乳动物的毛纤维一般有 3 层同心结构，均由角质化的上皮细胞构成。由外向内依次为鳞片层、皮质层和髓质层［图 2-10（b)］。有的动物毛也可能只有两层结构，如海豹毛和细羊毛均无髓质层，鹿科动物的躯干冬季上毛的皮质极薄或无皮质。所有毛的毛尖和自然结束生长的毛根均缺乏髓质。

2.6.1　鳞片层（cuticula layer）

鳞片层是毛的覆盖层，又称为毛小皮，由一层到多层透明的、扁平的、完全角质化的鳞片细胞呈冠状、覆瓦状或镶嵌形排列而成，为毛的保护层。随着毛向皮肤浅层生长，鳞片状细胞自上而下排列，冠状和覆瓦状排列的外层鳞片表现为下面鳞片的上边缘覆盖在上面鳞片的下部外侧，鳞片细胞的游离缘指向毛尖。鳞片层数因动物种类、年龄、毛的类型、毛的部位和毛的鳞片类型的不同而有差异。用透射电镜观察，水貂直针毛毛尖处的扁平型鳞片有 20 层以上。

2.6.1.1　鳞片层的外部形态

用光学显微镜或扫描电子显微镜观察毛的最外层，会见到一系列花纹。这些花纹的出现既是最外层鳞片细胞角质化叠积排列所形成的，也存在后天磨损所致的情形。

在光学显微镜下，Donforth 将这些鳞片层的外部形态分成两大类：冠状型，包括简单冠状型、锯齿冠状型和齿状冠状型；覆瓦状型，包括扁平型、瓣状型和钝锯齿型等。后来，许多学者通过研究更多动物毛的鳞片后，又提出了更多的类型，如镶嵌型、单回纹型、双回纹型等。

由于哺乳动物种类数以千计，各种动物所拥有的毛的类型又不尽相同，各种毛在鳞片类型上会有许多差异；同一根毛，从毛尖到毛根也存在鳞片类型的不同。在观察毛的外层鳞片形态时，除了注意整根毛的主要鳞片类型外，还要在鳞片游离缘形态和游离缘之间的距离远近上找差异。有的鳞片游离缘是平滑的，游离缘与毛干纵轴垂直或形成各种角度；有的鳞片游离缘是波纹状的或带有锯齿的，或呈齿形的；有的鳞片游离缘呈各种规则或不规则的瓣状，如长瓣形、尖瓣形、卵瓣形、杂瓣形等；有的鳞片游离缘呈各种规则或不规则的镶嵌等。在鳞片游离缘与游离缘间的距离上，有的远些，有的近些。正是在毛的鳞片细胞形成后和后天磨损等所形成的各种鳞片花纹形态以及鳞片游离缘间距远近等所表现的差异，才使毛的鳞片层外部形态多种多样。图 2-12 所示为鳞片边缘形态、鳞片间距及 12 种主要的鳞片花纹类型。

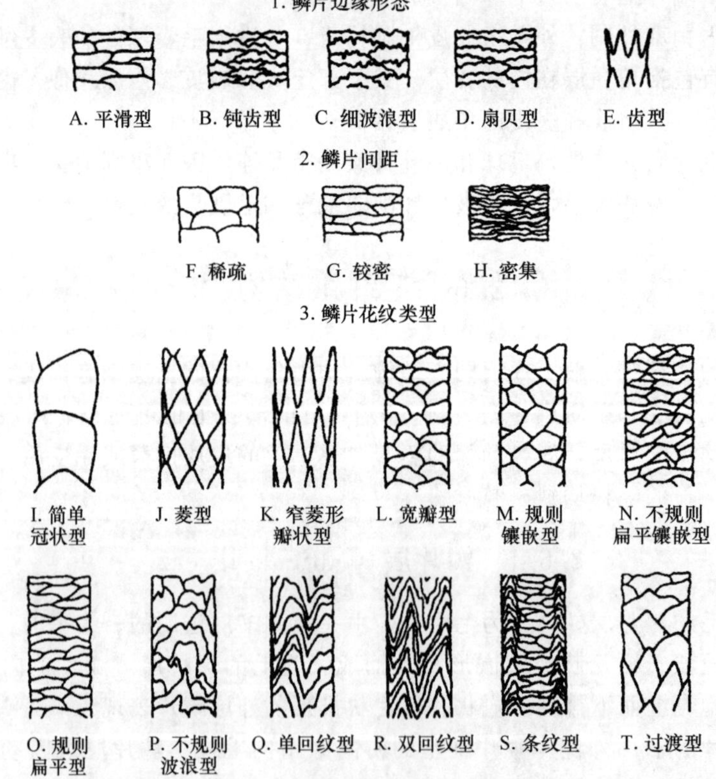

图 2-12　毛干外层鳞片边缘形态、鳞片间距及 12 种鳞片花纹类型示意图（引自张伟《毛皮学》）

从毛尖到毛根，鳞片类型也不尽一致，特别是毛纤维细度变化较大的毛，在各种鳞片类型之间往往又存在着过渡类型。过渡类型以其缓慢或短暂的变化，反映出两种典型的鳞片类型间的过渡。在观察毛的鳞片时，特别是用于动物的分类鉴别时，除了要了解整根主要鳞片类型外，还要把握由毛尖到毛根的各种类型鳞片的排列顺序、所占比例以及过渡类型的状态、过渡区间长短等。不论是应用光学显微镜还是扫描电子显微镜来观察毛的鳞片，一般仅限于观察到毛的一个侧面（限于毛周长的 1/2 以内），在区别各种差别细微的鳞片类型时，要注意把握其本质区别。例如，冠状型鳞片是指在整个毛的周长上由一个鳞片细胞包被，而扁平型鳞片要有 2 个以上的鳞片细胞才能包被毛的一周，区别它们时，要注意到我们所观察到的仅是毛的一个侧面，应参考邻近的鳞片形态来综合判断。

2.6.1.2　鳞片的作用

毛的鳞片作为包被整根毛的外层结构，无论是对毛纤维本身，还是对动物机体，都具有其特定的多项功能。

鳞片状角质覆盖物是广泛存在的，无论是兽类、鸟类、爬行类和鱼类，鳞片状角质覆盖物都是重要的保护性结构。在有鳞蝗鱼类、爬行类和个别兽类中，角质化覆盖物直接覆盖在动物皮肤表面，直接保护动物机体。主要表现在保护机体组织免受外力损伤，阻碍体液散失和外界物质侵入，能吸收外热又能防止紫外线损伤皮肤，便于机体在水中向前游动或在物体上向前爬行，也便于机体的灵活摆动。而在绝大多数兽类中，皮肤的外层为角质毛所覆盖，似乎其爬行类祖先的一个个鳞片变成了兽类的一根根毛，而每一根毛上又布满了像其爬行类祖先体外被覆的鳞片。毛上的鳞片排列也像爬行类或鱼类那样，游离缘指向远端。类似的结构、类似的排列，也使毛具有类似的功能，只不过毛上的鳞片对哺乳动物机体的作用表现得间接罢了。

毛的鳞片层虽然相对于一根毛来说很薄，仅占毛纤维直径的 1%～2%，但它作为高度角质化、致密的角蛋白，对外力、水、酸、盐和某些微生物的侵蚀都具有一定的防护作用，可以保护毛纤维完整和内部不受损害。排列紧密的鳞片就像一个坚固的完整外壳包被着整根毛，使毛纤维既有很强的支撑力，使之直立坚挺，同时又使毛具有很强的灵活性。

鳞片的游离缘指向毛尖，落到毛被上的异物均会被阻挡，即使雨滴也不容易顺着毛干浸落到皮肤表面，特别是当毛的鳞片上布满皮脂时这种保护功能更强。也正是因为有了这样的鳞片排列，毛被下层或皮肤表面的异物还能随着毛的生长和毛被内毛纤维间的相对运动而移到毛被上层直至脱离毛被，特别是当动物抖动全身毛时，这种作用就更突出。

鳞片还影响毛对光的反射和吸收以及毛的弹性、灵活性、摩擦力和缩绒性等，不同排列方式的鳞片会起到不同的作用。当鳞片越宽扁、越密集排列、越紧紧抱合在一起时，毛的表面就越光滑，对光的反射作用就越强，吸收的光就越少，不仅机体免受外界环境的强光辐射作用，也有助于增强毛的光泽。当鳞片排列疏松或者与毛干的夹角较大，会使每个鳞片对光线产生各自的“漫反射”，而易于吸收光线，同时毛的光泽性差，显得暗淡。鳞片排列紧密、游离缘与毛干的夹角很小时，会使毛的逆向摩擦力降低（逆向摩擦是指逆着鳞片游离缘指向的摩擦），从而降低毛的定向摩擦效应，即降低毛的逆向摩擦力与正向摩擦力的差，使毛在不定向外力作用下的定向移动（即向毛根方向的移动）效应降低，从而降低毛的缩绒性。而疏松的、游离缘与毛干夹角大的鳞片排列会增大毛的逆向摩擦力和定向摩擦效应，从而提高毛的缩绒性。缩绒性是毛纺行业在生产中对毛纺材料在外力作用下毛纤维定向移动、相互黏结作用的代名词，即指毛和毛之间的黏结的特性。这种黏结恰恰是因为毛干鳞片的定向排列所致。毛的定向摩擦效应在笔刷原料毛加工时也有重要意义。因为其成品必须让毛根（或毛尖）在同一方向。在国家标准中对倒根率的要求因毛的种类不同有不同的规定。以貉毛为例，貉身把毛的倒根率，尖部为1%～3%，底部为4%～7%；貉尾把毛的倒根率，尖部为2%～3%，底部为3%～4%；黄狼尾和元尾把毛的倒根率，尖部为1%，底部2%。目前调整毛根方向的方法是：将一把毛垂直立于工作台上，用手沿毛干垂直方向用力揉搓，毛根倒置的毛即上升到把毛顶部，将其拨出理顺即可。

鳞片排列状况除与动物种类有关外，还和许多其他因素有关。这就使鳞片的上述功能有相当大的差异。羊的细毛、驼绒和毛皮动物的细绒毛的鳞片排列疏松，多为冠状型和瓣状型鳞片，游离缘与毛干夹角较大，使毛的光泽差、缩绒性强。而一些动物的粗毛或针毛的鳞片排列紧密，且紧贴于毛干上，游离缘与毛干抱合紧密，毛的光泽强、缩绒性小。虽为同一种动物的同一类型毛，因季节不同毛鳞片的排列方式也有程度上的不同，表现在毛的光泽和缩绒性等方面的差异。比如毛皮动物的针毛在冬季光润、平滑，而到春季换毛前，会变得暗淡、粗糙，两者在缩绒性上也有差异，这除了鳞片间连接的程度有趋于松解的变化外，还与皮脂多少有关。春季干燥、风大，皮脂易于挥发，同时动物皮脂腺功能变差，会使毛变得干枯，这是引起春季产毛皮毛绒粗涩、枯燥、光泽差、弹性差、易黏结的原因。

2.6.1.3 一些动物毛的鳞片排列

毛的鳞片排列因动物种类不同而表现不同的差异，因此可以作为动物分类的佐证。因毛的类型不同，其鳞片类型和排列也可能不同。在观察比较时，要分别揭示各种类型毛的鳞片排列。在动物间对比时，要用相同或相近类型的毛进行比较。而研究毛的鳞片排列时，采样要有代表性和可比性，比如要兼顾到动物的身体部位、毛的类型和生长阶段、毛是否完整等。

表2-5中列出了成年鼬科动物背中部冬毛的鳞片类型，以及各种鳞片类型对于毛长度的占比大小，其顺序为毛尖至毛根。表2-6是几种狐胎毛及成体毛的鳞片排列。

表2-5　部分鼬科动物背部冬毛鳞片类型及其占比情况

动物种名	毛的类型	鳞片类型	占比/%
纹鼬（*Mustela strigidorsa*）	直针毛	冠状型	7.6
		杂波型	38.5
		扁平型	13.0
		杂瓣型	37
		扁平型	3
	绒毛	冠状型	3
		杂波型	48
		杂瓣型	8
		卵瓣型	13
		长瓣型	11
		杂瓣型	5
		扁平型	11

续表

动物种名	毛的类型	鳞片类型	占比/%
白鼬（*Mustela crminra*）	直针毛	冠状型	2
		杂波型	38
		扁平型	3
		杂瓣型	5
		尖瓣型	45
		扁平型	4
	绒毛	冠状型	13
		扁杂波型	20
		卵瓣型	60
		扁平型	6
香鼬（*Mustela altaica*）	直针毛	冠状型	6
		杂波型	36
		杂瓣型	5
		长瓣型	48
		扁平型	4
	绒毛	冠状型	20
		扁杂波型	14
		长瓣型	57
		扁平型	8
伶鼬（*Mustela nivalis*）	直针毛	冠状型	6
		杂波型	29
		宽杂瓣型	8
		长瓣型	49
		方杂瓣型	1
		扁平型	6
	绒毛	冠状型	18
		杂瓣型	3
		长瓣型	72
		杂瓣型	1
		扁平型	5
艾鼬（*Mustela eversmanni*）	直针毛	冠状型	2
		杂波型	74
		杂瓣型	10
		方瓣型	9
		扁平型	4
	绒毛	冠状型	25
		卵瓣型	65
		扁平型	10
鼬獾（*Melogale moschata*）	直针毛	冠状型	0.5
		杂波型	71
		杂瓣型	14
		方瓣型	5
		杂瓣型	3
		扁平型	3

续表

动物种名	毛的类型	鳞片类型	占比/%
鼬獾（*Melogale moschata*）	绒毛	冠状型	8
		杂瓣型	43
		方瓣型	38
		扁平型	11
水獭（*Lutra lutra*）	直针毛	杂波型	40
		杂瓣型	22
		卵瓣型	6
		长瓣型	28
		扁平型	3
	绒毛	冠状型	2
		卵瓣型	19
		长瓣型	73
		扁平型	6
石貂（*Martes foina*）	直针毛	冠状型	2
		杂波型	37
		杂瓣型	3
		方瓣型	22
		长瓣型	33
		杂瓣型	极少
		扁平型	2
	绒毛	冠状型	21
		卵瓣型	11
		长瓣型	66
		杂瓣型	极少
		扁平型	1
紫貂（*Martes zibellina*）	直针毛	冠状型	2
		杂波型	23
		杂瓣型	5
		长瓣型	55
		杂瓣型	1
		扁平型	2
	绒毛	冠状型	21
		杂瓣型	1
		卵瓣型	10
		长瓣型	63
		扁平型	4
水貂（*Mustela vison*）	直针毛	杂波型	45
		扁平型	4.5
		杂瓣型	极少
		长瓣型	47.5
		杂瓣型	极少
		扁平型	3

续表

动物种名	毛的类型	鳞片类型	占比/%
水貂（*Mustela vison*）	披针毛	杂波型	33
		扁平型	13
		扁杂瓣型	少
		杂瓣型	极少
		卵瓣型	极少
		长瓣型	42
		杂瓣型	极少
		扁平型	4
	绒针毛	杂波型	25
		杂瓣型	极少
		卵瓣型	极少
		长瓣型	61
		扁平型	8
	绒毛	冠状型	少
		扁平型	极少
		长瓣型	88
		扁平型	10
貉（*Nyctereutes procyonoides*）	直针毛	冠状型	1.4
		杂波型	42.8
		过渡型	4.5
		杂瓣型	45.4
		过渡型	1.8
		扁平型	2.2
	披针毛	冠状型	0.9
		杂波型	39.2
		过渡型	1.7
		杂瓣型	27.8
		方瓣型	极少
		杂瓣型	25.9
		过渡型	0.5
		扁平型	0.5
	绒针毛	冠状型	3.3
		杂瓣型	28.6
		过渡型	4.2
		卵瓣型	2.9
		过渡型	极少
		尖瓣型	16.6
		过渡型	极少
		卵瓣型	8.2
		过渡型	极少
		尖瓣型	16.8
		卵瓣型	13.9
		过渡型	极少
		扁平型	2.5
	绒毛	长斜冠状型	53.4
		过渡型	3.4
		平冠状型	35
		过渡型	1.9
		长瓣型	6.3

表 2-6　几种狐胎毛及成体毛的鳞片排列

动物种类	毛的类型	鳞片类型(由毛尖至毛根)	主要类型
银黑狐 (*Vilpes fulvua*)	冬皮成体直针毛 冬皮成体绒毛 1日龄胎毛	冠状型、杂波型、长瓣型、卵瓣型、扁平型 冠状型、长瓣型、扁平型 冠状型、扁平型	长瓣型 长瓣型 扁平型
蓝狐 (*Alopex lagopus*)	冬皮成体直针毛 冬皮成体绒毛 1日龄胎毛	冠状型、杂波型、卵瓣型、长瓣型、杂瓣型、扁平型 冠状型、长瓣型、扁平型 冠状型、扁平型	杂瓣型 长瓣型 扁平型
蓝霜狐 (杂交后代)	冬皮成体直针毛 冬皮成体绒毛 1日龄胎毛	冠状型、杂波型、长瓣型、卵瓣型、方瓣型、扁平型 冠状型、长瓣型、斜瓣型、扁平型 冠状型、扁平型	杂波型 斜瓣型 扁平型

2.6.2　皮质层（cortex layer）

皮质层是毛纤维三层结构的第二层，是毛的主要组成部分，由与毛纤维纵轴平行的紧密排列的细长而直的纺锤状细胞胶合而成。皮质细胞外包有细胞膜，细胞膜较厚，中心有细胞核残余，细胞核变成小颗粒状，整个细胞高度角化，细胞间以细胞间质和一些微丝穿过长梭形细胞连接。皮质细胞为宽 3～8μm（细胞最宽外）、长 80～100μm、厚 1.5～4μm 的多角形截面或纺锤状细胞。

皮质细胞由含硫量高的硬角蛋白组成，而细胞间质为非角朊物质，起胶结细胞的作用。细胞间质在水中会发生膨胀，在酸、碱和酶的作用下会受到破坏，使原来紧密排列在一起的角化的长梭形皮质细胞相互分离，易使毛纤维分裂。若没有鳞片层的屏障作用，皮质层易被破坏。皮质细胞的理化性质较稳定，机械强度大。

皮质细胞的基本结构单位是基原纤维，为 3 条或 6 条肽链盘绕成的结晶大分子束，直径在 1nm 左右，结构稳定。再由 11 个基原纤维以外围 9 个、核心 2 个平行排列的方式构成微原纤维，直径在 7nm 左右。这些微原纤维散布在无定形的高硫蛋白质分子组成的基质中构成巨原纤维，直径在 30nm 左右。另有一种皮质则是由微原纤维直接堆砌构成的。这种由微原纤维直接堆砌而成的皮质称为副皮质（para cortex），由巨原纤维构成的皮质称为正皮质（ortho cortex）。

正皮质细胞粗而短，沿细胞轴向存在明显的扭曲，含硫量低，吸湿性较大，吸湿膨胀率较高，对酶及其他化学物质的作用反应明显，用碱性染料易着色，抗酸能力较强。相反，副皮质结晶区较大，细胞细长，含有较多的双硫键，分子结构稳定，故吸湿性较小，吸湿膨胀率低，对酸性易着色，对化学试剂不及正皮质细胞敏感。副皮质比正皮质结构紧密，力学强度高。

由于正、副皮质的含量和分布因毛的品种和毛的类型的不同而有差异，从而引起内应力的不一致，致使毛自然卷曲。例如，细羊毛的正、副皮质细胞分别位于纤维两侧，形成所谓的双边结构，两种皮质细胞的界限清晰可见（因细羊毛无髓，故皮质呈圆柱状）。羊毛纤维的弯曲与两种皮质细胞的膨胀程度有关，由于细毛的正皮质膨胀率大于副皮质，而正皮质总是处于毛卷曲线的外侧，副皮质细胞处于卷曲线内侧。而粗直的羊毛的正皮质细胞位于毛纤维中部呈放射状，副皮质细胞包围在正皮质细胞的外面，则不会出现毛纤维两侧膨胀率不一致的情况，不会发生明显的弯曲。

皮质层发达程度的不同，使得毛的理化性质也有差异，其发达程度决定毛纤维的抗张强度和弹性大小。皮质越发达，毛纤维越结实，弹性越好。而皮质的发达程度因动物种类和毛的类型不同存在着相当大的差异。如海豹毛、细羊毛等的皮质层极发达，除鳞片外，均为皮质。水獭冬毛的皮质占毛直径的 62%左右，松鼠冬毛的皮质约占 34%，雪兔冬毛的皮质约占 12%。而驯鹿躯干冬毛皮质极不发达，其强度、弹性均较差，容易断裂。

毛纤维的强度与皮质的发达程度成正比，但不一定因毛的细度大而增大。

毛的色素颗粒主要分布在皮质层中。虽然髓质层中也有色素颗粒，但主要分布在近皮质层。色素颗粒在皮质层中的排列方式与髓质中的不同，以金猫、水貂和银狐的直针毛为例，分布在皮质层中的椭圆形或长椭圆形色素颗粒，其长轴与毛干纵轴平行，而分布在髓质层中的色素颗粒的长轴多与毛干纵轴垂直。

2.6.3　髓质层（medulla layer）

髓质层也称髓质毛髓。有髓毛中，髓质层位于毛纤维的中心，与皮质层和鳞片层为同心圆结构，由结构疏松、充满空气的薄壁细胞组成。外被有皮质层和鳞片层形成的管壁，由管壁所包被的空气腔称为髓腔，由于髓细胞在髓腔内的不同排列方式而形成各种形状的花纹，称为髓质花纹。髓质的发达程度及髓质花纹的类型因动物种类、毛的类型和毛的部位等而存在差异。如海豹毛、羊绒毛无髓，而驯鹿躯干冬季上毛的髓质层占毛纤维直径的 98%以上。

髓细胞来源于毛乳头顶端处的毛球细胞。由于毛发生时，首先形成的是鳞片细胞和皮质细胞，因而毛尖端均无髓质，而当毛停止生长时，首先停止分生的也是髓细胞，所以毛根下部也无髓质。根据一根毛的毛根下部是否无髓，可判断这根毛是否已结束生长，也可作为鉴别毛皮动物的毛绒是否成熟的依据。

随着毛的生长，髓细胞上移并开始角化、皱缩，毛纤维的鳞片层和皮质层角化后成为坚硬的保护性外壁。髓细胞在角化过程中，细胞核萎缩并消失，故髓细胞排列得较疏松，细胞内和细胞间出现空气腔，称为气室（chamber air），其中所包含的不流动空气对热的传导有阻碍作用，从而决定了毛的保暖性，对动物保持体温、抵御寒冷及酷暑都有重要意义。髓质越发达，毛纤维的绝热性越强，如紫貂毛髓质层含量 64.5%，水貂毛髓质层含量 57.6%，所以前者较后者更保暖。驯鹿毛密度虽小，但凭借其毛髓质极发达的粗毛却能抵御高纬度地区的严寒。

髓质层所占比例越大，毛纤维越粗、直、僵硬，不仅弹性差，且强度低，染色时着色率低。髓质层有少量的色素颗粒，会影响毛的色泽，同时髓质层中空气腔的多少、结构也会影响毛色。

绝大多数野生动物的毛包括胎毛和绒毛都是有髓毛。但不同亲缘关系的动物，在毛的髓质花纹上有区别。

（1）光学显微镜下髓质的花纹类型

在光学显微镜下，根据各种毛髓质的有无及髓质间连接情况，Donforth 将各种毛的髓质花纹分为 5 种类型。

① 无髓型：髓质缺失，即整根毛均无髓。

② 断片型：在毛纤维上，髓细胞或有或无，无规律地分散排列。

③ 中间型：多数髓细胞相互连接，但仍有部分髓细胞分开排列。

④ 不连续型：数个髓细胞聚焦在一起组成一定的构型，各个构型间按一定的距离和方式分散排列。

⑤ 连续型：髓细胞相互连接，排列成柱状。

以上的各个类型中，根据髓细胞排列的形态还可以进一步细分出一些类型（图 2-13），如单列梯型、多列梯型、球状型、放射型等。

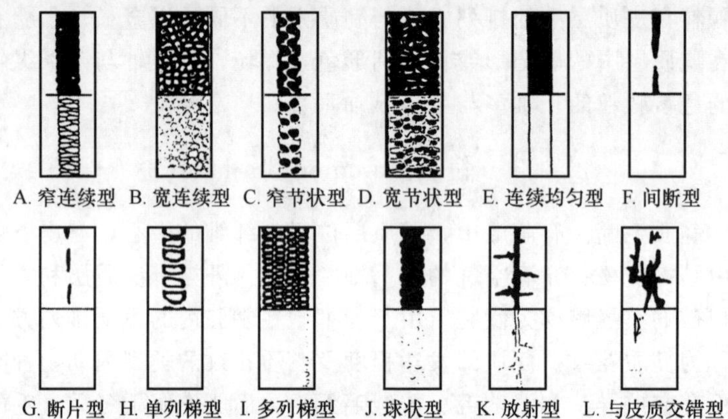

图 2-13　光镜下的髓质花纹模式图（引自 Hans Brunner，*The identification of mammalian hair*）

（2）扫描电子显微镜下的髓质花纹类型

在扫描电镜下，可以观察到更清晰的髓质花纹。近藤敬治（1985）将毛的髓质花纹分为 9 种类型（图 2-14）。

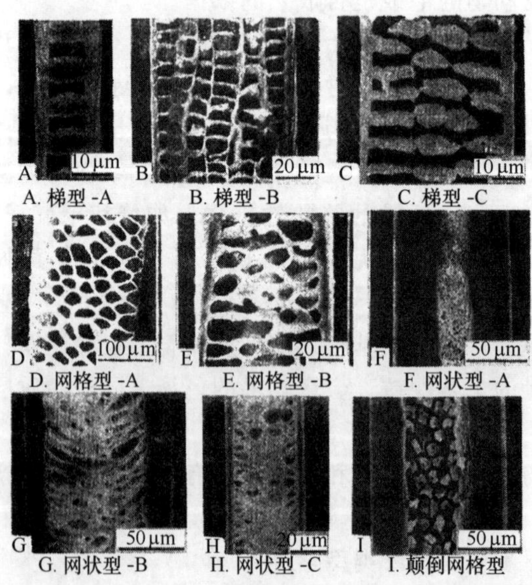

图 2-14　近藤敬治命名的扫描电镜下的 9 种髓质形态

① 梯型-A：构成气室的与毛纤维垂直的髓壁在毛的纵轴方向上呈简单的连续排列，并与气室和纵向髓壁构成封闭梯形。几乎所有动物的绒毛髓质花纹均为此类型，一些动物的胎毛髓也为这种类型。

② 梯型-B：气室、横向髓壁、纵向髓壁之间构成了如同几个梯子并列排在一起的图形，就像数个梯型-A 的平行组合。兔科动物的直针毛为此类型。

③ 梯型-C：这种类型的髓由数行梯形组成，各行由垂直于毛干的髓壁隔开。但是它与梯形-B 有明显的区别，它没有纵向的髓壁。仓鼠科和鼠科动物的上毛属于此类型。

④ 网格型-A：髓壁将气室围成一个个网洞，犹如一张由多边形网格构成的网。气室的形状由菱形到多边形。具有这种髓质花纹的毛均是髓质极发达的动物毛，在光镜下即可看到清晰的网格。鹿科动物中多数毛属于此类型。

⑤ 网格型-B：气室被不规则方向的髓壁分割成椭圆形、长方形或多边形，如节状，髓壁较厚，具有此类型的动物毛的髓质不如网格型-A 发达。鼬科、松鼠科动物的直针毛具有此类型髓质。

⑥ 网状型-A：髓壁很薄，与构成的大小不一的气室呈不规则排列。牛科、貘科动物中有这种髓质花纹的上毛。

⑦ 网状型-B：呈网格形或扁平形的气室再由与毛的纵轴大致平行的细的小壁分隔，马科和一些牛科动物的上毛为此类型。

⑧ 网状型-C：气室大小不等，近圆形。犬科动物针毛有这种髓。

⑨ 颠倒网格型：气室与髓壁构成网格型，犹如网格型-A 的气室与髓壁颠倒了位置，仓鼠科、毛丝鼠科和鼩鼱科动物的上毛为此类型。

虽然毛的髓质花纹类型不像毛的鳞片类型那样复杂，但也远不止上述 9 种，因为这些类型间也存在过渡区的问题。同一科动物的同类型毛在髓质花纹上也存在一些差异。但总体来说，各种动物的绒毛髓基本相同，为梯型-A，而上毛髓的类型多具有科的同一性。因此，髓质花纹也是用于毛的分类识别的重要特征，是兽类分类的重要佐证之一。

2.7　毛的发生与生长

任何哺乳动物的毛均是在胚胎期发生的，之后呈生长、脱落、再生长的规律性变化。虽然从动物的出生直到动物体生命结束，毛的生长一直处于这样的周期性循环过程中，但绝不是简单的重复循环，其发展变化与动物机体代谢紧密相关，并反映机体状况与环境变化。

每根毛由生长到脱落为一个周期，其中分为生长期、衰退期和静止期。生长期（anagen）是指毛球细胞进行有丝分裂活动的时期，即毛的持续生长期；衰退期（catagen）是指毛球细胞增殖慢慢减弱，最后完全停止细胞增殖，直到毛球的所有残留部分都变成脆弱的、瓦解的角化细胞柱，即形成杵形毛（chub hair）；静止期（telogen）是指毛囊进入静止阶段，此时，杵形毛的残余部分被生角质的小根固定着，毛乳头变成一个细胞球，位于毛球生发细胞索的下面。

静止期后，毛球细胞的有丝分裂活动及角质化重新开始，新毛生长。在新毛生长的同时，旧毛的毛根逐渐移向皮肤表面，最终脱落。毛的这种间歇性（周期性）的有丝分裂活动和角化可能是由于经由毛乳头到达毛球毛母细胞（hair matrix cells）的激素诱导的结果。

毛在生长过程中的周期性变化，与许多因素有关，如物种、遗传、营养、代谢、年龄、季节、地域、环境等多方面因素都不同程度地对其产生影响。对于季节性换毛动物而言，环境中光照和温度的周期性改变起着极大的作用。而对人类来说，社会因素和精神状况也常常成为影响毛发生长的因素。虽然任何毛的生长规律都呈现周期性变化，但周期的长短各有不同，有的毛的周期仅几个月，也有的为几年或更长时间，有的周期较稳定，有的则出现大的波动。例如，人发的生长周期一般为 6 年左右，而周期长的可达十几年或更长时间。

了解和掌握毛皮动物的毛发生长和换毛规律，对于把握毛皮原料皮质量和控制动物取皮时节具有重要的指导意义，也便于加强毛皮加工过程的质量控制。

2.7.1 毛的发生

任何动物，哪怕是鲸、海豚等这类成体体被无毛的动物，其胎胚期都是有毛的。虽然各种动物毛的发生时间各不相同，但其发生过程是基本一致的。

胚胎初期发育过程中，外胚层细胞挤压到表层，形成一薄层扁平细胞，称周皮（pertderm），这时胚胎表皮层由单层变为复层，即表皮基层。随着胚胎的进一步发育，基层趋向增厚，胞核互相交错，该层细胞逐渐增大，细胞质高度空泡化。之后，胚胎性表皮细胞分化、变性和角化，逐步形成表皮。

同时，毛囊开始发生，胚胎性表皮深部的细胞层变成有增殖能力的生发层，出现细胞集中、加厚，形成结节（称为毛囊原始体或毛芽），继而陷入真皮，形成实心细胞柱，称为毛囊原基或毛栓。基部细胞增多，分化成毛球，真皮的结缔组织进入形成毛乳头。生发层细胞分生出毛根圆锥体，毛球细胞不断增生，毛根圆锥体生长并角化，把原来的实心的毛囊冲开而长出皮肤，形成毛（图 2-15）。

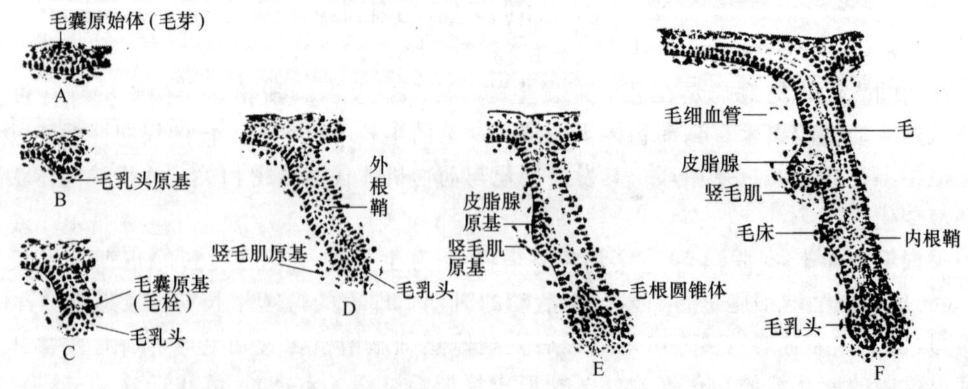

图 2-15　毛发生模式图（A→F）（引自张伟《毛皮学》）

2.7.2　毛囊的形成

毛在发生时不是各部位、各种类型的毛同时发生的，不仅有部位的先后，也有毛囊类型出现的先后，因此将毛囊分为初级毛囊和次级毛囊。初级毛囊是最早发生的粗而长的毛囊，并伴有皮脂腺、竖毛肌和汗腺。次级毛囊是在初级毛囊之后发生的，较初级毛囊细小，在真皮内分布较浅，伴有皮脂腺，但缺少汗腺和竖毛肌。初级毛囊内长出的毛主要成为毛被的上毛，而次级毛囊内长出的毛构成毛被的下毛。图 2-16 为獭兔毛囊群的组织结构图。

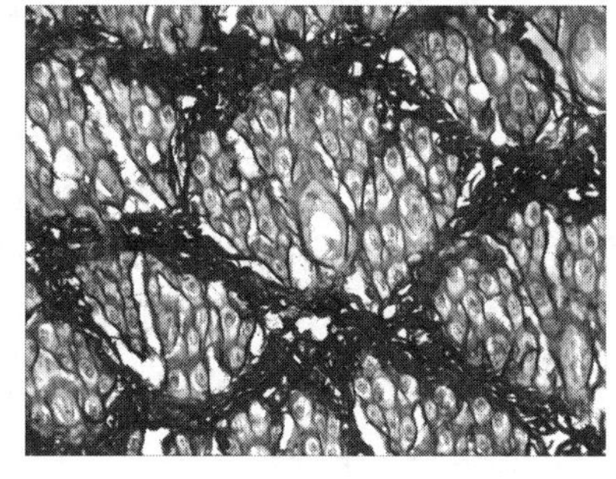

图 2-16　獭兔毛囊群的组织结构图

2.7.3　毛的生长与形成过程

毛的生长依赖于毛球细胞的有丝分裂，通过毛乳头向毛球细胞输送营养物质并调控毛的生长。在毛的整个生长周期中，毛乳头的血液供应状况直接关系着毛的生长过程，使毛的生长由一个时期进入另一个时期，从完成一个周期并进入下一个周期。毛球分生出的种种细胞的角化过程便是毛的生长和形成过程，并通过各种细胞叠积而成毛纤维。

毛球细胞分生的四种细胞（柱状的内根鞘细胞、鳞片层细胞、皮质细胞和髓质细胞）逐渐被推向皮肤浅层，并角化和定型，这四种细胞，分别形成毛囊内根鞘、毛的鳞片层、皮质层和髓质层。

柱状的内根鞘细胞在充满微丝和透明颗粒的同时，细胞器趋于崩溃，留下的细胞内容物和微丝以及失去颗粉形态的透明颗粒共同形成角蛋白，包括含硫少的纤维蛋白和含硫多的无定形蛋白，细胞膜增厚，变宽了的细胞间隙内充填以无定形物质。

鳞片层的细胞在角化开始时出现少量微丝和大量的颗粒（几十纳米），并且颗粒中的无定形物质继续增多且颗粒增大。在角化过程中，鳞片细胞由立方体变成柱状体，最终成扁平的各种形态的高度角化的鳞片。完全角化的鳞片细胞主要是含硫高的无定形物质，并随毛的长期存在而保留在毛纤维上，不像表皮角化的细胞那样随时剥脱，也不像内根鞘角化细胞那样逐渐散落。

皮质细胞在角化过程中，也逐渐分生出角蛋白，但其分化过程不同于鳞片细胞。首先，皮质细胞内开始产生出直径为 6～8nm 的微丝，由微丝聚合成束，当毛长出皮肤时，皮质细胞内充满含硫少的微丝，微丝间分布大量的含硫多的不定形基质。也有一部分由微丝构成的皮质（负皮质）。

髓质细胞在分化中产生出粒径 30～50nm 的颗粒，大的颗粒粒径可达数微米。之后，颗粒逐渐解散，互相融合，最终成为一片无定形的、含硫少的或无硫的蛋白充满细胞。

各种动物有其各自固有的毛发生长的生理机制，从而所形成的毛在结构上也表现出各自的特征。毛囊内构成毛鳞片和毛内根鞘的细胞，在角化过程中受着各个方向力的作用：新生细胞，处于黏稠液态的基质中，所承受的流体静压在各个方向上的压强是均等的，所以细胞几乎是圆球形。随着毛球细胞不断增生，就会产生向上的推挤和轴向力，而上部又有来自已经角化的细胞的阻力，从而使细胞被挤压变宽而扁平，在向上推移的同时，受毛囊周围的外力作用，也会使细胞呈多边形或菱形。一般情况下，毛球先分生的细胞形成内根鞘，后分生的细胞形成毛，即内根鞘细胞优先发生角化。角化始自最外的亨利层，继而是中间的赫胥黎层，最后才是最内层的鞘小皮。因此，鳞片层细胞是在已经角化了的内根鞘构成的“模子”里进行角化的，从而鞘小皮细胞的形状就会“模印”到这些鳞片细胞的外表面，也即是鳞片细胞角化过程中始终受到已角化的内根鞘的内向力作用，鞘小皮细胞的形态结构就模印成鳞片表面形态结构。同时，毛球有丝分裂强度也影响鳞片形态，毛球分生速度慢，新生细胞向上推移慢，则形成菱形瓣状表面，而分生速度快，就逐渐出现规则镶嵌型、稀疏扁平型、扁平型、密集扁平型等。

2.7.4 换毛过程与方式

动物换毛是指动物在生长过程中毛被自然脱落，并长出新毛的过程。是动物的一种生理现象。主要为适应环境温度变化，也有自身保护原因，如雪兔在冬季到来时会脱换成白色的毛被，以与环境协调一致。

动物换毛分为季节性换毛和年龄性换毛。

动物的季节性换毛和脱换胎毛为定期性换毛，即在一定时间内完成全身的脱除旧毛长出新毛的过程。而经常性陆续换毛则是像人类的毛发及动物的触毛等，随时有脱落并长出新毛，终年都在进行，没有典型的脱换期和静止期的交替。另一情况属于异常性脱毛，如某些动物受到惊吓或生理出现异常时，如人类中出现的斑秃、普秃、遗传性脱毛、化疗后脱发等。

2.7.4.1 毛的更换过程

动物受外界刺激，如寒冷或炎热或惊吓，特别光照时间长短和光照强度的变化，通过动物眼睛的刺激，作用于动物颅腔内位于间脑顶端的松果体，影响松果体的分泌活动，特别是褪黑激素（MLT）的分泌量，进而大脑发出脱毛指令，体内分泌某种激素(主要是褪黑激素 MLT)，致使毛乳头开始萎缩，减少流经皮肤向毛球的供血量，直到停止营养供应，使毛球细胞停止增殖，毛球逐渐角化并脱离毛乳头，毛囊收缩向外挤压毛根，直至脱落。在旧毛脱落前，某种分泌激素的变化，使得经皮肤向毛乳头的供给血液量增加，毛乳头又恢复生机，使上皮索细胞增殖形成毛球，并由此产生新的毛圆锥，依照胚胎期毛的生长过程再生新毛，新毛在皮肤深处向上生长，并将旧毛挤出皮肤外至脱落，直至新毛长出皮肤表面。

褪黑激素是一种吲哚类物质，由松果体 5-羟色胺（5-HT）通过两种酶的作用合成。有关 MLT 的合成与分泌规律的研究开始于老鼠。Quay 观察到松果体 5-HT 水平白天高、夜晚低，当光周期改变时能引起松果体 5-HT 含量的相应变化。而松果体的 MLT 含量的昼夜变化与 5-HT 正好相反。Ravanlt 等人报道，水貂血液中的 MLT 含量在黑夜开始后立即增加，浓度升高的持续期与黑夜的长短成正比。当切除水貂颈上神经节(即切断光周期信号到达松果体的神经通路）时，则看不到血液 MLT 的上述规律。

2.7.4.2　毛被更换规律

毛被更换分为年龄性换毛、季节性换毛和病理性换毛。

野生动物通常换毛速度较快，而家畜动物较慢，冬眠动物和水陆两栖动物则更慢。

（1）年龄性换毛

哺乳动物在出生前后（绝大部分动物是在出生后），即脱掉胎毛长出新毛。

哺乳动物体被的胎毛在形态上一般只有1～2种类型，其结构与成体毛有很大区别。如水貂胎毛的最外层鳞片主要为扁平型，其鳞片的平均间距为$(3.27\pm0.29)\mu m$，宽为$(7.61\pm0.31)\mu m$，每1mm长度内有鳞片65个左右，其髓质层的气室为单列梯形。而水貂成体直针毛鳞片形态结构有方瓣型、尖瓣、长瓣型、扁平型和杂波型，鳞片密度高达30～40个/mm，髓质呈单列梯状排列，髓层约占毛纤维的50%。

胎毛密度很小，虽然胚胎期皮已经形成全部毛囊原始体，但在出生时，毛囊原始体仍处于休眠状态。已经发育的毛囊原始体，每一个毛囊中只长出一根毛，称初级毛囊，这些稀疏的胎毛在皮肤上呈无规则的排列。

随着机体在出生后的发育，大量的新毛在皮上开始生长，即那些处于休眠状态的毛囊原始体发育成新毛。对大量不同日龄水貂仔兽的皮肤切片的观察表明，最早出现新毛的时间为22日龄，一般在25日龄出现。最先长出皮肤的是毛球很大的粗壮的针毛。随着机体生长，新生毛不断增多，到32～35日龄时，又有大量绒毛长出皮肤，此时即有毛束出现，次级毛囊形成。在新毛出现的同时，胎毛逐渐脱落，到45日龄左右，新毛已遍布全身。

通过对1～7月龄獭兔皮体被毛囊的观察，2～4月龄獭兔生长较快，皮肤表面积增加显著，毛囊群数量快速地由1月龄的1143个/cm^2，递减至4月龄时的474个/cm^2，5～7月龄毛囊群趋于稳定。3月龄獭兔毛囊处于休止期后，第一次出现毛囊增殖分化，被毛大量生长，4月龄獭兔被毛密度达21075根/cm^2。5月龄獭兔第二次出现毛囊休止期后，毛囊第二次分化快速增殖，6月龄被毛生长第二次达到高峰，毛密度为20389根/cm^2。1～2月龄獭兔毛囊处于分化增生期，3月、5月和7月龄毛囊分化处于休止期，3～4月和4～5月龄毛囊分化介于休止和增生分化交潜期，新老被毛更换，即换毛期，新的被毛急剧生长。谷子林等人也指出獭兔年龄性换毛有两个阶段，第一阶段为幼龄毛阶段，即从出生至3月龄前，这个时期的被毛稀、细、短、无弹性，习惯称为“胎毛期”；第二阶段为中期换毛阶段，大体是从3月龄起至5～6月龄换完，中期换毛完毕的獭兔被毛平整、光亮、丰厚，有光泽，弹性好，皮板厚薄适中。

（2）季节性换毛

一些哺乳动物为适应明显的季节变化，因光周期和温度改变所引起的脱掉旧毛、长出新毛的集中脱换过程，称为季节性换毛。

每年光照的变化均呈现长短日照交替的周期性变化过程。冬至之后，日照变长；春分后，白昼长于黑夜；夏至后，日照变短；秋分后，白昼短于黑夜。一年有四季变化、有寒暑交替，特别是在高纬度地区，温差变化加大，哺乳动物为适应这种气候变化，多数哺乳动物会自行脱换被毛。季节性换毛动物中，不冬眠兽类有典型的季节性换毛，而且一年换两次毛；而冬眠兽类一般每年只有一次换毛。陆生动物换毛速度快，水生、两栖动物及穴居动物换毛速度慢。

根据动物换毛规律，分为以下 4 种：

① 一年更换两次。多数动物的毛被一年换两次。春季换冬毛，生长夏毛；秋季换夏毛，生长冬毛。

北方寒冷地区动物的春季脱换一般于 3 月份开始，在 2 个月左右期间内完成，动物脱去丰厚的冬毛，长出较短的夏毛，这是顺应气候寒暑交替的表现，为长日照反应。秋季脱换始于 8～9 月份，在 1 个月左右的时间内，完成脱去夏毛、长出丰厚的冬毛的过程，这也是顺应气候的暑寒交替的短日照反应所致。

② 一年更换一次。多数冬眠动物只在冬眠醒后开始逐渐脱去丰厚的绒毛，换毛期较长。

冬眠结束（出蛰）后，于春末夏初开始脱去冬毛长新毛。此时旧毛逐渐脱落，新毛陆续形成，到仲夏，毛被完全由短而稀的新生上毛组成，之后新绒毛也开始陆续长出。但冬眠兽在气候转冷时，新生的上毛（夏毛）不再脱落，而是加快生长，至冬眠前，形成平齐、有光泽的处于生长期中期的冬毛。

由于冬眠动物在冬眠时不便捕捉，毛皮产品常见的是春天出蛰时与秋末冬眠前的春秋两季皮。相比之下，由于冬眠的消耗和磨损，春皮的质量不如秋皮，一般春皮常出现旋毛，毛绒稀疏（因脱毛所致）、枯燥，光泽减退（皮脂少所致），带有黄色或锈色（尿液污染所致）；皮板粗糙、发黄、无油性。而秋皮毛绒平齐、稠密、灵活、光泽弹性好，皮板细韧呈青色，脂肪多（称油板）。

③ 长年零星换毛，也称经常性换毛。人类和两栖动物通常没有明显的毛被更换期，如水獭、鼹鼠、麝鼠、长毛兔等。陆生两栖或穴居动物因受温度和光照的影响较小，故其毛被脱换也表现得不明显，旧毛脱落过程，即有新毛长出。

④ 长年不换毛。野生动物中未发现此现象，仅有人工培养的少数几种毛皮动物，如细毛绵羊、半细毛绵羊、美奴利细毛羊。

另据报道，有一种鸟类动物洪氏环企鹅会在一天内脱去身上除头部外的所有羽毛，然后经过约 3 周时间慢慢长出新的羽毛。

（3）病理性脱毛

这类脱毛往往是由于机体或皮肤出现了病理性障碍而发生的，或者脱毛后又能再生出新的毛，或者脱毛后很难再生毛，或者再生的毛稀少、细短。引起病理性脱毛的因素十分复杂，除单纯的皮肤病外，多种系统病变、激素平衡失调等都会出现病理性毛发脱落现象。如人类精神状态和社会因素直发脱毛现象已十分普遍，某些疾病在药物治疗特别是进行化疗、辐射治疗时也会引起脱毛。

2.7.4.3　毛被脱换顺序

因季节的不同动物毛被脱换的先后顺序及部位存在明显差异。

（1）春季毛被换毛顺序

春季绒毛一般是从前部向后部脱落。先是颈部、头部和前肢部位，其次是两肋和腹部，然后再扩展至背部，最后是臀部和尾部。夏毛的生长也按此顺序完成生长。绒毛脱换期间出现色素沉积，皮肤色泽由粉红色转为青灰色。

（2）秋季毛被换毛顺序

秋季换毛是脱去夏毛、长出冬毛，其脱换顺序恰好与春季换毛顺序相反。即从后部向前部脱落。先从尾部、臀部开始，然后是背部和两肋，再逐渐扩展至腹部和颈部，最后是头部和四肢部。新的冬毛也按此顺序生长，尾臀部最早脱换，但成熟最迟，皮肤色泽随着毛绒生长成熟由青黑色转为青白色。

不同种类的动物换毛顺序也有差异。狐的绒毛脱换则从腿和腹部开始，由头部向臀部扩展；赤狐春季换毛明显，而秋季换毛仅长出绒毛，使冬季毛被增厚。

家兔则有两种换毛形式——年龄性换毛和季节性换毛。在未达到成龄兔之前，家兔有两次年龄性换毛，仔兔出生时全身无毛，4～5 天后开始长毛，30 天后乳（胎）毛全部长成，第一次换毛从此开始到 100 天止；第二次换毛约从 130 天开始到 180 天结束。6 个月龄为成年兔，此后变为季节性换毛，每年两次，分别为春季（4～5 月）换毛和秋季（9～10 月）换毛。无论是年龄性换毛还是季节性换毛，其换毛顺序都是一样的，由颈部开始，由前驱背部沿头尾方向从前向后和从上到下逐渐延伸，其延伸形状似平静的水面投入一块石头所形成的涟漪，水纹层层向外呈环状形延展，两环之间有约 1cm 的间隙，是新生毛与原有毛之间的间隔，称为“换毛带”或“换毛岭”，环形换毛带以波纹状逐渐向腹部及前后肢延展，待到波纹延伸到接近腹中线，全身换毛完毕。

2.7.4.4　毛被成熟期

毛皮动物的毛被成熟日期受不同地区、气候条件、健康状况和营养水平等因素影响。光照时间的改变对毛绒脱换及成熟产生很大影响。春季延长光照，可使冬毛提前生长。有研究表明，从 7 月下旬开始模拟北纬 50°秋分后光照变化规律，实行人工控制光照，可使水貂冬毛提前一个月成熟。依据不同品种的动物、生活习性和气候等因素，毛被成熟期分为四类：

① 早期成熟类。指毛被在霜降前后至立冬前（即农历 9 月上旬至下旬）成熟的动物，如灰鼠、银鼠等。

② 中期成熟类。指毛被在立冬至小雪（即农历 9 月中旬至 10 月中旬）成熟的动物，如紫貂、扫雪等。

③ 晚期成熟类。指毛被在小雪至大雪以后（即农历 10 月中旬至 10 月下旬）成熟的动物。如狐狸、虎、狗、雪兔、紫貂、扫雪等。

④ 最晚期成熟类。指毛被在大雪以后（即农历 10 月下旬）成熟的动物。如麝鼠、水獭等。

家兔，包括肉兔皮和獭兔皮因生长期较短，一年四季均可取皮，但不同季节毛被密度尚存在一定差异。

陆生毛皮动物中紫貂冬季毛绒成熟最早，11 月上旬已长出丰满而柔软的冬毛，水貂在 11 月中旬成熟，貉与水貂相似，狐在 11 月下旬至 12 月初，而北极狐要比其他狐还要晚 15 天左右。

第三章　毛皮原料皮与蛋白质化学

毛皮原料皮是指从特种动物胴体上剥离下来且具有较高经济价值的皮张。通常注重毛被品质，要求毛被丰厚、平顺、整齐，毛色光亮，而且动物皮的价值远大于肉的价值，也包括部分皮肉兼用动物，如家兔和绵羊。因毛皮种类繁多，故其皮板大小、厚薄、外形和毛的色泽、长度、细度等方面存在较大差异。

目前，毛皮原料皮主要来源于人工饲养的毛皮动物，约占整个毛皮原料资源的85%，其他部分来自野生动物，如美洲貉、海豹、海狸等。

3.1　毛皮原料皮

3.1.1　毛皮原料皮分类

毛皮原料皮种类多，但尚无统一的分类标准和方法。通常按表3-1中的方法进行分类。

表3-1　毛皮原料皮的分类

分类方法	类别	举例
按用途分	制裘用原料皮	水貂皮、狐狸皮
	裘革两用原料皮	绵羊皮、羔羊皮、滑子皮
按来源分	家畜、家禽皮	绵羊皮、兔皮、鹅皮
	野生动物皮	黄狼皮、水獭皮、狐狸皮、狸子皮
	海生动物皮	海豹皮、海狮皮
按毛型分	小毛细皮	元皮、水貂皮、艾虎皮
	大毛细皮	蓝狐皮、貉子皮、浣熊皮
	粗毛皮	狗皮、粗毛绵羊皮、獾皮
	杂毛皮	肉兔皮、猫皮、狸子皮
	胎毛皮	口羔皮、珍珠羔皮、胎牛皮
按防腐方法分	鲜皮、淡干皮、盐干皮、盐湿皮、酸皮、冷冻皮	
按取皮季节分	冬皮、夏皮、秋皮、春皮	
按初加工方法分	原板皮、钉板皮、楦板皮、撑板皮	
按皮形分	开片皮、筒皮	
按产地路分分	东北路、华北路、蒙新路、西南路、华中路、华南路	

3.1.2　原料皮品质与标准

毛皮原料皮品质包括毛被和皮板两部分，其中毛被品质更为重要。除水貂、蓝狐皮有国外的评级和检定标准，獭兔皮有国家标准外，其他原料皮尚无品质标准和科学的检测方法。关于原料皮质量的检测目前仍以感官检测为主，定量检测为辅。一些研究单位也正在研发科学的检测方法，如獭兔皮毛密度的厚度检测法、光学分析法等。

毛皮品质感官评价指标，从以下四个方面进行评价。

① 毛被：美观、自然、灵动、光亮，是最重要的决定因素。

② 皮板：丰满、厚实、油润、坚韧、强度。

③ 牢度：毛被与皮板的结合牢度。

④ 伤残：毛皮原料皮常见伤残缺点。

3.1.3　细毛皮质量鉴定方法

小毛细皮的张幅较小，伤残的存在对制裘价值影响较大，所以在鉴定质量时，对于伤残的种类、面积、性质、存在的部位等，都有严格的要求。

小毛细皮的皮形多数为筒状皮，少部分为开片皮。筒皮有两种：板朝外开后档（或不开后档）的筒皮和毛朝外开后档的筒皮。

对于板朝外的圆筒皮，鉴定其毛绒品质时，主要根据毛绒脱换过程中皮板表现出的各种特征，以及露在外部少量毛绒的实际情况，来判断毛绒的长度和密度。此种皮易发现皮板上存在的各种伤残，可直接根据伤残的轻重，判断出对制裘的影响程度。而毛朝里的筒皮毛绒中的各种缺陷存在于皮筒的里面，检验时不易直接发现，这就需要根据皮板上的伤残及部分外露毛绒的特征反映加以判断。通过观察板面的颜色变异，透光的强弱，听其毛绒摩擦的声音，帮助确定伤残的种类、性质、程度。如皮板局部已变暗蓝色，似水湿的痕迹，表明这个部位的毛绒已因受闷热而脱落。

根据毛绒及皮板的实际情况，并按照毛皮收购规格的要求加以鉴定。评价的基本方法是：一抖，二看，三摸，四吹。

① 抖皮：先将毛皮放在工作台上（毛朝上，板向下），右手逮住后臀部，左手捏住吻鼻部，用腕力上下抖动皮张，使毛绒恢复自然状态。

② 眼看：观察毛的长度、密度、光泽，有无溜针飞绒现象，针毛、绒毛长度的组成比例，尾毛长短及是否蓬松等情况。

③ 手摸：手指伸直，用手掌摁摸毛被，感觉毛绒的密度与软度。

④ 嘴吹：在皮张某部位出现可疑现象时，吹开毛绒，检查皮板和毛绒的伤残和灵活程度。

鉴定皮板质量时，除了检查皮板厚薄、弹性强弱之外，还要翻转查看板面的颜色、油性大小和细韧程度。板质好的小毛细皮，应该达到板面细致、厚薄均匀、油润，呈白色或浅色。质量差的皮板，枯弱瘦薄或厚硬，厚薄不匀，板面粗糙，无油性，呈深色。

3.1.4　毛被品质指标

3.1.4.1　毛的长度

毛的长度决定整个毛被的厚度，还关系到毛被的美观性、柔软性。毛的长度以冬季长绒达到成熟阶段的最大长度为标准。毛的长度分为自然长度（未拉伸状态测定）和绝对长度（把毛拉直后测定）。通常针毛比绒毛长，两者的长度差也影响着毛被的美观度。

几种兽类的毛的长度见表 3-2。

表 3-2 几种兽类的毛的长度 单位：cm

兽类	针毛	绒毛	兽类	针毛	绒毛
水貂	1.8～2.2	1.3～1.5	海狸鼠	2.1～3.0	1.2～1.6
紫貂	3.8～4.2	2.6～2.8	麝鼠	2.0～4.0	2.0
旱獭	2.1～3.0	1.6～1.9	银黑狐	5.0～7.0	3.0～4.0
河狸	3.5	2.2	毛丝鼠	—	1.8～2.5
貉	9.0～9.2	4.6～5.2	獭兔	—	1.3～2.2

3.1.4.2 毛的密度

毛绒的密度直接决定毛皮保暖性的好坏，一般密度大，毛皮质量好。毛的密度指单位面积中毛的数量（根/mm^2 或根/cm^2），几种兽类毛的密度见表 3-3。

表 3-3 几种兽类毛的密度 单位：根/cm^2

兽 类	密 度	兽 类	密 度
紫貂	24800	海狸鼠	11420～14200
水貂	12000	旱獭	2796
水獭	31150	猞猁	5050

在感官鉴定毛的长度和密度时，通常用毛绒丰厚（毛足绒厚）、毛绒略空疏、毛绒空疏 3 个级别来表示。

① 毛绒丰厚。指冬季毛皮毛长而紧密，底绒丰厚、细柔、灵活，针毛齐全而分布均匀，色泽光润。

② 毛绒略空疏。指与冬皮相比，毛显得粗糙，光泽减退，毛根变细，欠灵活，或毛绒尚未成熟，显短平，含少量硬针。多产于春季换毛时期和晚秋毛绒发育尚未成熟时期。

③ 毛绒空疏或短薄。指毛绒粗涩粘乱，针毛略有弯曲，光泽差，或毛短绒薄，硬针较多，尾毛稀短，多产于春季和秋季。

对组成毛被的毛为单一类型的动物皮，毛密度的测定可以通过一定数量的毛纤维质量与单位面积测定的毛纤维质量之比，而算出单位面积上的毛纤维数量，从而测出毛密度。如绵羊毛类型单一，在毛的长度、细度以及质量上十分接近。而对于毛类型较多的动物毛皮，由于组成毛被的毛纤维在长度、细度和质量上差异很大，且一根毛的各个部位都不完全一致，故此法不可行。目前，多应用毛束的概念，通过组织切片来对毛密度大、毛类型多的动物皮进行毛密度的测定。

毛密度的测定方法是：在装有已校正过的显微测微网的 75～100 倍解剖镜下，查看各种毛束中各种类型毛的数量，应用随机抽样计算出平均数；再从 1cm^2 测算出微网内各种毛束的数量。将两者相乘，即可得出单位面积内各种毛的数量（毛密度）。

毛密度 N（根/cm^2）＝每平方厘米上毛束数量（P）×每个毛束中所含的毛的数量（M）

在光镜下测定毛密度，不用剪毛，对皮张质量不会造成不良影响。活体动物经麻醉后也可测量。

应用扫描电镜测量毛皮动物的毛密度。公貂皮每个毛束中的毛绒数量为17.2～21.2根，平均每平方厘米毛皮中有137.2个毛束，故毛密度为2360～2908根/cm^2。

压力厚度法快速测定毛皮毛被密度的原理是假定毛长度与毛被组成（针毛和绒毛比例）不变的情况，施加恒定压力，测定毛被厚度，以此表征毛密度，具有测量方便、快速的特点。

3.1.4.3　毛绒的粗细度和柔软度

毛绒较粗的毛被弹性好，不易被压紧而影响保温性能，但美观性较差。毛绒较细的毛被，其毛被较灵活、柔软、美观。不同品种对毛绒粗细要求也不尽相同，如绵羊皮和羊羔皮，毛粗的花弯显得坚实、清晰；毛细的花弯软而松散。一般来说，毛皮动物的毛被毛细绒足的质量好，毛粗绒疏的质量差。

毛被的柔软度可用手指抚摸毛被，通过感觉来确定。它与毛皮制成品的用途有直接关系，如毛朝里的皮衣和手套、皮领、镶头围脖等，要求毛被有较好的柔软度，而像汽车靠垫、轿车皮外套等装饰品，则要求毛被柔软度小些。

毛被的柔软度主要取决于毛干的结构、毛干粗度与长度的比例以及针毛和绒毛数量（组成）比例。目前尚无测试仪器，多采用毛的细度（μm）与毛的长度（mm）之比作为柔软系数来表示。主要凭经验通过揉搓毛被和弯曲皮板的方法进行鉴定。

毛被的柔软度大体上分为：柔软如棉的（细毛羊，毛丝鼠、獭兔等），柔软的（紫貂、石貂等），半柔软的（水貂、水獭等）和粗硬的（旱獭、海狸鼠、狼等）4种。针毛、绒毛的比例：水貂分别为1.7%、98.3%；银黑狐分别为2.4%、97.6%；貉分别为4.5%，95.5%；海狸鼠分别为2%和98%。

3.1.4.4　毛的颜色与美观度

毛被的天然颜色，在鉴别毛皮品质时起重要作用。毛纤维的颜色是由皮质和髓质中存在的色素决定的，真黑色素和褐色素为动物界常见的色素，其他许多颜色是以这两种色素的含量和混合程度来调节的。

色素有两种状态：一种是颗粒状，产生较暗的颜色；另一种是扩散状，产生较淡的颜色。

毛纤维因褐色素含量不同，呈黄色、棕黄色、棕色；因黑色素含量不同，呈现灰色或黑色。黑、褐色混合存在时，依其中某一种色素的含量的多少，产生深浅不同的棕色或土黄色；如果缺少色素，则呈白色。标准色水貂的色素颗粒平均长度为0.68μm，色素质量占毛纤维质量的4.3%；银蓝色水貂暗褐色素颗粒的大小和性状不十分规则，长度为0.19～0.28μm，约占纤维质量的1.3%；咖啡色水貂的色素质量占毛纤维质量的2.3%。

大多数动物不同部位的被毛，其颜色和色调是不相同的，甚至同一根毛纤维上、下端的颜色也有区别。

毛的光泽与毛的表面形状和结构有关系。毛越细，其表面曲率越大，光线的全反射就比较小，通过毛内部和外部反射所综合形成的漫射就必然大，因而它使光线特别柔和，近似银光。

毛的光泽与毛表面鳞片的排列疏密贴紧程度也有关系。一般说来，鳞片越稀，越紧贴在毛干上，表面越平滑，反光就越强，光泽就越亮，所以粗毛的反光都比较强。

如果毛受到化学药品或细菌的腐蚀，鳞片遭到损伤，毛的光泽就变暗，且不能染成鲜艳的色调，外观质量就受到影响。

毛被的颜色、光泽关系着毛皮的美观程度，不同的毛皮有其独特的毛被色调。因此，对毛色的要求，在于毛色是否与动物形态特征相符，毛色正不正。凡是毛色一致的兽皮，要求全皮的毛色纯正一致，不允许带异色毛，色调周身一致，不应有深有浅。而毛被是由两种以上颜色的毛绒组成的，应当搭配协调，构成自然美丽的色调；带有斑纹和斑点的兽皮，应当是斑纹、斑点清晰明显；对于带有花弯、花纹的原料皮，应要求花弯紧实，花纹多而明显，分布面积大；带花弯的皮，应毛穗扭抱紧实，弯曲多而均匀、明显，绒毛少。这种毛皮是以美观为主，保暖为辅的毛皮。因为它们具有独特的花纹和斑点，因而其形状、数量多少以及分布状况就成为决定这类毛皮质量高低的必要指标之一。

由于毛被的颜色及美观程度与毛皮价值有关，人们常利用低档毛皮仿制高档毛皮，如用獭兔皮仿制貂绒，用羊剪绒仿制带斑纹韵的“虎皮”“豹皮”等。

3.1.4.5 毛的弹性和成毡性能

毛皮制品毛被的弹性大小与生皮毛被的弹性大小有直接关系。弹性好的毛被经压缩或折叠后，呈现弯曲的毛绒能很快地恢复原状，赋予制品以良好的外观，毛灵活、松散。相反，弹性差的毛皮，毛绒不能很快恢复原状，需要很长时间才能渐渐恢复，甚至根本不能恢复原状。毛的弹性越大，它的成毡性越小。

毛的成毡性能，是指毛在外力作用下定向爬动的性能。因为毛上鳞片末端都是指向毛尖的，所以毛将永远保持根端向前运动的方向。同时毛又具有复杂的弯曲以及拉伸变形后较大的恢复原状的能力。这样使得毛在压缩与除压，正向与反向揉搓等机械作用下，进行了杂乱的爬动，从而结下不可逆的杂乱编织，缠结成毡。一般毛纤维越细越容易成毡，机械作用越大越容易成毡。较高的 pH 可以使毛鳞片发生膨胀、湿润，使毛绒易拉伸，这些也会使毛的成毡性增加。而用化学药剂处理后的毛，则降低成毡性。如甲醛处理过的毛，降低了毛的拉伸和横向变形；经氧化剂、氯离子处理过的导向毛，可以破坏毛干鳞片，从而降低毛的成毡性能。

3.1.4.6 皮板重量与面积

毛皮原料皮的完整与否是衡量毛皮质量的另一个条件，特别是对出口的原料皮要求得更为严格。

皮板的重量与厚度、面积成正比关系。同一张原料皮，一般来说，臀部和脊背部最厚、最重，两侧次之，肷部最薄、最轻。皮板的厚度和重量，随着兽龄的增加而增加，秋、冬季宰剥的皮厚而重，春、夏皮则薄而轻。皮板的面积与动物种类、兽龄、性别有关，同种类的动物皮，一般公皮比母皮面积大。

在采用新工艺鞣制的情况下，成革质量减轻，面积增大。毛皮深加工前后皮质量与面积变化规律是：银狐皮、蓝狐皮减重 34%～35%，其次是紫貂皮和貉子皮减重 18%～19%，毛皮面积的增加以麝鼠皮为最高，达 16%以上，紫貂皮达 10%左右。毛皮减重与增大面积的原因，当然与皮板本身结构、厚度（内因）有关，但加工工艺的综合技术措施（外因）也是不可忽视的。加工前后皮重与面积变化规律可作为衡量鞣制效果的依据之一。

根据皮板面积大小和重量收购皮张，是目前收购各种制革原料皮的标准。各种毛皮原料皮收购规格中规定了长度比差、地区品质比差、面积规定、公母比差等几项要求。

3.1.4.7　板质和伤残

板质即皮板的品质。板质的好坏取决于皮板的厚度、厚薄均匀程度、油性大小、板面的粗细程度和弹性强弱等。

加工前应对每种毛皮原料皮的皮板性质有所了解，这样，在加工过程中可以有针对性地确定适宜的操作方法和技术条件。如水貂皮板纤维紧密，被毛固着性好，鞣制时要加强酶软化和浸酸过程，处理时间可适当延长；而狐狸皮、貉子皮、水貂皮、旱獭皮、狸獭皮皮下脂肪多，要加强铲里和脱脂；狐狸皮背腹皮差大，要重铲背部，缩小皮板部位差，酶软化时重点检查腹部，防止溜毛；麝鼠皮皮板纤维粗，皮板较厚。

皮板质量优劣，用 3 个级别来区分。

① 板质良好：指皮板有足够的厚度，厚薄均匀，皮纤维组织紧密，弹性好，油润，也称肥板。

② 板质较弱：上述几项程度均稍差于肥板，但有弹性、油润。

③ 皮板瘦弱：皮板薄，厚薄不均匀，部位差大，无油性而枯燥，弹性差。

皮板和毛被伤残的多少、性质、面积大小及分布状况，对毛皮质量影响很大。有时一张板质好、面积大、毛绒质虽好的原料皮，就因为带有较重伤残，而大大降低甚至完全失去制裘价值。因此，伤残也是衡量毛皮原料皮质量的一个重要条件。

3.1.5　毛皮分级标准

3.1.5.1　水貂皮的分级标准与评价内容

（1）毛色

水貂毛被颜色分为本色貂和彩貂。本色貂主要指黑色和褐色，其特征是毛色深黑，故也称标准黑，背腹部毛色一致，底绒呈现深灰色，毛被无白斑或其他杂色。按黑色程度又分为最黑色、黑色、最最褐色、最褐色、褐色、中褐色、浅褐色、最浅褐色。如世家貂皮的色泽差异可由深色至浅色和白色阴影，共分 9 级：

黑　＋＋深　＋深　深　中等　浅　＋浅　＋＋浅　＋＋＋浅　＋＋＋＋浅　白色

彩色貂包括：白色、米黄色、深咖啡色、咖啡色、浅咖啡色、宝石蓝色、紫罗兰色、银蓝色、铁灰色、灰色、灰白、珍珠色。水貂皮毛被应具有本色型的特征，颜色纯正，色泽鲜艳美观，无异色毛。

哥本哈根毛皮公司把水貂皮按颜色分为：本黑色（Scanblack Mink）、马哈根尼（Mahogany Mink）、深啡色（Scanbrown Mink）、红啡色（Scanglow Mink）、浅啡色（Pastel Mink）、蓝宝石（Sapphire Mink）、铁灰色（Blue Iris Mink）、银蓝色（Silverblue Mink）、珍珠色（Pearl Mink）、紫罗兰（Violet Mink）、米啡色（Topal Mink）、米黄色（Palomino Mink）、白色（White Mink），这些均是天然颜色，此外还有杂交培育品种：黑十字（Black Cross Mink）、银灰色十字（Sapphire Cross Mink）、

银十字（Silver Cross Mink）、浅啡色十字（Pastel Cross Mink）、黑白花纹（Finnjaguar Mink，黑色斑点纹）。

（2）性别

貂皮分公貂皮和母貂皮。公貂皮体积较大，而且皮板较厚。母貂皮体积较小，而且皮板较薄。

（3）尺码

国际市场是按皮张幅大小划分的，用“号”来表示。哥本哈根毛皮公司、北美NAFA毛皮公司、世家皮草和中国行业标准的尺码“号”对应的尺寸见表3-4。各公司对貂皮尺寸的规定是基本一致的，均以嘴尖至尾根部的长度为基准。

表3-4　水貂皮尺码“号”对应尺寸表　单位：cm

中国行业标准		哥本哈根毛皮公司		北美NAFA毛皮公司		芬兰世家皮草公司	
尺码	尺寸	尺码	尺寸	尺码	尺寸	尺码	尺寸
		40号	超过95			0000号	95
000号	超过89	30号	89～95	000号	超过89	000号	89
00号	83～89	00号	83～89	00号	83～89	00号	83
0号	77～83	0号	77～83	0号	77～83	0号	77
1号	71～77	1号	71～77	1号	71～77	1号	71
2号	65～77	2号	65～71	2号	65～71	2号	65
3号	59～65	3号	59～65	3号	59～65	3号	59
4号	53～59	4号	53～59	4号	53～59	4号	53
5号	53以下	5号	47～53	5号	47～53	5号	47
				6号	47以下		

注：引自程凤侠《现代毛皮工艺》。

（4）毛色清晰度

哥本哈根毛皮公司将偏蓝的底绒定为清晰度1号，灰蓝色底绒为清晰度2号，棕色底绒为清晰度3号，红棕色底绒为清晰度4号。北美NAFA毛皮公司底绒毛色清晰度分类为：1号—清晰，蓝号；2号—轻微发黄；3号—黄色；4号—红号。而世家皮草共分5级：清晰度1号—蓝色、清晰度2号、清晰度3号—棕色、清晰度4号、清晰度5号—红色。

依据针毛长度分为短针毛、标准针毛和长针毛三个类型。

（5）毛被质量

主要考察针毛的长度、密度、光泽度和弹性。世家皮草将貂皮按质量先分为A、B两大类，再分为四个等级：世家皇冠级貂皮（SAGA ROYAL MINK®）、世家级貂皮（SAGA MINK®）、一级貂皮（QUALITY I）和二级貂皮（QUALITY II）。哥本哈根毛皮公司同样将水貂皮按品质分为四个等级：品质最顶尖的毛皮定名为哥本哈根紫色（Kopenhagen Purple Mink），然后依次是哥本哈根白金（Kopenhagen Platinum Mink）、哥本哈根酒红（Kopenhagen Burgundy Mink）和哥本哈根象牙白（Kopenhagen Ivory Mink）。紫色质量是代表貂皮的最高等级，也是世界上最好的毛皮原料，每年产量仅有10万张。

（6）我国毛皮的分级标准

我国行业标准将水貂皮分为一级、二级、三级和等外级。其中一级皮为正季节皮，皮形完整，毛绒平齐、灵活，毛色纯正、光亮、背腹基本一致，针绒毛长度比例适中，针毛覆盖绒毛好，板质良好，无伤残；二级皮为正季节皮，皮形完整，毛绒品质和板略差于一级皮，或具有一级皮质量，可带下列伤残，缺陷之一：针毛轻微勾曲或加工撑拉过大，自咬伤、擦伤、小疤痕、破洞或白撮毛集中一处，面积不超过 200mm^2，皮身有破口，总长度不超过 20mm；三级皮为正季节皮，皮形较完整，毛绒品质和板质略差于二级皮标准或具有二级皮质量，可带下列伤残、缺陷之一：毛锋勾曲较重或严重撑拉过大、自咬伤、擦伤、小疤痕、破洞或白撮毛集中一处，面积不越过 300mm^2，皮身有破口，总长度不越过 30mm。

3.1.5.2　狐狸皮分级

芬兰世家皮革公司狐狸皮分级方法如下：

① 狐狸皮不分性别。

② 尺寸：狐皮的长度尺寸测量仍然是以鼻尖至尾根部为准，常分为 6 级，1 号至 00000 号。

③ 颜色：世家狐皮 SAGA FOX® 按颜色由深至浅分类，共 6 类，分别是：

黑　＋＋深　＋深　深　浅　＋浅　＋＋浅　白

④ 质量：底绒褐针毛的密度、针毛的长度、毛皮的光泽度和弹性是决定狐皮质量的主要因素。

狐皮的质量主要分为四种等级：世家皇冠级（SAGA ROYAL FOX®），世家级狐皮（SAGA FOX®）、一级狐皮（QUALITY Ⅰ）和二级狐皮（QUALITY Ⅱ）、在质量鉴定的过程中，除去所有次等质量的狐皮。

⑤ 毛的清晰度：最后是色泽的评估，按不同清晰度或色泽把狐皮分成四种类型，分别是清晰度 1 号、清晰度 2 号、清晰度 3 号、清晰度 4 号，如图 3-1 所示。

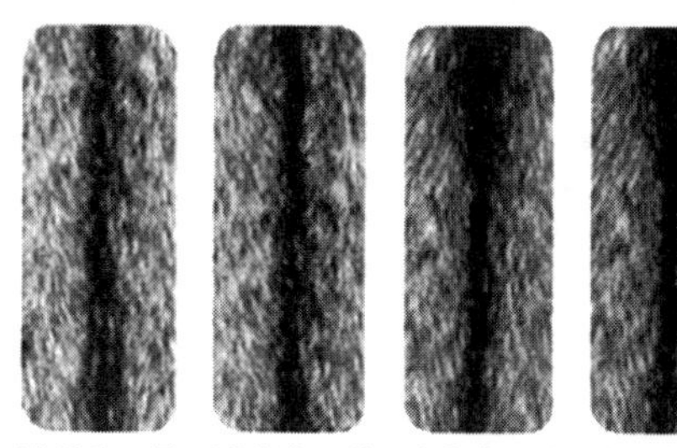

图 3-1　狐皮毛的清晰度分级

针毛按其长度，狐皮可分成三种类型：短毛、中等毛、长针毛。

3.1.5.3　獭兔皮质量标准

国家标准化委员会于 2011 年发布的 GB T 26616—2011《裘皮　獭兔皮》国家标准中将獭兔皮原料皮分为五个等级（表 3-5）。尽管此质量等级与市场上实际分级原则存在一些差异，但也反映獭兔皮的质量的要求。

表 3-5　　獭兔皮品质等级

等级	质量要求	面积/cm^2	绒长/cm
特级	绒毛平齐，密度大，毛色纯正、光亮、背腹毛一致，绒面毛长适中，有弹性；针毛少，无缠结毛、旋毛；板质良好，无伤残	≥1500	1.6～2.0
一级	绒毛平齐，密度大，毛色纯正、光亮、背腹毛基本一致，绒面毛长适中，有弹性；板质良好，无伤残。	≥1200	1.6～2.0
二级	绒毛平齐，密度大，毛色纯正、光亮平滑，腹部绒毛略有稀疏；板质好，无伤残	≥1000	1.4～2.2

续表

等级	质量要求	面积/cm^2	绒长/cm
三级	毛绒略有不齐，密度较好，腹部绒毛较稀疏；板质较好，次要部位 1cm^2 伤残不超过 2 个	≥800	1.4～2.2
等外级	不符合特级、一、二、三级以外的皮张		

3.1.6 毛皮原料皮伤残缺陷

(1) 疥癣和癣癞

该伤残是霉菌或真菌在动物皮肤内繁殖，破坏毛囊引起的一类皮肤病，造成局部毛被脱落或毛折断现象，该病多发生在春季。轻者，毛被粘乱；重者，毛绒脱落，粒面粗糙。

(2) 疮疤

毛皮动物患疮、疥或受外伤，伤口感染、溃烂成疮。疮疥愈合脱痂后叫疮疥；外伤愈合后为伤疤，或称伤痕。痊愈后患处出现新的短毛，而与原有毛被在长度和密度上存在差异，呈现毛绒不平齐。

(3) 虱叮

虱叮是各种壁虱造成的损伤。壁虱寄生于动物体被，叮咬皮肤表面以吮吸血液，导致皮肤发生脓肿甚至溃烂。这种缺陷常出现在绵羊皮和山羊皮上。

(4) 痘疤

由于动物受了痘病（天花）传染而形成的。发病初期皮肤表面局部出现斑疹并逐渐化脓成疮，疮破后有白浆流出，伤愈后在患处表面结痂，皮肤表面凹陷。轻者呈直径为0.5～1.25cm 的暗棕斑点，严重的遍及全身或皮板主要部位，甚至穿孔成洞。

(5) 咬脖伤

某些动物（黄狼、水貂等）在交配时或咬架时，咬伤皮肤，轻的咬伤面积较小，板面呈现成对的浅灰色牙印，毛绒有一定程度的损伤；严重时咬伤面积较大或成洞孔，毛绒损伤严重。

(6) 白毛撮

白毛撮又叫白毛针，有的动物是受遗传所致，有的是因为生疮疹、咬伤等，疮、疹愈合后，长出的针毛或绒毛毛色变异为白色，而且集中生长。少量且较分散的白毛撮对制裘影响不大，但严重时会降低使用价值。

(7) 自咬伤和食毛伤

患有自咬症和食毛症的某些动物（典型代表是水貂）经常回头咬食自己的尾巴或躯体后部，有的吃掉尾巴，有的吃掉后肢，或者吃食毛绒。造成皮形不完整或局部缺乏毛绒，降低毛皮使用价值。

(8) 毛锋勾曲

即针毛光泽较差，毛尖带勾。多是动物因老弱病残及营养不良或者取皮时间过晚（如老龄皮、春皮），形成毛峰勾曲，影响毛被外观。

（9）旋毛

某些冬眠动物，由于在冬眠过程中久卧不动，颈部和肩部毛被被挤压成旋儿状，制裘时旋毛仍不能平顺。

（10）夏毛

夏毛即老毛。因老龄病弱营养不良等原因造成，夏毛没有脱净或非生产季节产的皮，毛绒粗、干燥，无油性，毛色发红。

（11）白底绒

指绒毛与该品种特有的颜色不一致而呈白色的现象。如水貂品种不纯，毛绒变异，底绒泛白，使针毛和绒毛的色泽不协调。

（12）擦毛

动物因擦痒、蹲坐、掏洞、驮土等原因经常与外界摩擦所造成的毛绒损伤。根据毛绒损伤程度，分别为擦尖、擦绒，又根据毛绒损伤部位分为蹲裆、拉撒、擦脊和擦领等。

（13）塌脖、塌脊、空肷

动物在换毛期间，颈部、背脊部或腹部的短绒空疏、尚未成熟的毛皮。出现在颈部的叫塌颈；在脊部的，叫塌脊，也叫空脊；在腹部的，叫空肷。制裘毛绒不平齐。

（14）刺脖

水貂因病弱或经常缩脖休息，致使颈部毛绒稀短粘乱，制裘颈部毛绒不平。

（15）瘦板皮

毛皮动物患病或体弱，致使皮板薄弱、弹性差、枯燥、无油性，毛绒紊乱，无光泽。

（16）杂色皮

动物因遗传变异或受某些外界条件的影响，毛被中出现了与本品种毛色不一致的异色毛。

（17）花腰皮

实际上是杂色皮的一种。异色毛多出现在腰部和背脊部。

（18）黑背皮

在成熟的冬型毛被中，脊背部毛绒的下端呈现与其他部位颜色不一致的黑灰色，在对应的皮板上也呈黑灰色，影响毛皮的美观。

（19）龟盖皮

家兔在换毛期间所取的皮。家兔换毛时多是从背部前驱向后，且同时向腹部呈环状扩展，新毛与旧毛之间存在毛绒长短不一致的间隙，有的还存在色泽上的差异，呈龟盖状花纹。

（20）鸡鸽毛

体弱的家兔在换毛过程中毛被的一种表现。在毛绒中分布着许多成撮的硬针，硬针处的板面颜色深浅不一致，毛被高低不平。

（21）鸡鸽毛

毛被凸凹不平，似被鸡鸽过一样。

（22）圈黄

也称尿黄，因畜、兽卧在粪尿上，两胯、两肷的毛绒被污染成黄色。轻的，仅污染毛梢，影响毛被外观；重的，毛纤维也部分呈深棕色，失去拉力，脆弱易断，毛色无法漂白。

毛皮原料皮除了这些自然伤残外，还存在人为伤残，特别是人工饲养动物，因圈舍太小、环境潮湿、粪便清理不及时、饲养管理不善、营养不良等因素造成的毛绒缠结、尿黄等；野生动物在捕捉时产生的各种伤害，如用枪、钩、箭、绳索等造成的毛被损伤。

3.2 原料皮的初加工与防腐贮藏

3.2.1 屠宰与剥皮

3.2.1.1 屠宰

对于家养毛皮动物和捕获的仔兽，应在毛被成熟后进行宰杀。所有动物的屠宰均应在符合动物福利和人道精神的前提下进行，即采用适当的方式处死动物后，再行剥皮，因动物个体大小差异，处死方法各异，但应本着操作简便、处死速度快、不损伤毛皮、不污染毛被、动物无应激反应、惊吓、痛苦的行为原则。

国家林业局发布的《毛皮野生动物（兽类）驯养繁育利用技术管理暂行规定》（以下简称《暂行规定》）指出，药物致死、窒息和电击法是我国较通用且符合《暂行规定》的，而折颈、砍杀和棍击法，既伤害毛皮动物产品，又对动物伤害比较大，不符合动物福利的要求，已经被淘汰的，严厉禁止使用。

（1）药物致死法

国际上通用的药物处死方法主要有巴比妥酸盐注射致死法、KCl 注射致死法和氯化琥珀胆碱注射致死法。巴比妥酸盐注射致死法用药后动物迅速失去知觉，静脉注射时只产生瞬时疼痛，动物无痛苦。但这种药是一种致命性药，动物注射后可能出现晚期喘息现象，给后期操作带来不便。KCl 注射致死法是 KCl 必须与氯胺酮等麻醉剂配合使用。氯化琥珀胆碱是一种神经肌肉抑制剂，它可以阻断从神经发向肌肉的信号，其优点是注射后不会在动物体内有任何药物残留。氯化琥珀胆碱用药剂量为 0.5～0.75mL/只。

（2）窒息法

将动物放入密闭箱内，一层一层垛起来，盖紧箱盖，然后用胶管将二氧化碳（CO_2）或一氧化碳（CO）通入箱内，经 3～5min 可致死。须注意的是，胶管不宜过短，以防损伤皮毛。该法适合大型饲养场采用。

CO 可与动物体内的血红素结合，从而阻碍了 O_2 与红细胞的结合，造成动物缺氧而死。其优点是 CO 的体积分数只需 4%～6%就可使动物迅速死亡。缺点是 CO 为有毒气体，也是可燃气体，当 CO 体积分数超过 10%时遇明火会引起爆炸。

而气室内 CO_2 体积分数达到 70%以上时，会导致动物红细胞携氧量下降，随后由于血氧不足而失去知觉，在 3～5min 内即停止呼吸而死亡。让其吸入大量 CO_2 而死亡。这种方法的处死速度相对较快，动物无痛苦，符合动物福利的要求。其缺点是个别动物

对 CO_2 有较强的耐受力，不易窒息。

（3）电击法

毛皮动物因遭电击而死亡。一般通电后 5～10s 即可死亡。但此法是使动物即刻昏迷，但在死前会保持清醒，因此这种方法不人道。此法操作简单，无污染。推荐动物经电击在失去知觉后，再行放血致死，以减少动物的痛苦。

（4）折颈法

此法适用于体型较小的毛皮动物，如狐、旱獭、家兔等。折颈法又分为旋转折颈法和后折颈法。旋转折颈法是左手抓紧动物肩部，右手抓住头顶，左手向右，右手向左，用力一扭将动物颈椎折断，使动物迅速死亡。后折颈法是把动物置于结实平滑的台上，用左手按压其肩颈部，右手托其下颌，将头向上向后仰，达到最大限度时，迅速用力将头向前向下推动，可发出颈椎与枕骨的脱臼声，即表明颈椎已脱臼，脊髓神经损伤而死亡。

折颈法的优点是内出血，不须放血，故不会造成血液污染毛被，且操作简便、费用低廉、迅速、安全，但比较残忍，不符合动物福利的要求。

（5）棍击法

用木棍或刀背棒猛击动物的后脑或眉间，使其脑部受振荡而死亡或陷入失神状态。

（6）注入空气法

一人将毛皮动物仰卧固定，另一人用左手摸准心脏位置（胸骨柄下第 2～3 根肋间），右手将注射针头从胸侧扎入心脏，深 15mm，见到回血时用注射器向心脏内直接注射空气 10～20mL，形成血栓堵塞面而致死。这种方法省力，但要求操作人具备熟练的操作技能，能迅速准确地把针头刺入心脏。

此外还有割颈法（用绳套住动物后肢，使其倒挂着，用利刀割断动物喉部，放血后死亡）、绞杀法（将套索套在兽颈部勒紧，使之气绝死亡）等。

3.2.1.2　剥皮方法

体被覆盖于动物胴体上，在动物致死后，应迅速将其皮剥下，以防细菌的滋生而影响毛皮质量，同时应保持皮张的完整性，包括头、耳、尾和四肢（部分动物须从掌腕部去掉）的完整，嘴、眼和鼻等是动物的自然孔眼，剥皮时应采取相应措施，使其不受损伤。

毛皮动物的剥皮方法主要有圆筒式、袜筒式和片状式三种。

（1）圆筒式剥皮法

先挑开后肢及尾部，由后裆开始向头剥成筒皮。筒状剥皮法用于松鼠、狼、貉、沙狐、水貂、家兔、蓝狐、白狐、獾、黄狼、胡狼等。

① 挑裆：可先挑尾也可先挑后肢。先挑尾时固定两后肢，用挑刀于近尾尖的腹面中线挑起，至肛门后缘，将一后肢固定，在第一后肢掌心下刀，沿后肢长短毛分界线贴皮挑至距肛门 1cm 处，折向肛门后缘与尾部开口汇合，如图 3-2 所示。交换两后肢，同样方法挑至肛门后缘。最后把两后肢挑刀转折点挑通，去掉肛门处的小三角皮。也可先由后肢贴皮挑起，挑法同上，再由两后肢挑刀转折于肛门后缘的交点向尾尖沿尾腹正中线挑开一段，直接抽尾即可。

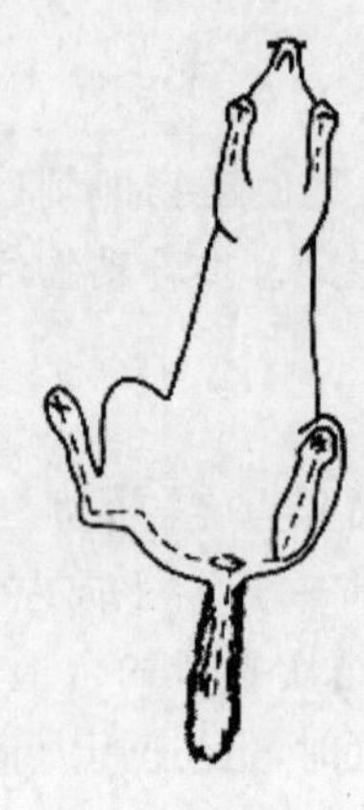

图 3-2　筒状剥皮法开口部位

② 抽尾骨：用挑刀将尾中部的皮与尾骨剥开，用手或 U 形抽尾夹抽出尾骨。

③ 剥皮：抽出尾骨后，固定尾骨，由后向前剥离，剥后肢时先用手指插入后腿的皮与肉之间，小心剥下后腿皮，保留后肢的剥至掌骨时要细心剥出最后一节趾骨，用剪刀剪断，保证后肢完整带爪。后肢剥完后，用手向头翻拉剥皮，雄兽剥到腹部要及时剪断阴茎，以免撕坏皮张。剥至前肢，不留的直接拉出即可，留的剥离方法同后肢。剥至头时，左手握紧皮，右手用挑刀在耳根基部、眼眶基部、鼻部、眼睑和上、下颌部贴着骨膜小心割离皮肉连接处，使耳、眼和鼻唇完好无损，即可得一张完整的筒皮（图 3-3）。切勿将耳、眼割大，鼻唇割坏，否则将影响其质量。

（2）袜筒式剥皮法

此法适用于张幅小、价值较高的毛皮动物。采用袜筒式剥皮法的动物有银鼠、鼬、鹅等。

由头向后剥离。先用钩子钩住上颚，悬挂起来，用挑刀沿唇齿连接处切开，分离皮肉。用退套方法，逐渐由头向尾翻剥，头、四肢的剥离同圆筒式剥皮方法，最后割断肛门与直肠连接处，抽出尾骨，将尾从肛门翻出即成完整的筒皮，如图 3-4 所示。

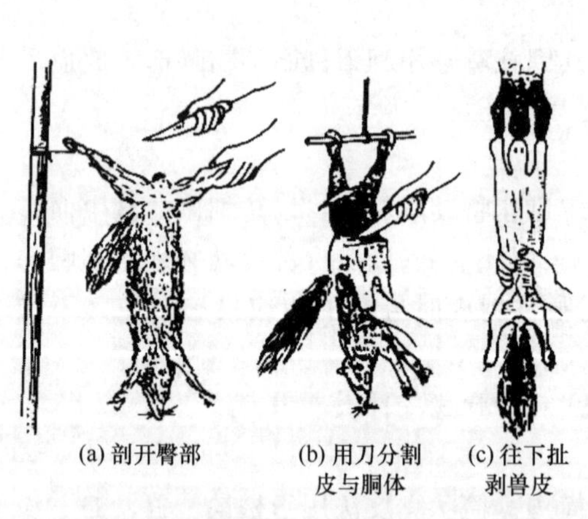

图 3-3　筒状剥皮过程（引自骆鸣汉《毛皮工艺学》）

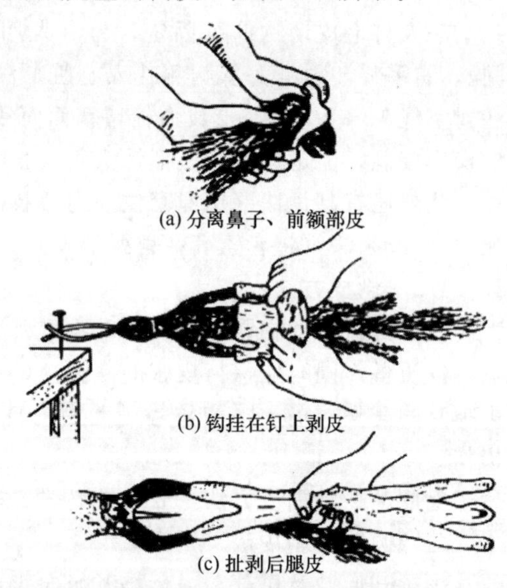

图 3-4　袜状剥皮过程（引自骆鸣汉《毛皮工艺学》）

（3）片状剥皮法

采用片状剥皮法的动物较多，主要有鼹鼠、麝鼠、猸鼠、地鼠、山鼠、旱獭、沙黄鼠、仓鼠、鼠熊，狗、羊羔、猾子皮、海豹、海狸、马驹、胎牛、猫科动物等，毛丝鼠、海狸鼠也用此法剥皮。这种方法利于皮张的后续初加工和保存。

剥皮时先沿腹中线从胯下开口直挑至尾根，然后将前后肢横切开，剥离出一个片状皮。

在剥皮过程中要注意以下要点：

① 处死后的动物严禁堆放，以防闷热脱毛，最好随宰随剥。

② 在尸体尚有一定体温时剥皮为好，僵尸难剥，来不及剥的可埋于雪下，温度以 -10～-1℃为宜。

③ 整个工序要保持皮不落地，尽量避免溢血污染毛皮。溢血时要及时用锯末洗净。

④ 为保证皮张完好无损，剥皮时要避免割伤皮张或使皮张上留有残肉、趾（指）骨、尾骨，操作者要掌握好取皮（俗称打皮）技术，严格按要求进行操作。

3.2.2　原料皮的初加工

毛皮原料皮的初加工和贮存方法与毛皮品质有很大关系。初加工主要包括脱脂（刮油）、整理、防腐。

3.2.2.1　脱脂（刮油）

刚剥下来的鲜皮带有油脂、血污和残肉等，这些成分若不及时除去，会严重影响原料皮的晾晒、防腐与保存，易使皮板出现假干或盐腌不透的现象。对于珍贵的原料皮如貂皮、蓝狐、毛丝鼠等以及油脂较多的原料皮应进行刮油，不同剥皮方法所剥取的皮张应采取不同刮油方式，以保证油脂去除干净并不损伤皮张。

刮油最好是在鲜皮状态进行，用竹刀、钝刀或在刮油机上细心操作，如图 3-5 所示。以刮净油、肉和皮下疏松结缔组织，不损伤皮板、不污染毛被为原则。

中小筒皮如蓝狐、貉、水貂通常套在特定的楦板或圆筒上，毛面朝内，将板竖立固定，用刮刀自头部向尾部刮净表面油脂。先刮去主要部位的油脂和结缔组织，然后将后肢和尾皮拉平并去油脂，对母皮的乳房部位和公皮尿道口附近要特别小心，对头部、四肢和尾部周围难以刮净的部位以及无法刮去的筋膜或残肉，要用快刀或剪刀割去，避免拉裂皮张。

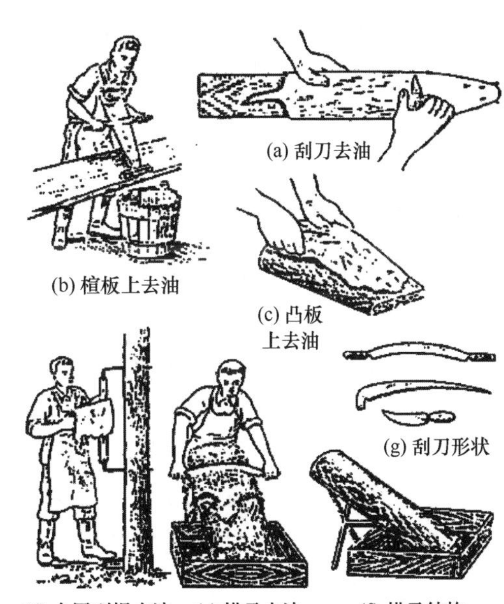

图 3-5　兽皮去油方法（引自骆鸣汉《毛皮工艺学》）

国外已开发了貂皮刮油机，能自动刮净表面油脂并予以定型。

如果是开片皮，应把皮板毛朝下、板面朝上平展在木板上，顺着毛根方向用刀刮去油脂、残肉，但用力不要过猛，以防刮破皮板涌现孔洞。如果逆着毛根刮，容易造成透毛流针伤残。

带有厚肉膜的大型皮张（如狼、羊等）在拱马上小心刮油。拱马表面要平滑，毛面朝下，用身体腹部顶住挡板并将皮张固定于拱马上，使其在刮油时不滑动。易于操作。

小型筒皮，如貂、鼠类，也可将其套在横向固定的圆形木锥上，靠近木锥顶部有一细颈，操作者用脚通过一绳索将皮张固定其上，双手持刀刮去油脂。

3.2.2.2　清洗毛皮

先用锯末或玉米芯粒搓洗皮板上的油脂和脏物，反复搓洗几遍，待皮板干净后再搓洗毛面，直到毛被干净、蓬松、光泽、灵动为止；此后抖掉毛皮上的锯末或玉米芯粒。

3.2.2.3　上楦定型

上楦的目的是使原料皮按规格要求成对称形状，并保持一定的长度与宽度，使皮板大小一致，因为皮板在干燥时失水会造成皮板收缩，或因折褶或卷曲导致干燥不匀，引起局部掉毛或腐烂等现象。

公貂楦板长 110cm，板厚 1.1cm，楦头尖，楦尾宽 11.5cm，板面光滑，板中有槽、孔，使其通风良好。貂皮上楦前先用纸张成斜角缠好楦板，套上貂皮，对应前肢和头部调整皮形，拉两耳使头部尽量伸直，但切勿随意和过度用力拉长任何有效部位，最后拉臀部，适度用力致使皮板长度与某一规格尺寸接近时，拉至此刻度，用钉子固定，如图 3-6 所示。尾部横拉使其缩短，固定，前腿翻入胸内侧，后腿平直靠近。腹部与边缘平齐。在自然通风处晾干，最终毛朝内。

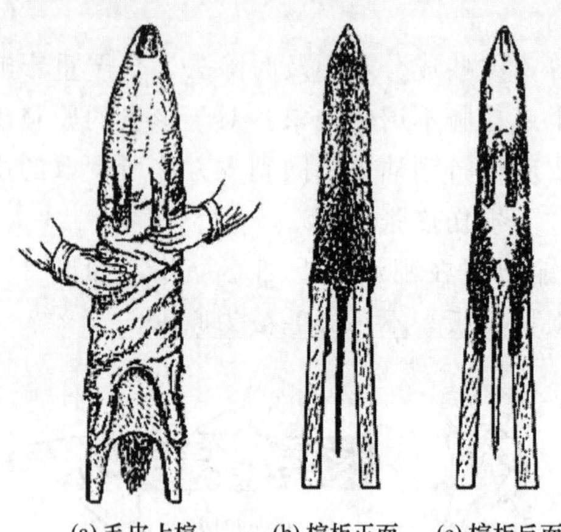

(a) 毛皮上楦　(b) 楦板正面　(c) 楦板反面

图 3-6　毛皮上楦及黄金貂在楦板上的形状

狐皮因被毛较长，故通常进行两次上楦定形，并使毛面朝外。第一次上楦，毛朝里、皮板朝外套在楦板上，两手均匀地将皮筒向下拉直。为使皮形美观，长度舒展要适度，将皮板的各个部位拉正，尾部尽量拉宽。此后用小钉或图钉把各部位固定，使前肢自然下垂。当皮板干到六七成时，将皮筒翻过来毛向外，第二次上楦板干燥。上好楦板后，送入干燥室并放在干燥架上，室温控制在 20～25℃，并保持通风；当皮板达九成干时下楦。用绳拴住鼻孔，挂于室内，在 10～15℃的室温中延续通风晾干，也可将楦板放在室外风干。

皮张晾干后，用锯末（杂树锯末）或麦麸搓洗被毛，把没有洗掉的油污和灰彻底去掉，梳理缠结毛，抖净锯末。

开片动物皮通常用小钉将皮板直接钉在木板或木条板上（毛被朝内），自然干燥。在钉板时，须注意尽量保持皮形。

3.2.2.4　原料皮的防腐

鲜皮中含有的蛋白质和水分，非常有利于细菌的滋生与繁殖。动物皮又存在较多的细菌，当气温处于 20～37℃时，这些细菌会快速繁殖。因此动物皮若不及时处理将会遭受腐败性细菌的侵蚀，导致掉毛、皮板腐臭或腐烂。

原料皮防腐的基本原理是基于改变原料皮的状态，创造一个不适宜细菌和酶生存及作用的环境。即降低温度、降低皮内水分、改变皮的 pH 等。目前常用的防腐方法有干燥法、盐腌法、盐干法、冷冻法、浸酸法等。

（1）干燥法

干燥法是指未经任何化学防腐药剂处理，而直接将鲜皮晒干或在低温干燥室内烘干，除去水分，使皮板水分含量为 12%～16%，从而抑制细菌的活动直到停止。此法成本低、操作简便、便于运输，因而在小动物皮中广泛应用。但也存在一些缺点：①鲜皮未经清洗，皮上附着的血和脏物利于细菌的繁殖；②若皮在阳光下曝晒，或干燥温度过高（35℃以上）时，可能会使皮内蛋白质变性，引起皮纤维的黏结，导致回水困难；③干燥温度过高或干燥过快，可能引起油脂的熔化，造成油浸板；④受天气影响大，可能无法及时得到干燥。

因此，干燥法要严格控制干燥温度和湿度。最适宜的温度为 20～30℃，当温度低于 20℃时，水分蒸发慢，干燥时间过长，会使皮遭受细菌的作用。温度高于 30℃时，皮板表面水分蒸发快，造成表面收缩或胶原胶化、干燥不均等缺陷。干燥过程中，空气的湿度以 45%～60%为宜。湿度大，干燥慢，细菌繁殖和活动会加快。

生皮干燥最好在有庇荫的棚下或干燥室内进行，不能在炎热的阳光下曝晒。楦板应直立并保持一定距离；一般皮张可沿脊部挂晾于杆上，杆距 12～14cm，并定时移动杆上的皮，以免造成与杆接触部位不能彻底干燥，出现杆伤。

（2）盐腌法

用氯化钠腌制鲜皮，此法易操作，防腐效果好，皮板保持一定水分，回水加工容易。但盐用量大，带来严重的盐污染问题；皮板易返潮，保存不当，会引起掉毛。依据用盐方式不同又分为撒盐法和盐水浸泡法。

① 撒盐法：将已除去脏物，刮去油脂、肉膜，洗净并滴干水后的皮张，毛面朝上平铺于一面或操作台面上，在皮板上均匀地撒或抹一层细盐，然后两张皮肉面对肉面堆放在离地面约 200mm 高的平台或木架上，直到堆码至适当高度（高度与皮张大小有关，小皮以 50cm 左右为宜，大皮可达 100cm），盐分渗入皮内，使血水排出，约 7 天后，可翻垛一次，使盐腌更均匀、彻底。盐用量为皮质量的 35%～50%，为防止盐腌过程出现虫害，在氯化钠溶液中可加入一定的防腐杀虫剂。

② 盐水浸泡法：将鲜皮直接浸泡于液比为 40，盐浓度为 26%至饱和的溶液中，浸泡 16～24h，每隔 6h 补加一次氯化钠，以保证其浓度不低于 25%。盐水浸泡的适宜温度为 15℃（不超过 25℃，不低于 10℃）。浸泡完成后，出皮滴液 48h，再用鲜皮质量的 20%～25%的氯化钠涂抹于皮面，并堆垛。

腌制正常的原料皮，皮板呈灰色，坚实有弹性。皮板湿度保持在 38%～45%，毛被湿润，易于回水加工。

（3）盐干法

盐干法是将盐腌后的原料皮再进一步干燥，使皮板的水分降至 18%～20%。进一步阻止细菌的繁殖与作用。该法具有盐腌与干燥法的优点，能在剥皮后及时进行防腐处理，使原料皮免遭细菌的作用，再经干燥，利于保存，避免因皮受潮发热引起掉毛和腐烂，不会产生纤维黏结及虫害等问题，便于贮存和运输，加工时浸水也较容易进行。

盐干法的缺点是皮板易吸潮，盐易流失；干燥时盐在纤维间结晶，可能破坏纤维结构，降低生皮质量。

(4) 酸-盐法

酸-盐法是指用氯化钠、氯化铵和铝明矾组成的混合物处理生皮的方法，此法特别适合于绵羊皮和山羊皮的防腐处理。方法是将氯化钠 85%（质量分数，下同）、氯化铵 7.5%和铝明矾 7.5%的混合物施于绵羊皮的肉面，并轻轻搓揉，然后把皮卷起，堆置 7 天。采用这种方法，会使胶原受到一定鞣制作用而稳定，其皮可在春、夏季进行长距离运输而不需干燥。

(5) 浸酸法

浸酸法是用酸降低皮板的 pH，在低 pH 条件下阻止细菌的滋生，从而使皮板免受细菌作用。浸酸后皮板的 pH 在 2 以下。滴干酸液打包保存（勿接触清水）于低温处，以防皮板被酸解，禁吹干。一般可保存几个月。

(6) 冷冻法

这是最古老、最简单、也最清洁的保存方法。寒冷地区在冬季可直接将鲜皮置于雪中冰冻。低温可降低或阻止细菌的活动，但温度升高或加工前皮坯解冻时可能使细菌复活。因此法不存在盐的污染问题又受到人们的高度重视，为防止毛皮原料皮在运输或长时间贮存时遭受细菌作用，盐腌皮或干板皮再置于冷库中保存不啻于一种最佳方案。但此法能耗较大。

3.2.2.5 原料皮的贮藏

各种鲜皮经防腐处理后，虽能存放较长时间，但在贮藏期间，若保存不当，也会造成原料皮的损伤，引起原料皮质量下降。因此了解和掌握原料皮的贮存及其环境控制因素，对保证原料皮及成品质量具有重要意义。

(1) 对仓库设施的要求

原料皮仓库应建在地势较高的地方，库内通风、隔热、防潮、透光而又要防止阳光直射在皮张上。库内应设置温度计、湿度计并定期检查。有条件则可装设空气自动调节器、空调等。

(2) 入库前的检查

原料皮入库前要求严格检查。没有晾晒干或有虫卵以及大量杂质的皮张必须剔出，经进一步处理后方可入库。

(3) 货垛要求

入库中的皮张必须按等级分别堆码。垛与垛、垛与墙、垛与地面间应保持一定距离，以利通风、散热、防潮和检查。张幅小且珍贵的皮张用木架或纸箱装好保管。每个货垛内放置适量的防虫、防鼠药剂。同一库房内保管不同品种的皮张时，货位间要隔开，不能混杂。盐干板与淡干板必须分开保管。

露天保管的垛位离地面要高一些。货垛要盖严密以防雨淋，四周应有排水沟，排水通畅。

(4) 库房管理

加强库房管理，要坚持“专人专职，定期检查，以防为主，防治结合”的原则。

① 防潮、防霉。在阴雨天和空气潮湿时，皮张极易返潮、发热和发霉。返潮发霉的皮张其皮板与毛被上产生一种白色或绿色的醭。轻者有霉味，局部变色；重的皮张变为紫黑色，板质已受损，易撕裂。因此，应加强通风、调节库内空气温度与湿度。

② 防虫、防鼠害。搞好仓库内外环境卫生，定期喷洒防虫药剂。春、夏季节共聚物要加强防范。如果库内外发现虫迹要及时翻垛检查，采取灭虫措施。

3.2.3　影响毛皮原料皮质量的因素

影响毛皮原料皮质量的因素很多，也很复杂，但可分为自然因素和人为因素两大类。

3.2.3.1　自然因素

主要包括种类、性别、兽龄、健康状况、生活地区、生产季节等。

（1）种类

由于毛皮原料皮的原产动物种类对原料皮的使用价值影响较大，所以在毛皮收购中规定“品种比差”或“种类比差”，以某一品种（商品）的一等质量的使用价值为标准(通常定为100%)，然后用其他品种的使用价值与标准品种相比，其比值即为“品种比差”。品种比差在收购中主要体现在价格的差异上，如以毛皮行业系列商品豹皮为例，豹皮的品种比差分别为：金钱豹皮为100%，艾叶豹皮为65%，龟纹豹皮为50%，红春豹皮、芝麻豹皮、狸豹皮、墨韵皮均为20%。

（2）性别

同一类动物不同性别的毛皮质量也有较大差异。衡量收购中规定有“公母比差”。以一等公皮的价格定为100%，然后用该种二等母皮的价格与公皮相比，其比值即为母皮的比差，一等公皮的单价乘以母皮的比差，则为一等母皮的单价。如水貂皮公皮为100%，母皮为80%。

（3）兽龄

一般产于幼龄动物的毛皮颜色浅，皮板薄嫩，张幅小，但板面细致；产于壮龄动物的毛皮质量较好；产于老龄动物的毛皮毛绒粗长，光泽差，皮板较厚硬、粗糙。

（4）生活环境

这会对原料皮的质量产生综合的影响。一般同种原料皮产于寒冷地区的张幅大，毛绒丰足，毛被厚密，光泽较好，颜色略浅，皮板略厚，价值较高。产于热带地区的毛皮一般张幅小，毛绒略短粗而且空疏，颜色较深，皮板略厚，使用价值较低。但是，带花纹或斑点的原料皮，则以气候较温暖的地区产的毛皮花纹斑点清晰，质量为好。产于山区、黄土地带、黑土地带或沙土地带的毛皮都有地区特点，质量不同。所以，规定不同的“地区比差”。

（5）生产季节

它能反映动物在气候条件和其他生活环境条件影响下，毛绒及皮板在毛被脱换过程中所处的阶段及其内在质量。所以，季节直接关系到原料毛皮的质量。生产季节对原料毛皮质量的影响，绝不是单纯某一种条件的影响，而是动物环境中诸多条件对质量的综合影响。在不同季节里，动物毛被的色泽、密度、粗细度、长度以及皮板的厚度、强度等，都有明显的差异。因此，适时掌握取皮时间，在人工饲养的毛皮动物屠宰前应进行毛皮成熟的鉴定。

3.2.3.2　人为因素

从动物体上剥下皮来开始，到原料皮进入加工以前，造成质量变化的各种因素，包括生产方法、初步加工、防腐、贮存保管和包装运输等。

(1) 生产方法

包括正确宰杀，合理捕捉和开剥等。正确的宰杀和剥皮方法可以减少和避免刀洞、描刀、缺材等伤残的出现，还能够保证原料皮的形状完整。在剥皮过程中，如果方法不得当或不注意，容易造成各种伤残。

(2) 初步加工

主要包括剥皮、刮油、洗皮、上楦、干燥、下楦等。必须按技术要求和收购规格进行加工。上楦用的楦板一律用国家规定的统一楦板。

(3) 防腐

国产貂、狐、貉、兔等毛皮原料皮，经刮油、上楦后，晾晒至水分低于18%，以淡干皮方式保存。淡干皮若干燥过速或干燥温度过高，易造成油板或焦板皮，影响加工时浸水回软，甚至影响成品质量。但现在多以盐腌方式进行防腐处理，盐腌皮的好处在于，皮板仍含大量水分，回水容易，但在贮存时，易因皮板吸水受潮，导致细菌滋生，引起掉毛，甚至皮板腐烂等问题。

(4) 贮存保管

毛皮库一定要通风良好，注意库房的温度、湿度等变化状况，防止虫蛀和鼠咬。控制皮板长虫、掉毛、腐烂等事故的发生。

(5) 包装运输

必须按规定要求进行包装，要捆牢固，在运输过程中不能受雨淋、日晒，好的毛皮因为包装不当或运输过程中造成质量缺陷损失会很大。

3.3　毛皮原料皮

3.3.1　重要毛皮原料皮

3.3.1.1　水貂和貂

(1) 水貂 (mink)

水貂属鼬科鼬属动物（图 3-7），栖息于河边及湖边等地带，居住在岸边的天然洞穴中。水貂是一种半水栖动物，善于游泳、潜水，夏天更喜欢戏水。野生水貂多在近水地带，利用天然洞穴营巢，洞口在岸边或水下，附近多有草丛或树丛作掩护。水貂有美洲水貂（M. vison）和欧洲水貂（M. lutreela）两种，农场水貂主要是美洲水貂。水貂皮全球年产数近1亿张，占世界毛皮贸易总额的25%以上。

水貂体型细长，雄性体长380～420mm，尾长200mm，体重1.6～2.2kg，雌性较小。体毛为黄褐色，颌部有白斑，头小，眼圆，耳呈半圆形，稍高出头部并倾向前方，不能摆动。颈部粗短。四肢粗壮，前肢比后肢略短，指、趾间有蹼，后趾间的蹼较明显，足底有肉垫。尾细长，毛蓬松。

图 3-7　水貂

貂皮是珍贵的高档毛皮原料皮，居国际三大支柱原料皮（水貂皮、蓝狐皮和波斯羔羊皮）之首，也是我国“东北三宝”之一，素有“裘中之王”的美称。貂皮针毛光亮灵活，分布均匀平齐；绒毛稠密细软，色泽光润；皮板细韧紧实，强度高，保暖性好。用它制成的毛皮服装雍容华贵，是理想的毛皮制品。而在貂皮中，由于紫貂皮产量极少，又以紫貂皮更为名贵。貂皮具有“风吹皮毛毛更暖，雪落皮毛雪自消，雨落皮毛毛不湿”的三大特点。

水貂皮针毛上段粗大，呈纺锤状，毛鳞片呈规则的杂波型排列，皮质层占毛径的20%～30%，髓层占80%～70%，髓腔呈单柱或多柱排列；针毛下段细小，略微弯曲，鳞片窄长，光泽下降，皮质层占比增大至约40%。绒毛整根粗细基本一致，略呈弯曲波浪形，鳞片较薄，呈规则的长瓣型排列，皮质层与髓层约各占毛径的50%，髓质细胞呈单柱组型排列。毛被明显分为上下两层，上层由针毛上段构成，色泽光亮，下层由针毛下段和绒毛构成，毛稠密，色泽略浅。水貂皮针、绒比例恰当，色调美观，极富华贵感。

水貂皮真皮胶原纤维编织非常致密，毛根深入乳头层与网状层交界处。乳头层上层纤维细小，编织紧密，其余部位纤维束稍粗，编织实；网状层纤维束粗大，编织均匀，颈背部纤维束粗细及编织紧密度相差不大，腹部纤维略疏松。颈部皮板厚度较厚，腹部最薄，颈部皮板厚度是背部的1.1～1.2倍，是腹部的1.5～1.6倍。弹性纤维在腹部最多，而背脊部最小，多平行于皮面，主要分布在皮脂腺至毛囊底部一带。一般一组毛有一对脂腺，呈环状包裹毛囊，脂腺最大处的截面积可达毛囊的3～4倍，脂腺较发达，脂肪锥的高度可达皮厚的1/2左右，油脂含量高达14%～40%。

水貂兼有水獭和紫貂的特点，水貂皮背部至尾基部黑褐色，尾部黑色，颈部有的夹杂着白色，腹部或有白纹，针毛光滑柔软润亮，绒毛稠密灵活。

（2）貂（marten）

又称貂鼠，属食肉目鼬科貂属动物，主要分布在海拔800～1600m的气候寒冷的针叶林与针阔叶混交林的寒温带地带，主要产于北美洲美国阿拉斯加、加拿大东部、中国东北地区、蒙古、俄罗斯西伯利亚地区。貂具有发育很好的肛袋。肛袋腺可产生特殊气味的分泌物。貂体细长，色黄或紫黑，种类很多，主要种群有紫貂（黑貂）、石貂（榉貂）、黄喉貂（青鼬）、格氏貂、渔貂、松貂（林貂）、日本貂等。

① 紫貂（*Martes zibellina*）：体长约400mm，体重约1kg，尾长120mm，寿命8～

15年，属中小型兽类。躯体细长，四肢较短。头形狭长，耳短而圆，嗅觉、听觉灵敏。野生的紫貂全身为棕黑色或褐色；稍掺有白色针毛；头部淡灰褐色，耳缘泛白色，具黄色或黄白色喉斑；颏部毛被色调为带橙黄色的褐色；胸部有棕褐色毛，腹部色淡。冬毛致密，毛被丰厚，全身毛被呈棕褐色，胸部、腹部及体侧色泽一致，白色针毛散布于全身。

紫貂皮脊背由颈到尾基部呈黑褐色，两侧肋、颈部颜色逐渐变浅。多数貂皮针毛中夹杂着枪毛，它比针毛粗、长、亮，称为貂皮的银针，紫貂皮光泽油亮，底色优美，针毛灵活，绒毛根青灰色，绒足针密，面积大，皮板柔软拉力强。紫貂皮的头尾、四肢的毛质和颜色均具特色，幽雅大方。

② 石貂（*Martes foina*）：在它的近亲中个体相对较小，通常体长在50cm以下，棕褐色毛带有白色的大喉斑，尾长约等于头体长的一半，毛色为单一灰褐或淡棕褐色，绒毛丰厚，毛色洁白或淡黄，针毛稀疏，深褐或淡褐色，不能覆盖底绒；头部呈淡灰褐色，耳缘白色，喉胸部有一鲜明的白色或茧黄色块斑（也称貂嗉），呈“V”形或不规则的环状，有的块斑在喉胸部中央呈长条状；由于针毛较短密，至背中部针毛逐渐伸长，最长可达55mm，褐色针毛在背脊中央集聚，因而使色调加深呈暗褐色，与四肢及尾部同色，尾蓬松而端毛尖长；体背、体侧为深褐色，腹部淡褐色

③ 黄喉貂（*Martes flavigula*）：共有10个亚种，体长560～650mm，尾长380～430mm，体重2～3kg。因前胸部具有明显的黄橙色喉斑而得名。耳部短而圆，尾毛不蓬松，体型柔软而细长，呈圆筒状大小如小狐狸。由于它喜欢吃蜂蜜，因而又有蜜狗之称。身体的毛色比较鲜艳，头及颈背部、身体的后部、四肢及尾巴均为暗棕色至黑色，喉胸部毛色鲜黄，包括腰部呈黄褐色，其上缘还有一条明显的黑线，因此得名。腹部呈灰褐色，尾巴为黑色，皮毛柔软而紧密。

④ 格氏貂（*Martes gwatkinsii*）：是唯一生活在南印度的貂。分布在尼尔吉里丘陵、果达古南部及喀拉拉邦北部。格氏貂与黄喉貂相似，但体型较大，其前额亦明显凹陷。它的背部深色，喉咙呈黄色至橙色。体长550～650mm，尾长400～450mm，重约2.1kg。

⑤ 渔貂（*Martes pennanti*）：体型似鼬，有蓬松的毛尾，吻部向尖端尖削，耳圆位低。皮毛的颜色从浅棕色、中棕色至深棕色。雄性比雌性体大而重。雄性体长900～1200mm，体重3.5～5.0kg；雌性体长750～950mm，体重2.0～2.5kg。皮毛的颜色从浅棕色、中棕色至深棕色，头和肩上由金色到银色，黑色的腿和尾巴。皮毛上也可能有一块大小和形状可变的奶油色。毛皮颜色和体型因个体、性别和季节而异。

⑥ 松貂（*Martes martes*）：平均体长530mm，尾长250mm。体型大小的变化随分布地区而异，两性异形也出现在体型大小上，雄性比雌性大12%～30%。喉咙上有奶白色至黄色的围兜，胸部至下腹浅灰色，爪子昏暗，尾巴长而浓密蓬松。松貂毛皮坚韧柔软，绒毛细密，冬季厚实柔滑，夏天短而粗糙。毛皮呈浅褐至深褐色，在冬天被毛会逐渐变长及变为浅色。冬季爪底垫被毛完全覆盖。幼仔在出生后的第一个冬天长成成兽的皮毛，每年春季会完整的换一次毛。毛皮生长期在9月至冬季。耳朵比较大，呈三角形。肛门附近有臭腺，可放出臭气驱敌自卫。

⑦ 日本貂（*Martes melampus*）：体重 500～1700g，体长 470～545mm，尾长 170～223mm。躯体细长，四肢较短。头形狭长，耳一般短而圆，嗅觉、听觉灵敏。犬齿较发达，裂齿较小。前后足均 5 指（趾）；跖行性；爪锋利，不可伸缩。尾较粗而蓬松。肛门附近有臭腺。日本貂的年龄由牙齿的磨损决定。性别差异很大，雄性较大。雄性个体平均为 1536g，雌性平均为 1010g。体毛柔软，夏季毛色深褐，冬季毛色黄褐，具臭腺。皮毛着色从黄棕色到深棕色，整个颈部有白色到奶油色的贴片。

（3）其他品种

国内市场因貂的产地和毛被特征，又分有花貂皮、沙貂皮和太平貂皮等，甚至与紫貂和水貂皮一起认为是貂皮的五大品种，这是一种错误的提法。虽然它们在毛色与毛绒方面存在相似，甚至有突出的特点，但绝不是貂的一个品种，更不能与水貂归为同属动物。

① 花貂皮：全身黑色毛锋，夹带着间断的白色条纹。花貂皮的绒毛黑中带褐，油亮，较短于针毛。花貂皮全身针毛为黑色，它不如紫貂皮的针毛尖细，但是柔软利落。绒毛虽伏在针毛的下层，可是根根见底，细软油亮，没有粘缠性，轻松灵活，起伏自如。

② 沙貂皮：色泽幽雅，它的基本色泽取决于针毛和短绒的色素，定向毛起不了作用。绒毛的基部含有蔚蓝的明影，暗扣透俏；绒毛尖端从针毛中影射橙蓝的阴影，又衬托出针毛的美丽，色泽似云遮月，暗里透明。两侧肋部呈带蔚蓝阴影的橙黄色，脊峰带有清淡的黑褐色，嘴尖毛黑色，腹部较浅淡褐色，全身色泽花俏，富有感染力。沙貂皮的毛比紫貂粗，直针毛不尖，但毛性柔软、油亮，短绒带丝质翠亮。沙貂皮皮板厚薄均匀。

③ 太平貂皮：属于珍贵罕见的毛皮，针、绒、板都与一般毛皮不同。太平貂皮由颈到尾基部呈翠碧色略带影，腹部色略浅，上下一色相贯，没有其他杂色，纹和斑点如同一片碧翠水镜。太平貂皮毛质油亮，色泽清雅漂亮。

（4）水貂皮和紫貂皮的比较

水貂皮的主产国有丹麦、挪威、美国、瑞典、芬兰、俄罗斯和中国。美国貂针毛较短，毛密而平齐，针绒长度比为 4∶3，特别是标准貂，毛色深且背腹毛色一致，光泽度好；丹麦貂的特点是张幅较大，绒毛密度大，针毛略长。紫貂皮主要产自俄罗斯。

水貂和紫貂被毛浓密，其形态分为 3 类：针毛（guard）、绒针毛（pile）、绒毛（fur）。针毛最长，粗且笔直。

紫貂针毛远端大约 3/4 处的毛干，毛径向远端逐渐加粗，然后转为尖峰。绒针毛与针毛相似，毛干远端有长 8～9mm 一段，毛径粗，皮质高度发达，但毛长和直径低于针毛（表 3-6），毛干有 3～5 个轻度波浪弯曲。绒毛最短最细，远端稍有变粗，整个毛干呈波浪弯曲状，有 4～9 个弯。绒针毛和绒毛髓质发育极好。

水貂的针毛短、粗。毛径变粗是从远端 1/3 处开始，皮质发育较紫貂好。绒针毛和绒毛较短、较粗。绒针毛有 6.3～7mm 的特化段，近端有较小的 2～3 个波浪弯曲，绒毛有 3～6 个波浪弯曲，被毛的髓质含量也较高。

表 3-6　　紫貂、水貂冬季被毛特征参数

原料皮	毛的类别	特征参数	背部	胸部	腹部
紫貂	针毛	长度/mm	33.68±0.27	35.25±0.15	37.12±0.54
		细度/μm	32.50±0.46	30.40±0.11	27.69±0.25
		髓质含量/%	64.65	62.85	69.27
	绒针毛	长度/mm	29.88±0.23	29.27±0.11	28.69±0.35
		细度/μm	21.22±0.41	24.60±0.21	23.60±0.82
		髓质含量/%	77.12	71.84	72.91
	绒毛	长度/mm	19.71±0.13	17.78±0.19	22.50±4.13
		细度/μm	9.00±0.11	8.90±0.70	8.70±0.56
		髓质含量/%	67.71	59.13	72.46
水貂	针毛	长度/mm	22.53±1.14	17.73±0.20	19.6±0.19
		细度/μm	39.70±0.71	39.0±0.61	38.4±0.18
		髓质含量/%	61.69	63.45	65.35
	绒针毛	长度/mm	16.9±1.66	11.34±0.11	13.94±0.13
		细度/μm	22.2±0.43	22.50±0.12	23.00±0.14
		髓质含量/%	68.54	59.04	60.14
	绒毛	长度/mm	12.5±3.14	8.43±0.94	9.94±0.94
		细度/μm	9.60±1.40	5.80±0.71	6.10±0.25
		髓质含量/%	58.61	53.69	56.80

我国人工养貂时间较晚，水貂品种引自不同国家，饲养条件和管理水平也参差不齐，皮张品质波动较大。特别是一些养殖户为了缩短饲养时间，降低养殖成本，使用激素促进貂的生长，提前取皮，造成毛绒稀疏，皮板薄且纤维编织疏松，皮张质量低。国际市场上貂皮均是通过拍卖进行交易，因此皮张质量有较统一的规格与标准，而且几乎不存在非季节性皮张和激素皮。

3.3.1.2　狐皮

狐，食肉目犬科动物（图 3-8）。它们灵活的耳朵能对声音进行准确定位，嗅觉灵敏，修长的腿能够快速奔跑，最高时速可达 50km/h。狐以鱼、蚌、虾、蟹、鼠类、鸟类、昆虫类小型动物为食，有时也采食一些植物。狐的种类繁多，分北极狐（蓝狐）、红狐（赤狐）、银黑狐、沙狐等。

图 3-8　狐

狐和狸本不是同一种动物，狸的外形与狐相似，但比狐小。人们习惯将狐称为狐狸。

国际市场上按狐皮的品种和颜色区分。特别是现在通过人工培育了许多毛色新品种。主要有：蓝狐皮（blue fox skin）、白影狐皮（blue shadow fox skin）、蓝霜狐皮（blue frost fox skin）、蓝霜白影狐皮（shadow blue frost fox skin）、金岛狐皮银狐皮（golden island fox skin）、金色十字狐（gold cross fox skin）、十字狐（cross fox skin）、琥珀色狐皮

(amber fox skin)、暗褐色狐皮（burgundy fox skin)、沙狐皮（kitt fox skin)、灰狐皮(grey fox skin）等。产量最大的品种有蓝狐皮、银狐皮、白狐皮和银蓝狐皮。

（1）蓝狐皮

蓝狐，又称北极狐。毛被色泽艳丽。绒毛稠密丰富、柔软有弹性，针毛挺拔柔软；皮板薄而弹性高。蓝狐主要出产于芬兰，而且以芬兰的蓝狐体型大、绒毛丰厚而著称，约占世界蓝狐产量的一半，其次是挪威有一定产量，我国近年来狐的养殖发展十分迅速。

蓝狐原有两种毛色，一种为浅蓝色调，浅蓝色的底绒被大量稠密并富有银色的针毛冲淡，银色毛基部发白，顶端色暗；另一种随季节变化，冬季毛色全白，夏季毛色变深。现通过人工培育，已在北极狐的毛色基础上发展了许多彩色狐皮，如影狐、珍珠狐、蓝宝石狐、琥珀狐、白金狐、冰川狐、金岛狐等。这些培育品种除毛色外，体型特征与北极狐基本相似。

蓝狐皮表皮较薄，仅由2～3层细胞组成。真皮的乳头层与网状层分界不明显，胶原纤维束较粗，排列不规则，大多平行于皮表面而呈波浪形编织，在毛囊和各种腺体周围呈纵横方向排列。各部位表皮与真皮层厚度见表3-7，背腹部皮下组织较厚。

表3-7　　蓝狐皮表皮与真皮层厚度　　单位：μm

皮层	背部	腹部	颈部	腿部	尾部	颊部	足垫	鼻部	上唇部	下唇部
表皮	12.4	16.5	14.8	14.4	40.8	22.7	720.1	83.4～414	35.2	157.8
真皮	544	546	646	749	687	1369	534	1597	—	—

蓝狐皮毛被由针毛和绒毛组成，针毛直径约95μm，平均长度约52.0mm；绒毛较细，直径约21.8μm，平均长度约40.1mm。针毛与绒毛数量比为1∶21～1∶27。蓝狐皮的毛囊分布与水貂皮类似，成簇分布。一组毛在皮面由同一毛囊长出，有的毛丛由一根针毛与若干绒毛组成（针毛囊），有的仅有绒毛组成（称绒毛囊）。每丛毛有10～50根，多数在35根左右。数个复合毛囊再组成毛（囊）簇，多数由3个毛丛为一簇。簇与簇之间由许多平行的纤维束隔开。生长毛可见一层逐渐角质化的立方形细胞构成的髓质，而成熟毛则见不到髓质。冬皮毛密度约为19000根/cm^2，毛囊以30°～40°倾斜深入真皮层，贯穿整个皮层，直达真皮深层或皮下组织层中。所以蓝狐皮在加工过程中，去肉、削匀操作要特别小心，以防损伤毛球引起掉毛。蓝狐皮背部脂腺发达，腹部和颈部较少，脂腺分布在复合毛囊两侧或周围，汗腺不发达。

（2）银狐

银狐又名银黑狐，玄狐。原产于加拿大，是野生赤狐的变异品种。因其部分针毛呈白色，而另一些针毛毛根与毛尖是黑色，针毛中部呈银白色而得名。

它的体型外貌与赤狐相同，只是毛色有极大的差异。银狐的吻部、双耳的背面、腹部和四肢毛色均为黑色；背部和体侧呈黑白相间的银黑色，也有褐色的。在此背部和两侧部分有密布的白色针毛，银色的毛被是由针毛的颜色决定的，针毛的基部为黑色，接近毛尖部的一段为白色，而毛尖部为黑色，因为白色毛段衬托在黑色毛段之间，从而形成华美的银雾状。针毛的白色所处的位置（深浅）和比例，决定了毛被银色强度。绒毛为灰褐色，尾尖为白色。

银狐毛被由粗而长的针毛和细而柔软的绒毛组成。针毛根部较粗，向上逐渐变细，再向上又慢慢变粗，向毛尖方向又变细变尖，即在针毛上段呈纺锤状；绒毛极细，除毛尖处更细外，其余部分粗细较均匀，并呈弯曲波浪形。针毛和绒毛均有鳞片层、皮质层和髓层。在毛纤维不同段位上鳞片形态和排列方式各不相同，但不同部位的毛纤维在相同段位的鳞片基本相同。针毛根部鳞片为披针形，高度达 30～40μm，排列不太紧密，向上鳞片逐渐变短，齿突变圆钝，排列较紧密，形态近似菱形，再向上，鳞片进一步变短，齿突消失，移形为波浪形，可见高度 6～10μm，排列紧密。绒毛下部鳞片形态与针毛根部鳞片形态相似，但齿突不及针毛的尖锐，为长瓣状，可见高度 15～20μm，排列不紧密，随毛干向中逐渐移形为似鱼鳞的复瓦状，鳞片游离端呈光滑的抛物线形，可见高度 8～10μm，排列变紧密。针毛的髓质层为连续密集不规则的网状层，绒毛髓质细胞呈单列块状排列，很像穿在一条线上的算盘珠子。

银狐毛的长度、细度及毛密度见表 3-8。

表 3-8　　银狐毛的长度、细度及毛密度

部位	长度/mm		细度/μm			密度/(根/mm²)	
	针毛	绒毛	针毛上段	针毛下段	绒毛	针毛	绒毛
脊部	72.8	43.7	81.78	72.83	17.65	10～11	220
背部	58.9	40.1	105.89	74.77	19.02	8～9	160
臀部	61.7	41.2	88.73	65.83	18.24	8～9	290
腹部	60.9	44.2	62.54	61.30	18.45	6～7	120
颈部	56.3	39.8	61.84	40.69	14.29	6～7	60

银狐皮板厚度较薄，不足 1mm，臀部最厚约 850μm，腹部最薄约 300μm。胶原纤维以水平过渡向呈波浪形编织。真皮层上层（约占真皮层厚度的 50%）的胶原纤维束编织较紧密，下层编织较疏松，纤维束间充塞着大量的游离脂肪细胞。腹部胶原纤维较其他部位松得多，弹性纤维较细，呈水平走向一丝一丝地分布于整个真皮层，相对而言，在真皮中层较多，在脊部、背部和臀部较多。银狐皮脂肪发达，在针毛囊和绒毛囊旁都有一对甚至两对脂腺，真皮下层有许多游离脂肪细胞。

银狐皮毛被主要呈簇状分布型和少量复杂分布型，毛囊为复合毛囊。有的复合毛囊内丛生着 1 根针毛和 10～20 根绒毛，有的复合毛囊无针毛，仅丛生一组绒毛（10～20 根），也有极个别的毛囊内只生长 1 根针毛。数组复合毛囊紧紧靠拢在一起，组成一个毛囊群，即毛簇。大多是 3 组组成一群。毛囊群之间有一定距离。在 3 组毛群中一般有 1～3 个针毛囊，若只有 1 个针毛囊，则针毛囊则位于中间；若 3 组均为针毛囊，则中间一针毛较粗。在背、臀部，有复杂分布型毛囊，即若干毛囊群又围绕 1 根粗大针毛独占的 1 个大毛囊组成一个更复杂的毛囊群。

（3）赤狐

赤狐（*Vulpes vulpes*）共有 47 个亚种。成兽体长 620～720mm，肩高 400mm，尾长 200～400mm，体重 5～7kg（图 3-9）。赤狐被毛以棕红色为基本毛色。但因地理环境不同，毛色差异较大。一般背部毛色呈棕黄或棕红，腹部毛色浅淡而呈白色或黄白色，尾毛蓬松，上部毛为红褐色带黑色，尾尖为白色，耳背面呈黑色或黑褐色，四肢外侧黑色条纹延伸至足面。分为红狐和草狐皮。

图 3-9　赤狐

东北路赤狐皮毛被长而细密，色泽光润，多呈红色，张幅较大，质量最佳，俗称红狐。西北路毛绒丰厚，背部呈红黄色或淡黄色，腹部呈淡黄色，毛稍粗，俗称西黄狐皮；而南方产赤狐，毛被粗且空疏，背毛呈暗红色或黄色，腹部呈青灰色，俗称草狐皮。

(4) 沙狐

沙狐（*Vulpes corsac*）是典型的狐属动物，为狐属中最小者。四肢和耳朵比赤狐略小，体长 500～600mm（不含尾部），尾长 250～350mm。四肢相对较短，耳大而尖，耳基宽阔，毛细血管发达。毛色呈浅沙褐色或浅棕灰色，带有明显花白色调。背部呈浅棕灰色或浅红褐色，腹部呈淡白色或淡黄色，下颌呈白色，耳背和四肢外侧呈灰棕色，腹下和四肢内侧为白色，尾基部半段毛色与背部相似，末端半段呈灰黑色。夏季毛色近于淡红色。全身皮毛厚而软。

3.3.1.3　貉皮

图 3-10　貉

貉（*Nyctereutes procyonoides*），是哺乳纲，食肉目，犬科，貉属半冬眠动物，主要分布于中国、俄罗斯、蒙古、朝鲜、日本、越南、芬兰、丹麦等国家。貉以人工养殖为主兼有野生。貉的外形像狐（图 3-10），但较狐小，体肥短粗，四肢短而细，尾毛蓬松，绒毛长 30～35mm，针毛长 50mm 左右，体重 6～10kg，体长 650～850mm，尾长170～180mm。

芬兰貉皮张长度在 1000～1500mm，毛色为棕黄色，有的略带红棕色调，其毛被厚密，绒毛长度在 40mm 左右，针毛稀疏，明显呈撮状分布。国产貉皮张面积小于芬兰貉子皮，长度 900～1200mm，针毛有三节色，毛尖为黑色，中间为浅米色，底部为浅棕色，绒毛长度 35mm 左右，其颜色接近芬兰貉皮，因养殖地区的不同略有差别。

貉背部直针毛的髓质指数为 65.7%，腹部为 52.3%，颈部为 35.1%，臀部为 36.4%，4 个部位的髓质指数区间为 34.5%～66.7%，其中，背部和腹部髓质指数区间为 51.2% ～ 66.7%。

貉背部毛发鳞片从毛根到毛尖排列顺序依次为扁平型、杂瓣型、过渡型、杂波型和冠状型，而腹部从毛根到毛尖依次为扁平型、杂瓣型、杂波型和冠状型，虽然顺序基本相同，但背毛中的主要鳞片类型是杂波型和杂瓣型，而腹毛的主要鳞片类型为杂波型；

不论是背毛还是腹毛，其毛尖均为冠状型，毛根均为扁平型，且不显著。

我国貉皮有7个亚种：乌苏里貉、朝鲜貉、阿木尔格貉、江西貉、闽南貉、湖北貉、云南貉。通常以长城为界分为南貉和北貉。北貉皮质量好，针毛长而尖，底绒足，呈黄色或灰黄色，皮张大，板肥。南貉皮略小，针毛短，毛绒稀疏，但毛色比北貉皮美观。虽然貉皮的针毛峰尖、粗糙、散乱，颜色不甚优美，色泽暗淡无光。但拔掉峰尖（针毛），露出绒毛后，毛被突然变色，显得优雅美观大方，别有特征。其绒毛细密如绵，称貉绒。古人说高贵的毛皮才能比狐貉之暖，诚然貉绒产品是又轻又暖的高贵毛皮。我国东北三省、河北、山东、内蒙古等现饲养的貉以乌苏里貉为主。

貉皮与浣熊皮外形相似，加之其英文名称也有点相似，容易混淆。浣熊，英文名raccoon（或racoon）；貉，《英汉科技词汇大全》中译为raccoon dog。因此，外国人常把中国的貉皮称为浣熊皮，中国人又常把从北美进口的浣熊皮叫美洲貉皮。其实，貉与浣熊是完全不同的两种动物。

从动物分类学，浣熊（*procyon lotor*）属于哺乳纲，食肉目，浣熊科（*Procyonidan*），浣熊属（*Procyon*），是类似于熊科的杂食性动物，形态和结构略似熊科，但体型要小很多，并有较长的尾巴。浣熊科除了分布于亚洲的小熊猫（*Ailurus fulgens*）外，所有种类均限于美洲。浣熊是浣熊科中的最著名成员，分布于中北美洲，最北到达加拿大南部。浣熊聪明而爱干净，在进食前要将食物先在水中浣洗，因而得名浣熊。浣熊全身的毛由灰、黄、褐等色混杂在一起，脸上有黑色的斑毛，眼睛的周围有一圈黑毛，体长一般420～600mm，尾长200～600mm，尾部上有五六个黑色相间的环纹（这是浣熊皮与貉皮最容易区分的地方），体重一般不超过10kg，小的不足1kg。

3.3.1.4 卡拉库尔羊皮

卡拉库尔羊品种是世界上最著名的绵羊品种之一。近百年来已由它的原产地中心——布哈拉扩展到亚洲、非洲、美洲、欧洲等50多个国家。这个品种所以享有盛名是因为它的主要产品——卡拉库尔羔皮（又称波斯羔羊皮）能制作非常美观而精致的服装。

卡拉库尔羔皮是指小羊出生3天内宰杀所取的皮，主要产在阿富汗、南非、巴基斯坦等地，是国际裘皮市场三大原料皮品种之一。

卡拉库尔羔皮具有美丽的独具特色的卷曲毛被花纹，毛被光泽度高且富丝光感。绒毛量适中，花纹清晰紧实，富有立体感，毛被耐磨性强，颜色美观。

卡拉库尔羊品种是由黑色、灰色和苏尔羊组成的，它们都是在很早以前形成的复杂品种类型。毛被颜色有黑色、灰色、棕色、彩色、白色等。灰色毛被是由黑、白两种颜色的毛相间组成，以白毛占60%～70%的中灰色为好。棕色毛被的毛较粗，花卷大而松散，光泽差，品质低。苏尔色即彩色，指一根毛纤维上有两种不颜色，其毛根部颜色越深，苏尔效应越明显，如根部呈黑色或暗咖啡色的为暗苏尔色，根部呈栗色的为浅苏尔色，毛尖呈浅黄色的为金苏尔色，毛尖呈浅烟雾色的银苏尔色。高质量的苏尔色毛被要求毛尖端颜色变浅部分长度适中，颜色过渡界限明显，尖端颜色变浅部分在整张皮分布均匀。

主要的品种特征——卧蚕状毛卷的形状和类型是划分卡拉库尔羊生产类型的基础。

依毛卷形状及毛卷排列整齐程度还有夹克型（半圆形的和管状的）、扁平型和肋状型（早产羔皮的变种）。肋状型毛卷毛最短，扁平型毛卷的毛最长，卧蚕形毛长界于肋状型和扁平型之间，长卧蚕形毛卷长度大于 40mm，中卧蚕形毛卷长度在 20～40mm。肋状型毛卷像动物的肋骨一样排列整齐，毛卷较扁平，图案优美。

卡拉库尔羔皮的粗毛深入皮层较深，细绒毛深入皮层较浅，以粗毛的毛球底部为界，皮层明显分为两层，其中乳头层占皮层厚度的 70%左右。

斯瓦卡拉（Swakara）是卡拉库羊羔皮的一个细分品种，它是产自纳米比亚的稀有羔羊皮的商标名称，拥有 100 多年的历史，每年产量仅有 20 万张。斯瓦卡拉羊羔皮（图 3-11）质地柔软，纹理独特，毛卷顺滑，轻薄修身，毛被光泽鲜亮，就像阳光铺洒在碧波荡漾的海面。毛的细度和花纹以及花纹的抱合度等品质更优于卡拉库羊，而成为毛皮界抢手的原料皮，2017 年哥本哈根拍卖价高达人民币 500 元/张。

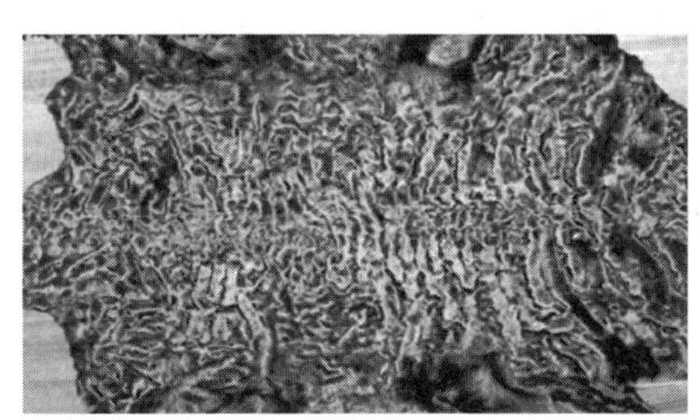

图 3-11　斯瓦卡拉羊羔皮

3.3.1.5　毛丝鼠皮

毛丝鼠（*Chinchilla*），俗称青紫蓝（图 3-12），因毛丝鼠的长相与日本动画大师宫崎骏的动画片《龙猫》中的主人公龙猫太郎相似，又称之为龙猫。毛丝鼠是啮齿目毛丝鼠科毛丝鼠属动物的统称，本属只有 2 个品种，两者皆为极危（CR）物种。

图 3-12　毛丝鼠

该物种群居，性情温顺，昼伏夜出，是原产于南美洲安第斯山脉地区的花栗鼠类动物，以皮毛柔软漂亮而闻名于世。毛丝鼠躯体小而肥胖，前半身似兔子，后半身像松鼠，眼大耳长，尾端毛长而蓬松，鼻部两侧有许多长须。前肢短小灵巧，后肢粗壮有力，靠后肢坐立、跳跃，用前肢爪取食，姿态如松鼠。成年毛丝鼠体重 400～500g，体长 240～260mm。雌鼠体型较雄鼠大，体重 400～600g，体长 260～320mm。背毛呈蓝灰色或灰褐色，有黑毛尖，腹中部有分界明显的白色带。皮板极细韧轻薄。被毛极稠密丰厚，极细柔、平顺。针毛细短，底绒厚密而长，与针毛基本平齐。被毛沿背脊线有一道黑脊，边腹为银白色，腹部色更浅。毛纤维自根部到毛尖粗细基本一致并略呈弯曲波浪形，毛纤维有明显的 5～6 个色段，微风吹动有飘飘然的感觉，如同仙女下凡一般。

国外已杂交培育出青云色、米黄色、银灰色、木炭色、黑色和白色等新型色型。毛丝鼠全身毛被致密柔软，其状如丝，毛长 15～18mm，绒毛细度为 12μm 左右。毛丝鼠的毛被组成十分特殊，每个毛孔由一根针毛和数十根绒毛组成毛束。

3.3.2 家养动物皮

3.3.2.1 绵羊皮

(1) 毛的特征

绵羊遍布全球，种类众多。全世界绵羊品种达数百种之多，我国就有绵羊 20～30 种。毛皮用绵羊皮通常根据毛的粗细和长短分为细羊毛、半细毛、长羊毛、杂交种羊毛和粗羊毛。

① 细羊毛：毛平均直径在 25μm 以下，毛丛长度 50～120mm。细羊毛的最好品种是美利奴羊身上的毛，我国新疆改良细羊毛即属此类。澳大利亚美利奴细羊毛主要用于制作羊剪绒产品。

② 半细毛：毛平均直径 15～37μm，长 50～150mm，同质毛，如英国的南丘羊、杜塞特羊。半细毛是我国的薄弱毛种。

③ 长羊毛：毛平均直径大于 36μm，长度特长（150～300mm）和光泽明亮为主要特征，典型的有林肯羊毛、莱斯特羊毛，多用于羊毛产品。

④ 杂交种羊毛：美利奴细毛羊与长毛种羊的杂交羊的毛，长度、细度为其亲本的折中。著名的有考力代、哥伦比亚、罗姆尼羊毛。

⑤ 粗羊毛：指毛被中兼有发毛和绒毛的异质毛，世界上大多数土种羊都属此类。毛的主要用途是制造地毯，也称地毯羊毛。我国未改良的内蒙古、西藏、哈萨克羊毛（三大类）均属此类。粗羊毛皮一般用于制革。

(2) 皮板的特点

绵羊皮张幅面积 0.3～0.6m^2，质量 1～2kg，皮板厚薄较均匀，其组织构造特征有：①乳头层发达，占全皮厚度的 40%～70%；②弹性纤维较细，胶原纤维编织疏松；③汗腺、脂腺多而发达，脂肪含量高，乳头层与网状层交界处纤维编织疏松，两层间连接较薄弱；④网状层胶原纤维束较乳头层粗壮，呈波浪形编织，织角很小，故此层纤维延伸性大，抗张强度低。

(3) 绵羊原料皮

根据取皮的生长期和产皮季节又将皮分为奶羔皮、春羔皮、剪羔皮和绵羊皮。春羔皮也称新季节羔羊皮，是指生长期 4～5 月龄，终生未剪过毛的细毛羊皮，产季从 7 月份开始，11 月或 12 月达高峰期。还可细分为普通春羔皮（0.55～0.69m^2）、大春羔皮（0.64～0.83m^2）和特大春羔皮（0.78～0.92m^2）。春羔皮毛密度适中，毛细致、光泽好，毛峰自然，毛面平齐，不易锈毛；皮板薄，强度较小。剪毛羔皮的生长期较春羔皮长，出生后剪过一次或两次毛，剪过两次毛的皮毛密度高，毛细而且直，但毛被上的黄锈多；剪过一次毛的皮相对而言毛稍稀和粗卷；剪毛羔皮的皮板板质较好，胶原纤维编织紧密、均匀，皮板较厚实，毛被平顺、弹性好，不黏结，是制作皮毛一体产品的优质原料皮。奶羔皮的生长期较春羔皮还短，适宜做皮形皮。绵羊皮的生长期比剪羔皮长，剪毛次数在两次以上，毛密度高，毛细、白而光亮、油性大，皮板较厚，肋骨纹多，油脂含量高，纤维编织疏松，皮生长缺陷多。

不同产地的细毛羊皮品质差异也较大。总体来说澳大利亚的细毛羊皮质好，表现为毛密，毛粗细适中，毛纤维弹性好，光泽好，不易缠结，皮板较厚实，基本能兼顾板和毛被的质量。美国的细毛羊皮以圈养为主，其皮张幅大，皮板厚实，纤维编织紧实，草籽和草刺少，肋骨纹轻，毛细、密、直、光泽一般，适合做皮毛一体革产品。荷兰羊皮的皮板质量好，皮板厚——纤维编织紧实，草刺和污斑少，但其毛偏粗、稀，卷花多，通常利用其皮板的优点制作毛革产品；若毛被质量不能满足要求，则是制革的较好原料皮。秘鲁羊皮的张幅较小，皮板薄，板面干净，毛细而稀软，易结毛，适宜做鞋里和服装用毛皮。英国羊皮张幅小，皮板光滑细腻，柔软而且轻，毛细、密、直，特别适合服装用毛皮。同澳大利亚的美利奴羊皮相比，中国的细毛羊皮毛密度偏低，弹性和光泽不理想。

澳大利亚春羔皮和剪羔皮是我国近年来进口数量最大的原料皮，其皮张面积 0.5～0.8m^2，草刺少，肋纹轻，毛色纯白或淡黄，毛长 3.5～10cm，毛密度高、弹性好、坚挺有光泽，适于制衣领、鞋靴、各种毯、垫、靠背、羊毛掸子、刷子和毛革产品等。

绵羊皮一般采用盐腌法防腐。

3.3.2.2　滩羊皮

滩羊皮也称滩二毛皮或二毛皮。因其毛穗呈现出特有的波浪弯，好像一湖涟漪、轻盈柔软，美观大方，保温性极佳，实为各类毛皮中之佼佼者，以其优良的品质和独特的风格驰名世界。滩羊皮主要产于宁夏吴忠、盐池一带，是宁夏“红黄蓝白黑”五宝之一。滩羊如图 3-13 所示。

图 3-13　滩羊

滩羊皮是滩羊羔生下 45 天左右宰杀取皮，毛长 7～8cm，其底绒少，绒根清晰，不粘连，具有波浪形花弯，俗称“九道弯”，毛长，柔软，灵活，光润，毛色多为纯白色，也有少数为纯黑色，黑色皮又叫紫羔皮，因其少而贵。白色皮张毛色洁白，光泽如玉，皮板薄如厚纸，但质地坚韧，柔软丰匀。

滩羔皮是滩羊羔生下 30 天左右宰杀剥取的皮，毛绒细柔，花弯一般为 5～7 个，外观与滩羊皮相似，但毛较短、较软，皮板较轻薄，张幅略小，其保暖性和结实耐用性不及二毛皮。

滩羊皮毛被的花穗形状是评价质量的最主要指标，根据毛股粗细、绒毛含量、弯曲性状不同将花穗分为串字花、软大花、卧花、核桃花、头顶一枝花、笔筒花、蒜瓣花等，以串字花和软大花较为常见。

串字花毛股弯曲较多，每个毛股有 6～7 个花弯，弧度均匀一致，弯曲部分占毛股长度的 3/4 以上，形似串字，花穗紧铺，顶端呈扁形，被毛粗细均匀。在串字花中，毛股较细（直径 2.0～4.0mm），花穗又被称为小串字花。小串字花的弯曲数更多，每个股上有 7～9 个弯曲。一般串字花毛股稍粗，直径 5.0～7.0mm。串字花和小串字花均是上等花穗，俗称“九道弯”。

软大花穗较粗大松散，毛股直径 7.0～8.0mm，底绒较多，弯曲较少，一般每个毛股有 4～6 个花弯，弯曲部分占毛股全长的 1/3～1/2，花穗的顶端扭成卷。花穗品质低于串字花。

滩羊皮根据花穗和毛的光泽分三个等级。甲级：毛花细，花弯多，色泽光润；乙级：毛花略粗，花弯较少，色泽欠光润；丙级：毛粗根高，花弯少，或色泽较差者。

湖羊皮和滩羊皮均属绵羊种，但该两种皮张有显著的区别。

3.3.2.3　湖羊羔皮

湖羊羔皮产区分布于江苏、浙江两省，以浙江省杭州、硖石等地为最好。传统的小湖羊皮是指初生的羔羊剥取之皮，被毛细、软、短，无底绒，毛色洁白，有丝光感，毛面有自然波浪形花纹，花纹清晰，经过鞣制后皮板薄而轻柔，被誉为“软宝石”。

小湖羊皮质量与其羔羊生长期长短密切相关：胎羊的皮毛亮度高，毛纤维短而整齐，但花型不明显，无底绒，皮板薄，强度小；刚出生就开剥的羔羊之皮，质量最好，毛色洁白，花型完整，毛光亮，缺点是皮板不够厚实，面积小；出生 2～3 天的小湖羔皮毛色洁白，花纹奇特，扑而不散，皮质较坚韧，张幅略大；超出 7 天养殖期的羔羊的皮毛亮度、花型超出了皮的特征，作为“小湖羊皮”利用的羔羊皮养殖时间最长不超过 10 天。2～4 月龄的幼龄湖羊皮称为袍羔皮。

小湖羊皮的品质与毛的细度、长度、花纹面积密切相关。品质皮粗毛多，细毛少（两者比例约为 6∶4），粗毛与细毛细度差值小（粗毛平均细度约 50μm，细毛平均细度为 20μm），毛短（≤20mm），紧贴皮肤，花纹小，抖不松散，整张皮花纹面积大。当细毛增多，粗毛与细毛细度差值增大，毛变长，花纹小，不清晰，则品质下降。

小湖羊皮板的胶原纤维细小，以水平走向为主，呈波浪形编织，乳头层约占皮层厚度的 2/3，皮内脂肪含量适中。小湖羊毛纤维鳞片呈环状、斜环状，杂瓣型排列，鳞片翘曲角度平均为 34.5°。

小湖羊皮的品质规格分为三个等级。甲级：毛中短，色泽光润，花纹为波浪形或卷花、片花形；乙级：毛中长，色泽光润，花纹为波浪形，或卷花、片花形，或毛较短而细，花纹欠明显，或毛略粗，花纹明显；丙级：毛长，花纹为卷花或片花形，或毛小花形隐暗，或花细。

3.3.2.4　猾子皮

猾子皮是指出生 7 天内宰杀的山羊幼仔皮。猾子皮又分为青猾皮、白猾皮、黑猾皮、杂路皮，以青猾皮最为珍贵。

青猾皮皮板均匀整齐，板质足壮，毛细密，有光泽，花弯多，产于济宁一带。

西路猾子皮产于西部地区，毛粗细适中，花纹紧实、雅致，皮板细薄，弹性好。

中卫猾子皮毛较长，毛绺呈波浪形弯曲状，成美丽的花穗，不结毡。皮板细致、轻薄。

猾子皮经精心加工鞣制变得轻薄、柔软，毛细密、丰满、光亮、灵活，成品依然保持着自然卷曲的美丽花纹，独具风格。秋冬季生产的皮毛绒丰满、厚实，花弯卷曲，光泽好，皮板柔韧，质量最佳；春季生产的皮毛较软而稀疏，花弯卷曲不坚实，皮板薄，光泽差，质量次之；夏季生产的皮质量差。

青猾皮一年四季均产，以秋季皮质量最好（中秋节至初冬），冬季皮稍次（正冬季节），夏季皮稍好，春季皮最差。猾子皮皮板薄，纤维细嫩，乳头层占皮层的比例大约为70%，毛根及毛球在皮层内呈拐杖柄形，毛根高度密集，油脂含量少。

3.3.2.5　兔皮

家兔品类多，全世界共有60多个品种。按性状分为肉兔、皮兔和毛兔三大类。其中肉兔是指以获得兔肉为主要目的的家兔，皮兔则是家兔的突变品种，其毛被绒毛细密丰厚，如獭兔（力克斯兔）、银狐兔。目前国内外大量养殖的獭兔主要分为法系、德系和美系獭兔；肉兔品种有新西兰白兔、加利福尼亚兔、比利时兔等。

（1）獭兔

又名力克斯（Rex）兔，是珍贵的毛皮用兔。它原产于法国，1919年法国萨尔省一牧场主D. 凯隆（Desirè Caillon）在一窝灰色兔中发现一只短绒毛状的幼兔，并在几个月后短毛脱落，出现漂亮惊人的栗棕色短绒毛，与此同时，在另一窝中又有一只相同的异性兔出生，这就是力克斯兔即獭兔的祖先。不久后法国神父吉利买下这些突变兔，并经几代选育、扩群繁殖，逐渐自成一系，命名为“Rex rabbit”，意为“兔中之王”。1924年首次在法国巴黎国际家兔博览会露面，引起养兔界的轰动，之后，逐渐传播到世界各地，并培育和发展了法系、德系和美系獭兔品种。

力克斯兔毛皮可与珍贵的毛皮兽水獭相媲美，我国通称为“獭兔”。又因为力克斯兔的绒毛平整直立，具有绢丝光泽，手感柔软，故又称之为“天鹅绒兔”。

獭兔作为家兔中的一突变品种，其毛纤维较之于肉兔皮有着不同的特征：①短，獭兔毛纤维长在13～22mm；②细，毛纤维横断面直径小，针毛含量少，仅为4%～7%；绒毛含量多，达93%～96%；绒毛纤维横断面直径平均为16～19μm；针毛中上段细度为50～90μm；③密，毛密度高达16000～30000根/cm^2，被毛手感丰满柔软；④平，毛纤维长短一致，整齐均匀，表面看起来十分平整，针毛几乎与绒毛平齐；⑤美，指獭兔毛色类型很多，毛色纯正，毛色泽光润、柔软而富有弹性，外观绚丽多彩；⑥牢，指毛纤维与皮板的附着度良好，绒毛不易脱落，板质坚韧。

獭兔毛纤维基本呈直立状，毛向不明显，毛干底部轻微弯曲，毛被质地细滑、柔软、弹性好。针毛和绒毛均有髓质，无髓毛占3%以下，故其保暖性好，针毛鳞片呈覆瓦状钝齿形，多个鳞片包围毛的一周，上下鳞片套在一起；齿纹间接近于平行状态，基本垂直毛干主轴；绒毛鳞片呈冠状圆齿状环形，一个鳞片包围毛纤维一周，上下鳞片套在一起，鳞片齿纹间相互平行，较规则。由于獭兔皮针毛和绒毛鳞片排列形态上的特点，使之毛被更具有光滑、柔软和丝绒感，且不易结毡。

獭兔皮自然色泽繁多，有30余种色彩，但仍以白色为主。目前，在英国得到公认的色型有28种，美国公认的有14种色型。我国饲养的獭兔大多从美国引进，其色型分别为海狸色、青紫蓝色、巧克力色、紫丁香色、山猫色、乳白色、红色、黑貂色、海豹色、白色、黑色、蓝色、加州色和碎花色。

獭兔皮颈部表皮层厚度为皮板厚度的0.8%～1.6%，背脊部为1.8%～2.4%，腹部为1.4%～2.0%。兔皮除近表皮粒面处胶原纤维编织较为紧实外，其余部分的乳头层与网状层胶原纤维粗细相差不多，但乳头层稍紧于网状层。就部位而言，颈部胶原纤维粗壮，编织较紧密。皮板厚度以颈部最厚，臀、腹部次之，脊部最薄。

獭兔皮毛被的弹性、柔软度、保暖性与针毛和绒毛的比例及分布均匀程度密切相关。因针毛少而短，使得整个毛被失去有力支撑，绒毛不十分挺直，略弯曲，手压绒毛即平塌，显得软绵绵地无反弹力，故獭兔毛皮长时间积压或穿戴后，毛被易塌陷，缺乏蓬松感。

獭兔皮的毛囊呈簇状分布，每簇毛囊中有一根粗针毛，独占一个初级毛囊，细针毛和绒毛形成毛组，丛生在复合毛囊中，3～8 根毛为一组，3～4 个复合毛囊成一群，毛囊群呈扇形排列在初生毛囊周围。真皮层明显分为乳头层、网状层两层，乳头层的上层胶原纤维编织较紧密，其余部分与网状层胶原纤维编织相差不大，皮板部位差较小。随着畜龄增大，皮内脂肪组织增多，至 6 个月龄时，毛根下即形成脂肪锥。

我国最早是在 20 世纪 50 年代从苏联引进獭兔，80 年代又先后从美国、德国和法国引进美系、德系和法系獭兔。这三个品系在生长速度、繁殖性能、体型大小和毛被质量等方面存在一定差异。此外，我国也自行培育了皮兔新品种，如“吉绒兔”和“四川白獭兔”。

（2）肉兔

相对于獭兔皮而言，肉兔皮针毛较长，毛绒稀疏，更重要的是因肉兔养殖期短，皮板薄，毛附着牢度差，以及毛纤维的韧性差，易断等，从而引起掉毛问题，属于低档次毛皮原料皮。

肉兔皮组织特征：板质细薄，纤维编织细腻；乳头层与网状层厚度比为 4∶6；网状层下面有一层横纹肌，俗称肉里；无汗腺；脂肪不发达；针毛呈纺锤状，长约 30mm，易断裂，绒毛较短，长仅约 16mm。

（3）青紫蓝兔

原产于法国，系利用蓝色贝韦伦兔、嘎伦兔和喜马拉雅兔杂交选育而成。青紫蓝兔被毛呈蓝灰色，每根毛纤维自基部向上分为 5 段，即深灰色—乳白色—珠灰色—雪白色—黑色，在微风吹动下，其被毛呈现漩涡，轮转遍体，甚为美观。耳尖及尾面呈黑色，眼圈、尾底及腹部呈白色，腹毛基部呈淡灰色。由于其毛色特殊，酷似南美洲产的毛丝鼠，故据此读音得名为青紫蓝兔。青紫蓝兔外貌匀称，头适中，颜面较长，嘴钝圆，耳中等、直立而稍向两侧倾斜，眼圆大，呈茶褐或蓝色，体质健壮，四肢粗大。

（4）野兔

又称草兔、跳兔。动物分类学上野兔属于旷兔，而家兔属于穴兔，两者在血源上没有关系。野兔针毛较多且长，背毛呈灰黄色或棕黄色，针毛为灰至黑色。毛被由锋毛、针毛和绒毛组成，锋毛粗长，针毛稠密较粗，底绒丰足灵活，多呈灰黄色，毛绒包括针毛易脆易断，但保暖性好，皮板较薄，强度低。

3.3.3 野生动物皮

野生毛皮动物种类繁多，产地分布很广，有些动物被列入保护动物目录，也有一些动物因存量较大，在一些国家允许适度捕猎，因此市场上仍有大量的野生毛皮动物原料皮，下面就重要的几种野生毛皮动物加以介绍。

3.3.3.1　麝鼠皮

麝鼠（*Ondatro zibethicus*）皮又称青根貂皮。原产动物为麝鼠（又称麝香鼠，图3-14），系啮齿目，仓鼠科，麝鼠属，麝鼠为水陆两栖动物，其体型似大老鼠，身长350～400mm，尾长230～250mm，比田鼠体型大数倍，体重0.8～1.2kg。麝鼠周身绒毛致密，背毛呈棕黄、棕褐色，针毛尖呈黑褐或棕褐色，绒毛呈灰色。体侧、腹部毛色较淡，呈棕黄色。尾长呈棕黑色，稍有些侧扁，尾无长毛，尾面覆盖着小鳞片，鳞片间有极不明显的短而硬的小毛。眼小，耳短隐于长被毛之中，耳孔有长毛堵塞。嘴钝圆，有胡须。上下颌各有一对长而锐利的门牙，呈浅黄色或深黄色，露于唇外。四肢短，前足4趾，爪锐利，趾间无蹼，后足略长于前足，趾间有半蹼，并有硬毛。

图3-14　麝鼠

麝鼠皮皮板结实、坚韧、耐磨而轻柔，绒毛丰厚细软，针毛富有光泽，艳丽、美观，毛被沥水性强，不沾雨雪。

麝鼠皮主要产地有中国、美国、加拿大、俄罗斯、哈萨克斯坦等，以俄罗斯和哈萨克斯坦出产的麝鼠皮质量最好。我国的麝鼠皮主要产于新疆、东北、内蒙古等地。麝鼠皮有野生和人工饲养之分，毛被颜色以橙色色调为主，其背部针毛颜色有橙色（金色）、橙黄色、橙红色或橙黑色（橙色偏黑）等，底绒以浅灰色为主。

3.3.3.2　黄狼皮

黄鼠狼（*Mustela sibirica*）皮简称黄狼皮。原产动物为黄鼬（图3-15），系鼬科，鼬属。黄鼬皮因产地不同，其商品名也不同，分别称为元皮、黄狼皮、京东条。

图3-15　黄鼬

元皮指东北三省及内蒙古呼伦贝尔盟、大兴安岭、哲里木盟、赤峰市和河北省北部的部分地区所产的黄鼬皮。皮张特点是张幅大，毛长绒足，色泽金黄，光润灵活，尾毛蓬松。

京东条是指在河北省唐山地区和天津部分地区所产的黄鼬皮。毛色黄，毛绒丰富，比元皮毛绒略粗短，张幅大，皮板肥壮、发红、有油性，有的个体背中部针毛发暗灰色，尾尖毛也发黑。剥成毛朝外的圆筒皮，并用力拉长，所以有“京东条”之称。

黄狼皮是指除元皮和京东皮产区之外所产的黄鼬皮，加工成头、脚、尾齐全的开片皮。黄狼皮张幅稍小，毛绒略短、稍空。

黄狼皮针毛细密，绒厚，松散灵活，光泽好，颜色明亮；皮板细韧结实。尾毛稠密、弹性大、耐磨、粗细长短适中，是制作高级"狼毫"毛笔、油画笔的原料。

活动在山林地区的黄狼之皮毛绒较细，底绒丰足，尾毛长，毛锋较尖，毛色呈深黄色或金黄色；皮板洁白，张幅较小，油性稍小。田野、草原的黄狼之皮，毛略粗，底绒紧密，尾毛长而显软，毛色呈黄色或暗黄色；皮板较厚，颜色略红，油性大，韧性好。而家养皮毛绒空疏，色泽暗，皮板油性大。

3.3.3.3 艾虎皮

艾虎（*Mustela eversmanni*）别名地狗（图 3-16），原产动物为艾鼬，系鼬科。鼬属分布于欧洲大部、亚洲的西伯利亚南部和中国吉林、辽宁、内蒙古、河北、山西、陕西、青海、新疆、四川、西藏、江苏等地。

图 3-16 艾虎

艾虎体长 290～460mm，尾长 70～170mm，雄性体重约 0.75kg，最大的可达 1kg，雌性平均体重仅 0.5kg。皮背面及尾基部 2/3 呈淡黄色或浅棕色，腰部背面有些黑尖长毛形成浅黑色，脸和额部为棕灰色，眼睛周围为黑色，耳缘近白色。冬毛呈灰色。针毛稠密、直、较细短；毛绒丰足、平齐、灵活、色泽光润、弹性好，多带有鲜艳而漂亮的颜色；皮板薄韧，张幅较小。艾虎皮分小毛皮和大毛皮两种。

小毛艾虎皮毛绒细短，紧密平齐，背毛呈棕黄色，底绒呈乳白色，喉、胸部及四肢呈黑褐色，体侧为淡黄白色，尾末端 1/4 为黑褐色。

大毛艾虎皮背部呈黄棕色或沙黄色，腰、后背及臀部针毛尖，多呈黑色，体侧为淡棕色，绒毛为黄白色，胸、腹中线和四肢为黑色。背部毛长，颈、臀、腹部毛短。

3.3.3.4 海狸皮

海狸鼠（*Myocastor coypus*）又称河狸鼠、狸獭、沼狸（图 3-17），属于大型啮齿动物，体长 430～635mm，尾长 225～425mm，体重 5～10kg，大的重达 17kg。它是草食性皮肉两用动物，原产于南美洲国家。海狸鼠的人工饲养在国外已有百余年的历史，我国从 1956 年开始引进饲养。现已选育出 16 个色型品系，有白色、金色、金黄色、黑色、褐色、奶油色、珍珠色、麻黄色等，其中以金色、金黄色最为珍贵，麻黄色最为常见。背部有针毛和绒毛，腹毛比背毛多而厚实。背部黑色，体侧橙黄色。腹部土黄色。

图 3-17 海狸鼠

3.3.3.5 海豹皮

海豹（*Seal*）主要产于北半球的俄罗斯和加拿大，属世界保护动物。

海豹体型如梭，皮板张幅大（0.67～1.11m^2），皮板厚（6.3～7.0mm），强度高，弹性好；毛被较密，由粗针毛、细针毛和少量绒毛组成，极富光泽，耐磨性、沥水性好。背部为褐色或灰色（由褐色或灰色针毛和白色针毛组成），而腹部呈白色，但有暗褐色花斑。针毛（以直针毛为主）平齐，长度6～12mm，与皮肤表面呈约30°角倾斜整齐排列；绒毛短且弯曲，呈白色或浅灰色。

海豹皮皮板表皮层厚度占皮厚的0.7%，真皮层占92%～93%。真皮层中乳头层和网状层分界明显，乳头层纤维束细小，编织紧密，网状层胶原纤维较粗大，编织紧实。

3.3.3.6　水獭皮

水獭（*Lutra lutra*）又名獭、獭猫（图3-18），原产动物为水獭，系鼬科，水獭属。水獭分布在欧亚大陆及其邻近的岛屿，中国各地都有栖息，以长江下游的江苏、浙江等多水域地区为主要栖息地，以西藏和东北大、小兴安岭地区所产的水獭个体大而且皮毛质量好。

图3-18　水獭

水獭为世界珍贵的毛皮动物，是国家二级重点保护动物。水獭是半水栖兽类，流线型的身体，头部宽而略扁，吻短，下颚有须，眼略突出，耳短小而圆。

水獭背毛色深，为咖啡色至深褐色，腹部较浅，呈灰褐色，喉部具白色斑块。毛色还呈季节性变化，夏季稍带红棕色。针毛较粗，有光泽，绒毛丰足，被毛平齐而致密，皮板厚壮耐磨。水獭皮针毛较短，弹性差，几乎与绒毛等长。尾部针毛极短，几乎无绒毛。

3.3.3.7　旱獭皮

旱獭（*Prairie dog*）又名土拨鼠，草地獭。系啮齿目，松鼠科，在外形和生活方式上都与鼠类相似，是松鼠科中体型最大的一种，是草食性、冬眠性野生动物。旱獭体型粗大肥壮，颈粗吻阔，耳小眼细，四肢粗短，利爪坚硬，松尾短扁。原产动物为旱獭，产于德国、中国（内蒙古、东北三省、新疆、青海等地）、俄罗斯等。

旱獭皮板胶原纤维粗壮，编织紧密，无乳头层和网状层之分，机械强度高；皮板脂肪极发达，腹部脂肪层占全皮厚度的30%；毛被由针毛、绒毛和少量的两型毛组成，毛被一般呈土黄色、红褐色或黑褐色。绒毛粗而稀疏，弹性大而富有光泽；针毛粗长，有三段颜色，根部色深，中段色浅，毛尖呈黑色。毛髓层发达，鳞片层厚而紧密。

3.3.3.8　灰鼠皮与松鼠皮

灰鼠皮原产动物为灰鼠（*Fursquirrel*，图3-19），系啮齿目，松鼠科，灰鼠属。毛被为深灰色或灰褐色，绒毛浅灰色，腹部及前肢内侧为白色，尾毛长而蓬松，呈黑褐色。两耳背各有一簇长黑毛。灰鼠主要产于新疆伊宁、昭苏、察布查尔锡伯自治县等地的鄂毕亚种灰鼠皮腹部呈浅蓝灰色，分界线不够明显。

从红松鼠、岩松鼠和长吻松鼠身上剥下的皮为松鼠皮，加工成开片皮。红腹松鼠皮毛被短平，头部、背部外侧呈橄榄绿色，掺杂有黑色。胸、腹部及四肢内侧为棕红。

岩松鼠皮背部、四肢外侧呈青黑色而略发黄，腹部、四肢呈黄灰色。四肢短小，尾

图 3-19　灰鼠

毛稀。

长尾松鼠皮背毛短平，背部、四肢外侧为灰褐色而略发黄，腹部、四肢内侧为灰白色，尾背为黑色并杂有少量白色。颊部有锈红色斑，尾长不及体长，尾毛短而蓬松。

3.3.4　其他原料皮

用于毛皮的动物原料皮除哺乳动物皮外，近年来人们将家禽——鹅的皮经过特殊加工制造成鹅绒毛皮，利用鹅绒毛轻、柔、软的特性，所制成的鹅绒毛皮除了轻盈、柔软之外，还具有保暖性强，颜色洁白，毛蓬松、飘逸、高雅美观等特点。

鹅皮的组织特征：鹅皮皮下通常有一层较厚的脂肪层，而毛被是由大翅、羽毛和羽绒组成。皮层较厚，皮板厚度分别是颈部 3.0～3.3mm，背部 2.0～2.2mm，腹部 1.6～1.8mm，真皮中胶原纤维极细；羽毛的根及其毛囊的结构与哺乳动物皮类似，加工过程中常拔去大翅和羽毛，羽绒的根比较短，长入皮内层较浅，绒根直径为 0.07～0.15mm，一般没有髓质层；鹅皮除具有尾脂腺外，没有其他脂腺，但有很厚的脂肪层，大翅和羽毛囊周围有粗状的环形束毛肌和以毛囊为中心呈放射一束束肌肉，脂肪层中也有较多的肌肉。

3.4　生皮及蛋白质化学

生皮，即毛皮原料皮，是毛皮加工的对象与基础。了解和认识生皮的化学组成和性质，对于掌握毛皮加工过程的化学作用与原理，以及实施过程控制和提高产品质量，具有重要意义。

3.4.1　生皮的化学组成及性质

生皮的主要化学成分是蛋白质、脂肪、水、无机盐和碳水化合物。因动物种类、年龄、生活环境和条件的不同，这些基本成分有所差异，见表 3-9。

表 3-9　生皮的化学组成

成　分	含量/%	成　分	含量/%
蛋白质	30～50	碳水化合物	≤2
水分	55～70	无机盐	0.3～0.5
脂肪	2～10		

3.4.1.1　蛋白质（protein）的基本概念

在 18 世纪，安东尼奥·弗朗索瓦（Antoine Fourcroy）和其他一些研究者发现蛋白质是一类独特的生物分子，他们发现用酸处理一些分子能够使其凝结或絮凝。荷兰化学家格利特·马尔德（Gerhardus Johannes Mulder）对一般的蛋白质进行元素分析发现，几乎所有的蛋白质都由相同的元素组成。马尔德的合作者永斯·贝采利乌斯于1838年提出用“蛋白质”一词来描述这类分子，它源于希腊语 proteue，意为“第一最重要的”。蛋白质是生命的物质基础，是一类有机大分子，是构成细胞的基本有机物，是生命活动的主要承担者。没有蛋白质就没有生命。

蛋白质具有以下特点：

① 种类多。生物学家估计自然界存在约100亿种蛋白质。仅人体内就有10万种以上。最简单的单细胞生物大肠杆菌就有多达3000种蛋白质。

② 分布广。蛋白质是一切生命活动赖以生存的物质基础。凡是有生命活动的地方就有蛋白质。人体的生长、发育、运动、遗传、繁殖等一切生命活动都离不开蛋白质。

③ 相对分子质量大。蛋白质是天然大分子物质。较小的蛋白质——胰岛素，其相对分子质量为5700，原胶原相对分子质量达30万。

④ 结构复杂。蛋白质的基本组成单元是氨基酸，是各种氨基酸通过肽键连接形成的多肽。通常具有一级、二级、三级、四级结构，蛋白质分子的结构决定了它的功能。

⑤ 独特的生物功能。各种蛋白质均具有其独特的生物功能，如维持动物的代谢、细胞增殖、免疫、消化与能量转化等生理功能都是由蛋白质分子来实现的，其他如思维、感觉、睡眠、遗传等也和蛋白质有关。所以，又把蛋白质称为“功能大分子”。

3.4.1.2　蛋白质的元素组成

蛋白质主要由C（碳）、H（氢）、O（氧）、N（氮）和S（硫）五种元素组成，某些蛋白质可能还会含有P（磷）、Fe（铁）、Zn（锌）、Cu（铜）、B（硼）、Mn（锰）、I（碘）、Mo（钼）等。这些元素在蛋白质中的组成百分比约为：碳50%，氢7%，氧23%，氮16%，硫0～3%，其他微量。部分蛋白质的元素组成见表3-10。

表3-10　部分蛋白质的元素组成　　单位：%

蛋白质	蛋白质来源	元素组成					
		C	H	N	O	S	其他
酪蛋白	牛乳	53.50	7.13	15.60	22.05	0.72	P 1.00
血红蛋白	马	54.64	7.09	17.38	20.16	0.39	
白蛋白	牛皮	51.95	6.48	15.50	22.99	1.90	
球蛋白	牛皮	53.22	7.48	14.60	23.32	1.11	
类黏蛋白	腱	47.47	6.68	12.58	31.07	2.20	
网硬蛋白	脾脏	46.65	6.70	14.80	30.44	1.41	
弹性蛋白		4.32	7.65	13.61	31.33	0.10	
角蛋白	绵羊毛	50.65	7.03	17.70	20.00	4.62	
胶原蛋白	牛、马、骆驼皮	50.20	6.40	17.80			O+S　25.60
	山羊皮	50.30	6.40	17.40			O+S　2.90
	绵羊皮、狗皮	50.20	6.50	17.00			O+S　26.30
	猫皮	51.10	6.50	17.10			O+S　25.30

（摘自骆鸣汉《毛皮工艺学》）

所有蛋白质都含氮元素，且各种蛋白质的含氮量很接近，平均为16%。

生物样品lgN表示约有100/16＝6.25（g）蛋白质的存在，故6.25称为蛋白质系数。

通常蛋白质中元素 N 的含量变化较小，同一种蛋白质中 N 含量基本保持不变，因此可以通过测量某生物样品中的总 N 含量，来计算出蛋白质的量。如计算得出绵羊皮的皮质换算系数为 5.88，山羊皮为 5.75。

3.4.1.3 蛋白质的分类

蛋白质的种类极多，结构、功能各异。因此，对蛋白质的分类极为困难，通常依据其形态、组成、溶解状况和结构进行分类。

(1) 依据形态分类

按照蛋白质的形态可分为球状蛋白（globular protein）和纤维状蛋白（fibrous protein）两大类，两者的特征差异见表 3-11。

表 3-11 球状和纤维状蛋白质的形态与功能差异比较

项目	球状蛋白质	纤维状蛋白质
外形	短、粗、胖，多呈球形或椭球形，长轴：短轴＜5	长、细、瘦，呈纤维状，长轴：短轴＞5
溶解性	一般容易溶于水以及酸、碱、盐的稀溶液中	不溶于水，在酸、碱、盐溶液中溶解困难
功能	有突出的多种功能	多起保护、支持、连续作用
结构	一级结构无规律	一级结构有规律

(2) 依据组成分类

按蛋白质组成，可将其分为两大类，即简单蛋白质和结合蛋白质。简单蛋白质是指仅以氨基酸通过肽键连接而成的多肽组成；结合蛋白质是指除蛋白成分外，还存在一些非蛋白成分，并通过共价键与蛋白组分相结合。把与蛋白质结合的非蛋白成分称为辅基，它们通常是糖类、脂类、核酸和各种辅助因子。所以结合蛋白又可分为以下几类：

① 核蛋白：由蛋白质与核酸结合而成。

② 糖蛋白：由蛋白质与糖类物质形成，其中的糖可能是氨基葡糖、半乳糖、甘露糖和唾液酸等。

③ 脂蛋白：由蛋白质与脂类物质结合而成。

④ 磷蛋白：由蛋白质与磷酸形成。

⑤ 色蛋白：由蛋白质与有色物质构成。

此外，还有不少蛋白质需要与小分子的辅助因子结合来完成其生理功能，例如蛋白酶。

(3) 依据溶解状况分类

根据蛋白质在不同溶剂介质中溶解情况，将蛋白质分成清蛋白、球蛋白、谷蛋白、硬蛋白等。

① 清蛋白：清蛋白极易溶于水、稀酸、碱和盐的溶液中。

② 球蛋白：球蛋白又称真球蛋白，不溶于清水，易溶于稀酸、碱和盐溶液中。

③ 谷蛋白和醇溶谷蛋白：谷蛋白和醇溶谷蛋白不溶于水，易溶于稀酸和碱溶液中，

醇溶谷蛋白可溶于50%～90%的乙醇溶液。

④ 硬蛋白：硬蛋白指纤维状蛋白，如胶原蛋白、角蛋白等，它们不溶于水，在酸、碱、盐中溶解较困难。其溶解情况取决于所用试剂的性质、浓度和作用条件等。

(4) 依据结构分类

① 纤维蛋白：这是一类主要的不溶于水的蛋白质，通常都含有呈现相同二级结构的多肽链。许多纤维蛋白结合紧密，并为单个细胞或整个生物体提供机械强度，起着保护或结构上的作用。

② 球蛋白：是紧凑的、近似球形的、含有折叠紧密的多肽链的一类蛋白质，许多都溶于水。典型的球蛋白含有能特异地识别其他化合物的凹陷或裂隙部位。

③ 角蛋白：由处于α-螺旋或β-折叠构象的平行的多肽链组成不溶于水的起着保护或结构作用蛋白质。

④ 胶原（蛋白）：是动物结缔组织最丰富的一种蛋白质，它是由原胶原蛋白分子组成的。原胶原蛋白是一种具有右手超螺旋结构的蛋白质。每个原胶原分子都是由3条特殊的左手螺旋（螺距0.95nm，每一圈含有3.3个残基）的多肽链右手旋转形成的。

⑤ 伴娘蛋白：与一种新合成的多肽链形成复合物并协助它正确折叠成具有生物功能构向的蛋白质。伴娘蛋白可以防止不正确折叠中间体的形成和没有组装的蛋白亚基的不正确聚集，协助多肽链跨膜转运以及大的多亚基蛋白质的组装和解体。

⑥ 肌红蛋白：是由一条肽链和一个血红素辅基组成的结合蛋白，是肌肉内储存氧的蛋白质，它的氧饱和曲线为双曲线型。

⑦ 血红蛋白：是由含有血红素辅基的4个亚基组成的结合蛋白。血红蛋白负责将氧由肺运输到外周组织，它的氧饱和曲线为S形。

3.4.2 氨　基　酸

氨基酸（amino acid）是一类含有氨基和羧基的有机化合物的通称，是生物功能大分子蛋白质的基本结构单位，是构成动物营养所需蛋白质的基本物质。构成蛋白质的氨基酸均为α-氨基酸。

α-氨基酸的结构通式为：

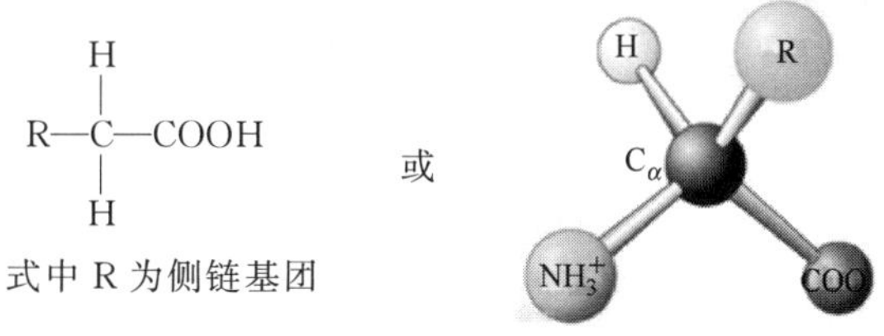

氨基酸无论是中性水溶液或是结晶态，其分子中同时存在着带正电荷的氨基离子和带负电荷的羧基离子，所以它是两性离子化合物。蛋白质由20种氨基酸组成，表3-12列出了20种氨基酸的基本性质。

氨基酸依据其侧链结构的不同，根据其所带电荷性质和极性大小，分为非极性氨基酸、极性氨基酸、碱性氨基酸和酸性氨基酸。

表 3-12　　20 种氨基酸的基本性质

名称	代号	性质	相对分子质量	等电点	羧基离解常数	氨基离解常数	R 基团
甘氨酸	Gly	亲水性	75.07	6.06	2.35	9.78	—H
丙氨酸	Ala	疏水性	89.09	6.11	2.35	9.87	$—CH_3$
缬氨酸	Val	疏水性	117.15	6.00	2.39	9.74	$—CH—(CH_3)_2$
亮氨酸	Leu	疏水性	131.17	6.01	2.33	9.74	$—CH_2—CH(CH_3)_2$
异亮氨酸	Ile	疏水性	131.17	6.05	2.32	9.76	$—CH(CH_3)—CH_2—CH_3$
苯丙氨酸	Phe	疏水性	165.19	5.49	2.20	9.31	$—CH_2—C_6H_5$
色氨酸	Trp	疏水性	204.23	5.89	2.46	9.41	$—C_8NH_6$
酪氨酸	Tyr	疏水性	181.19	5.64	2.20	9.21	$—CH_2—C_6H_4—OH$
天冬氨酸	Asp	酸性	133.10	2.85	1.99	9.90	$—CH_2—COOH$
天冬酰胺	Asn	亲水性	132.12	5.41	2.14	8.72	$—CH_2—CONH_2$
谷氨酸	Glu	酸性	147.13	3.15	2.10	9.47	$—(CH_2)_2—COOH$
赖氨酸	Lys	碱性	146.19	9.60	2.16	9.06	$—(CH_2)_4—NH_2$
谷氨酰胺	Gln	亲水性	146.15	5.65	2.17	9.13	$—(CH_2)_2—CONH_2$
甲硫氨酸	Met	疏水性	149.21	5.74	2.13	9.28	$—(CH_2)—S—CH_3$
丝氨酸	Ser	亲水性	105.09	5.68	2.19	9.21	$—CH_2—OH$
苏氨酸	Thr	亲水性	119.12	5.60	2.09	9.10	$—CH(CH_3)—OH$
半胱氨酸	Cys	亲水性	121.16	5.05	1.92	10.70	$—CH_2—SH$
脯氨酸	Pro	疏水性	115.13	6.30	1.95	10.64	$—C_3H_6$
组氨酸	His	碱性	155.16	7.60	1.80	9.33	2-氨基-3-(5'-咪唑)丙酸
精氨酸	Arg	碱性	174.20	10.76	1.82	8.99	2-氨基-4-胍基戊酸

① 非极性类：指侧链基团 R 为疏水性基团。

② 极性类：指侧链基团 R 为亲水基团，但不带电荷。

③ 碱性氨基酸类：指侧链基团 R 为碱性基团，在中性介质中带正电荷的一类氨基酸，它们是精氨酸、赖氨酸、羟赖氨酸和组氨酸。

④ 酸性氨基酸类：在中性介质中呈酸性的一类氨基酸，有天冬氨酸和谷氨酸。天冬酰胺和谷酰胺可看作是这两种氨基酸的衍生物。

羟脯氨酸和羟赖氨酸主要存在于胶原蛋白中，不是常见氨基酸。

3.4.2.1　氨基酸的化学性质

（1）氨基酸的光学活性

由氨基酸的结构可知，除甘氨酸外，其他氨基酸都至少含一个不对称碳原子，因此这些氨基酸均表现出旋光性，即能使偏振光发生旋转。

按照立体化学原理，一个不对称碳原子连接的四个不同的取代基可以在空间采取四种排列方式，形成两种立体构型——L 型和 D 型，称之为一对对映体。所以 α-氨基酸同样具有 L-氨基酸和 D-氨基酸。一对对映体之间，比旋光度的绝对值相等，旋光方向相反。

研究发现，构成蛋白质的氨基酸均为 L-氨基酸。

L-氨基酸：COOH—C(H₂N, H)—R　　D-氨基酸：COOH—C(H, NH₂)—R

L-氨基酸　　D-氨基酸

旋光度是氨基酸的重要物理常数，不同的氨基酸，其旋光度也不同，以此可做各种氨基酸的定量测定。氨基酸的比旋光度不仅与本身结构有关，而且受测定时溶液 pH 的影响，因为在不同的 pH 条件下氨基和羧基的解离情况不同。

（2）氨基酸的两性解离和等电点

氨基酸分子中含有羧基和氨基，因此在酸性介质和碱性介质中均可发生解离，呈现出两性电解质性质。

在氨基酸的水溶液中，存在下面的平衡关系：

$$\underset{\text{正离子 (pH<p}I)}{R-CH(COOH)(NH_3^+)} \underset{+H^+}{\overset{-H^+}{\rightleftharpoons}} \underset{\text{偶极离子 (pH=p}I)}{R-CH(COO^-)(NH_3^+)} \underset{+H^+}{\overset{-H^+}{\rightleftharpoons}} \underset{\text{负离子 (pH>p}I)}{R-CH(COO^-)(NH_2)}$$

由此电离平衡式可知，溶液 pH 的不同，氨基酸可能带有正电荷、负电荷或不带电荷。当溶液 pH 到达某一点，氨基酸溶液呈现的两种电荷均等时，即在电场中不发生电荷的净迁移（不向阳极也不向阴极迁移），将此时溶液的 pH 称为该氨基酸的等电点（isoelectric point），用 pI 表示。不同的氨基酸具有不同的等电点，等电点是氨基酸的特征常数。

当氨基酸处于等电点状态时，其溶解度最小，这一性质常用于氨基酸的分离纯化。

（3）氨基酸的酸碱反应

由于氨基酸的两性性质，使得其既可与酸反应，又可与碱反应，又称酸碱滴定反应。图 3-20 是甘氨酸的酸碱滴定曲线，曲线左半部分是用标准盐酸溶液滴定得到的曲线，而右半部分则是用标准氢氧化钠溶液滴定得到的曲线。这是一个典型的弱酸弱碱物质滴定曲线。

从滴定曲线的左段可以看出，处于等电状态的甘氨酸当用酸滴定时，溶液的 pH 由高逐渐变低，从甘氨酸的等电点（pI=5.97）降到 1.0 左右。曲线中的转折点（p$K_{1'}$=2.34）是甘氨酸羧基的解离的负对数。此时甘氨酸分子中可作为 H^+ 受体的—COO^- 全转变为—COOH。从滴定曲线右段可知，处于等电状态的甘氨酸溶液用碱液滴定时，

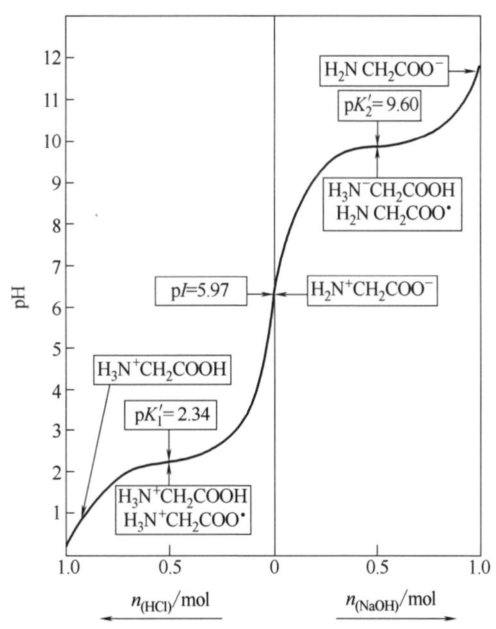

图 3-20　甘氨酸的酸碱滴定曲线（引自廖隆理《制革化学与工艺学》）

溶液的 pH 由低变高（pH≈6.0→pH≈12.0），曲线中部也出现一个转折点（$pK_{1'}=9.60$），它是甘氨酸的氨基解离常数的负对数，此时，甘氨酸分子中可与 OH^- 结合的—NH_3^+ 全转变成—NH_2。

3.4.2.2 氨基酸的特征反应

氨基酸分子结构中的氨基、羧基以及侧链基团均可参与一些特殊的化学反应，并依此作为检验和鉴别氨基酸的种类。

（1）与氨基的反应

总的来说，氨基具有一般有机伯胺基化合物的性质，如具有弱碱性，可与酸反应成盐。

氨基可与卤代烃、醇、酚等烷基化试剂反应，生成相应胺。氨基与酰氯或酸酐发生酰化反应，在人工合成多肽中常用于保护氨基。

氨基与甲醛反应生成羟甲基氨基衍生物。在中性偏碱性条件下，这是一个定量反应，用标准碱滴定反应释放出的氢离子，可测定氨基酸中氨基的量。甲醛易与氨基反应并可在蛋白质分子间形成交链，这是甲醛鞣革和甲醛防腐的化学基础。

（2）与羧基的反应

氨基酸分子中的羧基与羧酸化合物的羧基一样，可与胺、醇、羧酸、卤化物等反应生成相应的酰胺、酯、酸酐、酰卤等。羧基也可在强还原剂作用下被还原为醇。

（3）氨基和羧基同时参与反应

氨基酸与茚三酮（ninhydrin）的反应是一个非常重要的反应。茚三酮在微酸性溶液中与氨基酸加热，发生氧化、脱氢、脱羧作用而生成紫色化合物，反应式如下：

$$\text{茚三酮} \underset{-H_2O}{\overset{+H_2O}{\rightleftharpoons}} \text{水合茚三酮}$$

$$\text{水合茚三酮} + H_2N—\underset{R}{CH}—COOH \longrightarrow \text{还原型茚三酮} + R—CHO + NH_3 + CO_2$$

$$\text{茚三酮} + 2NH_3 + \text{还原型茚三酮} \longrightarrow \text{紫色化合物}(O—NH_4) + 2H_2O$$

$$\text{茚三酮} + 2NH_3 + \text{还原型茚三酮} \longrightarrow \text{紫色化合物}(O—NH_4) + 2H_2O$$

此反应是氨基酸的特异性反应，常用于氨基酸的定性、定量测定。反应过程中释放 CO_2，通过测定其体积，可计算出氨基酸的量。所产生的紫蓝色化合物在 570nm 波长有最大吸收，在一定浓度范围（0.5～50g/L）内，氨基酸量与吸光度成正比。这种颜色反应也常用于氨基酸的纸层析、薄层层析及电泳等的显色反应。

但是，脯氨酸和羟脯氨酸与茚三酮反应不释放 NH_3，而直接生成黄色物质。

(4) 侧链基团的反应

有几个典型的反应是发生在氨基酸的侧链基团上，如巯基、酚羟基、吲哚基、胍基、苯环等，并以此作为氨基酸的特征反应，见表 3-13。

表 3-13　　氨基酸的鉴别试验方法

反应	试剂	条件	颜色	作用基团/氨基酸
茚三酮反应	茚三酮	弱酸环境中加热	紫色	脯氨酸、羟脯氨酸为黄色
坂口反应(Sakaguchi reaction)	α-萘酚＋碱性次溴酸钠		呈红色	胍基,与精氨酸反应
米隆反应(millon)	$HgNO_3+HNO_3^+$	加热	呈红色	酚羟基,酪氨酸有此反应,未加热时则为白色
酚试剂反应(Folin-Ciocalteau)	磷钨酸-磷钳酸		呈蓝色	酚羟基,酪氨酸有此反应
黄蛋白反应	浓硝酸	煮沸	黄色	苯环,酪氨酸、苯丙氨酸、色氨酸有此反应
乙醛酸反应(Hopkin-Cole)	乙醛酸	后徐徐加浓硫酸	与浓硫酸接触面处产生紫红色环	检验吲哚基,色氨酸有此反应
Ehrlich 反应	*P*-二甲氨基苯甲醛＋浓盐酸		蓝色	检验吲哚基,色氨酸有此反应
硝普盐试验	$Na_2(NO)Fe(CN)_2 \cdot 2H_2O$	稀氨水	红色	检验巯基,半胱氨酸有此反应
Sulliwan 反应	1,2-萘醌-4-磺酸钠＋Na_2SO_3		红色	检验巯基,半胱氨酸有此反应
Pauly 反应	重氮盐化合物(对胺基苯磺酸重氮盐)	加热	棕红色	咪唑基,用于组氨酸和酪氨酸检定
Folin 反应	1,2 萘醌-4-磺酸钠	碱性溶液	深红色	检验 α-氨基酸
Ellman 试剂交换反应	二硫硝基苯甲酸	pH 8.0	412nm 处强吸收	半胱氨酸的巯基
吲哚基氧化反应	*N*-溴代琥珀酰亚胺	温和		吲哚基氧化,色氨酸定量分析

3.5　蛋白质的分子结构

蛋白质属天然大分子，是由氨基酸通过肽键连接而成的大分子化合物，一方面其分子组成复杂，另一方面又存在立体空间构象，因此蛋白质的分子结构分为一级结构、二级结构、三级结构和四级结构。

一分子氨基酸的 *α*-羧基与另一分子氨基酸的 *α*-氨基缩合失去一分子水形成酰胺键而连接起来，两分子氨基酸所形成的酰胺键即称为肽键（peptide bond），其结构如下：

$$H_2N-\overset{R_1}{\overset{|}{CH}}-COOH + H_2N-\overset{R_2}{\overset{|}{CH}}-COOH \xrightarrow{-H_2O} H_2N-\underset{R_1}{\overset{H}{C}}-\underbrace{\overset{O}{\overset{\|}{C}}-\underset{H}{N}}_{\text{肽键}}-\underset{R_2}{\overset{H}{C}}-COOH$$

氨基酸通过肽键相连而形成的化合物称为肽。由两个氨基酸构成的肽，称为二肽，三个氨基酸构成的肽，称为三肽，依此类推。一般把少于 10 个氨基酸构成的肽称为寡肽（oligopeptide），10 个以上氨基酸组成的肽称为多肽或多肽链（polypeptide）。一个多肽一端具有一个游离的 α-氨基，称为氨基末端或 N-末端；另一端具有一个游离的 α-羧基，称为羧基末端或 C-末端。由多个肽键形成的多肽长链称为多肽链主链，或称共价主链，而每一个氨基酸所带的侧链基团（R），称为氨基酸残基（residue），或侧链基团。

蛋白质与多肽并无严格的区分界限，通常将相对分子质量在 6000 以上的多肽称为蛋白质，因此，蛋白质的相对分子质量范围大致为 6000～1000000。

3.5.1 蛋白质一级结构（primary structure）

蛋白质一级结构是指按一定顺序排列的氨基酸所构成的蛋白质肽键骨架，也是蛋白质最基本的结构。它是由基因遗传密码的排列顺序所决定的。其内涵包括：组成蛋白质的多肽链的数目；每一条多肽链的氨基酸数量、种类和排列顺序；多肽链内或链间二硫键的数目和位置。其中最重要的是多肽链的氨基酸顺序，它是蛋白质生物功能的基础。图 3-21 是牛胰岛素的一级结构示意图。

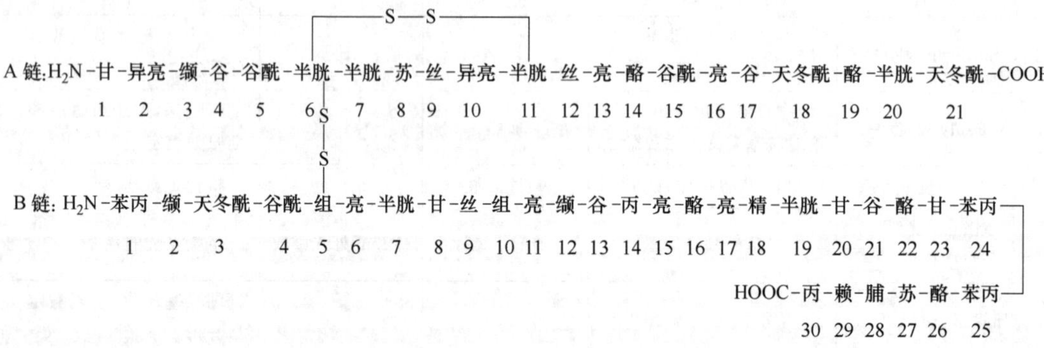

图 3-21 牛胰岛素一级结构示意图

3.5.2 蛋白质二级结构（secondary structure）

蛋白质的二级结构是指多肽链中主链原子的局部空间排布即构象，不涉及侧链部分的构象。

3.5.2.1 肽键平面（或称酰胺平面，amide plane）

Pauling 等人对一些简单的肽及氨基酸的酰胺等进行了 X 线衍射分析，从一个肽键的周围来看，得知：

① 肽链中的C—N键长为0.132nm，比相邻的N—C单键（0.147nm）短，而较一般C＝N双键（0.128nm）长，可见，肽键中—C—N—键的性质介于单、双键之间，具有部分双键的性质，因而不能旋转，这就将固定在一个平面之内（图3-22）。

② 肽键的C及N周围三个键角之和均为360°，说明都处于一个平面上，也就是说6个原子基本上同处于一个平面，这就是肽键平面。肽链中能够旋转的只有α碳原子所形成的单键，此单键的旋转决定两个肽键平面的位置关系，于是肽键平面成为肽链盘曲折叠的基本单位。

③ 肽键中的C—N既具有双键性质，就会有顺反不同的立体异构，已证实处于反位。

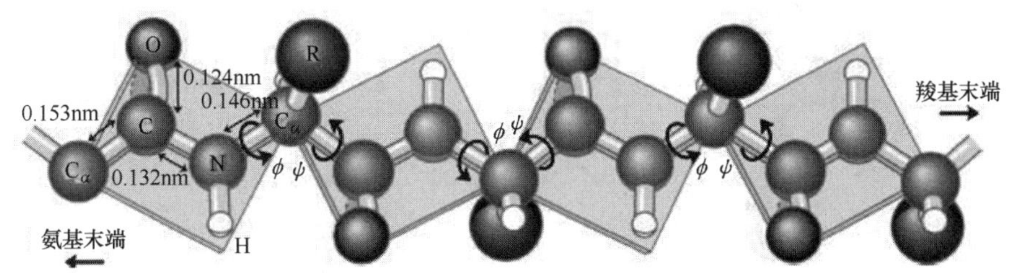

图3-22　肽平面模型

3.5.2.2　蛋白质主链构象的结构单元

（1）α-螺旋结构（α-helix）

由Pauling等人对α-角蛋白进行了X线衍射分析，从衍射图中观察有0.50～0.55nm的重复单位，故推测蛋白质分子中有重复性结构，并认为这种重复性结构中：①多个肽链围绕一中心轴线紧密盘绕成稳固的右手螺旋。②主链呈螺旋上升，每3.6个氨基酸残基上升一圈，螺距为0.54nm。每个氨基酸残基沿轴上升0.15nm，螺旋上升时，每个残基沿轴旋转100°。③相邻两圈螺旋之间借助链内氢键，维持结构的稳定。④肽链中氨基酸侧链R，分布在螺旋外侧，其形状、大小及电荷会影响α-螺旋的形成（图3-23）。

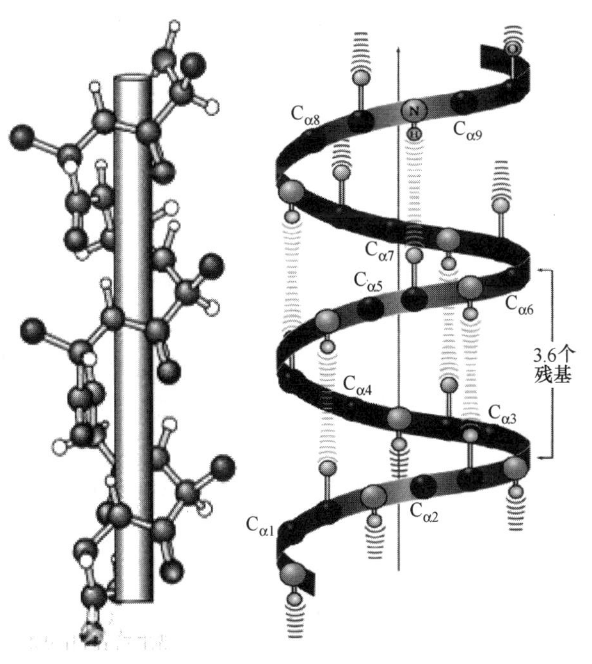

图3-23　蛋白质二级螺旋结构示意图

（2）β-折叠结构（β-folding）

β-折叠结构，又称β-片层结构（β-pleated sheet，图3-24），Astbury等人曾对β-角蛋白进行X线衍射分析，发现具有0.7nm

的重复单位。如将毛发 α-角蛋白在湿热条件下拉伸，可拉长到原长的 2 倍，这种 α-螺旋的 X 线衍射图可改变为与 β-角蛋白类似的衍射图。说明 β-角蛋白中的结构和 α-螺旋拉长伸展后结构相同。

研究发现，β-折叠分平行式和反平行式两种，其结构特点是：①肽链相当伸展的结构，肽链平面之间折叠成锯齿状，相邻肽键平面间呈 110°角。氨基酸残基的 R 侧链伸出在锯齿的上方或下方；②依靠两条肽链或一条肽链内的两段肽链间的 C═O 与 N—H 形成氢键，使构象稳定；③平行的 β-折叠结构中，每个残基的间距为 0.325nm；反平行的间距为 0.35nm。

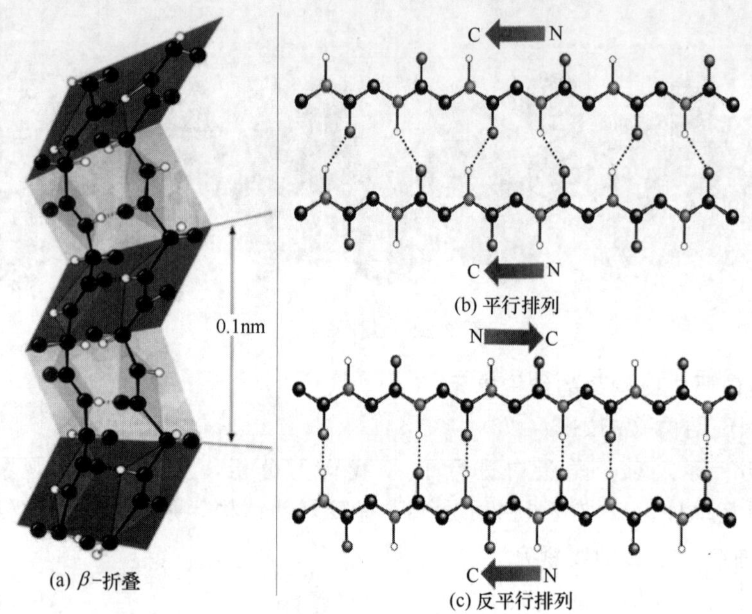

图 3-24 β-折叠结构示意图

(3) β-转角（β-turn 或 β-bend）

蛋白质分子中，肽链经常会出现 180°的回折，在这种回折角处的构象就是 β-转角（图 3-25）。β-转角中，第一个氨基酸残基的 C═O 与第四个残基的 N—H 之间形成氢键，从而使结构稳定。

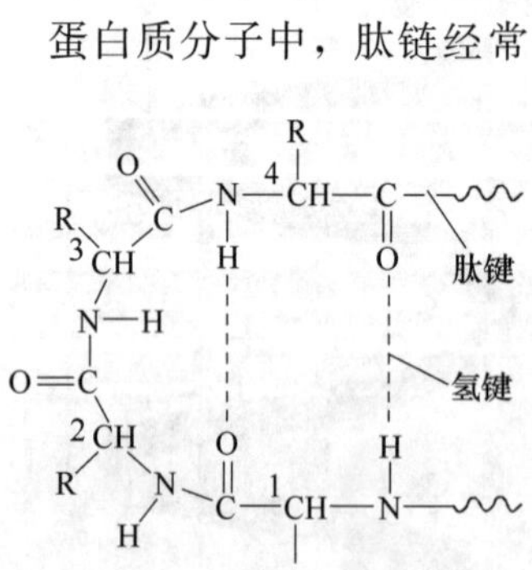

图 3-25 β-转角示意图

(4) 无规卷曲（random coil）

没有确定规律性的部分肽链构象，肽链中肽键平面不规则排列，属于松散的无规卷曲。

(5) Ω 环

这是最近发现普通存在于球状蛋白质中的一种新的二级结构，这种结构的形状像希腊字 Ω，所以称 Ω 环。Ω 环这种结构总是出现在蛋白质分子的表面，而且以亲水残基为主，这种结构与生物功能有关，另外在分子识别中可能起重要作用。

(6) 超二级结构（supersecondary structure）和结构域（domain）

超二级结构是指在多肽链内顺序上相互邻近的二级结构常常在空间折叠中靠近，彼此相互作用，形成规则的二级结构聚集体。目前发现的超二级结构有三种基本形式：α螺旋组合（αα）、β折叠组合（βββ）和α螺旋β折叠组合（βαβ），其中以βαβ组合最为常见。它们可直接作为三级结构的“建筑块”或结构域的组成单位，是蛋白质构象中二级结构与三级结构之间的一个层次，故称超二级结构。

结构域也是蛋白质构象中二级结构与三级结构之间的一个层次。在较大的蛋白质分子中，由于多肽链上相邻的超二级结构紧密联系，形成两个或多个在空间上可以明显区别其不同的蛋白质亚基结构。一般每个结构域由100～200个氨基酸残基组成，各有独特的空间构象，并承担不同的生物学功能。如免疫球蛋白（IgG）由12个结构域组成，其中两个轻链上各有2个氨基酸残基，两个重链上各有4个氨基酸残基；补体结合部位与抗原结合部位处于不同的结构域。一个蛋白质分子中的几个结构域有的相同，有的不同；而不同蛋白质分子之间肽链中的各结构域也可以相同。如乳酸脱氢酶、3-磷酸甘油醛脱氢酶、苹果酸脱氢酶等均属以NAD＋为辅酶的脱氢酶类，它们各自由两个不同的结构域组成，但它们与NAD＋结合的结构域构象则基本相同。

3.5.3　三级结构（tertiary structure）

蛋白质的多肽链在各种二级结构的基础上再进一步盘曲或折叠形成具有一定规律的三维空间结构，称为蛋白质的三级结构。蛋白质三级结构的稳定主要靠次级键，包括氢键、疏水键、盐键以及范德华力等。这些次级键可存在于一级结构序号相隔很远的氨基酸残基的R基团之间，因此蛋白质的三级结构主要指氨基酸残基的侧链间的结合。次级键都是非共价键，易受环境中pH、温度、离子强度等的影响，有变动的可能性。二硫键不属于次级键，但在某些肽链中能使远隔的两个肽段联系在一起，这对于蛋白质三级结构的稳定起着重要作用。

现也有人认为，蛋白质的三级结构是指在蛋白质分子主链折叠盘曲形成构象的基础上，分子中的各个侧链所形成一定的构象。侧链构象主要是形成微区（或称结构域）。对球状蛋白质来说，形成疏水区和亲水区。亲水区多在蛋白质分子表面，由很多亲水侧链组成。疏水区多在分子内部，由疏水侧链集中构成，疏水区常形成一些“洞穴”或“口袋”，某些辅基就镶嵌其中，成为活性功能部位。

具备三级结构的蛋白质，从其外形上看，有的细长（长轴比短轴大10倍以上），属于纤维状蛋白质，如丝心蛋白；有的长短轴相差不多，基本上呈球形，属于球状蛋白质，如血浆清蛋白、球蛋白、肌红蛋白，球状蛋白的疏水基多聚集在分子的内部，而亲水基则多分布在分子表面，因而球状蛋白质是亲水的。更重要的是，多肽链经过如此盘曲后，可形成某些发挥生物学功能的特定区域，例如酶的活性中心等。

3.5.4　四级结构（quarternary structure）

具有两条或两条以上独立三级结构的多肽链组成的蛋白质，其多肽链间通过次级键相互组合或称缔合而形成的空间结构称为蛋白质的四级结构。其中，每个具有独立三级结构的多肽链单位称为亚基（subunit）。四级结构实际上是指亚基的立体排布、相互作用及接触部位的布局。亚基之间不含共价键，亚基间次级键的结合比二、三级结构疏松，因此，在一定的条件下，四级结构的蛋白质可分离为其组成的亚基，而亚基本身构象仍可不变。

在一种蛋白质中，亚基结构可以相同，也可不同。如烟草斑纹病毒的外壳蛋白质是由 2200 个相同的亚基形成的多聚体；正常人血红蛋白 A 是 2 个 α 亚基与 2 个 β 亚基形成的四聚体；天冬氨酸氨甲酰基转移酶由 6 个调节亚基与 6 个催化亚基组成。有人将具有全套不同亚基的最小单位称为原聚体，如 1 个催化亚基与 1 个调节亚基结合成天冬氨酸氨甲酰基转移酶的原聚体。

某些蛋白质分子可进一步聚合成聚合体。聚合体中的重复单位称为单体，聚合体可按其中所含单体的数量不同而分为二聚体、三聚体、寡聚体和多聚体，如胰岛素在体内可形成二聚体及六聚体。

3.5.5 维持蛋白质分子构象的作用力

蛋白质的空间构象与其对应的生物功能密切相关，维持蛋白质分子的构象稳定是保持其生物功能和生物活性的关键。维持蛋白质分子二、三、四级结构的作用力主要是一些所谓弱的相互作用，称为共价键或次级键，包括氢键、范德华力、疏水作用和盐键（离子键）。此外，二硫键在维持蛋白质的构象稳定方面也起着重要作用，这些作用力的结构如图 3-26 所示。

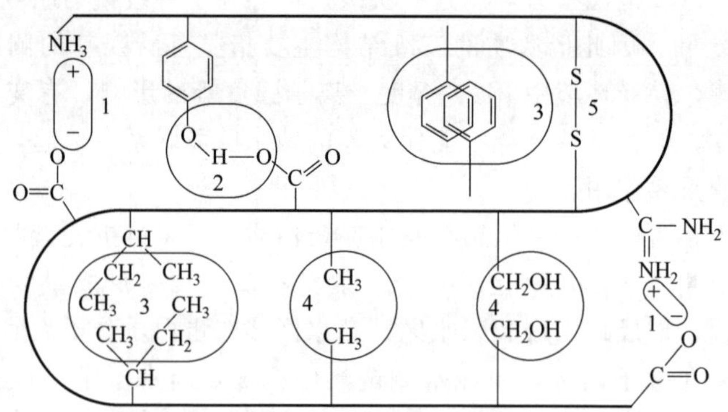

图 3-26 维持蛋白质构象的各种作用力

1—离子键 2—氢键 3—疏水键 4—范德华力 5—二硫键

（1）离子键

离子键又称盐键或盐桥，它是正电荷与负电荷之间的一种静电相互作用。

在生理 pH 下，蛋白质分子中的酸性氨基酸（Asp 和 Glu）的侧链可解离成负离子，碱性氨基酸（Lys、Arg 和 His）的侧链可解离成正离子。这些基团都分布在球状蛋白质分子表面，而与介质水分子发生电荷-偶极之间的相互作用，形成排列有序的水化层，这对稳定蛋白质的构象有一定的作用。

（2）氢键

氢键在稳定蛋白质的结构中起着极其重要的作用，是稳定蛋白质二级结构的主要作用力。氢键主要在多肽主链上的羰基氧和酰胺氢之间形成的，还可以在侧链与侧链、侧链与水分子、主链肽基与侧链或主链肽基与水分子之间形成。氢键以 X—H…Y 表示。

大多数蛋白质所采取的折叠策略是使主链肽基之间形成最大数目的分子内氢键（如 α 螺旋，β 折叠片），与此同时保持大多数能形成氢键的侧链处于蛋白质分子的表面，将与水分子相互作用。

（3）疏水作用

水介质中球状蛋白质的折叠总是倾向于把疏水残基埋藏在分子的内部。这一现象被称为疏水作用，也称疏水键。疏水作用是疏水基团或疏水侧链出自避开水的需要而被迫接近。

在蛋白质分子中，缬氨酸、亮氨酸、异亮氨酸、苯丙氨酸、甲硫氨酸、脯氨酸、色氨酸等非极性氨基侧链基团 R 基本上是疏水的，可以相互作用形成疏水键，疏水作用也可在非极性侧链与主链骨架的 α-碳原子之间存在。

（4）范德华引力

范德华力的实质是静电引力。广义的范德华力包括 3 种较弱的作用力：定向效应（取向力）、诱导效应（诱导力）、色散效应（色散力）。

定向效应发生在极性分子或极性基团之间。它是永久偶极间的静电相互作用，氢键可被认为属于这种范德华力。

诱导效应发生在极性基团与非极性基团之间，这是永久偶极与由它诱导而来的诱导偶极之间的静电相互作用。

色散效应是在多数情况下起主要作用的范德华力，它是非极性分子或基团间仅有的一种范德华力即狭义的范德华力，也称为 London 力，通常的范德华力就指这种作用力。

（5）二硫键

二硫键又叫双硫键或硫桥键，由两个半胱氨酸巯基氧化形成。二硫键是蛋白质分子中除肽键外作用最强的共价键，它可以把不同的肽链或多条肽链的不同肽段连接起来，对蛋白质的三维构象起稳定作用，在绝大多数情况下，二硫键在多肽链的 β 转角附近形成。一般说来，蛋白质分子中，二硫键的数目越多，则蛋白质分子抗拒外界因素的能力越强，即蛋白质的稳定性越高。在某些蛋白质中，二硫键一旦被破坏，蛋白质的生物活性就丧失。

在生物体中，具有保护功能的毛、角、鳞、甲、爪等的构成成分——角蛋白分子，含有大量的二硫键，因此，角蛋白对抗外界的一般物理化学作用都非常稳定。

3.5.6 蛋白质的性质

3.5.6.1 蛋白质的两性离解和等电点

蛋白质由氨基酸组成，蛋白质肽键的两端有游离的氨基和羧基，侧链上更带有若干酸性基团和碱性基团，这些基团都具有释放或接受质子的性质。所以它们和氨基酸一样，也是一种两性电解质，在溶液中，随着介质的 pH 不同，蛋白质即成为带有正电荷或负电荷的离子。蛋白质在等电点时表现为电中性状态，即电泳时不发生迁移，此时，水合作用和溶解度都降到最低。等电点可以通过蛋白质的酸碱滴定曲线计算得出，也可通过在不同 pH 条件下电泳或等电聚焦予以确定。

一般来说，含酸性氨基酸较多的蛋白质，其等电点偏酸性，含碱性氨基酸较多的蛋白质，则等电点偏碱性。表 3-14 列出了部分蛋白质的等电点。

表 3-14　　一些蛋白质的等电点

蛋白质	pI	蛋白质	pI	蛋白质	pI
胃蛋白酶	1.0	β-乳球蛋白	5.2	胰凝乳蛋白酶原	5.35
卵清蛋白	4.6	胶原	6.7	溶菌酶	11.6

蛋白质的两性解离与等电点的特性是蛋白质极其重要的性质，对蛋白质的分离、纯化和分析等都具有重要的实用价值。蛋白质的等电点沉淀、离子交换层析、电泳等分离分析方法也依赖于此性质。蛋白质的等电点与所用的缓冲液种类有关，因为蛋白质不仅与溶液中的 H^+ 结合，还会与其他离子特别是阴离子结合。

3.5.6.2　蛋白质的溶解性与盐析

蛋白质是大分子电解质，它们在溶液中的溶解度与溶液的 pH 关系最大。此外，还受溶剂的介电常数、电解质的电离常数、离子强度、离子种类及蛋白质结构等的影响。

电解质浓度对于蛋白质的溶解度有重要意义。具有明显不对称电荷分布的蛋白质，如血红蛋白，一定浓度的盐对于它们的溶解和溶液的稳定都是必不可少的。这被称为盐溶效应，是由于它能遏制蛋白质通过相反电荷相互吸引而引起聚合。一定量的电解质可以强化水合作用，提高溶解度并阻止其高度聚集从溶液中析出。

高盐浓度时，蛋白质的水合层被破坏，其电荷被中和，导致蛋白质相互聚集而从溶液中沉淀的盐效应，称为盐析。不同蛋白质分子大小、电荷多少不同，盐析时所需盐的浓度各异。因此混合蛋白质溶液可用不同的盐浓度使其分别沉淀，这种方法称为分级沉淀法。常用的无机盐有 $(NH_4)_2SO_4$、NaCl、Na_2SO_4 等，二价盐如 $(NH_4)_2SO_4$、$MgCl_2$ 要比一价盐如 NH_4Cl、KCl、NaCl 等效果好得多。

3.5.6.3　蛋白质的胶体性质

蛋白质是天然大分子物质。由于其相对分子质量大，在溶液中所形成的粒子大小为 1～100nm，达到分散质粒子的范围，所以蛋白质具有胶体性质，如布朗运动、光散射现象、不能透过半透膜以及具有吸附能力等。

蛋白胶体性质是蛋白质分离、纯化方法的基础。蛋白质胶体由于分子的水化层和同性电荷的作用而稳定，若这种稳定因素被破坏，蛋白质颗粒就会发生相互聚集而沉淀。透析法就是利用蛋白质大分子不能透过半透膜的性质以除去无机盐等小分子杂质。

在蛋白质溶液进行透析时，水和小分子物质将通过半透膜进行扩散和渗透。渗透达到平衡时，膜内大分子溶液的压力高于膜外，这就是所谓的渗透压。渗透压产生的原因是大分子的蛋白质不能通过膜自由扩散。渗透压是大分子相对分子质量的函数，可以用来推测蛋白质相对分子质量。

3.5.6.4　蛋白质的变性

蛋白质的变性是指经过物理或化学方法而导致蛋白质构象的变化，使蛋白质失去原有的生物学功能和某些其他性质。变性时，维持蛋白质构象的氢键、疏水键甚至二硫键等将遭受不同程度的破坏，但是一般不引起初级结构的改变。

变性分为可逆与不可逆两种。除去变性因素后变性蛋白质构象和功能可以恢复的是可逆变性。在可逆变性中，变性的逆过程叫作复性。如核糖核酸酶，在尿素和 β-巯基乙醇的作用下，其天然构象崩溃，蛋白质变性；用透析方法除去尿素和 β-巯基乙醇，其构象和生物活性又得到恢复。

通常，伴随蛋白质的变性，会出现下列几种变化：

① 物理性质改变。涉及旋光值的改变、特性黏度增大、紫外和红外吸收光谱改变、失去结晶能力和溶解度改变（下降），甚至凝聚、沉淀。

② 化学性质改变。变性后一些原来隐藏于分子内的基团暴露出来，通常会增加某些能参与化学反应的基团数量。

③ 生物性能改变。变性导致蛋白质生物功能丧失，因蛋白质的构象改变而失去了与底物或受体的结合能力。

能使蛋白质变性的因素很多，主要有温度、pH、有机溶剂（乙醇、丙酮、尿素、苯酚及其衍生物等）、脲和盐酸胍、盐类（碘化物、硫氰酸盐、重金属盐等）、物理因素（剧烈搅拌、超长波、紫外线、辐射等）、蛋白酶、表面活性剂等。

3.5.6.5　蛋白质的化学反应

蛋白质肽链的端基和侧链均含有氨基和羧基，能产生氨基与羧基的一般反应，如烷基化、酰基化、酯化等反应。此外，蛋白质还有一些重要反应。

（1）亚硝酸反应——范斯莱克（Van Slyke）反应

蛋白质或氨基酸的氨基与亚硝酸作用，氨基分解释放出氮，氮的体积可用气体分析法测出。此反应可以用来测定蛋白质的氨基氮，用以判断蛋白质的水解程度和速度。脯氨酸和羟脯氨酸不是伯胺，不发生此反应。

（2）甲醛反应

此反应与甲醛和氨基酸的反应相似，甲醛与蛋白质中游离氨基作用生成 *N*-羟甲基及 *N*-二羟甲基衍生物。因此，可以用甲醛来封闭蛋白质的氨基。

索伦森（Sorenson）用此原理封闭蛋白的氨基，再以碱来滴定自由羧基的含量，称为甲醛滴定法。

（3）二硝基氟苯反应

2,4-二硝基氟苯（FDNB）与 α-氨基和 ε-氨基在碱性溶液中作用，生成 2,4-二硝基衍生物，为黄色结晶，其反应式如下：

$$R-\underset{\substack{|\\NH_2}}{CH}-COOH + F-C_6H_3(NO_2)_2 \xrightarrow{pH=8\sim9} R-\underset{\substack{|\\HN-C_6H_3(NO_2)_2}}{CH}-COOH + HF$$

2,4-二硝基氟苯　　　　2,4-二硝基氨基酸（DNP-氨基酸）

（4）与其他氨基酸铡链（咪唑基、酚基、巯基）反应生成无色的 DNP 化合物

二硝基氟苯可用于鉴定蛋白质或肽的氨基末端。其方法是在弱碱性条件下，将蛋白质与二硝基氟苯反应，然后除去多余的试剂，DNP-蛋白质用 6mol/L HCl 水解后，把

黄色的α-DNP-氨基酸抽提到非极性溶剂（乙醚或氯仿）中，再用色层分离。

3.6 生皮蛋白质

3.6.1 角 蛋 白

角蛋白是一类具有丝状纤维结构的大家族同源蛋白质的总称，存在于脊椎动物的皮肤、毛发和指甲等部位，富含半胱氨酸残基和大量的二硫键，相对分子质量为40000～70000，出现在表皮细胞中。在人类上皮细胞中有20多种不同的角蛋白，分为α角蛋白和β角蛋白两类。β角蛋白又称胞质-角蛋白（cyto-keratin），分布于体表、体腔的上皮组织（细胞）中。α角蛋白为头发、指甲等坚韧结构所具有。真核细胞含有三种主要的细胞骨架：微管（由微管蛋白亚基组成，25nm）、中间丝（IF，角蛋白二聚体，8～12nm）和微丝（肌动蛋白亚基构成，6～7nm）。

目前，已知角蛋白共52种，包括细胞角蛋白35种，毛发角蛋白17种。其中：

Ⅰ型或酸性角蛋白（细胞角蛋白K9～K21，K23，K25～K28；毛细胞角蛋白K31～K38［hHa1～hHa8］，K39～K40［Ka35～Ka36］），共28种，平均长度460aa（aa为氨基酸残基），pI=4.4～5.4。

Ⅱ型或碱性角蛋白（细胞角蛋白K1～K8，K71～K80；毛细胞角蛋白K81～K86［hHb1～hHb6］），共24种。平均长度545aa，pI=5～8.3。

根据组成氨基酸的不同，也可将角蛋白分为酸性角蛋白（Ⅰ型）和中性或碱性角蛋白（Ⅱ型），角蛋白组装时必须由Ⅰ型和Ⅱ型以1∶1的比例混合组成异二聚体，才能进一步形成中间丝（IF）。

根据X射线衍射分析，角蛋白的空间结构有α-螺旋结构（α-角蛋白）和β-折叠片层结构（β-角蛋白）两种类型。前者如羊毛，后者如丝心蛋白。

由于角蛋白含有较多的胱氨酸，故二硫键含量特别多，在蛋白质肽链中起交联作用，因此角蛋白化学性质特别稳定，有较高的机械强度。它们不易溶解和消化，含较多的胱氨酸（14%～15%）。粉碎的羽毛和猪毛，在104.0～137.3kPa蒸汽压力下加热处理1h，其消化率可提高到70%～80%，胱氨酸含量则减少5%～6%。

3.6.1.1 角蛋白结构

（1）角蛋白分子一级结构

据估计，羊毛含有大约170种不同类型的多肽分子。它们不均匀地分布在毛纤维上。尽管总体上把羊毛看作是一种角质蛋白，但根据其胱氨酸含量的不同，又分为角质蛋白和非角质蛋白。与角质蛋白相比，非角质蛋白是指每33个氨酸残基中有不到1.5个胱氨酸且相对较低的二硫键交联。这使得它们更不稳定、更易受化学攻击。非角质蛋白大约占毛纤维总质量的17%，而角质蛋白约占82%。

通过凝胶电泳或化学分级分离，将碱溶性S-羧甲基化角蛋白分离成三组蛋白质，并对比分析了每一组的特征性氨基酸组成（表3-15）。

表 3-15 羊毛中各种蛋白组分的氨基酸组成 单位：%

氨基酸	低硫蛋白（SCMKA）	高硫蛋白（SCMKB）	高甘-酪氨酸Ⅰ（HGT TypeⅠ）	高甘-酪氨酸Ⅱ（HGT TypeⅡ）	全毛[a]
丙氨酸	6.9	2.9	1.5	1.1	5.4
精氨酸	7.3	5.9	5.4	4.7	6.9
冬氨酸[b]	9.0	3.0	3.3	1.8	6.5
半胱氨酸	6.0	18.9	6.0	9.8	10.3
谷氨酸[c]	15.7	8.4	0.6	0.7	11.9
甘氨酸	7.7	6.9	27.6	33.6	8.4
组氨酸	0.6	0.8	1.1	0.1	0.9
异亮氨酸	3.6	3.6	0.2	0.2	3.1
亮氨酸	10.2	3.9	5.5	5.3	7.7
赖氨酸	3.5	0.6	0.4	0.4	3.0
蛋氨酸	0.6	0.0	0.0	0.0	0.5
苯丙氨酸	2.5	1.9	10.3	4.5	2.9
脯氨酸	3.8	12.5	5.3	3.0	6.6
丝氨酸	8.2	12.7	11.8	10.9	10.4
苏氨酸	4.8	10.3	3.3	1.7	6.4
酪氨酸	3.6	2.1	15.0	20.3	3.9
缬氨酸	6.1	5.6	2.1	1.4	5.6

注：[a] 全毛中氨基酸含量；[b] 包含精氨酸残基；[c] 包含谷氨酸残基

引自 D. M. Lewis & J. A. Rippon. *The Coloration of Wool and other Keratin Fibres*, Wiley, 2013.

Gillespie 给出的低硫蛋白相对分子质量为 44000～57000，高硫蛋白相对分子质量为 10000～30000，高甘-酪氨酸蛋白相对分子质量低于 10000。

高硫蛋白富含胱氨酸、脯氨酸、丝氨酸和苏氨酸，这些氨基酸的总量超过了构成该组蛋白一半的氨基酸残基。它们含有很少的天冬氨酸、赖氨酸、丙氨酸或亮氨酸，不含甲硫氨酸。相比之下，低硫蛋白质特别富含促成 α-螺旋形成的氨基酸，即谷氨酸和天冬氨酸、亮氨酸、赖氨酸和精氨酸。两种高甘-酪氨酸蛋白质也含有丰富的丝氨酸，主要区别是它们的苯丙氨酸和胱氨酸含量不同。Ⅰ型和Ⅱ型高甘-酪氨酸蛋白中 65%～70% 的组成都是由三种或四种氨基酸占主导。

关于非角质蛋白质组分的研究相对较少。分析表明，非角质蛋白中富含甘氨酸、酪氨酸、苯丙氨酸、丝氨酸和谷氨酸，但胱氨酸含量很低。

（2）角蛋白二级结构

基于羊毛纤维的晶体学，Pauling 提出了 α-螺旋模型，显示出长螺旋段。Hanukoglu 和 Fuchs 对两种不同但同源的角蛋白家族（Ⅰ型角蛋白和Ⅱ型角蛋白）和中间丝蛋白的一级结构的分析认为，角蛋白和中间丝蛋白的杆状结构域包含约 310 个氨基酸，由 4 个右旋 α-螺旋亚结构域 1A、1B、2A 和 2B 组成，它们与被称为“连接体”区域的非螺旋 β-转角构象短链接区段相连接，并保持相互分离的状态（图 3-27）。角蛋白分子结构中 38%～45% 是 α-螺旋构象，在Ⅰ型角蛋白中，杆状域的所有亚结构域都带负电荷。而Ⅱ型角蛋白中，唯一的酸性亚结构域是 1B 和 2A，而 2B 亚结构域是中性的，1A 亚结构域是带正电荷的。

杆状结构域的非螺旋 β-转角称为“连接体”区域，即 L1、L12 和 L2，其氨基酸序

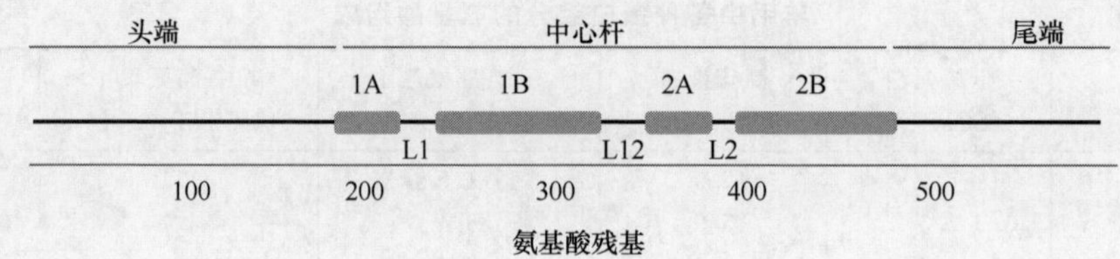

图 3-27　α-螺旋结构域（1A、1B、2A 和 2B）在角蛋白亚基的中心杆的位置
（引自 Hanukoglu）

列和长度不同。例如，角蛋白的杆状结构域中连接体 L1 的长度为 8～16 个氨基酸，并且该连接体形成柔性铰链。连接体 L12 通常是杆结构域的最长非螺旋区域，而连接体 L2 在人角蛋白中仅含有 7 个残基。

角蛋白的头部（即氨基酸链的 N-端）和尾部（即氨基酸链的 C-末端）结构域的结构是高度可变的。这些结构域被认为是非螺旋的，可能形成参与细胞骨架支架中亚基和其他蛋白质之间相互作用的球状结构。角蛋白分子的头域由高度可变数量的氨基酸（如 50～100）组成，具有总体正电荷特征。尾部是球状和非螺旋的，亚结构域中含有较多甘氨酸并具有重复循环的结构。这些重复的氨基酸结构是角蛋白丝在角质化过程中的组织特异性作用所必需的。一个角蛋白的尾部结构域和同伴角蛋白的杆状结构域之间的相互作用，决定了角蛋白丝的直径。

角蛋白和中间丝的二级分子结构（如 α-螺旋、β-折叠或 β-转角）可以在物理化学力如机械力或化学过程的影响下进行改变。

机械力如张力、压缩也可能是剪切，可以改变角蛋白的二级分子结构。例如，拉伸毛发时，当突然释放应力，则毛发会自然卷曲。如果马毛被拉伸超过其长度的 60%，则角蛋白分子的 α-螺旋被转化为 β-折叠，这可能是由于异源二聚体的盘绕螺旋被解开。角蛋白的某些化学修饰（例如磷酸化）或化学环境的间接变化（例如 pH、离子强度、渗透压等）也会影响角蛋白的分子结构和功能。

（3）角蛋白三级结构

角蛋白的三级结构是由平行取向的一个酸性角蛋白和一个碱性角蛋白的杆状结构形成的异源二聚体。这种异二聚体是角蛋白丝的第一个构建块。

通过单对Ⅰ型和Ⅱ型角蛋白的平行排列形成异源二聚体是组装角蛋白中间丝的第一步。在异源二聚体中，只有角蛋白的 α-螺旋杆状结构域彼此对齐，并且通过某些疏水相互作用来稳定“分子对”。在软角化角质层细胞的异源二聚体中，角蛋白分子平行但略微错位排列，如图 3-28 所示。在对应的 7～8 个氨基酸的这种移位允许角蛋白的头部和尾部重叠，其中两个异源二聚体结合在一起。相比之下，硬质角质化角质层细胞的异源二聚体中的角蛋白则是对准，并且不与两个异源二聚体结合在一起的尾部和头部区域重叠。研究发现，异源二聚体（和四聚体）是角蛋白丝最稳定的构建块。角蛋白的异源二聚体仍然可溶于细胞质，但这种溶解度取决于角蛋白的类型和细胞质的物理化学特性。例如，K8/K18 异源二聚体在 pH=9 的培养基中体外可溶，而在相同条件下，异源二聚体 K5/K14 广泛形成细丝。

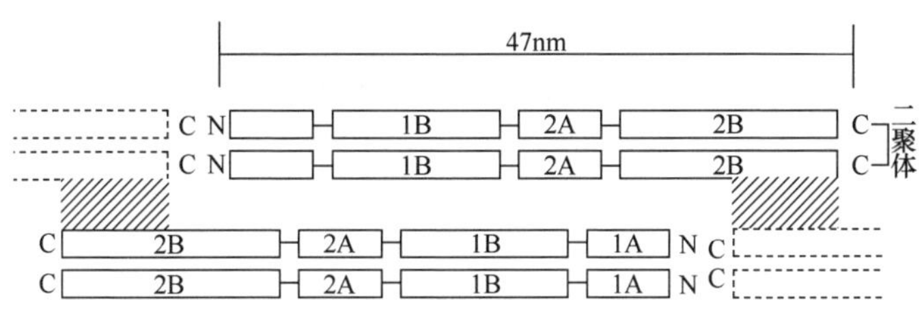

图 3-28　角蛋白重复单元模型

（4）角蛋白四级结构

到目前为止的所有证据表明，角蛋白丝的基本单位是一对匹配的 α-螺旋链通过左旋盘绕构成的异二聚体。直径约 10nm 角蛋白丝的组装，包括以下步骤：

① 异二聚体：由匹配的一对具有 α-螺旋的Ⅰ型和Ⅱ型角蛋白通过缠绕形成。

② 四聚体：通过以反平行取向结合两个异二聚体形成。蛋白质的精确模式对齐，即哪些螺旋结构域位于并排的位置是未知的。四聚体即基原纤维，直径为 2nm。

③ 八聚体：由含有总共 8 个角蛋白分子的 2 个四聚体的并列结合形成。这种八聚体被命名为原纤维，直径为 4.5nm。8 个基原纤维呈环形排列，或由 7 个基原纤维围绕 1 个位于中心的基原纤维排列，形成中间丝。中间丝在毛的组织学中被称为微原纤维（microfibril），毛的微原纤维直径约为 8nm。

④ 单位长丝（Unit length filament，ULF）：由 4 个原纤维侧面并排缔合形成，即 8 个四聚体并排排列以形成称为“单位长度全宽颗粒”的管状结构，ULF 长约 60nm、宽约 20nm，直径为 20nm。

⑤ 角蛋白丝：通过 ULF 的端到端缔合形成。组装后，长丝被压实成 10～12nm 的宽度。

因此，在一般情况下，角蛋白的螺旋结构域形成长丝的主链，并且头部和尾部结构域参与蛋白质的端到端连接，如图 3-29 所示。

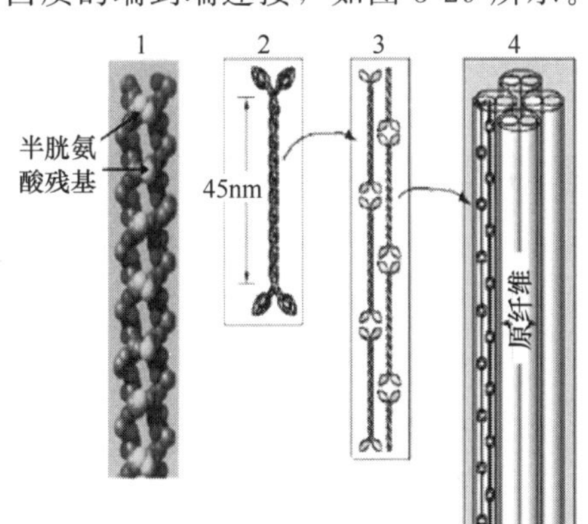

(a) 蛋白质分子结构

(b) 绵羊毛中 α- 角蛋白中间线 (IF) 的 TEM 电镜图（结晶角蛋白的强散射区为多孔基质）

图 3-29　角蛋白四级结构（引自 J. MCKITTRICK）

1—分子模型　2—两个角蛋白多肽形成的二聚体（称螺旋体）　3—螺旋体通过“头-尾”错位形成的原纤丝（直径 2nm）　4—聚集形成基原纤维，8 个基原纤维构成中间丝（直径 7nm）

3.6.1.2 角蛋白及毛的性质

角蛋白具有蛋白质的基本化学、物理特性。除此而外，由于角蛋白分子中大量二硫键交联结构的存在，使得其具有一些较为特殊的性质。毛的性质与角蛋白的性质密切相关。

（1）吸水性

角蛋白中极性氨基酸含量高，极性侧链具有亲水性，可以吸收大量的水，饱和吸水值可达蛋白质质量的30%以上，其中有5%的水分为结合水。角蛋白不溶于水，吸水后表现为溶胀，毛吸水达饱和后，毛的直径将增加17.5%～18%，长度增加1.2%～1.8%。毛的这种膨胀是由于角蛋白结构单元的纤维轴向的缘故。毛膨胀时，其小孔直径增大。如绵羊毛在水中膨胀时，小孔直径平均在3.0～4.0nm。毛吸收水分和保持水分的性能比其他纤维好，如在相对湿度为65%，标准吸湿率为羊毛16%、棉花7%、锦纶0.4%～0.5%。在高度潮湿的空气中，毛吸湿量高达40%。毛保持水分的能力也很强，遇冷风吹袭时水分蒸发较慢，在潮湿状态下能自行散热。所以毛纤维制品穿着舒适，具有防潮、吸汗、保暖性能。

（2）酸、碱对角蛋白的作用

角蛋白中同样存在酸性或碱性基团，呈两性，可与碱或酸结合，等电点为5～7，每克干角蛋白的酸容量为0.82mmol，碱容量为0.78mmol。

角蛋白中的二硫键对酸非常稳定，用强酸长时间处理，角蛋白会由于肽键的水解而溶解。但水解片断中仍然保持原有的二硫键结构。如用1mol/L HCl在80℃处理毛8h，有35%的肽键被破坏，构成毛的胱氨酸并未遭受破坏，其含量不变。只有在较强烈的条件下，用5mol/L的HCl，在125℃处理5h，毛才能完全水解，或毛发在10mol/L HCl中煮沸4h，也可完全水解。

一般当pH≥4时，酸对角蛋白无明显影响，pH＜4时，开始有较明显的作用，当pH＜3时，破坏作用加强。表3-16中列出了几种酸对羊毛的作用。

表3-16　羊毛对不同酸的吸收率

酸浓度/%	硫酸		盐酸		甲酸		醋酸	
	吸收量	残存量	吸收量	残存量	吸收量	残存量	吸收量	残存量
1	0.79	0.78	0.98	0.63	0.33	0.15	0.73	0.63
2	1.60	1.48	1.51	0.58	0.71	0.34	0.94	0.74
3	2.76	1.76	1.97	0.71	0.95	0.54	0.97	0.72
4	3.58	2.12	2.32	0.78	1.35	0.83	1.35	1.05
5	3.48	1.97	2.25	0.61	1.51	0.86	1.27	0.91
6	3.86	1.90	2.40	0.72	1.78	1.16	1.19	0.83
7	3.72	2.09	2.47	0.63	1.58	0.64	1.09	0.68
8	3.80	2.04	2.71	0.76	1.53	0.65	1.25	0.70
9	3.62	1.92	2.40	0.51	1.71	0.75	1.30	0.68
10	3.79	2.09	2.58	0.61	1.48	0.55	1.39	0.73

注：残存量指经水洗后的残存酸的量，以%计。

碱对角蛋白有强烈的溶解作用。碱能使角蛋白的盐式键断裂，也能攻击胱氨酸的二硫键。根据不同的作用条件，有的断裂二硫键并释放出硫化氢和硫；有的破坏肽键本身。在 pH＝8 的碱性溶液中，角蛋白即受损伤；在 pH＝10～11 的溶液中，角蛋白破坏显著，如出现毛变黄、发脆、光泽暗淡、手感粗糙。毛球和毛乳头连接处的二硫键易受碱的作用而掉毛。因此毛皮加工过程中尽量减少与碱接触，以保证毛皮产品质量。

碱溶液对毛的溶解作用与碱的种类、浓度、作用温度和时间有关。碱越弱，温度越低，作用时间越短，毛的水解越困难，反之则越容易（表 3-17）。

表 3-17　一定条件下碱对毛的溶解作用

碱种类	浓度/(mol/L)	温度/℃	时间/h	溶解量/%
Na_2CO_3	0.01	60	0.33	4
Na_2CO_3	0.045	60	0.33	5
NaOH	0.10	65	1.0	10
NaOH	0.30	65	8.0	100
NaOH	0.60	90	1.0	100

用 1mol/L NaOH 溶液在 0～3℃条件下短时间内处理羊毛会使盐键断裂，出现纤维肿胀，弯曲变形。用 0.1mol/L NaOH 溶液在 22℃作用于羊毛，一部分二硫键与碱作用生成硫代双丙酸并释放出游离硫，其他部分二硫键则生成氨基丙烯酸、硫化氢和硫。碳酸钠和氨水的作用比较缓和。如在 20℃用碳酸钠（10g/L）或氨水（3.5g/L）溶液处理兔毛 2h，不会引起其明显变化。反应示意如下：

$$\text{HC(CO)(NH)}-CH_2-S-S-CH_2-\text{CH(CO)(NH)} \xrightarrow[-H_2O]{OH^-} \text{C}^{\ominus}\text{(CO)(NH)}-CH_2-S-S-CH_2-\text{CH(CO)(NH)} \rightleftharpoons$$

$$\text{C(CO)(NH)}{=}CH_2 + {}^{-}S-S-CH_2-\text{CH(CO)(NH)} \longrightarrow \text{C(CO)(NH)}{=}CH_2 + {}^{-}S-CH_2-\text{CH(CO)(NH)} + S$$

（3）氧化剂对角蛋白的作用

角蛋白对氧化剂很敏感。除了巯基和二硫键外，甲硫氨酸、组氨酸、色氨酸和酪氨酸等的侧链甲硫基、咪唑基、吲哚基以及羟基等也可以被氧化。

过氧化氢、亚氯酸钠、高锰酸钾、过甲酸、过乙酸等都可以氧化角蛋白。氧化的特异性除了与氧化剂的种类有关外，还受到溶液的 pH 及其某些催化剂的影响。

有机过氧酸是二硫键的有效氧化剂。在有机过氧酸的作用下，二硫键被氧化，反应属于不可逆反应，得到可溶性角蛋白衍生物，反应式表示如下：

$$P-S-S-P_1 \xrightarrow{[O]} P-SH+P_1-S-OH \xrightarrow{[O]} P_1-SO_2H \xrightarrow{[O]} P_1-SO_3H$$

过甲酸、过乙酸是常用的有机过氧酸。使用适当过量的、而不致于引起肽链水解的有机过氧酸，可以定量地将胱氨酸氧化为磺基丙氨酸。

(4) 还原剂对角蛋白的作用

还原剂与角蛋白的反应主要发生在二硫键上，常用的还原剂有巯基乙酸、硫化钠、邻甲苯硫酚、巯基乙醇等，磷化物如三丁基磷、亚硫酸盐、二甲胺等，也是二硫键的有效还原剂，能破坏二硫键。它们与二硫键的反应属于二硫键交换反应，包括两个连续的亲核取代反应，中间产物为不对称二硫化合物，这是一个可逆反应，反应平衡取决于还原剂的电极电位和溶液的pH。为了达到反应完全，过量的还原剂是必要的。硫化物与二硫键的反应如下：

$$\text{HC—CH}_2\text{—S—S—CH}_2\text{—CH} + \text{Na}_2\text{S} \rightleftharpoons \text{HC—CH}_2\text{—S—SNa} + \text{NaS—CH}_2\text{—CH}$$

$$\text{HC—CH}_2\text{—S—SNa} + \text{Na}_2\text{S} \rightleftharpoons \text{HC—CH}_2\text{—SNa} + \text{Na—S—S—Na}$$

利用还原剂与角蛋白的作用，进行严格控制，用于毛被的弯曲和伸直处理，例如，利用巯基乙酸的稀溶液处理毛被，使其变柔软而塑化。在0.3～0.4MPa、50～60℃下，用花版对毛皮被毛压花。

毛发的二硫键在pH＝4和pH＝11时，受亚硫酸氢钠的破坏作用最强烈。

(5) 卤素对角蛋白的作用

卤素对毛的鳞片有特别强烈的破坏作用，可使角蛋白的二硫键破坏，角蛋白强烈膨胀并有胶化变性，使毛手感粗糙，强度降低。表3-18列出羊毛在次氯酸钠溶液中的强度变化。

表3-18　在次氯酸钠溶液中羊毛纤维强度的变化（20℃，30min）　单位:%

有效氯含量（占羊毛质量）/%	次氯酸	（次氯酸＋盐酸）	有效氯含量（占羊毛质量）/%	次氯酸	（次氯酸＋盐酸）
0.25	0	－18	1.00	－10	50
0.50	0	－33	4.00	－10	－70～－60

(6) 酶对角蛋白的作用

天然角蛋白对酶有很强的抵抗能力，一般的蛋白酶均不能水解角蛋白。这是由于角蛋白紧密的α-螺旋结构和肽键间大量存在的二硫键。当二硫键被破坏后，角蛋白变性，蛋白酶可使之分解。已知的能分解天然角蛋白的酶存在于皮蠹虫的消化系统，皮蠹虫分泌的二硫键还原酶（角蛋白酶，最适pH＝9.9）可使角蛋白中二硫键被还原，从而引起其他酶的水解作用。这是毛及其制品发生虫蛀的原因。角蛋白经过交联改性处理，如铬鞣等，可提高毛的抗虫蛀性能。

(7) 角蛋白的交联反应

通过在还原角蛋白的半胱氨酰之间引入新的化学交联，可以改变角蛋白的性质，如提高耐碱能力，改善毛被的成毡性、弹性、耐湿热稳定性和增加抗虫蛀性等。

常用的交联剂有甲醛、二卤代烷、多价金属离子等。还原角蛋白与甲醛的交联反应属于醛醇缩合，能在肽链间形成亚甲基交联，此交联反应也可在半胱氨酸与赖氨酰的侧链氨基间发生。温度高于50℃，在任何条件下，甲醛均能与毛起反应，这是剪绒产品

直毛固定的机理之一。其反应过程如下

$$2HC-CH_2-SH+CH_2O \longrightarrow HC-CH_2-S-CH_2-CH+H_2O$$

3.6.2　胶原纤维（collagen）

胶原是构成动物皮肤的最主要蛋白质。除此之外，动物的骨、齿、肌腱、韧带、软骨、血管等组织中都存在胶原纤维。胶原是极重要的结构蛋白质，具有保护、支撑机体的功能，新鲜时呈白色，有光泽，故又名白纤维。在真皮蛋白质中，胶原占80%～85%。

动物组织中存在多种类型的胶原。肌腱和皮肤中主要是Ⅰ型胶原，除此外，软骨是Ⅱ型胶原构成，基膜为Ⅳ型胶原，迄今为止，已证实的存在于各种动物机体中的胶原已达19种之多。胶原纤维结构如图3-30所示。

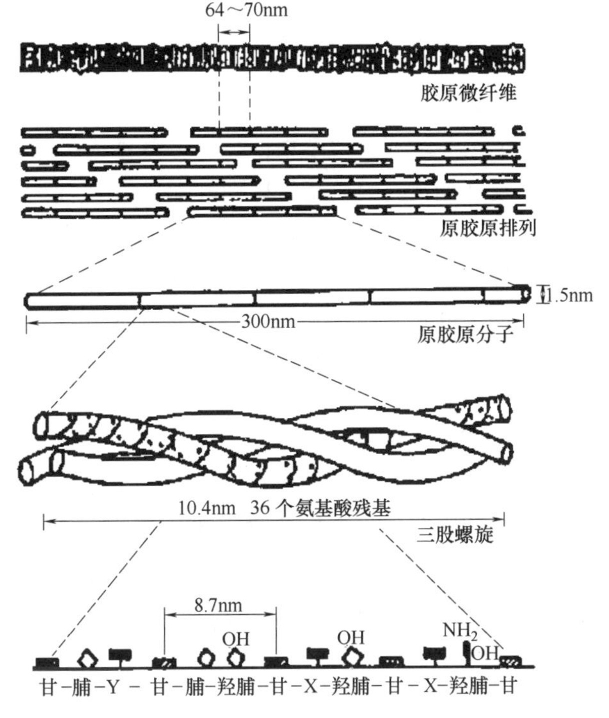

图3-30　胶原纤维结构（引自vikipedia）

3.6.2.1　胶原结构

胶原的分子结构单位是原胶原（tropocollagen）。原胶原分子呈细杆状，由三条肽链构成。电镜下测得分子长280nm，直径1.5nm，相对分子质量约30万。每条肽链由1000个以上的氨基酸残基组成。

（1）一级结构

Ⅰ型胶原中的三股螺旋由两条α_1（Ⅰ）链及一条α_2（Ⅰ）链构成。α_1链由1056个氨基酸残基组成。其氨基酸组成的特征是：

① 甘氨酸几乎占总氨基酸残基的1/3，即每隔两个其他氨基酸残基（X,Y）即有一个甘氨酸，故其肽链可用$(Gly—X—Y)_n$来表示。

② 含有较多在其他蛋白质中少见的羟脯氨酸和羟赖氨酸残基，也有较多脯氨酸和赖氨酸。如脯氨酸和4-羟脯氨酸含量高达15%～30%。同时还含有少量3-羟脯氨酸和5-羟赖氨酸。羟脯氨酸残基可通过形成分子内氢键稳定胶原蛋白分子。

③ 有1/4的酸性或碱性氨基酸残基。它们分布都较为集中，如第7～9全残基为天—谷—赖，第82～88全残基为赖天酰—甘—天—天—甘—谷以及C-端谷酰—谷酰—谷—赖丙—组—精—甘—甘—精等，使α链出现不少的极性区。

④ α链上第103个氨基酸（羟赖）残基处结合一个半乳糖葡萄糖苷，生成羟赖氨酰半乳糖葡萄糖苷。

⑤ 胶原中缺乏色氨酸，所以它在营养上为不完全蛋白质。

（2）二级结构

胶原的二级结构是由三条肽链构成的三股螺旋，即三条呈左手螺旋的肽链相互盘绕形成右手复合螺旋，又称胶原螺旋，即原胶原，又称胶原分子。在胶原螺旋中，每一条肽链的左手螺旋的螺距为 0.9nm，每圈含 3 个氨基酸，每一个氨基酸在螺旋轴线上的投影高度约为 0.3nm，明显大于 α-螺旋的螺距 0.54nm 和每一个氨基酸投影 0.15nm，所以它是一种比 α-螺旋更为伸展的螺旋构象。由三条左手螺旋肽链构成的右手复合螺旋的螺距为 2.86nm，每圈含 10 个氨基酸残基。

三条肽链借助于链间氢键的作用形成胶原螺旋，构象紧密、僵硬，具有很高的结构稳定性。

（3）三级结构

依据对不同状态胶原电镜模式分析，Schmitt 等提出原胶原排列的四分之一错列模型，即 Schmitt 模型。该模型认为：平行排列的原胶原不是齐头齐尾而是错开一个确定的距离，交错距离（*D*）即是周期性明暗横纹间距，*D* 约等于 67nm。相当于原胶原分子长度 280nm 的 1/4 弱。这意味着胶原分子不仅轴向平行（侧向）聚集，而且轴向错位延伸，通过侧向共价交联，相互呈阶梯式有序排列聚合形成微原纤维和原纤维。胶原原纤维中的交联键是由侧向相邻的赖氨酸或羟赖氨酸残基氧化后所产生的醛基，与相邻分子中的醛基、氨基等进行缩合而形成的共价交联（包括 Schiff 交联、β-羟醛交联、羟醛组氨酸交联）。

（4）微原纤维

最初由 Smith 提出了一种由 5 根胶原分子构成的正五角结构。Orgel 等通过使用同步辐射技术获得各向异性解析度（轴向 5nm，径向 10nm），通过对模型肽的比较，确定 I 型胶原中原纤中胶原分子以准六角形的晶格排列。5 个胶原分子构成微原纤维的直径为 8nm ，即中间丝结构，由此进一步聚集而形成原纤维，原纤维的直径 50～200nm，长 150nm 至数微米。

3.6.2.2 胶原的化学性质

胶原在绝干状态下硬而脆，密度为 1.4g/cm^3，天然胶原的等电点为 7.5～7.8。

（1）酸、碱对胶原的作用

胶原在酸或碱溶液中，其分子链上的酸性和碱性基团都能与碱或酸结合，结合后，胶原分子内和分子间的离子键和氢键被打开，胶原因充水而膨胀。胶原结合酸或碱的量分别称为胶原的酸容量或碱容量。每克干胶原的酸容量为 0.82～0.90mmol，碱容量为 0.4～0.5mmol。用强酸、强碱长时间处理胶原，会引起分子间交联键的破坏、肽键水解而溶解，这种变化称为胶解，酸、碱的胶解能力差异较大，以氢氧化钡和氢氧化钙胶解能力最大。强酸的胶解能力比强碱大。

（2）盐类对胶原的作用

不同的中性盐对胶原的作用差别很大。有的可以使胶原膨胀，有的溶解、脱水、沉淀。按照中性盐对胶原的不同作用，可以把盐分为三类。

① 第一类盐：在任何浓度下都会引起胶原的剧烈膨胀，使胶原纤维变粗，其收缩

温度降低，如硫代氰酸盐、碘化物、钡盐、钙盐、镁盐和锂盐等，$CaCl_2$ 和尿素为典型代表。真皮在 1mol/L 的 KCNS 中再膨胀，吸水量为干胶原质量的 286%。用这些盐溶液来处理未加热的明胶胶冻，此胶冻不膨胀而完全分解，即不用加热可变成溶液，故明胶中加入第一类盐溶液不会冻凝。

② 第二类盐：典型代表是 NaCl。胶原和明胶在低浓度的 NaCl 溶液中膨胀不明显，而在高浓度时引起脱水，并使收缩温度提高。真皮在 1mol/L NaCl 溶液中膨胀后的质量为干胶原质量的 220%。

③ 第三类盐：只有在中等和高浓度时使真皮脱水（盐析），把此类盐加入明胶或皮胶的溶液中时，蛋白质呈絮状沉淀。胶原纤维之间小孔的半径增加，收缩温度升高。此类盐只有在浓度很小时才能引起真皮轻微的膨胀并降低收缩温度，盐析后并未改变蛋白质的性质，此类盐的典型代表为硫酸盐、硫代硫酸盐和碳酸盐。每个硫酸根能结合 40 个水分子，任何时候都具有弱的可吸附性和很强的脱水性。用 1mol/L 这类盐溶液处理已经充水的真皮时，其体积减小 14%～17%。胶原在硫酸盐溶液中脱水后其变形性减小，干燥对其机械性质有特别强烈的变化，真皮抗压缩变形的强度大大增加了。

盐对胶原的膨胀、脱水作用的机理比较复杂，至今仍未完全清楚。一般认为，不同的盐对维持胶原构象的氢键和离子键有不同的影响，胶原螺旋构象以及维持构象的各种化学键赋予胶原纤维不溶的性质。任何使胶原膨胀的盐类可能同时具有两种作用，即降低分子的内聚力作用（削弱、破坏化学键）并增加其亲溶剂性。

（3）胶原的耐湿热稳定性

胶原纤维在水中受热到一定的温度时，就要自行收缩（蜷曲），这种产生变形的温度，称为收缩温度（Ts）。胶原的收缩温度随材料的来源而略有差异。一般为 60～65℃。各种动物皮的收缩温度见表 3-19，这与动物皮胶原纤维的编织紧实程度和纤维束的粗细有关。

表 3-19　　几种动物皮板的收缩温度　　单位：℃

原料皮	兔皮	狗皮	山羊皮	绵羊皮	猫皮
Ts	59～60	60～62	64～66	58～62	60～62

（4）酶对胶原的作用

天然胶原对酶有抵抗能力，但胶原蛋白因受热、酸、碱作用而变性后，其耐酶能力大大下降。胃蛋白酶、木瓜蛋白酶、胰凝乳蛋白酶以及胰蛋白酶等均可作用于天然胶原的非螺旋区段的肽链，但对螺旋区一般无作用。

3.6.3 其他蛋白成分

3.6.3.1 弹性蛋白

弹性蛋白是组织中重要的细胞外基质蛋白之一，存在于大动脉血管、肺软细胞组织、韧带、软骨和皮肤组织中。弹性纤维在生物条件下具有弹性，但完全干燥后，弹性消失，变得脆硬。

弹性纤维由无定形弹性蛋白和微原纤维组成。与胶原纤维相比，弹性蛋白热稳定好，即使在沸水中，长时间也不能溶解。弹性蛋白在酸、碱溶液中也不膨胀和分解，只有弹性蛋白酶可以分解弹性蛋白。

弹性蛋白的氨基酸组成：不含胱氨酸，含酸性氨基酸 2%，非极性氨基酸达 90%（其中 Gly 约 33%，Ala 21%～25%，Pro 10%～13%），疏水氨基酸 40%。弹性蛋白中含有较多的赖氨酸，通过赖氨酸之间形成的共价键交联，把肽链连接起来，构成了弹性蛋白的特定结构。从弹性蛋白的盐酸水解液中，已分离出四种交联物：锁链素、异锁链素、开链锁链素和赖氨酸正亮氨酸。

正是由于弹性蛋白中含有上述共价交联，弹性蛋白原之间的相对位置较为固定，加外力时，虽可暂时变动，一旦除去外力，又可恢复到原来的构象，成为弹性蛋白富有弹性的结构基础。

3.6.3.2 网硬蛋白

网硬蛋白是构成网状纤维的蛋白质。网状纤维大量存在于肾、脾等器官组织中，是疏松结缔组织中的主要纤维蛋白。在生皮中，网状纤维含量极少，并集中分布于真皮的上皮表面。

网硬蛋白 X-射线衍射图谱及电镜图像均与介质胶原纤维十分相似。在光学显微镜下看到的网状纤维为非常细的不成束纤维，通过交织形成网状组织。但其氨基酸组成与胶原又不完全一致，可能属于胶原类蛋白质。

网硬蛋白不溶于沸水，不易溶于热酸而溶于热碱。这些性质与胶原中二硫键交联结构的存在表现出一致性。

3.6.4 非纤维蛋白成分

生皮中的球状蛋白质主要有白蛋白、球蛋白和蛋白多糖等。这些蛋白质和水分组成生皮组织的基质。基质是均一性无定形的胶状物，似凝胶，它们浸润着胶原纤维束并透入其内部，起着润滑纤维的作用。但当鲜皮干燥后，它们又将纤维黏结起来，使纤维失去柔软性而变得板硬。因此，在加工毛皮时，应尽可能去掉这些蛋白质。

（1）白蛋白

白蛋白在基质中含量最丰富，超过球蛋白总量的 50%。与其他球蛋白相比，白蛋白相对分子质量较低，溶解度大，稳定性好，在生理条件下带负电荷。白蛋白和大部分球蛋白表现出相似的溶解性和沉淀条件。它们都溶于盐、酸和碱溶液中，其中白蛋白最易溶解，甚至可溶于离子强度十分低的清水中，而一般球蛋白需要较高的离子强度，在清水中不能溶，含二硫键结构的球蛋白易溶于碱性溶液。

白蛋白和球蛋白遇热都要凝固，在浓酸、浓盐溶液中，都可产生沉淀，在适当浓度的乙酸溶液中也会沉淀。但是它们对沉淀的 pH 和沉淀剂浓度有差异。球蛋白比白蛋白更容易盐析出来。白蛋白在饱和的硫酸铵溶液中才会沉淀，而球蛋白在半饱和硫酸铵溶液中即可沉淀。

（2）球蛋白

基质中的球蛋白多为糖蛋白，其中有些糖的含量高达 15%。由于大量糖在蛋白质分子表面存在，使得它们的溶液表现出较高的黏性，因此常常被称为黏蛋白。黏蛋白受热不凝固，在 pH＝8.6 时，随 α-球蛋白一起泳动。黏蛋白在三氯乙酸或过氯酸溶液中不沉淀。

（3）蛋白多糖

结缔组织基质中蛋白质与多糖以共价相连构成的大分子称为蛋白多糖或黏蛋白。蛋白多糖是一种糖蛋白（GAG），是通过球蛋白一个或多个共价键与硫酸软骨素、硫酸皮肤素等连接的核心蛋白，作为细胞外基质的主要构成成分之一。

蛋白多糖主要存在于生皮基质中，它们在水中膨胀而不溶解，能溶于稀碱液、稀中性盐液和乙醇中，在氯化钠和硫酸钠的饱和溶液中则不溶，加热时也不凝固。

3.6.5　生皮的非蛋白成分

生皮中除蛋白组分外，还存在一定量的非蛋白成分，主要是水分、脂类、糖类和无机盐。

3.6.5.1　水分

生皮中的水分是维持细胞生长的必要条件，其含水量随动物种类、性别、年龄不同而异。通常说来，幼皮较老皮含水量多，母兽皮较公兽皮水分多。每张皮的不同部位的含水量也会存在差异，如乳牛皮臀部水分为 67.40％，背部水分为 67.7％，腹部水分为 68.0％，而颈部水分为 70％，这可能与各部位皮组织的紧实程度有关。

生皮中的水分主要是皮蛋白质所含有的。蛋白质肽链上的极性基与水分子以氢键结合，水分子定向地排列在肽链上，形成整齐的水分子层，称为水合水（化合水）。水合水与一般水不同，失去了溶解其他物质的性能，它的蒸汽压、凝固点和介电常数都比一般水要低，不能用一般干燥方法脱去，要在高真空、高温（100℃）和有干燥剂（如 P_2O_5）存在时，才能完全除去。有人认为，皮块加压至 70MPa 时，皮内尚存的水是水合水，这样测出每 100g 绝干胶原中含有 44～47g 水合水。

蛋白质中的水分除了水合水外，在蛋白质结构的空隙内还有大量的水分，这些水的性质与一般水一样，叫作自由水，或称吸附水，约占皮内水分的 85％以上。这部分水对蛋白体积有很大的影响。

100g 绝干胶原在水中最多可以吸收 200g 水。角蛋白的水合水只有 5％（绝干角蛋白计），饱和吸水量达 40％。

3.6.5.2　脂类

脂类是脂肪和类脂的总称，泛指动物或植物组织中能被乙醚、丙酮、苯、石油醚等非极性溶剂溶解的物质。生皮中的主要脂类有甘油三酸酯、磷脂、神经鞘脂、蜡、醇、脂蛋白、脂多糖等。

脂肪的组成是甘油酯，是动物组织和细胞中最丰富的脂类，在生皮中主要存在于游离脂肪细胞和皮下组织中。

构成动物脂肪的成分主要是甘油三酸酯，也存在少量的甘油二酸酯、甘油一酸酯和甘油。构成动物脂肪的脂肪酸主要是 C_{12}～C_{18} 的饱和或不饱和脂肪酸，如硬脂酸、软脂酸、棕榈酸、肉豆蔻酸、油酸、亚油酸等。

生皮中的类脂物质主要是磷脂，包括卵磷脂、脑磷脂和神经鞘磷脂等，卵磷脂含量最多，占磷含量的60%左右。类脂物是细胞膜的主要成分，集中在表皮及乳头层。磷脂由甘油酯、磷酸和含氮碱组成。磷脂易溶于乙醚、氯仿、苯等溶剂中，不溶于丙酮。

蜡是高级脂肪酸与高级脂肪醇（长链单羟基醇）或胆固醇（胆甾醇）的水不溶性酯，常温下呈固态，遇热变软或熔化。羊毛脂（毛蜡）是羊毛醇与饱和脂肪酸构成的酯。蜂蜡是十六醇蜂花酯。蜡主要分布在生皮的表皮和乳头层中。蜡微溶于乙醇、丙酮，在冷的乙醚、氯仿、苯等溶剂中溶解度不大。

3.6.5.3 糖类

糖类物质一般只占鲜皮质量的0.5%～1.0%，包括葡萄糖、半乳糖、甘露糖和岩藻糖等单糖，以及糖胺多糖。

糖胺多糖是一类高分子化合物，是由重复的二糖单元聚合而成的长链结构，二糖单元中总有一个是氨基己糖，另一个是糖醛酸或半乳糖，是构成透明质酸、4-硫酸软骨素、6-硫酸软骨素、硫酸皮肤素、硫酸角质素和肝素等的成分。

除透明质酸外，其余糖胺多糖都有不同程度的硫酸化，所以又称硫酸化糖胺多糖，后者在体内极少以游离形式存在，一般通过酰胺键或糖苷键与蛋白质共价结合形成蛋白多糖。蛋白多糖有很强的膨胀能力，从稀溶液态转入失水状态，体积收缩为原来的1/1000，这是鲜皮因失水干燥后纤维紧密黏结的主要原因。

低聚糖（寡糖）与蛋白质结合形成的复合物，即糖蛋白。糖蛋白还是一种结合蛋白质，由短的寡糖链与蛋白质共价相连构成分子，糖链作为缀合蛋白质的辅基。糖蛋白也是细胞质膜、细胞间质、血浆黏液等的重要组分。

3.6.5.4 无机盐

生皮中无机盐是适应动物在生活中的生理需要而存在的，其含量甚微，约为鲜皮质量的0.35%～0.5%。其中以氯化钠为最多，还有磷酸盐、碳酸盐及硫酸盐等，金属离子有钠、钾、镁、铝、铁等，动物种类和动物生长环境会影响生皮中无机盐的含量。

第四章　鞣前准备

毛皮原料皮往往带有不利于加工的头、腿、尾（珍贵毛皮除外），以及泥沙、血污、肉渣、油脂、非纤维蛋白和贮存过程中所加的防腐剂等。所有这些无用或阻碍后续加工的成分都应在鞣制之前予以除去。

将毛皮原料皮经过一系列机械、化学和生化（酶）处理，除去毛皮上无用的成分，使之变为易于鞣制及后续加工的状态，这个过程通常称作鞣前准备或准备工段。

鞣前准备的主要工序有分路、初步加工、浸水、去肉、脱脂、浸酸、酶软化等。其主要任务和目的是：洗涤鲜皮，或使干皮恢复或接近鲜皮状态；除去对制作毛皮无用的物质，如油脂、肉渣及污物等；除去皮板中的可溶性蛋白质，如白蛋白、球蛋白、蛋白多糖等；适度松散胶原纤维，为后续加工做好准备。鞣前准备阶段的操作对成品的质量影响甚大，因鞣前准备处理不当而造成的缺陷，在以后工序几乎是无法补救的。因此，在实际操作时应高度重视，并加以严格控制。

4.1　原料皮的初步处理

4.1.1　分路、组批

毛皮原料皮的品种繁多，各品种之间的品质差异极大，即使是同一品种的原料皮，也存在着路分不同，等级优劣，面积大小，防腐情况，毛绒的长短、粗细、疏密、颜色，皮板的厚薄、纤维编织紧密程度、油脂含量、脱水程度、陈旧程度等差别。根据这些差别，首先应对原料皮进行挑选和分类，即为“分路”。把没有加工价值的原料皮挑出另行处理，而把性质相近的原料皮组成生产批，使之得到较均一的机械和化学处理，以保证成品质量。

4.1.2　抓　　毛

抓毛又称梳毛，主要针对毛长绒厚的脱绒、结毛的绵羊皮以及大毛羔和带鬈毛的二毛羔皮进行操作，并非所有的毛皮原料皮都要进行抓毛。其目的是把混乱、缠绕、黏结在一起的毛梳开，以避免或减少在后续湿操作中出现锈毛疙瘩，同时去掉隐藏在毛被里的浮毛、草刺、尘土、粪块等杂物。对于羊剪绒产品而言，由于成品为短毛，可在抓毛后进行粗剪毛，以免长而卷曲的毛被在后续加工中锈毛。

羊皮干抓毛的操作方法一般是先用浓度为 60g/L 的氯化钠溶液（30～35℃）将皮板回潮后，用机器打毛、剪毛，使毛绒蓬松，并完全除去毛被上的污物和尘土，再用抓毛机（也称梳毛机）抓毛。而将干抓毛改为湿抓毛，即浸水后再用去肉机刮毛，可使抓毛质量和环境卫生状况得到明显改善。对于张幅较小的细杂皮，则主要用钢梳手工梳毛。

4.1.3 去头、腿和尾巴

毛皮原料皮大都带有头、腿和尾巴，对没有使用价值且有碍于操作的应将其割去。对有使用价值的可进行单独加工，如黄鼠狼的尾巴可用于制作高档毛笔，羔皮、狸子皮的腿割下经加工后，可做成褥子或翻毛大衣。

对于某些珍贵的皮张，如蓝狐皮、银狐皮、水獭皮、水貂皮等，通常应保全头、腿、尾，以供装饰或制作服装用。

4.2 浸 水

4.2.1 浸水的目的

细杂皮原料皮多为干板皮（淡干皮），也有少数品种为盐湿皮、盐干皮、冷冻皮或鲜皮；羊皮原料皮则主要是盐湿皮。鲜皮的水分含量为60%～70%，为了便于保藏和运输，通常会采用干燥、盐腌等方法使鲜皮失水，获得毛皮原料皮。淡干皮的水分含量为12%～16%，盐干皮和盐湿皮的含水量分别为18%～20%和30%～40%。鲜皮在失去水分以后其体积缩小，皮蛋白质及其结构也发生了改变，胶原纤维相互黏结，皮板也变得僵硬。此状态下的原料皮既无法进行化学处理，也不便于机械操作，故需要进行浸水。

浸水的主要目的是：使经过干燥或防腐处理过的原料皮重新充水回软，尽可能恢复或接近鲜皮状态；初步除去毛被及皮板上的污物和防腐剂；初步溶解生皮中的可溶性蛋白质，如白蛋白、球蛋白等；削弱皮下组织层与真皮层之间的连接，为去肉创造条件。

为实现浸水的目的，应根据原料皮的种类、保藏方法和生产条件等的不同而采用不同的浸水方法。

4.2.2 生皮在清水中的充水作用

当把不同干燥程度的生皮放入清水中，随着可溶性蛋白质的溶解以及污物、防腐剂的除去，水逐渐进入皮内。生皮因吸水而逐渐增重、变厚，同时由僵硬变得柔软，这种现象叫作生皮在清水中的充水。这些透入皮内的水，并不都是机械地填充于皮内，其中一部分会与生皮发生结合。由于皮蛋白质含有许多亲水基团（如肽基、氨基、亚氨基、羧基和羟基等），这些基团中电负性很强的氧原子和氮原子能与水分子以氢键形式相结合，其结合形式如下：

```
      H
      |
  —C—N—      H—N—H      ═NH       —C—O—H      —O—H
   ‖           ⋮          ⋮          ‖           ⋮
   O           H          H          O           H
   ⋮           |          |          ⋮           |
   H           O          O          H           O
   |           |          |          |           |
   O—H         H          H          O—H         H
  肽基        氨基      亚氨基       羧基        羟基
```

此外，进入皮内的水分子还与皮蛋白质极性基中的氨基、羧基离子以范德华力相结合，在这些极性基的周围形成水化膜，如图 4-1 所示。

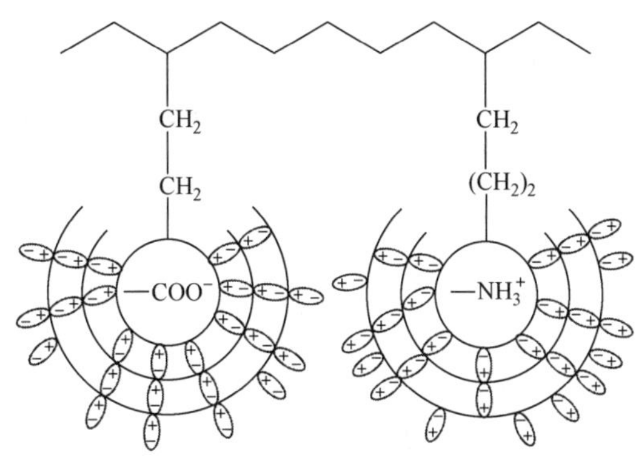

图 4-1　蛋白质极性基周围的水化膜示意图

若生皮是盐腌皮，将其置于清水中时，清水实质上变成了氯化钠溶液。在这种氯化钠稀溶液中，由于钠离子和氯离子也具有较强的水合作用，会加厚皮胶原蛋白和球状蛋白质极性基周围的水化膜，使生皮充水更为容易，如图 4-2 所示。

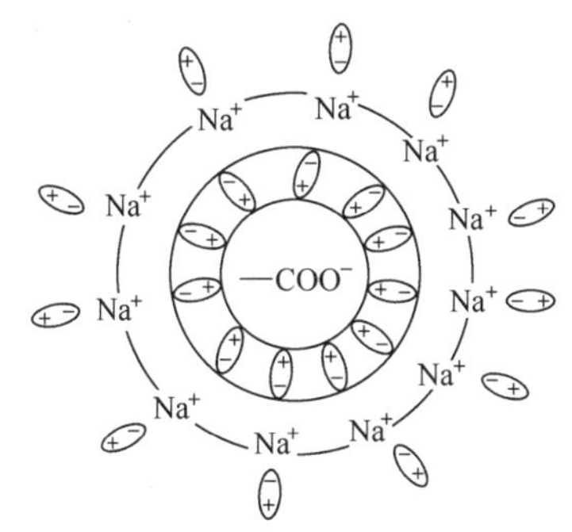

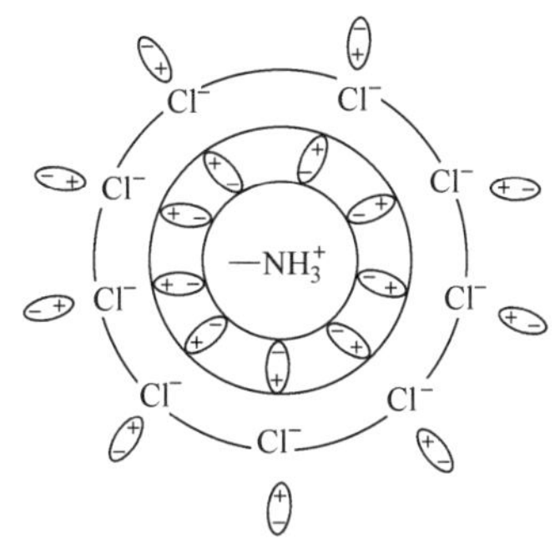

图 4-2　氯化钠溶液中蛋白质极性基周围的水化膜示意图

因此，皮内的水可分为自由水、毛细管水和结合水。自由水存在于皮胶原纤维间隙中，具有普通水的一般物理化学性质（如有极性，可溶解其他物质，与普通水具有相同的蒸汽压等），失去这部分水不会引起纤维黏结；毛细管水存在于皮内细小毛细管中，通过表面张力与皮纤维结合，失去毛细管水会引起纤维黏结和皮板收缩；结合水则通过氢键和范德华力与皮蛋白质的极性基结合，与自由水不同的是，结合水与皮蛋白质结合牢固，采用机械作用不可能将它除去，其冰点、蒸汽压、介电常数、溶解其他物质的能力等都与自由水不同。

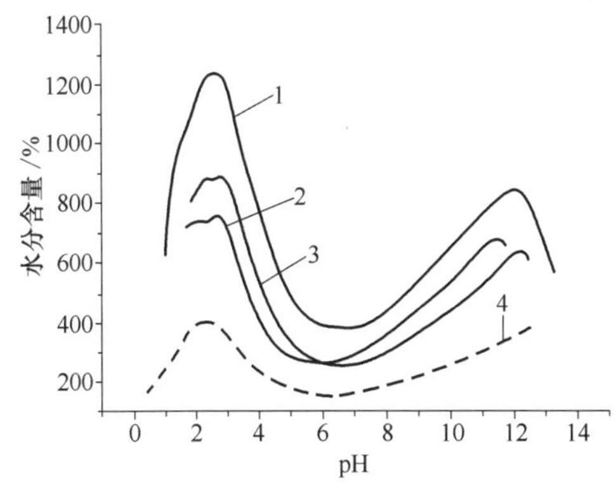

图 4-3　不同条件下干燥的山羊皮在不同 pH 溶液中的充水膨胀情况

1—鲜山羊皮　2—15℃干燥皮

3—37℃干燥皮　4—太阳晒干皮

干皮在清水中的充水程度和充水速度依皮的干燥状况而定，皮在干燥过程中的温度越高，以及处于干燥状态的时间越长，则皮中蛋白质热变性的程度及可溶性蛋白质因凝固而使胶原纤维黏结的程度也越大，这就使干皮在清水中的充水速度和充水量降低。图 4-3 显示了山羊鲜皮以及在不同温度下干燥的山羊干皮在不同 pH

的水溶液中的充水情况。图中曲线上 pH 等于 7 时的充水度，即为生皮在清水中的充水度。

从图 4-3 可以看出，在清水中鲜皮的充水度最大，随着干燥温度的升高充水度降低，在日光下晒干的皮充水度最小。总之，干皮在任何情况下的充水度都不及在同样条件下的鲜皮。这是因为皮在干燥过程中皮蛋白质受热变性之缘故。

4.2.3 影响浸水的因素

生皮浸水的速度和浸水皮的质量受到原料皮的状态、水质和水量、化学助剂、机械作用、温度、时间等诸多因素的影响。

4.2.3.1 原料皮的状态

原料皮的状态主要包括种类、大小、厚薄、陈化程度、脏污程度、细菌含量、油脂含量、脱水程度和一些特殊情况（如火炕板、干枯板、油透板等）。其中脱水程度对原料皮浸水的影响最大，脱水程度越大，则浸水越困难，所需浸水时间也就越长。油脂含量越大，浸水也越困难。

原料皮的保存方法不同，其含水量也不同，故其浸水的方法和时间也不一样。鲜皮的浸水时间较短，只需洗去皮上的血污及脏物就可直接进行去肉、脱脂处理。

盐湿皮的浸水也较快，主要是由于它在贮藏时水分损失较少（约为鲜皮质量的13%），纤维也未发生黏结，且盐腌处理又会使部分可溶性蛋白变性，因而更易充水。另外，防腐用的盐在浸水时可加速非纤维蛋白的除去，从而有利于加速浸水。

淡干皮和盐干皮的浸水是比较困难的，尤其是存放时间长的干皮。这是因为在贮藏时失水过多，引起真皮中非纤维蛋白的变性和纤维之间的黏结。例如，撑板晒干的原料皮和存放 3 年以上的淡干皮或盐干皮，其浸水是相当困难的，要使其达到浸水要求，除了加入浸水助剂外，所需浸水时间也较长。

4.2.3.2 水质和水量

水是毛皮加工的主要介质。因此，水的质量对成品质量影响极大。浸水所用的水要求清洁，杂质、细菌以及钙、镁等盐类含量少。如果水中钙、镁盐含量过多，会促进细菌的繁殖，使皮在浸水时发生腐烂。一般以使用井水最为理想，因井水不但细菌含量少，而且水温终年变化不大；自来水的水质也较好；如使用河水、池塘水，应先通过沉降等处理方法，除去水中的不洁物，并加入杀菌剂杀菌后再使用；使用陈旧带臭的水，虽可加速浸水，但细菌多，容易发生掉毛和烂皮现象，不易控制，而且极不卫生，应严禁使用。

浸水所用的水量通常用“液体系数”来表示。“液体系数”是操作液的体积（L）与皮的质量（kg）的比值，也称为液比。浸水时，液比的大小与原料皮的种类、毛的长短和密度等因素有关，同时也与使用的浸水设备有关。液比大，有利于除去皮上的污物和防腐剂，且有利于溶解可溶性蛋白质，从而使生皮回软较快也较均匀。然而液比太大，不仅浪费大量的水，同时也会增加皮质的损失，从而影响成品的质量。液比小，皮与皮之间靠得很近，不仅影响皮中可溶性蛋白质的除去，而且吸水慢，导致皮浸水不均，影响后续工序的进行。因此，浸水时的水量应保证皮的各部位能充分而均匀地与操作液接触，同时，也要考虑使用的设备及经济效益。在池中浸水，一般使用的液比为16～20（以干皮质量计）。用划槽浸水，干皮的液比一般为15～30，盐湿皮的液比一般为8～15。近年来，已有企业用倾斜螺旋转鼓对细杂皮浸水，可比划槽节水50%，且不会产生锈毛现象。

4.2.3.3　温度

浸水温度对浸水时间和成品质量都有很大影响。从动力学的观点来说，生皮的充水速度随温度的升高而加快，而充水度（即达到充水平衡时生皮吸收的水量）随温度升高而减少。

从提高充水度和防止细菌作用的角度来看，浸水似乎应在较低的温度下进行（表4-1）。在相同时间内，温度越低，细菌繁殖越慢，皮蛋白质损失越少，但是皮的充水速度也越缓慢，这势必会延长浸水的时间。从整个浸水过程来看，这同样会导致细菌的大量繁殖和皮蛋白质的过度损失，同时也降低设备的利用率。所以，在实际生产中浸水的温度一般控制在18～22℃。

表4-1　　浸水温度与皮蛋白质损失和细菌繁殖

时间/h	温度/℃	溶解氮量(对总氮量)/%	1L溶液中的细菌数/个
24	4	0.0706	26
24	20	0.0947	2254
24	37.5	0.0958	20800

从加速浸水过程和减少皮质损失来看，升高温度可以缩短浸水时间，而在此过程中生皮损失的氮量也较少。苏联H.B.切尔诺夫教授的实验表明，在18～20℃浸水，进入溶液中的氮量分别为臀部0.87%、腹部1.15%、颈部1.14%；而在温度为35℃的快速浸水中，进入溶液的氮量分别为0.78%、0.80%和0.75%。所以，为了加速浸水过程，在较高温度下进行浸水是适宜的，但严禁超过生皮的血热温度（38℃）。目前毛皮快速浸水的温度一般控制在30℃左右，但须通过严格控制浸水时间，并加入一定量的浸水助剂和防腐剂来防止掉毛，以保证皮的质量。

4.2.3.4　防腐剂

在毛皮浸水时常使用的防腐剂有氯化钠、甲醛、漂白粉、氟硅酸钠、氯化锌和皮革专用杀菌剂等。

氯化钠在较高浓度下具有强烈的脱水作用，能够抑制细菌的繁殖。由图4-4可知，当氯化钠浓度为5～10g/L时，细菌的繁殖不仅未被削弱，反而会增强。因此，浸水时为了达到抑菌效果，氯化钠浓度一般在20g/L以上。需要注意的是，氯化钠用量大会导致废水氯离子含量高，国家标准GB 30486—2013《制革及毛皮加工工业水污染物排放标准》规定毛皮加工企业氯离子排放限制为4000mg/L，故氯化

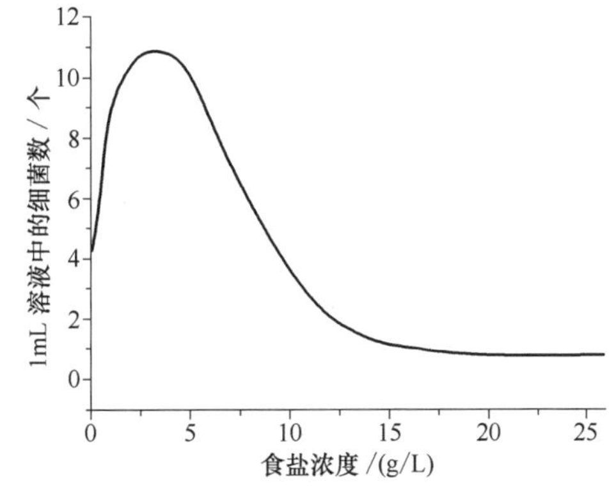

图4-4　氯化钠对细菌繁殖的影响

钠应适量使用，满足防腐要求即可。此外，氯化钠可促进皮内可溶性蛋白质的溶解，也是一种良好的浸水助剂。

甲醛作为防腐剂常用于细杂皮的浸水，它能够紧固毛根，防止掉毛，通常用0.5～1.0g/L时即可达到良好的防腐作用。但是甲醛属于世界卫生组织公布的一类致癌物之一，应谨慎使用。

漂白粉［有效成分为$Ca(ClO)_2$，有效氯含量为30%～38%］作为毛皮浸水防腐剂使用时，应注意控制用量，因为它含有卤素且在水溶液中呈碱性，对毛的鳞片有特别强的破坏作用，很可能引起毛角蛋白的双硫键断裂，大大降低毛的强度。故一般用量为有效氯浓度0.1g/L即可，用量过小起不到杀菌的作用。但当羔皮浸水时有效氯的浓度在0.1g/L（pH 8.1）以上时毛就会受到损伤。珍贵毛皮的浸水，不应使用漂白粉。

氟硅酸钠（Na_2SiF_6）比漂白粉的防腐作用好，在微酸性介质中（pH<5.5），浓度为0.5～1.0g/L时，呈现有效作用，但其对呼吸器官有刺激作用，在使用时应加强劳动保护。

皮革专用杀菌剂在毛皮浸水中的应用非常普遍。例如，劳恩斯坦公司的润湿剂HAC是有效的毛皮浸水润湿剂和杀菌剂，其中含有非离子型润湿剂、杀菌剂及防霉剂成分，用量为1～2mL/L。

4.2.3.5 浸水助剂

在浸水过程中，为了加速生皮充水，特别是淡干皮和盐干皮的充水，缩短浸水时间，相对减少皮质的损失以及抑制细菌的作用，常在浸水液中添加一定量的浸水助剂。常用的浸水助剂有以下类别：

① 酸性助剂：在浸水过程中常用的酸性助剂有硫酸、甲酸、乙酸、乳酸、酸式盐等。酸性助剂的作用机理是促进皮蛋白质分解，同时降低pH，使得生皮充水和膨胀，而且能有效削弱皮下组织层与真皮层的联系，利于去肉和揭里（针对兔皮）。另外，酸可抑制细菌作用，且不易损伤毛被，发生掉毛。因此酸是毛皮常用的浸水助剂，其用量一般为1.0g/L左右，pH控制在5.0～5.5。酸式盐亚硫酸氢钠也可用于浸水，用量为1～2g/L。对于毛松弛或不易浸软的原料皮，常采用酸性助剂浸水。但在pH≤4.5的酸性条件下，皮板易发生“酸肿”，故酸作为浸水助剂时必须有中性盐配合，以防止酸肿。

② 碱性助剂：把碱加入浸水液中，也能加速皮的浸水速度，但是各种碱都会损伤毛，使毛的光泽和强度降低，故细杂皮浸水一般不用碱性助剂。羊皮浸水常用的碱性助剂是纯碱和小苏打，用量为0.5～1.0g/L，使浴液的pH达到8.5～9.0即可。碱有助于除去皮面和毛被上的油脂，与表面活性剂类助剂配合使用，对纤维间质有很好的溶出作用。毛皮浸水不能使用强碱，如氢氧化钠等，强碱对毛根鞘中的蛋白质有一定的水解作用，尤其在较高温度下，可能引起毛根松动。

③ 盐类助剂：常用的盐类助剂为氯化钠，它能促进生皮充水，促使可溶性蛋白质溶解，在一定浓度下（20g/L）还可抑制细菌繁殖。另外，脱脂后的复浸（即第二次浸水）工序中，也可采用氯化钠或芒硝进行复浸。

④ 表面活性剂：表面活性剂是良好的毛皮浸水助剂，它能够降低水的表面张力，乳化皮内的脂肪，增加水的渗透速度，从而加速生皮的回软。此外，它还具有去污效果显著、皮不发生膨胀、不损伤皮质和毛被等优点。毛皮浸水常用阴离子型和非离子型表

面活性剂，在选用时需注意，烷基酚聚氧乙烯醚（APEO）类表面活性剂因生物降解性差、降解产物烷基酚毒性高等原因，已被欧盟限制使用。

⑤ 酶制剂：理论上，蛋白酶和脂肪酶能高效地催化水解皮内的非纤维蛋白和脂肪，松散胶原纤维，增加纤维之间的孔隙，加速皮的充水回软。例如，劳恩斯坦公司的中性浸水酶 ELBRO 100-C，用量为 1～2g/L 时能加速皮的回软，基本上消除浸泡不透、出现硬块的现象，有利于去肉，并能迅速地溶解血污，除去脂肪。但是，酶的作用不易控制，容易引起毛根松动，进而导致掉毛、溜针，故毛皮加工对使用酶制剂浸水持谨慎态度。如要使用酶制剂浸水，应严格控制浸水温度，一般不超过 25℃，以防掉毛。

4.2.3.6 机械作用和时间

为了松散黏结的皮纤维，促使水分子渗透及非胶原蛋白质的溶解，在浸水过程中适当地施以机械作用是很重要的。毛皮浸水常用的机械作用有划动、去肉、踢皮等操作，但有些操作应将皮浸到一定软度后才能实施，否则，强烈的机械作用会使皮纤维断裂，或使一些毛受到机械摩擦而引起脱落。毛皮浸水时如果长时间转动、划动，容易使毛擀毡，特别是毛长而柔软和卷曲度大的皮更容易发生。因此，宜采用静置为主，间歇转动（或划动）的方式。如每小时转动（划动）10～15min，毛越柔软越纤细的皮则其转动（划动）的时间应越短。

浸水所采用的一系列措施，其目的就是在最短的时间内使皮达到浸水要求，即基本恢复鲜皮状态，皮板适度柔软，既不损伤皮质，又无脱毛现象。浸水时间主要视原料皮的具体情况及生产条件而定，如绵羊鲜皮的浸水只要 6～8h，干皮可用两次浸水（一次浸水和复浸水），每次控制在 12～24h。

4.2.4 浸水的实际操作

4.2.4.1 绵羊皮

① 浸水：设备为水池，常温，液比 20（以干皮质量计），时间 20～24h。操作：将皮完全浸没在水中，板面向下毛被向上，在浸水期间，皮板不得露出水面。质量要求：皮板基本回鲜，不得有干疤，如发现有干疤需继续浸水。

② 脱脂（略）。

③ 复浸水：设备为划槽，常温，液比 8（以湿皮质量计），硫酸 1g/L，芒硝 60～80g/L，时间 18～24h。操作：复浸期间，每间隔 4h 划动 5min。质量要求：皮板回鲜，不得有腐烂、脱毛、发臭等情况。

④ 去肉（略）。

4.2.4.2 水貂皮

① 浸水：设备为划槽，温度 30℃，液比 15（以干皮质量计），氯化钠 20g/L，润湿剂 HAC 1.0 mL/L，时间 3h。

② 甩水→转鼓→翻筒→踢皮（松散纤维，加速浸水）。

③ 复浸水：设备为划槽，温度 30℃，液比 15（以干皮质量计），氯化钠 20g/L，浸水酶 ELBRO 100-C 2.5g/L，润湿剂 HAC 1.0mL/L，过夜。质量要求：皮板柔软均匀度一致，延伸性变大。

4.2.4.3 蓝狐皮

① 浸水：设备为划槽，温度30℃，液比20（以干皮质量计），氯化钠25g/L，润湿剂HAC 2mL/L，甲醛1g/L，过夜。

② 甩水、翻筒、伸宽、削头、拉刀、去肉。

③ 复浸水：设备为划槽，温度30℃，液比20（以干皮质量计），氯化钠20g/L，非离子脱脂剂Supralan 80 2mL/L，甲醛0.3g/L，时间3h。

4.2.4.4 兔皮

浸水设备为划槽，温度35℃，液比20（以干皮质量计），氯化钠20g/L，润湿剂JFC 0.3g/L，硅氟酸钠0.2g/L，亚硫酸氢钠1.5～2g/L，时间16～24h。操作：先把水量、水温调到规定要求，然后将溶化的材料加入槽内。划动2～3min，再将生皮投入，并连续划动30min，以后每隔2h划动10～15min。质量要求：皮板全部浸透、浸软，使原料皮接近鲜皮状态。

4.3 脱　　脂

4.3.1 脱脂的目的

许多毛皮原料皮（如绵羊皮、水貂皮、海兽皮等），其毛被和皮板中都含有大量油脂。例如，绵羊皮的毛被中含有毛质量10%的羊毛脂和30%的脂肪酸盐，皮板中的油脂含量可达皮板干质量的30%，澳大利亚绵羊皮甚至可达50%左右。毛被中油脂过多，会影响毛被的光泽度、洁白度和灵动性，但油脂含量若少于2%时，则毛干易发脆、发枯，因此须除去毛被中的绝大部分油脂。皮板内的油脂主要分布于毛囊附近的皮脂腺、粒面层和网状层的交界处及皮下组织层的脂肪细胞中。这些油脂如不除去，就会影响后工序操作的顺利进行，阻碍后工序化工材料向皮中的渗透和均匀分布，造成鞣制不良、染色不均、加脂不好、成品发硬、皮板重、污染吊面等缺陷。

脱脂的主要目的是：除去毛被上多余的油脂，使毛被蓬松、灵活、洁净、光泽好；除去皮板里外的油脂，为原皮充分回水及后工序化料的顺利渗透和作用提供条件；适当除去纤维间质，松散胶原纤维。

毛皮的脱脂一般是在浸水后进行，如果脱脂效果不佳，可在去肉后再进行一次，洗去毛被上的油腻及污物。鞣制以后，需进行染色或漂色的毛皮，应在染色或漂白之前再次脱脂，以便进一步除去毛被上的油脂及污物，调节毛被和皮板的pH，以便染色或漂色的进行。

4.3.2 脱脂方法及原理

毛皮脱脂的方法主要有机械法、皂化法、乳化法、酶法、溶剂法和吸附法等。

4.3.2.1 机械法脱脂

机械法脱脂是使用去肉机去肉或人工铲皮，通过削、刮等机械作用去除皮下组织层的大量油脂，同时挤压、破碎皮板中的脂肪细胞和脂腺，使油脂释放出来，便于后续化学脱脂的进行。根据原料皮的不同，去肉操作可进行一次或两次，应在皮基本浸软后进行，否则皮容易破口。此外，兔皮不能直接进行去肉。这是因为兔皮皮下组织层的结缔组织发达且致密，与真皮连接紧密，若直接去肉会使皮大量破烂。因此，只有先用手工揭里，去除这层组织后，然后用去肉机去肉一次。揭里的方法是从兔皮尾部向头部揭，否则皮易揭破，皮板微酸肿的状态下更易揭里。

除用去肉机外，绵羊皮还可使用滚筒挤压机和压榨机来除去皮中的油脂。滚筒挤压机是仿照毛纺厂洗毛设备制作的，其优点是效果好，工效高，节省脱脂剂。用压榨机来除去油脂，一般是在浸酸或鞣制后进行，压榨机的压力为 3MPa。

对于水貂皮、狐狸皮等细皮，头部比其他部位厚得多，为了控制厚度，常在浸水之后用圆盘削匀机对其头、尾进行削匀，这实质上也起到了除去局部皮下组织层的作用。

4.3.2.2　皂化法脱脂

皂化法脱脂是利用碱皂化皮板内外及毛被上的油脂，生成可溶于水的高级脂肪酸钠（肥皂）和甘油，经水洗即可除去。以甘油三酯的皂化反应为例，其反应式如下：

$$
\begin{array}{lcll}
H_2C-O-\overset{\overset{O}{\|}}{C}-R & & H_2C-OH & RCOONa \\
\;| & & \;| & \\
HC-O-\overset{\overset{O}{\|}}{C}-R' \;+ & 3NaOH \longrightarrow & HC-OH \;+ & R'COONa \\
\;| & & \;| & \\
H_2C-O-\overset{\overset{O}{\|}}{C}-R'' & & H_2C-OH & R''COONa
\end{array}
$$

皂化法脱脂常用的材料是纯碱，由于其碱性较弱，很少单独使用来脱脂，一般与一定量的表面活性剂共同使用，脱脂效果更好。纯碱用量一般为 0.5～1.5g/L，对于羊皮脱脂用量多些，对于珍贵毛皮的脱脂用量较小或不用。不能使用强碱进行毛皮脱脂，因为强碱会破坏毛角蛋白，使毛失去光泽，强度下降，容易产生锈毛现象。

4.3.2.3　乳化法脱脂

乳化法是毛皮脱脂使用最多的一种方法，操作方便，脱脂效果好，不会引起毛根松动，安全可靠。乳化法脱脂的原理是利用表面活性剂分子的“两亲结构”，改变油和水之间的表面张力，产生乳化、分散作用，使油转变为亲水油粒，从而均匀分散在水中，并借助水洗以除去油脂。毛皮脱脂常用阴离子型和非离子型表面活性剂，其中非离子型表面活性剂不易受到 pH 的影响，适用范围较广，如司马公司的 Supralan 80、斯塔尔公司的 Tergolix DA01 等，根据原料皮油脂含量的不同，用量为 1～3g/L。此外，乳化法可与皂化法、酶法等共同脱脂，通过多种方法的协同效应，有效提高毛皮的脱脂率。

4.3.2.4　酶法脱脂

酶法脱脂是利用脂肪酶在一定的温度和 pH 条件下处理生皮，使脂肪水解成甘油和高级脂肪酸而达到除去脂肪的目的。其反应可由下式表示：

$$
\begin{array}{lcll}
H_2C-O-\overset{\overset{O}{\|}}{C}-R_1 & & H_2C-OH & R_1COOH \\
\;| & & \;| & \\
HC-O-\overset{\overset{O}{\|}}{C}-R_2 & \xrightarrow[\text{水解}]{\text{脂肪酶}\ 3H_2O} & HC-OH & +R_2COOH \\
\;| & & \;| & \\
H_2C-O-\overset{\overset{O}{\|}}{C}-R_3 & & H_2C-OH & R_3COOH
\end{array}
$$

单独用脂肪酶脱脂不会引起掉毛，且不会损伤皮胶原，使用安全性好，但脱脂率较低。脂肪酶与蛋白酶结合脱脂，脱脂效果有所提高，但需谨防蛋白酶引起的掉毛现象。脂肪酶与非离子脱脂剂结合脱脂具有协同效应，脱脂效果好，这是由于脂肪酶水解生成的高级脂肪酸不溶于水，可以借助非离子脱脂剂的乳化作用将其除去。另外，在选择脂肪酶时应注意其适用的 pH 范围与脱脂 pH 条件是否匹配，中性或酸性脂肪酶应具有较好的脱脂效果。

4.3.2.5 溶剂法脱脂

溶剂法是利用油脂溶于有机溶剂的性质而进行脱脂的，可使用煤油、汽油、三氯乙烯、四氯乙烯等溶剂。此法一般在鞣制后进行，其优点是脱脂效果好，效率高，缩短生产周期，提高产品质量，既能回收溶剂进行反复使用，又能回收脱下的油脂，但缺点是投资大，设备要求高，安全性差（存在易燃、易爆、毒性大等问题）。因此，在生产中必须十分注意安全。对于珍贵毛皮或含脂量大的毛皮，可在干洗机内进行干洗脱脂。也有在湿操作中使用的，如劳恩斯坦公司的 DE-SOL A，是一种含有机溶剂的去污剂，在液比 15、温度 32℃的条件下，用 2g/L DE-SOL A 和 1g/L 纯碱处理 30min 即可达到脱脂目的。或在转鼓滚锯末时，加入一定量三氯乙烯或四氯乙烯溶剂，有助于进一步除去毛被上的油脂。

4.3.2.6 吸附法脱脂

锯末或木糠是细杂皮加工的重要介质，将其与毛皮一起置于转鼓中转动，可进行干燥、回潮、脱脂、转毛、转光等多种操作，但是该操作过程产生的粉尘较多。在水貂皮浸水后的转鼓操作中，锯末（木糠）对油脂有一定吸附能力，起到脱脂的作用。

在条件不具备的工厂可使用传统的吸附法，即在皮板多脂部位（如脊背、尾部）涂上糊状酸性白土和砂子的混合物（比例为 5∶1），皮板朝上放在阳光下晒，温度不超过 40℃，以免烫坏皮板，至皮板晒干后，再用木棍打下酸性白土及砂子。若一次脱脂不净，可反复进行多次，直到达到脱脂要求。此法所需设备简单，但劳动强度大。若有干燥室，可在干燥室内进行。也可以用滑石粉加上有机溶剂涂在皮板上，再放入转鼓中转动而除去油脂。

4.3.3 影响脱脂的因素

（1）温度

温度对脱脂过程的影响甚大。动物脂肪的熔点在 40℃左右，升高温度有利于固态油脂的熔化和去除，也有利于皂化反应和乳化作用的进行。但温度过高会削弱毛和表皮与真皮的联系，易造成毛根松动，甚至有掉毛的风险。温度过低则脱脂效果差。因此，对油脂含量高的毛皮，脱脂温度可控制在 38～40℃（如绵羊皮、狗皮等），对油脂含量较低的毛皮，脱脂温度可控制在 30～35℃。

（2）pH

毛皮在碱性介质中进行长时间加工，容易降低毛与皮板之间的结合牢度，并且损坏毛的鳞片层结构，削弱毛的强度，引起锈毛现象等。从这一角度来说，毛皮理想的脱脂条件应是在中性或弱酸性介质中。但是一般的表面活性剂都是在碱性条件下脱脂效果较好，而且碱性条件对纤维间质的溶解作用也较强。因此，在不引起掉毛、溜针、锈毛的情况下，可以考虑加入少量纯碱，在弱碱性条件下（pH<8）进行脱脂。

（3）水的硬度

羧酸盐类表面活性剂（如肥皂）以及油脂水解产生的脂肪酸在硬水中不稳定，能与水中的钙、镁离子形成不溶性的金属皂，金属皂沉积在毛皮上，使脱脂变得复杂。为了保证脱脂效果，可在脱脂之前加入纯碱使水软化。

（4）机械作用

机械作用有利于油脂的乳化和污物的分散，并阻止洗掉的污物再重新沉积在毛皮上，所以脱脂宜在转动的设备（转鼓、划槽）中进行。但是为了保证成品质量，避免锈毛，脱脂应采用较大的液比，同时也要控制转动时间，最好采用间歇转动。

（5）脱脂时间

脱脂时间与脱脂剂的性质及浓度、温度、机械作用等有关。在适当的浓度、温度及一定的机械作用下，油脂和污物容易迅速进入浴液，在较短时间内达到脱脂的目的。延长脱脂时间，不会提高脱脂效果，因为进入浴液的油脂及污物会重新聚集在毛被上。脱脂时纯碱用量较大，延长脱脂时间则会使毛受到损伤。因此，脱脂时间一般控制在30～60min，如在此时间内达不到脱脂要求，可另换新液再进行一次脱脂。

（6）甲醛的作用

为了减少脱脂过程可能出现的掉毛现象，可在脱脂液中加入0.5～1g/L甲醛。由于甲醛的杀菌作用，脱脂可在较高温度下进行，同时由于甲醛的鞣制作用，可使以后的鞣制时间缩短2～3h。甲醛对绵羊皮产品性能的影响见表4-2。

表4-2　　甲醛在脱脂液中对绵羊皮产品的某些性能指标的影响

指　标	不用甲醛	使用甲醛1mL/L	指　标	不用甲醛	使用甲醛1mL/L
收缩温度/℃	65	70	粒面层断裂负荷/N	44.0	50.0
断裂负荷/N	68	74.5	毛中的油脂含量/%	1.8	1.6

4.3.4　脱脂效果的检查

脱脂是否到达要求，主要凭眼看、手摸，要求皮板无油腻感，毛被清洁。对于白色毛被可用硫酸-醋酸酐混合指示剂（1份浓硫酸与20份醋酸酐混合）检查，检查时将指示剂滴于拧干的毛被近毛根处，若毛显绿色，则表示毛被油脂含量超过2%，对毛皮染色有影响；若无色则表示毛被油脂含量低于2%，对染色影响不大。

4.3.5　脱脂的实际操作

（1）绵羊皮

去肉后进行脱脂。设备为划槽，温度40℃，液比10（以湿皮质量计），纯碱0.2g/L，非离子型脱脂剂1.5g/L，时间1h。操作：将皮投入配好化料的划槽中，划动5～10min，间歇划动2～3次，每次划动2～3min，脱脂完成后用温水洗5～15min。质量要求：毛被洁净、光亮，无锈毛、无油毛。

(2) 野生水貂皮

设备为划槽，温度38℃，液比15（以干皮质量计），非离子脱脂剂2g/L，渗透剂1g/L，纯碱0.5g/L，时间3h。

(3) 狐狸皮

设备为划槽，液比30（以干皮质量计），温度32℃，氯化钠10g/L，浸水脱脂剂1～2g/L，时间45～60min。

4.4 浸 酸

用酸和中性盐的溶液来处理毛皮的生产过程称为浸酸。

4.4.1 浸酸的目的

(1) 松散胶原纤维，提高成品的柔软性和延伸性

浸酸是毛皮加工中松散皮板胶原纤维的主要方法之一。酸和中性盐的作用能使纤维间质进一步除去，胶原纤维束的结构发生变化，分散成更细的纤维束/纤维，因而提高了真皮层的孔隙率，有利于鞣剂的渗透，同时也降低了真皮层的胶黏性和可压缩性。另外，通过浸酸，胶原纤维束会产生适度的脱水现象，使纤维结构发生变化，

(2) 调整皮板的pH和表面电荷，以利于铬鞣/铝鞣

脱脂后毛皮的pH一般在6～8，且皮胶原纤维表面带负电荷，若直接进行铬鞣、铝鞣，易造成鞣剂配合物分子变大，发生沉淀，且这些阳离子配合物会迅速与皮发生表面结合，造成表面过鞣，而皮心部位无法鞣透，出现“生心”，导致最终成品发硬，缺乏柔软性和延伸性。通过浸酸降低皮板的pH，并使皮胶原纤维表面带正电荷，有利于铬/铝配合物在皮中的渗透和均匀分布。

(3) 防腐作用

将已有掉毛迹象的原料皮尽快转入浸酸工序进行处理，能够阻止进一步掉毛、烂皮，起到一定的防腐作用。

4.4.2 酸和碱对生皮的膨胀作用原理

当生皮处于一定浓度的酸或碱溶液中时，皮板将发生膨胀，其原因常用唐南膜平衡理论和静电排斥理论来解释。

4.4.2.1 唐南膜平衡理论

所谓唐南膜平衡，就是指一种高分子电解质（如蛋白质）不能透过半透膜，小分子电解质（如盐酸）和水分子能透过半透膜，当达到平衡时，膜内外的离子浓度不相等，但膜内外离子浓度的乘积相等（即 $[H^+]_内 \cdot [Cl^-]_内 = [H^+]_外 \cdot [Cl^-]_外$）的现象。

当生皮处于酸或碱（小分子电解质）溶液中时，我们可以把生皮看成是一种高分子电解质，同时也是一种半透膜。假设生皮在盐酸溶液中，当盐酸透入皮内时，氢离子（H^+）与胶原的羧基负离子结合，生成不带电的羧基（$—COO^- + H^+ \rightarrow —COOH$），而酸根离子（$Cl^-$）由于受到胶原氨基正离子的约束而不能自由进出生皮半透膜，只能

留在皮内。当皮内外可移动离子（H^+、Cl^-）的浓度相等时，皮内由于多出了胶原氨基所约束的酸根离子，造成皮内外酸根离子具有浓度差。为了平衡这个浓度差，水分子就会透入皮内，从而引起生皮充水膨胀。生皮处于碱溶液中发生膨胀的原理相同，只不过产生皮内外浓度差的不是酸根离子，而是被胶原羧基负离子所约束的金属离子罢了。

唐南平衡理论的示意如下：

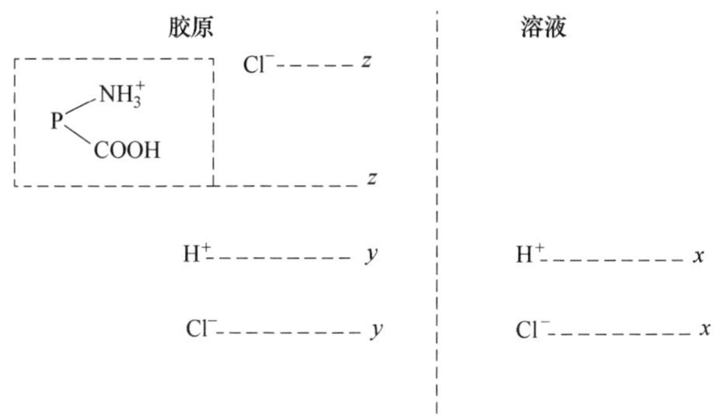

x—溶液中(膜外)的可移动离子浓度

y—生皮内(膜内)的可移动离子浓度

z—生皮内(膜内)被胶原约束的离子浓度

当皮内外可移动离子的浓度相等时（$x=y$），由于被胶原约束的离子不能再重新扩散到溶液中，生皮内的总离子浓度大于溶液中的离子浓度（$2y+z>2x$），从而产生渗透压。唐南平衡状态则是半透膜内外离子浓度的乘积相等［$x^2=y(y+z)$］。为了建立此种平衡，只有通过水分子的进入来降低生皮内的总离子浓度，这就导致了生皮充水膨胀。

如果胶原氨基全部带电成为正离子，则皮内被胶原约束的酸根离子的浓度也达最大值，此时需要进入皮内的水分子最多，因而膨胀程度也最大。当膨胀达最大值后，若继续加酸，则增加了溶液中（皮外）的可移动离子浓度。此时皮内的水分子反而向皮外移动，这就是在高浓度的酸溶液中生皮膨胀反而降低的原因（图 4-5）。但是在生产中不能采用加酸的办法来降低或消除膨胀，因为高浓度的酸将使皮质遭到严重的损失，而是用加中性盐的办法来增大皮外的离子浓度，以达到抑制酸肿的目的。

4.4.2.2　静电排斥理论

皮胶原是典型的两性聚电解质，具有等电点。生皮的等电点在 7.8 左右，当生皮处于不膨胀的自然状态时，皮胶原侧链基团各自带有不同的电荷而相互抵消。当溶液 pH 低于其等电点时，生皮带正电，反之则带负电。因此可以认为，生皮在酸或碱溶液中带同种电荷。在同种电荷的排斥作用下，皮胶原纤维束/纤维之间的距离增大，纤维束缩短变弯，使生皮能够容

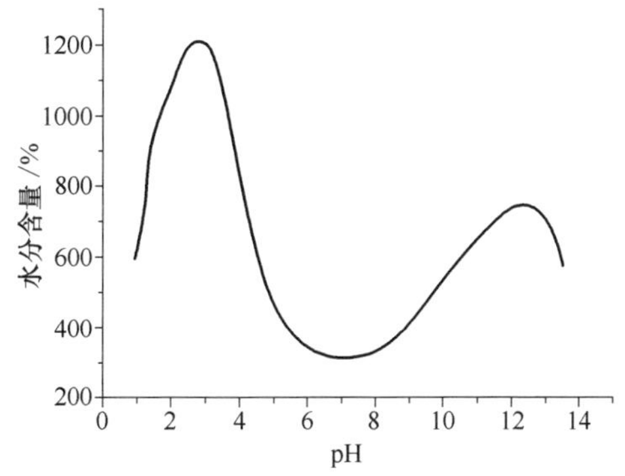

图 4-5　鲜山羊皮在不同 pH 溶液中的膨胀

纳更多的水分子而发生膨胀，这就是静电排斥理论。示意如下：

唐南膜平衡理论和静电排斥理论在解释生皮在酸、碱溶液中膨胀的原理时各有千秋。随着酸或碱浓度的增加，生皮的膨胀程度也随之增大，达到峰值后，若再增加酸或碱的浓度，则生皮膨胀反而下降（图 4-5）。唐南膜平衡理论能够成功解释这种现象，而静电理论则不能解释。但是，静电排斥理论在解释胶原膨胀时纤维束缩短这一现象时是成功的，而唐南膜平衡理论却无法解释。因此，这两种理论可以相互补充。另外，从图 4-5 还可以看出，酸对生皮的最大膨胀度高于碱对生皮的最大膨胀度。

4.4.3 酸对胶原的作用

不同种类的酸对胶原的膨胀作用各不相同。一元酸对胶原的膨胀作用大于二元酸或多元酸。无机酸对胶原的膨胀一般有最大膨胀点。有机酸对胶原的膨胀比无机酸复杂得多。有些有机酸对胶原的膨胀作用近乎于无机酸，如甲酸对胶原的最大膨胀作用几乎与盐酸相同；而有些有机酸对胶原的膨胀却没有最大膨胀点，如醋酸（图 4-6）。这是因为醋酸的离解度较小，大部分以分子形态与胶原结合，形成新的氢键，并破坏胶原肽链间原有的氢键，改变了胶原的聚集态结构，故胶原一经膨胀难以恢复原状。另外，在 pH 相同时，胶原从有机酸溶液中吸收的酸量比从无机酸溶液中吸收的酸量更多。

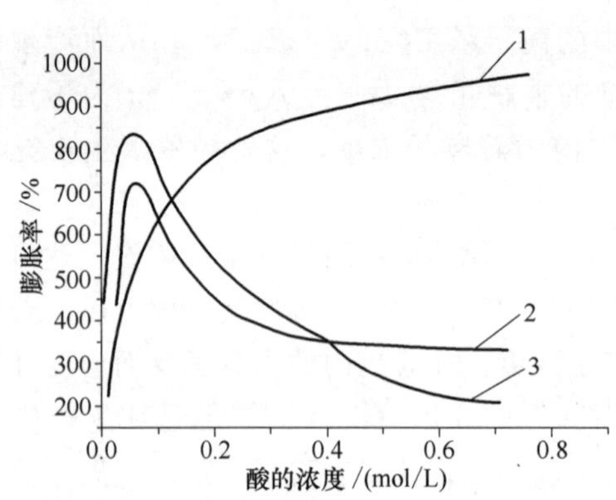

图 4-6　醋酸、硫酸、盐酸对家兔皮的膨胀
1—醋酸　2—硫酸　3—盐酸

胶原在一些有机磺酸（如乙萘磺酸、4-磺基水杨酸、二酚萘-6-磺酸等）溶液中不发生膨胀或只引起轻微膨胀，这类酸称为不膨胀酸。产生这一现象的原因在于这些有机酸根离子与胶原的氨基正离子结合得较牢固，从而封闭了胶原中的正电荷，降低了静电排斥力。由于胶原内可移动离子的浓度大为减少，渗透压也随之降低，因此水不会大量进入胶原中引起膨胀。

4.4.4 中性盐对胶原的作用

毛皮生产中常采用中性盐作为控制生产的手段。中性盐对胶原的作用取决于其性质，按照其对胶原膨胀度的影响可分为三类。第一类中性盐起脱水作用，典型代表为硫酸钠；第二类中性盐在低浓度下引起胶原轻微膨胀，而在高浓度下起脱水作用，典型代表为氯化钠；第三类中性盐不论在何种浓度下都会引起胶原的剧烈膨胀，并使胶原遭到损伤，如硫氰酸盐、钡盐、钙盐、镁盐等。

毛皮生产中大量使用的中性盐是氯化钠和硫酸钠，广泛应用于浸水、浸酸、浸硝、鞣制等工序。在浸酸中使用氯化钠和硫酸钠，主要是为了提高皮外浸酸液中的离子浓度，防止生皮肿胀。而在浸硝工序使用硫酸钠，则是利用高浓度的硫酸钠对胶原的脱水作用，使皮纤维起到一定的分散作用。硫酸钠和高浓度（＞50g/L）氯化钠溶液具有强的脱水作用，主要原因是钠离子、硫酸根离子和氯离子的水合作用都很强，它们可以争夺胶原活性基水化膜的水分子而使胶原脱水，胶原纤维之间的距离缩短，相互靠近，其上的一些原子或原子团能够相互作用形成新的键（主要是氢键），从而使胶原结构有所加强，生皮的稳定性也得到提高。有资料表明，在酸液中加入适量的氯化钠，生皮的收缩温度相比不加氯化钠时有所提高，例如在 pH 为 2 的酸液中处理过的皮，其收缩温度仅 43℃，而在 pH 为 2 的酸-氯化钠溶液中处理的皮，其收缩温度可达 68℃。低浓度（20～30g/L）氯化钠溶液则对生皮胶原具有轻微的充水膨胀作用，这部分已在浸水一节中有所提及。

4.4.5　影响浸酸的因素

4.4.5.1　生皮的状态

生皮的厚度和纤维编织的紧密程度（不同的皮张或同一张皮的不同部位）不同，生皮吸收的酸量和盐量也不同。如果在同一条件下进行浸酸，腹部吸收的酸量比臀部更多（图 4-7），因此，厚皮或纤维组织编织紧密的皮在进行浸酸时，浸酸液的浓度应大一些，浸酸的时间长一些。反之，薄皮或纤维编织疏松的皮，浸酸液的浓度应当小一些，浸酸的时间也要适当缩短，才能使皮的质量得到保证。

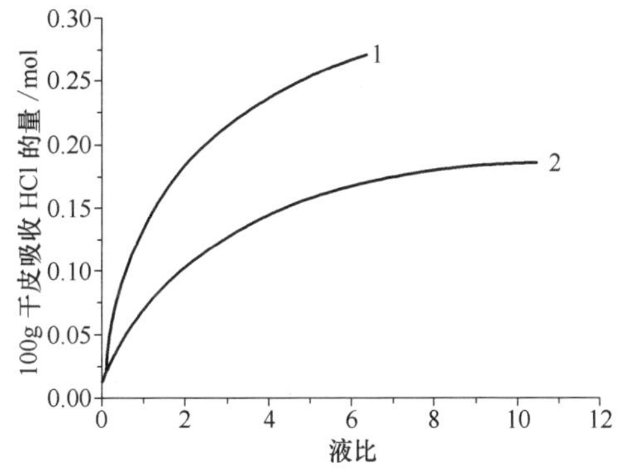

图 4-7　皮不同部位吸收酸量的变化

1—腹部　2—臀部

4.4.5.2　浸酸液的组成和性质

浸酸液中的有效成分主要是酸，用于毛皮浸酸的酸有无机酸（硫酸、盐酸）和有机酸（甲酸、醋酸、乳酸、羟基乙酸等）。使用有机酸浸酸，作用缓和，皮板吸收酸较缓慢，溶液的 pH 稳定，具有一定的缓冲作用，在操作时容易控制，不易出现质量事故。有机酸可使胶原纤维得到充分而均匀的分散，所得的成品柔软、丰满、出材率高，对鳞片层基本无影响，毛被光泽好。但由于有机酸价格相对较高，常用于高档毛皮的浸酸。低档毛皮大都使用廉价的无机酸——硫酸，硫酸的用量一般为 3～6g/L。硫酸作用强烈，能够水解断裂胶原纤维主链，所得皮板十分柔软，但若高温长时间作用，则会导致皮板强度下降，毛被光泽受损。使用不同的酸对毛皮进行浸酸时，对成品理化指标的影响各不相同。表 4-3 为硫酸和醋酸分别对绵羊皮和兔皮进行浸酸时毛皮理化指标的变化情况。

表 4-3　　硫酸和醋酸浸酸对毛皮成品质量影响

项　目	绵羊皮		兔皮	
	$1/2H_2SO_4$ (0.2mol/L)	CH_3COOH (0.2mol/L)	$1/2H_2SO_4$ (0.2mol/L)	CH_3COOH (0.2mol/L)
断裂负荷/N	62.7	81.2	38	53.5
粒面强度/N	28	39	—	—
断裂伸长率/%	86	92	69	75
皮板铬含量/%	1.2	1.6	0.51	0.85
收缩温度/℃	69	75	62	70
得皮率/%	78	82	76	82

毛皮浸酸除了用酸外，还常用有机酸、无机酸和铝盐的混合溶液。由于水解作用，铝盐将形成酸和铝的碱式盐，其反应式如下：

$$Al_2(SO_4)_3 + 2H_2O \rightleftharpoons 2Al(OH)SO_4 + H_2SO_4$$

产生的酸被皮吸收以后，平衡就会向着产生酸和碱式铝盐方向进行。这时如果加入少量酸，那么皮蛋白质就会同碱式铝盐发生作用，产生弱鞣制效果。如果向铝盐溶液中加入的酸过多，反应平衡就会向左边移动，铝盐的水解就会被抑制。在这种情况下，铝盐实际上已不起作用。要形成铝盐水解的适宜条件，可加入适量的有机酸。用酸的混合液与铝盐共同进行浸酸的方法，在兔皮、黄鼠狼皮、水貂皮、狐狸皮等细杂皮的加工中得到应用，所得成品的柔软度和延伸性都很好。对毛被油脂含量高的原料皮（绵羊皮、大油黄鼠狼皮等）不主张用铝盐，因为这样很可能会产生铝皂，粘污毛被，影响成品质量。

浸酸液中使用的盐一般都是氯化钠，目的是保证皮不发生肿胀。皮的膨胀度随氯化钠浓度的升高而降低。根据 H.B. 切尔诺夫的研究，在浸酸时为了防止酸肿，只要保证氯化钠的浓度为 1mol/L 或溶液中含 6%的氯化钠即可。在此氯化钠用量下，无论酸用量是多少，皮都不会发生肿胀。盐浓度过大（>1mol/L），脱水作用强烈，会导致成革扁薄，丰满性差，皮板变重、变粗糙。

浸酸液对皮的脱水作用与酸和盐的性质均有关系。在下面几种酸-盐系统中，按相同浓度组成的浸酸液，其脱水作用依次增大：

$$NaCl + CH_3COOH < NaCl + HCl < NaCl + \frac{1}{2}H_2SO_4 < Na_2SO_4 + \frac{1}{2}H_2SO_4 < (NH_4)_2SO_4 + \frac{1}{2}H_2SO_4$$

4.4.5.3　液比

浸酸时必须使毛皮充分润湿，酸液能够在皮中均匀渗透。毛皮的浸酸一般在划槽中进行，常用的液比为 8 左右（以湿皮质量计），对于毛长而稠密并且容易成毡的毛皮（如狐皮等），液比可适当增大。但一定要保持氯化钠的浓度不变，否则将引起酸肿。

4.4.5.4　温度

浸酸时，升高温度可改善毛皮的可塑性，减少皮板面积的收缩，成品更柔软，延伸性更大。对于皮板厚而纤维编织紧密、较难松散的毛皮（如马驹皮、海兽皮等），温度较高时浸酸效果更好。但是，升高浸酸温度会使胶原蛋白的水解作用显著增强，容易降低皮板强度，影响成品质量，特别是当浸酸温度超过 32℃时皮质损失更为显著（图 4-8）。实践经验表明，对于厚而坚实的毛皮宜在 35℃左右浸酸，对于薄皮，如黄狼皮和一些小型春季毛皮，宜在较低温度（25～30℃）浸酸。

4.4.5.5　时间

浸酸会使皮胶原纤维松散甚至分解，随着浸酸时间的延长，这种作用更加剧烈，最终导致皮板强度下降，柔软性及延伸性增大。对毛皮浸酸过程中酸的吸附动力学研究表明，毛皮吸收酸的速度是很快的，其中毛被在浸酸开始后 15min 内即可吸收大部分酸，而皮板则需要 45min。但这不等于浸酸已经结束，因为酸向皮板内的扩散及均匀分布需要较长的时间（4～12h）才能完成。这是因为毛皮加工中仍然保留表皮层，酸很难通过致密的表皮层渗入乳头层，其向皮板内的渗透只能从网状层（肉面）进行，即单面渗透。而在制革过程中，酸向已除去表皮的裸皮内的扩散是通过网状层和乳头层同时进行的，酸对裸皮的渗透速度比毛皮高 9～11 倍，当酸在裸皮中的渗透深度达 1.5mm 时，仅需 15min，而对同样厚度的绵羊皮却需要 3～4h。因此，毛皮浸酸的时间不应按酸吸收完的时间确定，而应按酸是否均匀渗透为准。根据毛皮的厚度及纤维编织紧密程度的不同，浸酸时间通常为 16～24h，有的甚至需要更长的时间。

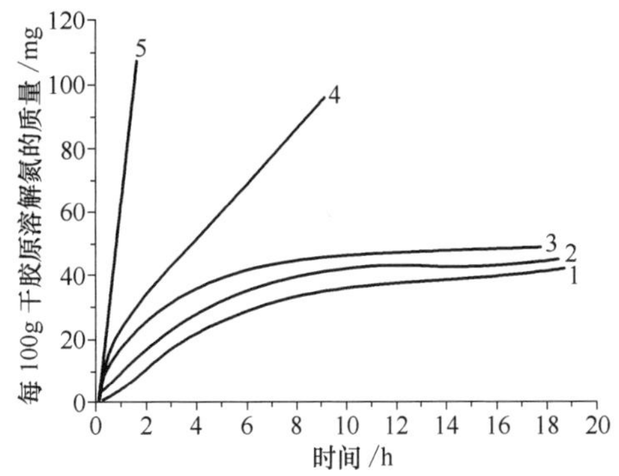

图 4-8　浸酸温度对胶原分解的影响

1—10℃　2—20℃　3—25℃　4—32℃　5—37.5℃

另外，由于毛皮吸收酸的速度比较快，故在实际生产中，要尽可能快地将整批皮投入浸酸液中，同时给予充分搅拌，否则容易产生浸酸不均。酸用量不大的情况下更应如此操作。

4.4.5.6　pH

在较低的 pH 下进行浸酸，皮吸收的酸量将会提高。当酸的浓度相同时，皮吸收弱酸的量比强酸少，这是因为弱酸的氢离子浓度比强酸低（表 4-4）。

表 4-4　不同浓度的酸与 pH 的关系

酸种类	酸浓度		
	0.1mol/L	0.2mol/L	0.5mol/L
HCl	1.02	0.74	1.32
1/2 H_2SO_4	1.19	0.92	1.46
HCOOH	2.35	2.19	2.49

浸酸时加入的中性盐也会影响溶液的 pH。加入氯化钠会使溶液的 pH 有所下降，而加入硫酸钠，溶液的 pH 有所升高（表 4-5）。

此外，浸酸过程有时会出现皮板收缩温度的轻微下降，这是由于皮胶原中某些较弱的键断裂所致。测定收缩温度时，若把浸酸皮放入水中测定，由于酸肿会导致收缩温度明显下降。为了排除酸肿的影响，在测定收缩温度时可将浸酸皮浸入平衡溶液（即浸酸的最终溶液）中进行。平衡溶液的 pH 和成分对皮板的收缩温度有一定的影响。从表 4-6可以看出，有中性盐存在时，皮板的热稳定性并不会被削弱。

表 4-5　　中性盐对浸酸液的 pH 的影响

酸别及浓度	NaCl 浓度			无中性盐	1/2 Na_2SO_4 浓度		
	0.1mol/L	1mol/L	4mol/L		0.1mol/L	1mol/L	4mol/L
0.1mol/L HCl	1.06	0.91	0.20	1.08	1.18	1.6	1.79
0.1mol/L 1/2 H_2SO_4	1.18	0.98	0.30	1.19	1.27	1.68	1.85
0.1mol/L HCOOH	2.32	2.17	1.77	2.39	2.50	2.63	2.70
0.01mol/L HCl	2.06	1.91	2.11	1.24	2.38	2.75	2.88
0.1mol/L 1/2 H_2SO_4	2.06	1.91	1.24	2.11	2.40	2.28	2.90
0.01mol/L HCOOH	2.84	2.72	2.35	2.89	3.05	3.19	3.26

表 4-6　　不同浸酸液对绵羊皮收缩温度的影响

浸酸液组成	浓度/(mol/L)	pH	收缩温度/℃	
			在水中	在平衡液中
H_2O	—	6.8	64	—
NaCl	1	7.2	65	68
NaCl 1/2 H_2SO_4	1 0.05	1.4	50	65
NaCl 1/2 H_2SO_4	1 0.1	0.098	46	62
NaCl 1/2 H_2SO_4	1 0.2	0.7	43	62
NaCl CH_3COOH	1 2	1.9	58	67
NaCl	4	7	66	72
NaCl 1/2 H_2SO_4	4 0.2	0.2	62	76
NaCl CH_3COOH	4 0.2	1.9	64	80
1/2 Na_2SO_4	1	5.9	66	69
1/2 Na_2SO_4 1/2 H_2SO_4	1 0.2	1.4	58	64
1/2 Na_2SO_4 1/2 H_2SO_4	4 0.2	1.6	64	80

4.4.6 酸肿操作

当生皮处于一定浓度的酸溶液中时，皮板将发生酸肿，主要现象有：皮肿胀，甚至变透明，增厚20%～40%，面积缩小10%～20%，皮面发滑，指纹坑明显，强度下降，直至烂板，皮板干燥后出现胶化。在浸酸时一般通过加足够量的中性盐来防止酸肿，避免出现质量事故。

但是，对某些板厚而纤维组织特别紧密的原料皮进行加工时，用一般的方法很难使纤维松散，因此，可利用酸肿原理，在酸液中不加或少加中性盐，使皮胶原纤维产生强烈的膨胀作用，纤维得以充分松散。常用硫酸（1～3g/L）或醋酸进行适当程度的酸肿，时间一般为 2～3h，然后再用氯化钠（70～100g/L）进行消肿，消肿后 4～6h 接着进行浸酸操作。酸肿操作终点不易判断，控制比较困难，如果酸肿过度，会显著降低皮板的力学强度，甚至损伤皮张，因此这种方法应谨慎使用。为了便于兔皮揭里，常用酸肿操作，如加入硫酸 1g/L 和硫酸钠 10g/L，控制 pH 为 4.0 左右，待皮板微肿、指纹清晰时即可进行揭里。

4.4.7　浸酸方法

浸酸在毛皮加工中占有重要地位，这是因为浸酸是松散皮板纤维结构的最主要工序。皮板的松散程度与浸酸的方法和加工条件有很大关系。浸酸方法有强浸酸、弱浸酸、阶段浸酸、联合浸酸以及软化浸酸等。

（1）强浸酸

强浸酸时，皮胶原完全被酸饱和，酸的吸收量可达 0.8～18mol/(kg 干皮)。一般使用强无机酸，如硫酸、盐酸等。强浸酸对毛的光泽有影响，细皮加工通常不会采用。

（2）弱浸酸

弱浸酸时，皮胶原吸收的酸量比强浸酸小，为 0.3～0.5mol/(kg 干皮)，多采用有机酸。实践经验表明，弱浸酸的效果优于强浸酸，皮板结实、柔软、丰满，而且毛的光泽好。

（3）阶段浸酸

阶段浸酸是将酸分次加入，逐步提高酸浓度来进行浸酸。第一阶段用低浓度（1～3g/L）醋酸浸酸，第二阶段继续加入醋酸以提高其浓度至 8～9g/L。通过对皮组织结构的观察可以发现，阶段浸酸分散得到的胶原纤维结构比一般浸酸工艺更细，而且去除的蛋白多糖也更多（表 4-7）。阶段浸酸的缺点是工艺较复杂，时间长。

表 4-7　不同浸酸方法对羔皮性能的影响

项目		软化浸酸		阶段浸酸		一般浸酸法
		软化	浸酸	第一阶段	第二阶段	
时间/h		24	12	24	12	36
酸量(折算为醋酸)/(g/L)	开始	0.5	8.3	3	8.2	9.2
	结束	2	6.6	1.8	6.7	6.5
浴液 pH	开始	5	3.7	4.3	3.2	2.8
	结束	4.2	3.8	4.3	3.7	3.7
浴液中糖类化合物含量/(mg/L)		—	190	—	39	27.5
纤维松散程度		很细		细		较细
柔软度/度		—	4.8	—	4.6	4.4

（4）联合浸酸

联合浸酸是指先用有机酸浸酸，然后同浴加入无机酸浸酸。首先在有机酸中浸酸，

pH 控制在 3.5～4.5，有机酸对真皮层中的蛋白多糖等纤维间质有去除作用，并能促进胶原纤维的分散，充分发挥有机酸浸酸的优点；然后加入无机酸，对皮纤维有补充分散和脱水作用，对皮板起到成型作用，提高毛和真皮层结合牢度，减少裂面。该方法浸酸效果优良，应用极为普遍。

(5) 软化浸酸

软化浸酸是指浸酸与酸性酶软化同浴进行。很多珍贵毛皮（如水貂皮）多采用这种方法，其纤维分散效果好，皮板柔软、丰满、延伸率大（表 4-8）。

表 4-8　　不同浸酸方法对绵羊皮性能的影响

项　目	强浸酸 (H_2SO_4 2.5g/L)	联合浸酸 (CH_3COOH 1.5g/L＋H_2SO_4 1.2g/L)	软化浸酸酶制剂 (5g/L)
时间/h	4	16	16
浴液中糖类化合物含量/(mg/L)	30	90	190
可塑性系数	2.9	6.2	7.3
皮板柔软度/度	3.6	4.4	4.7
断裂负荷/N	67	71.2	72
鞣制后出皮率/%	72.9	81.3	85.7
鞣制整理后出皮率/%	122	116.7	115

4.4.8 浸酸的实际操作

(1) 绵羊皮

设备为划槽，温度 30℃，液比 6～8，氯化钠 30g/L，芒硝 60g/L，硫酸 6g/L，时间 44～48h。操作：将水量、水温调至要求，加料划动均匀后投皮，再划动 2～3min，8～12h补温一次。质量要求：皮板纤维松散。

(2) 水貂皮

设备为划槽，温度 32℃，液比 15，氯化钠 50g/L，润湿剂 1mL/L，软化酶 SUPER LOTAN A 4mL/L，乳酸 2g/L，时间 2h；同浴加入甲酸 5g/L，时间 23h。

4.5 酶 软 化

毛皮产品应当具有较高的延伸性和柔软性，一定的弹性和可塑性，以及透气性和透水汽性。这些性质主要取决于原料皮纤维结构的紧密度及加工过程中对皮纤维的松散程度。

毛皮加工不能像制革那样进行浸灰，因为碱性物质会降低毛与皮板的结合牢度，破坏毛的鳞片层，影响毛的光泽度。因此，毛皮的纤维分散只能依靠浸酸、软化等方法。浸酸和软化对于毛皮加工至关重要，其进行得好坏直接影响后续鞣制、加脂、干燥及整理等工序的处理效果，并影响毛皮成品的伸长率、柔软性和可塑性，因此必须高度重视。

关于浸酸和软化的先后顺序，多年以前以羊皮加工为代表的传统工艺采用的是先软化后浸酸的工艺顺序，但效果不佳。因为毛皮在软化之前经历的浸水和脱脂工序，其松散纤维作用十分有限。此时进行酶软化，酶无法渗透到皮纤维的内部，尤其是由于表皮的存在，酶的渗透基本上是单面渗透，即从网状层进入，大分子的酶难以达到乳头层中，特别是某些纤维编织紧密或较厚的部位，因此根本达不到均匀软化的作用。目前常用的是浸酸和软化同时进行（多用于细杂皮加工）或先浸酸后软化（多用于羊皮加工）的工艺。在浸酸软化同时进行的工艺中，初始阶段浴液 pH 很低，酸性蛋白酶的作用很缓和，以渗透为主，随着浸酸的进行，生皮逐渐吸收酸，内部纤维已被酸部分松散，且浴液 pH 逐渐升高，酶的作用也逐渐增强，从而达到均匀软化的效果。先浸酸后软化的工艺则先通过浸酸充分分散皮纤维网络，为软化酶的渗透创造条件，再用酸性蛋白酶软化，或去酸后用中性蛋白酶软化，以达到进一步松散纤维的目的。

4.5.1　酶软化的目的

酶软化的主要目的是进一步溶解纤维间质，使皮板呈现多孔性，以利于鞣剂等材料的均匀渗透与结合；进一步改变胶原纤维的性质和结构，适度松散胶原纤维，使成品具有一定的延伸性、弹性和透气性；进一步分解皮内油脂，改变弹性纤维、网状纤维和肌肉组织的性质，使皮板柔软，有一定的可塑性。

4.5.2　影响酶软化的因素

利用酶制剂软化毛皮，可以提高皮板的柔软度。但在软化的同时，对毛被和皮板的结合牢度也有不同程度的影响。只有根据毛皮的性质，制定合适的工艺条件，并且在软化过程中进行有效的控制和检验，才能获得满意的软化效果。

4.5.2.1　原料皮种类

原料皮的种类是毛皮软化的先决条件之一。不同种类的原料皮由于其化学组成和组织结构上的差别，若在同一条件下进行酶软化，软化效果自然不同。即便是同一种原料皮，由于皮板的老、嫩、肥、瘦、产皮季节、产地和保存方法（盐干皮、淡干皮、鲜皮）等不同，若在同一条件下进行酶软化，同样无法获得均匀一致的软化效果，一部分皮可能软化程度不够，皮板达不到预期的柔软程度，而另一部分皮则可能软化过度，产生掉毛现象。因此，必须将性质相同或类似的原料皮组成生产批，以保证达到软化效果的一致或接近一致。由老板皮、瘦板皮、干板皮分别组成的生产批，软化程度应重一些，即酶的用量大一些，作用时间长一些；由仔板皮、嫩板皮组成的生产批，软化程度应轻一些，即酶的用量小一些，作用时间短一些；弯曲毛被的毛皮软化程度可重一些；直毛毛被的毛皮软化程度应轻一些。

4.5.2.2　温度

利用酶制剂软化毛皮的过程就是在酶的催化作用下，对皮蛋白质进行水解的反应过程。酶的催化反应与温度密切相关，各种酶均有各自的最适温度，即发挥最大活力的温度。酶在其适宜温度范围内，温度升高，催化反应速率也提高，但达到最大值后，温度再升高，催化反应速率逐渐降低，直至停止反应，或称酶的失活。虽然酶均有其最适温度，但在实际应用时，通常选择低于最适温度（表 4-9），在较长的时间内完成软化操作，使酶能较均匀地渗入皮板内，更为缓和与均匀地作用，这样便于软化过程的控制，也可获得更均匀一致的软化效果。兔皮、山羊皮等直毛皮，在软化操作中，更应当采取比较缓和的条件，避免造成掉毛；绵羊皮、羔皮等弯毛皮，软化温度也不宜过高。

表 4-9　　7 种蛋白酶的应用条件

酶	来源	最适 pH	应用 pH	最适温度/℃	使用温度/℃
537 酸性蛋白酶	白宇佐美曲霉	3.0	2.8～3.5	40	35～40
3350 酸性蛋白酶	黑曲霉	2.8～3.5	2.5～3.5	40～45	35～40
1398 蛋白酶	枯草杆菌	7.0～8.0	7.5～8.0	40～43	35～38
3942 蛋白酶	栖土曲霉	7.2～8.0	7.0～8.0	40～45	38～40
胰蛋白酶	动物胰脏	7.8～8.7	7.0～8.0	36～40	35～37
289 蛋白酶	短小芽孢	8.0～12.0	8.0～8.5	40～45	—
AS. 1203 脂肪酶	假丝酵母酶	7.1～7.3	7.5～8.0	40～42	38～40

4.5.2.3　pH

与温度类似，pH 也是影响酶催化活性的重要因素之一。酶在其最适 pH 能够发挥最大活力，即产生最大的软化效果，故酶软化过程的 pH 通常在酶的最适 pH 范围内(表 4-9)。pH 过高、过低都是不适宜的，不但会影响酶的活力，也会给后续操作造成困难，从而影响产品质量。因此，在酶软化过程中必须严格控制软化液的 pH。

4.5.2.4　酶制剂种类及用量

酶是一种高效的生物催化剂，其本质是蛋白质。酶具有专一性，如蛋白酶对蛋白质具有催化水解作用，脂肪酶对脂肪具有催化水解作用等。传统的毛皮加工曾使用面粉或糠等，通过发酵后产生酶来软化毛皮，即通常所称的发酵软化。但此法所需时间长(3～6天)、用料消耗大（4kg/张皮），软化过程的控制和检验困难，易出现掉毛现象，现在已很少使用。目前毛皮加工广泛使用的是各种商品酶制剂。

酶制剂的用量（以 U/mL 表示）是软化工序的重要控制因素之一。随着酶用量的增加，软化效果也逐渐增强，但用量过高，不仅浪费材料，也会出现作用剧烈和软化不均匀等现象，用量过低则达不到预期的软化效果。所以，酶制剂的用量必须适当。另外，对皮板厚、纤维组织比较紧密的毛皮，酶制剂的用量高一些；对于皮板薄、嫩的毛皮，用量要低一些。根据试验及生产实践的经验得出 3942 中性蛋白酶及 3350 酸性蛋白酶的适宜用量与软化时间的关系，见表 4-10 和表 4-11。

表 4-10　　3942 中性蛋白酶的浓度和作用时间

原料皮名称	3942 中性蛋白酶的浓度/(U/mL)	软化时间/h	原料皮名称	3942 中性蛋白酶的浓度/(U/mL)	软化时间/h
绵羊皮	30～40	3～4	淡干板兔皮	15～20	2.5～4
羔皮	20～30	2.5～3	鲜兔皮	10～15	2～3

表 4-11　　3350 酸性蛋白酶的浓度和作用时间

原料皮名称	3350 酸性蛋白酶浓度/(U/mL)	软化时间/h	原料皮名称	3350 酸性蛋白酶浓度/(U/mL)	软化时间/h
黄狼皮	5	16	狐狸皮	5	5
灰鼠皮	3	16	香狸皮	10	10
麝鼠皮	6	16～24	绵羊皮	10	16～20
牛犊皮	20	48	山羊皮	10	20～24

4.5.2.5 时间

在酶软化过程中，原料皮的种类、溶液的温度、pH、酶制剂的用量、软化时间等因素密切联系，相互影响。若其中有一个因素控制不当，就不能达到预期的软化效果，甚至还可能会出现质量事故。因此，在酶软化时除了控制各种条件和检验软化程度外，还可以利用软化时间这个因素来弥补其他因素可能造成的误差，起到综合平衡作用。例如，软化液未达到酶的最适温度或pH，或是酶的用量过小，或酶的活力不够等，可以通过延长软化时间来调整。反之，也可以缩短软化时间。

4.5.3 酶软化终点的控制与检查

软化工序是毛皮加工的关键环节之一。由于酶催化作用的高效性，软化一般是在较短的时间内完成，所以必须严格控制软化条件，仔细检查软化程度，才能得到满意的软化效果。为了便于掌握酶软化的程度，根据试验和生产实践的体会，提出以下检验方法：绵羊皮以拇指轻推后肷部位，毛绒有脱落现象，即认为软化程度已达到要求；兔皮以皮板感到松软，纵横延伸性增加，用拇指轻推后肷部位，毛有轻微脱落现象，即认为软化程度已达要求。其他品种的软化程度，也可参照上述检验方法，并在实践中不断积累经验。

如果因条件控制不当，造成了软化过度，毛根松动严重或脱毛现象，可采取以下措施来终止酶的作用：

① 在软化液中加入含量为36%～38%的甲醛1.0～1.5g/L，并搅拌均匀。这个方法主要是利用甲醛对蛋白质的变性固定作用来终止酶的作用。碱性蛋白酶、中性蛋白酶或酸性蛋白酶软化毛皮出现上述问题时均可采用此种方法，效果较好。

② 在软化液中加入硫酸0.8～1.0g/L，将溶液的pH降低到3.5～4，或马上转入浸酸工序，以终止酶的作用，此措施只适用于碱性蛋白酶和中性蛋白酶软化，对酸性蛋白酶软化只能将pH降至在2以下才可能起作用。

4.5.4 酶软化的实际操作

(1) 山羊皮

液比10，温度35～38℃，3350酸性蛋白酶10U/mL，氯化钠30g/L，芒硝60g/L，硫酸3g/L，pH 2.5～3.5，时间14～16h。操作要求：将规定的水量放入池中，然后将化料（硫酸加一半）加入，加温至规定要求，搅拌均匀后投皮；6h后再补加硫酸1.5g/L；浸酸、软化完成后出皮静置4～6h转入鞣制。

(2) 绵羊皮

在浸酸、去酸后进行软化。液比8～10（以湿皮质量计），温度30℃，1398蛋白酶10U/mL，时间5～6h。操作：将水量、水温调至规定要求，加入1398蛋白酶，划匀后投皮，划动2～3min，在软化过程中再划动1～2次，随时检查软化程度，用手指轻推后肷部位，针毛有轻微脱落现象，即软化完成。

(3) 蓝狐皮

① 浸酸：液比15，温度38℃，氯化钠50g/L，乳酸2g/L，甲酸2g/L，渗透剂1g/L，时间2h。

② 软化：在浸酸液中加入甲酸2g/L，软化酶SUPER LOTAN A 2mL/L，时间22h。

第五章　鞣　　制

鞣制是毛皮加工最关键的工序，它是用各种鞣剂来处理毛皮的皮板，利用鞣剂在皮胶原之间的交联反应，使胶原纤维结构分散和固定，稳定性提高，不易腐烂变质。鞣制后的毛皮则由“生皮”变成了“熟皮”，故鞣制过程也称为“熟皮”。鞣制后的毛皮具有以下特征：

① 皮板的耐水、耐湿热稳定性提高。

② 对微生物、酶和化学试剂的抵抗力增加。

③ 干燥后皮板的黏结性和体积收缩度减少。

④ 皮板的物理性能和卫生性能提高。

⑤ 毛和皮板的结合牢度不降低。

用于鞣制的鞣剂种类很多，根据其化学性质可分为无机鞣剂和有机鞣剂两大类。无机鞣剂主要有铬、铝、铁、锆、钛等金属盐，有机鞣剂则包括醛鞣剂、植物鞣剂、油鞣剂及合成鞣剂等。目前，毛皮加工中常用铬盐、铝盐、甲醛和油鞣剂等进行鞣制，其他鞣剂也有应用，但极不普遍。另外，使用两种或两种以上鞣剂共同鞣制的结合鞣法在毛皮加工中应用较广泛。不同鞣剂鞣制所得毛皮的性质见表 5-1。

表 5-1　　鞣制前后皮板性质变化

项　　目	鞣前	鞣后			
		铬鞣	甲醛鞣	植鞣	油鞣
鞣剂粒径/nm	—	0.6	0.3	2.0	—
鞣剂结合量/%	—	5.2	3	11	—
收缩温度/℃	60～68	80～120	75～90	65～90	55～67
皮板体积/%	92	22.5	199	306	—
表观密度/(g/cm^3)	1.28	0.57	0.63	0.72	—
面积收缩率/%	57	70	68	—	52
面积恢复度/%	13	5	34	—	54
压力 1.2MPa 下压缩变形/%	50.6	16.4	44.6	12.1	0
干燥后体积缩小/%	74.4	32	47.5	0	—
湿皮断裂负荷/%	100	135	—	160	—
膨胀情况/%					
在水中	50	42.3	48.1	40.3	—
在 0.1mol/L HCl 溶液中	80	40	0	13	—
溶解度/%					
在 0.1 mol/L NaOH 中(65℃,1h)	85	29	8	34	—
在胰酶溶液中(pH5.9,1h)	73	2	11	25	—
在沸水中	100	1～2	15～20	8～40	—
在酸水中解 3h	24	12	18	16	—
耐煮度(煮沸 10h 不溶皮质)/%	0～10	98～99	80～85	60～92	80

5.1 铬　鞣

用铬盐鞣制毛皮，是毛皮生产应用中最广泛的一种方法。目前，除了一些细杂皮的初鞣外，铬鞣、铬复鞣在毛皮加工中仍占据绝对优势，这是因为铬鞣皮板物理和感官性能好，耐湿热稳定性高，可满足后期高温染色的要求，而且工艺成熟，操作简单，生产成本适中，适用范围广。铬鞣毛皮具有以下特点：

① 皮板耐湿热稳定性高，收缩温度最高可达 120℃ 以上，耐水性能好，漂洗不退鞣。

② 皮板具有较高的抗张强度，丰满、柔软、有弹性。

③ 耐贮存稳定性好，可长期保存。

④ 皮板较厚，出皮率小。

⑤ 皮板具有良好的染色、磨革和涂饰性能（针对毛革产品）。

⑥ 毛被紧密，毛与皮板结合牢固。

⑦ 毛被和皮板略带蓝色，对染色色调有一定影响，要求毛被洁白的毛皮产品一般不用此法鞣制。

⑧ 不耐氧化剂的作用，鞣后加工需要氧化漂色或氧化染色时，一般不用此法鞣制。

5.1.1 铬　鞣　剂

铬鞣剂又称为铬粉，呈绿色粉状，主要成分为碱式硫酸铬，是三价铬的硫酸盐，分子式为 $Cr(OH)SO_4$。铬鞣剂的一个重要指标是碱度，即配合物中与铬离子结合的羟基个数与铬离子价数的比值。碱度代表了铬鞣剂的分子大小与鞣性强弱，一般碱度越高，分子越大，鞣性越强，常规铬鞣剂产品的碱度为 33%。同时，Cr_2O_3 含量也是铬鞣剂的主要指标，与铬鞣剂的用量及其价格密切相关。目前市场上的铬鞣剂 Cr_2O_3 含量为 17%～26%，其中 Cr_2O_3 含量 25%左右的铬鞣剂被称为标准铬鞣剂。另外，铬鞣剂也可依据其中是否添加有蒙囿剂、碱化剂，而分为高吸收、自碱化等多种类型，但在毛皮加工中应用较少。

5.1.2 三价铬盐的化学性质

Cr^{3+} 在水溶液中易通过水合作用、水解作用和配聚作用形成配合物。最简单的是单核铬配合物，配位数为 6。其空间结构呈正八面体，铬离子是中心离子，在纯水溶液中，6 个水分子分别位于正八面体的 6 个顶点。

（1）水合作用

在水溶液中，Cr^{3+} 首先与水分子发生水合作用，形成水合配离子 $[Cr(H_2O)_6]^{3+}$，作为这一配离子配体的水分子，容易被其他配体所取代：

$$Cr^{3+} + 6H_2O \longrightarrow [Cr(H_2O)_6]^{3+}$$

（2）水解作用

铬配合物内界的水分子会因质子的迁移作用，而释放出氢离子，同时形成羟基基团，这一过程即为铬配合物的水解作用。水合铬配离子在水中的三级水解常数分别为$10^{-4.0}$、$10^{-9.7}$、10^{-18}，在外界条件不变的情况下，铬配合物会逐渐发生水解，直到发生沉淀达到平衡为止：

$$[Cr(H_2O)_6]^{3+} + H_2O \rightleftharpoons [Cr(H_2O)_5OH]^{2+} + H_3O^+$$

$$[Cr(H_2O)_5OH]^{2+} + H_2O \rightleftharpoons [Cr(H_2O)_4(OH)_2]^{+} + H_3O^+$$

$$[Cr(H_2O)_4(OH)_2]^{+} + H_2O \rightleftharpoons [Cr(H_2O)_3(OH)_3]\downarrow + H_3O^+$$

水解的结果是生成了羟配位铬配合物（碱式铬配合物），并释放出氢离子，降低了体系的pH。

由于水解过程是可逆的，所以降低溶液的氢离子浓度，会促进水解作用，使反应向生成碱式铬配合物方向进行。在铬鞣过程中，通常通过加碱、加热水稀释等方法来促进铬配合物的水解，提高铬鞣剂的结合量。

除此之外，加热也是常用的方法，因为加热可明显促进铬配合物的水解。实验表明，加热煮沸5min的效果大于静置5个月的效果。所以在实际鞣制过程中。加热是促进铬配合物水解的有效方法。

（3）配聚作用

铬配合物不仅会发生水解，还会发生配聚，使分子变大，电荷升高。

以羟基为桥联形式的配聚称为羟配聚。由水合铬配离子的水解作用所形成的铬配合物$[Cr(OH)(H_2O)_5]^{2+}$中含有羟基，通过两个$[Cr(OH)(H_2O)_5]^{2+}$的羟基的桥联作用，配聚成双核铬配合物：

$$\left[(H_2O)_4Cr\begin{matrix}\diagup OH \diagdown \\ \diagdown OH \diagup\end{matrix}Cr(H_2O)_4\right]^{4+}$$

上述双核铬配合物继续水解出羟基，可进一步与其他铬配合物配聚，形成三核或多核铬配合物。

羟配聚铬配合物在长期静置或加热煮沸的情况下，部分配聚羟基上的H受到中心离子Cr的排斥而被推出内界，配聚羟基变成氧基，这种配聚形式称为氧配聚。氧配聚双核铬配合物结构如下：

$$\left[(H_2O)_4Cr\begin{matrix}\diagup OH \diagdown \\ \diagdown OH \diagup\end{matrix}Cr(H_2O)_4\right]^{4+} \longrightarrow \left[(H_2O)_4Cr\begin{matrix}\diagup O \diagdown \\ \diagdown O \diagup\end{matrix}Cr(H_2O)_4\right]^{2+} + 2H^+$$

发生氧配聚作用时，由于释放出质子，所以溶液的pH降低，铬配离子的电荷减少，配合物稳定性增强。

此外，各种阴离子，包括无机酸根阴离子（SO_4^{2-}、Cl^-等）和有机酸阴离子（如甲酸根、乙酸根、草酸根、苯二甲酸根和一些含有羟基的有机酸根等）都可作为铬配合物的配体，参与配聚。特别是有机酸根的加入，可以促进铬鞣剂的渗透与结合，对于改善铬鞣液的性质具有重要意义。

加温、加碱、稀释和陈放不仅促进水解，也能促进配聚。

5.1.3　铬鞣机理

目前公认的铬鞣理论是：适当大小的三价阳铬配合物渗入生皮后，首先与胶原肽链侧链上带负电荷的羧基离子（R—COO$^-$）相互吸引，当它们达到适当的距离时，羧基离子便进入铬配合物内界，与中心离子 Cr 配位，生成牢固的配位键。皮胶原相邻肽链上的两个或多个羧基离子与多核铬配合物配位时，形成交联缝合作用，大大增强了胶原的结构稳定性，实现从生皮到“熟皮”或皮革的质变过程。

通过水解和配聚作用，使三价铬配合物在水溶液中形成多核铬配合物，分子变大，在皮胶原的相邻肽链间产生交联键，即产生所谓的双点或多点结合，对提高皮胶原结构的稳定性起到关键作用，鞣制效应显著。而如果铬配合物分子太小，仅能与皮胶原上的一个羧基离子结合，但不能形成肽链间的交联键，即单点结合，对增加皮胶原的稳定性作用贡献不大，故没有明显的鞣制效应。

研究表明，干胶原中肽链间的距离约为 10nm，充水膨胀状态下的距离为 17nm。所以铬配合物的分子如果小于 17nm，则不易在胶原肽链间形成交联作用。根据理论计算，含有两个铬核的—Cr—O—Cr—三原子的链长约为 0.8nm，远不能满足形成交联作用的需要。而含有 4 个及以上铬核的铬配合物，排列成直线状时，其链长约为 24nm，在理论上满足了形成横向交联键的需要。因此，多核配合物中的铬核在 4 个或 4 个以上时才更容易在肽链间形成交联。但实际上，由于相邻肽链间的羧基不一定正好是两两相对，从而满足铬鞣剂形成交联的条件，常规铬鞣中仅有 10%左右的铬形成了多点结合。

在常规铬鞣液中，除了含有阳铬配合物外，还有一小部分中性铬配合物甚至阴铬配合物。中性铬配合物可能与胶原的肽基以氢键的形式结合，而阴铬配合物则可能与胶原的氨基作用。这两类铬配合物在常规铬鞣工艺条件下对鞣制效应的贡献不大。

5.1.4　影响铬鞣的因素

铬鞣过程实质上就是铬鞣剂在毛皮皮板内渗透和结合的过程，只有铬鞣剂渗入皮板的纤维网络中，并在皮板各层分布均匀，才能使其与皮胶原纤维产生良好且均匀的结合，从而提高毛皮产品质量。因此，加强对铬鞣过程各因素的控制是十分必要的，影响鞣制的主要因素介绍如下。

5.1.4.1　pH

铬鞣时，皮胶原和铬配合物均受到 pH 变化的影响。对于鞣制之前的毛皮皮胶原而言，其等电点为 6～7，高于等电点时带负电，低于等电点时带正电。如果 pH 逐步降低，则被氢离子封闭的羧基数量越来越多。在 pH 为 2 时，只有少部分羧基呈离子态，这时皮与铬盐的结合量很少；在 pH 为 4 时，约有 50%的离子态羧基，是铬鞣最适宜的 pH；如果 pH 再升高，离子态羧基数量增多，与铬配合物的结合也越迅速。而从铬配合物角度来看，在低 pH 下，配合物的分子小，利于向皮内渗透，但不利于结合；随着 pH 增高。配合物分子逐渐变大，向皮内渗透的速度逐渐变慢，而在皮内的结合作用却逐渐增强。

在常规铬鞣操作的初期，应尽量使铬配合物向皮内渗透，并均匀分布在皮板各层中。因此，应在浸酸后的低 pH 条件下进行初鞣，这时皮胶原上的离子态羧基少，铬配合物的分子也小，所以铬配合物向皮板内层的渗透较迅速，分布也较均匀。皮表面不会由于铬鞣液碱度提高而造成表面过鞣，浸过酸的皮，还可以用较高碱度的铬鞣液进行鞣制，而不会发生表面过鞣现象。但未经浸酸的皮，则必须使用低碱度的铬鞣液。因为此时皮的 pH 高，含有大量离解的羧基阴离子，如果此时采用碱度较高、配合物分子较大的铬鞣液鞣制，势必在皮表面上发生迅速结合，造成表面过鞣，阻碍了铬配合物进一步向皮内渗透，造成鞣不透的现象。为了避免这种情况发生，不经浸酸的皮鞣制时可采用酸-铬混合鞣制方法，即在铬鞣液中加入一些酸，这种鞣液的碱度很低，甚至是负碱度。但是只要鞣前准备阶段纤维得到了充分分散，铬鞣后期加碱提高碱度适当，也能收到良好的效果。

在常规铬鞣（即鞣制浸酸皮）操作的后期，当铬配合物已充分并均匀地透入皮板后，则需向鞣液中加碱，提高鞣液的 pH，使皮胶原中被封闭的羧基再度离解，有利于与铬配合物发生配位反应，同时已渗入皮内的铬配合物在高 pH 下分子变大，利于与羧基离子结合，在皮内形成交联。

总的说来，铬鞣初期，鞣制系统的 pH 低，鞣制末期应适当提高 pH，一般以 3.6～3.8 较好。如果鞣液 pH 提高到 4.0 以上，此时鞣液中铬配合物的分子太大，难以继续渗透，且鞣液中的一部分铬配合物变为氢氧化铬沉淀，非但不能与皮结合，还有可能沉积在皮板和毛被表面，造成毛被泛绿。

5.1.4.2 铬盐碱度

提高铬盐的碱度，可使铬盐分子变大，增加铬盐的收敛性和铬盐与胶原的结合能力，但铬盐的渗透速度会随之减慢。初鞣时铬盐的碱度过高，有可能造成表面过鞣。铬盐的碱度低，则铬盐的渗透速度快，但与皮板的结合较慢。

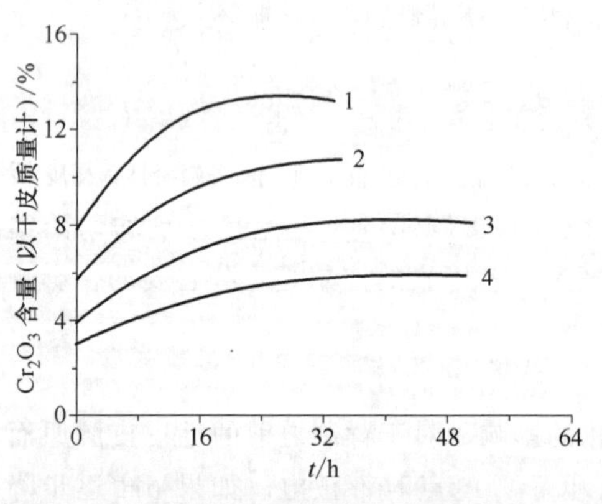

图 5-1 铬鞣液碱度对皮板铬含量的影响

1—碱度 46% 2—碱度 37%

3—碱度 18% 4—碱度 3%

在实际生产中，初鞣用碱度较低的铬鞣液，使铬盐渗透入皮板内层，在完全鞣透后，加碱提高铬鞣液的碱度，使铬盐与皮纤维结合牢固，并使皮板铬含量增加，铬鞣液碱度对皮板铬含量的影响如图 5-1 所示。

加小苏打提高碱度时，必须缓慢，小苏打用温水化开，分次加入，使碱度不至于突然升高而造成鞣制不均匀。如果加碱过快、过多，就会使铬盐沉淀，铬鞣液变浑浊，除了鞣制不良外，皮板及毛被显深绿色，这是不正常的现象。

5.1.4.3 铬盐浓度

增加铬盐的浓度，会增加胶原羧基离子在铬配合物中的配位机会，增加铬盐的结合量。铬盐浓度小，其与胶原结合的量也少，即便是延长鞣制时间，也不能使成品获得较高的收缩温度，而且皮板也不丰满。

由表 5-2 可知，随着铬鞣剂浓度的提高，绵羊毛皮的皮板收缩温度和铬含量随之升高。这主要因为高浓度的铬鞣剂有利于其充分渗透进入皮内，在皮胶原纤维间形成更多的化学交联而被固定下来，同时提高皮胶原纤维的湿热稳定性。从图 5-2 可看出，即使铬鞣剂浓度降低至 2g/L，铬在皮板内仍然分布均匀，并且通过皮板纵切面的扫描电镜图（图 5-3）也可看出，当铬鞣剂浓度降低至 2g/L 时，皮板的纤维分散和固定程度依然良好。然而，随着铬鞣剂浓度的增加，其吸收率也逐渐降低，当铬鞣剂浓度达到生产上常用的浓度 16g/L 时，铬鞣剂的吸收率降低至 24.4%。此外，随着铬鞣剂浓度的增加，皮板面积也逐渐减小，这主要是铬鞣剂对皮胶原纤维的收敛性所致。值得注意的是，当铬鞣剂浓度不高于 4g/L 时，皮板未发生收缩，并且此时绵羊毛皮的收缩温度有 85℃，纤维分散良好。

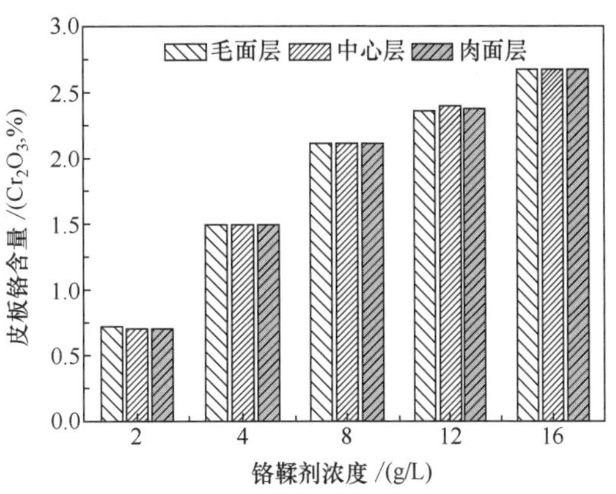

图 5-2　铬鞣绵羊毛皮皮板中的铬含量分布

表 5-2　　铬鞣剂浓度对绵羊毛皮鞣制特性的影响

铬鞣剂浓度/(g/L)	皮板 Cr_2O_3 含量/%	铬鞣剂吸收率/%	收缩温度/℃	出皮率/%
2	0.73	59.6	78.9	102.5
4	1.47	53.6	85.0	100.0
8	2.22	40.5	90.0	95.1
12	2.51	30.5	95.0	93.5
16	2.67	24.4	100.5	91.9

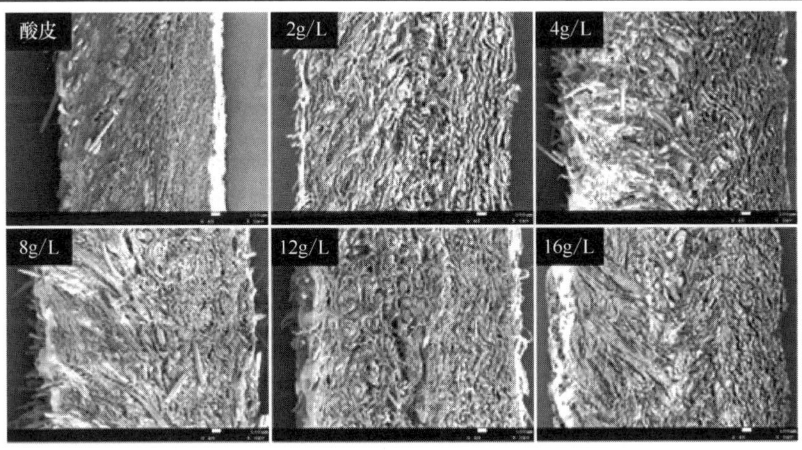

图 5-3　绵羊毛皮皮板纵截面扫面电镜图

随后对铬鞣绵羊毛皮进行加脂和高温染色，其高温染色性能见表 5-3。从表中可以看出，高温染色废液中铬的浓度较低（1～4mg/L），这表明皮板内大部分的铬均被有效地固定在了胶原纤维上。然而，高温染色后绵羊毛皮的收缩温度均有 3～5℃ 的下降，并且当铬鞣剂浓度不高于 4g/L 时，皮板均发生了严重收缩。当铬鞣剂浓度达到 8g/L 时，染色前绵羊毛皮的收缩温度为 91.6℃，染色后收缩温度下降至 88.9℃，降低了 2.7℃，此时高温染色后皮板未发生收缩。而染色前皮板收缩温度为 83.0℃，高温染色后则降低至 80℃，皮板收缩严重，据此推测染色前皮板的收缩温度要高于 90℃，这样才可能防止出现缩板现象。

表 5-3 铬鞣绵羊毛皮的高温染色性能

铬鞣剂浓度/(g/L)	染色废液铬含量/(mg/L)	收缩温度/℃		出皮率/%	
		染色前	染色后	染色前	染色后
2	1.43	75.3	69.8	108.9	47.0
4	1.72	83.0	80.0	108.3	83.3
8	2.15	91.6	88.9	100.4	101.3
12	2.51	100.5	97.5	97.7	102.7
16	3.32	102.8	98.5	94.7	103.3

5.1.4.4 中性盐的影响

中性盐对碱式硫酸铬鞣液的影响，在于使铬配合物的组成发生改变，而且硫酸钠的影响比氯化钠大。

添加氯化钠可使鞣液的 pH 降低，但除非加入的量很大，致使配合物内界中的硫酸根离子与鞣液中的氯离子发生替换，否则不会改变铬配合物的组成。对于铬盐和胶原的结合来说，在铬鞣液中加入氯化钠可以减缓铬盐的结合，铬结合量也会减少。氯化钠量过多，成品薄而硬；氯化钠量过少，浸酸皮进入鞣液中会发生肿胀。

添加硫酸钠时，由于硫酸根离子进一步进入铬配合物的内界，形成中性或阴性铬配合物，使得其与胶原的结合能力降低。此外，由于铬配合物中的部分羟基被取代，使铬配合物的碱度和配聚作用降低，因而铬结合量也会降低，所以在防止肿胀的前提下，硫酸钠也应适量。

因此，铬鞣时适宜的中性盐用量一般是 40g/L，既可以预防酸肿，又可使铬配合物在皮板中均匀分布，且对铬结合量影响不大。

5.1.4.5 温度的影响

在铬鞣过程中，提高鞣液的温度会促进鞣液中铬配合物的水解和配聚作用，增加铬配离子内的羟基，使配合物的分子变大，碱度提高，有利于鞣制反应。随着鞣液温度的提高，铬结合量也随之增加，如图5-4所示。同时，由表 5-4 也可以看出，在低温条件下，铬盐不能在皮层中均匀分布，而是较多地沉积在网状层，减弱了对乳头层的鞣制效果。提高鞣液温度，能够促进铬盐在皮板中均匀分布，缩短加工时间，改善铬盐的鞣制性能，增加出皮率。

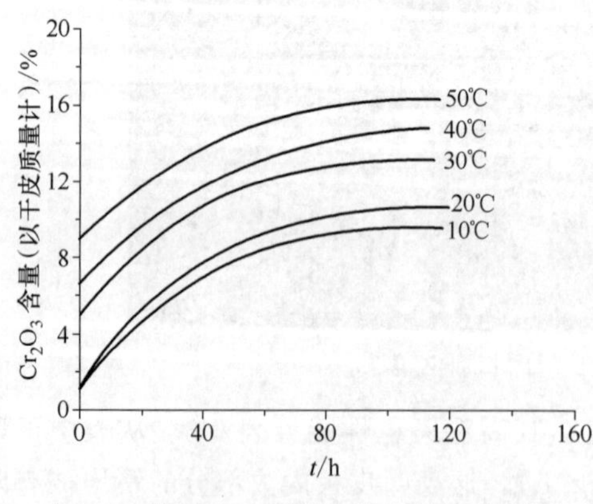

图 5-4 鞣液温度对铬与胶原结合的影响

在实际操作中，一般初鞣温度是 30℃，之后可逐步提高，根据皮的品种不同，鞣制末期，温度可升高到 40℃，这对于加速鞣制、增加铬结合量和提高铬结合牢度都有好处。

表 5-4 温度对兔皮鞣制的影响

项目	鞣液温度/℃		
	20	35	45
鞣制时间/h	8	6	3
收缩温度/℃	61	67	74
皮板中的氧化铬含量/%	0.46	0.75	1.01
铬盐利用率/%	15	25	35
出皮率/%	79	84	87
铬沿皮层的分布情况	不均匀	不均匀	均匀

注：鞣液 Cr_2O_3 含量 1g/L，碱度为 35%。

5.1.4.6 鞣制时间

鞣制时间的长短，取决于原料皮的种类、厚薄及鞣前准备工段的处理情况。另外，鞣制时间与鞣液的组成、浓度、机械作用等也有密切的关系。

铬配合物与皮胶原的结合量，随着时间的延长而增加。在鞣制初期，结合较快，之后则逐渐减缓，如图 5-5 所示。

毛皮的鞣制时间长于皮革鞣制，其原因是毛皮保留表皮，存在单面渗透现象。一般要求鞣制时间为 24～48h。

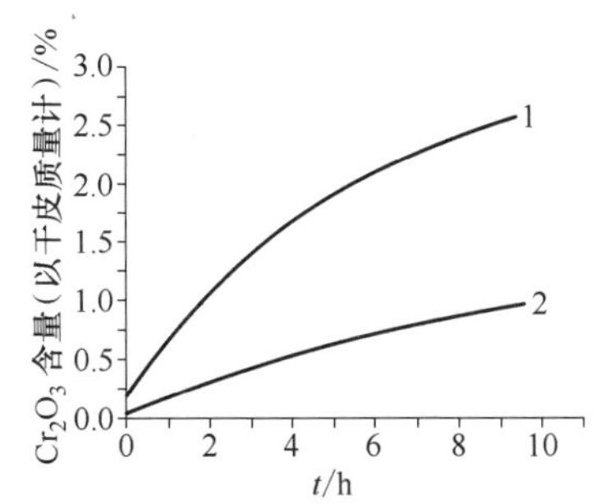

图 5-5 鞣制时间对兔皮铬结合量的影响
1—皮板 2—毛被

5.1.5 铬鞣的质量控制

铬鞣时，除了控制 pH、温度、鞣液碱度以及浓度等因素外，还要对铬鞣毛皮进行检查，以保证鞣制质量正常。

（1）皮板颜色

铬鞣皮板的颜色应为淡蓝色。若皮板颜色为深蓝色，说明皮有表面过鞣现象。其原因可能有两种：一是在初鞣阶段皮板表面过鞣，进入皮板中层铬盐较少；二是在鞣制过程中，提高碱度不当，造成铬盐沉淀。

若皮板颜色略显透明的灰绿色，可能是由于在初鞣阶段有酸肿现象，皮板较硬，往往有裂面现象。

若皮板颜色灰暗，面积缩小，容易撕破，可能是由于皮板被烫伤，成品板硬且脆，物理性能较差。

（2）皮板收缩温度

鞣制结束前测定皮板的收缩温度，一般要求轻铬鞣皮 70℃以上，重铬鞣皮 85℃以上。如果收缩温度达不到要求，应调整鞣液浓度和碱度等继续鞣制。收缩温度过低的成品往往薄而硬，整理操作时比较费工，质量较差。

(3) 捏白试验

鞣制完成的皮板四折叠起，用力挤压，折的部位应该脱水而呈白色，发白的面积应较大，表明铬鞣已达要求；若皮板脱水不好，折的部位不呈白色，干燥后皮纤维会黏结在一起，造成皮板发黑，表明鞣制不好，应补充鞣剂继续鞣制。

(4) 晒干检查

取铬鞣皮一小块，水洗后放在太阳下晒干，如果呈现天蓝色，皮面积略有收缩但容易伸展开并且柔软，则表示鞣制正常。

(5) 毛被颜色

铬鞣和铝-铬鞣皮的毛被颜色应保持其天然色彩，毛被洗净有光泽。若毛被发绿，则表明鞣制过程中铬鞣液的碱度过高，产生氢氧化铬沉积在毛上，用清水很难洗掉，需用酸洗，否则会影响毛被的美观和松散、灵活程度。

5.1.6 铬鞣的实际操作

铬鞣法普遍应用于绵羊皮的主鞣和复鞣，以及需高温酸性染色的细杂皮的复鞣。操作方法可分为浸渍鞣法和涂刷鞣法。浸渍鞣法应用转鼓或划槽等设备，将毛皮浸渍在铬鞣液中进行鞣制，操作方便，劳动强度低，鞣制效果好，铬在皮板内分布均匀；涂刷鞣法则由于毛被未接触铬鞣液，可保持毛被原来的天然色彩或洁白度，但劳动强度较大。

(1) 绵羊皮重铬浸渍鞣法

原料为经浸酸、堆置铲软后的绵羊皮，设备为划槽，液比为 8（以湿皮质量计），温度 32～36℃，33%碱度铬鞣剂 20g/L，氯化钠 35g/L，元明粉 40～60g/L，终点 pH 为 3.5～3.6，时间 24h。

操作：将中性盐加入划槽中，调水温至规定要求，加入铬鞣剂，充分划匀，投皮鞣制 2～3h 后，鞣液的 pH 在 2.8～3.0，6～8h 检查切口观察鞣液渗透情况，皮内外层鞣液渗透均匀后，分次缓慢提碱至 pH 3.5～3.6。测皮板收缩温度应在 85℃以上。

(2) 涂刷鞣法

此法简单易行，多用于皮板较薄的毛皮的复鞣。涂刷铬鞣液时，pH 控制在 3.5～3.8，铬鞣液的浓度根据要求来定（0.5～5g/L，以 Cr_2O_3 计），铬鞣液的碱度在 35%左右。涂刷后放置 6h 以上，刷数次，全透后进行水洗、干燥。

(3) 铬鞣后的水洗

毛皮铬鞣后，毛被上沉积和结合了一部分铬鞣剂，通过清水洗或酸洗（甲酸浓度 0.5g/L，控制 pH 为 3.5～4.0，洗 2 次），可洗去毛被上的浮铬，尽量保持毛被原有的色彩。水洗还能洗去皮内的中性盐，可以避免皮板返潮冒水，呈现盐霜。此外，加入一定量的表面活性剂，还能起到进一步脱脂的作用。

5.2 铝　鞣

铝鞣是最古老的毛皮鞣法之一，早在铬鞣之前就被普遍使用，而且迄今铝鞣仍然是毛皮的主要鞣法之一，被广泛用于各种结合鞣制工艺中。

铝鞣毛皮的特点是：

① 毛被和皮板颜色纯白，皮板柔软，伸长率高。

② 出皮率大。

③ 皮板收缩温度较低，一般为 70～75℃。

④ 皮板不耐水，鞣后水洗会将铝鞣剂大部分洗去，干燥后皮板变硬。

⑤ 成品不耐存放，易吸潮，引起发热、霉变等。

5.2.1 铝鞣材料

毛皮鞣制中用到的含铝化合物有铝明矾、硫酸铝、氯化铝、碱式硫酸铝和碱式氯化铝等，而用于铝鞣的主要是铝明矾和商品铝鞣剂。

（1）铝明矾

铝明矾简称明矾或白矾，有以下三种类型：

① 钾明矾 $K_2SO_4 \cdot Al_2(SO_4)_3 \cdot 24H_2O$，相对分子质量为 948.12，$Al_2O_3$ 含量为 10.76%。

② 钠明矾 $Na_2SO_4 \cdot Al_2(SO_4)_3 \cdot 24H_2O$，相对分子质量为 915.96，$Al_2O_3$ 含量为 11.14%。

③ 铵明矾 $(NH_4)_2SO_4 \cdot Al_2(SO_4)_3 \cdot 24H_2O$，相对分子质量为 905.98，$Al_2O_3$ 含量为 11.26%。

铝明矾的基本性质见表 5-5。

表 5-5　铝明矾性质

项　目	钾明矾	钠明矾	铵明矾
外观	无色八面晶体	无色晶体	无色或白色结晶粉末
气味	微甜 极涩 无臭	微咸 极涩 无臭	微咸 涩 臭
水中溶解度(60℃)/(g/100mL)	14.79	327.6	9.37
密度/(g/cm^3)	1.757	1.675	1.645
熔点/℃	105	61	94.5
失去结晶水	645℃时失去结晶水	在空气中能风化	120℃时失去结晶水

（2）铝盐或碱式铝盐

铝盐主要指硫酸铝 $Al_2(SO_4)_3 \cdot 18H_2O$（相对分子质量为 666.45，$Al_2O_3$ 含量为 15.3%）和氯化铝 $AlCl_3 \cdot 6H_2O$。碱式铝盐则包括碱式氯化铝［$Al(OH)Cl_2$］和碱式硫酸铝［$Al(OH)SO_4$］。与铬盐类似，只有碱式铝盐才具有鞣性，因此，无论是铝鞣剂，还是铝明矾，在鞣制过程中均转变为碱式铝盐。如国产碱式氯化铝的碱度为 65%，Al_2O_3 含量为 10%，pH 为 3.8～4.2，外观为淡黄色或无色液体。

（3）三甲酸铝

三甲酸铝因其良好的稳定性和鞣性，近年来在毛皮加工得到广泛应用，如司马公司的 Novaltan AL 和北京泛博公司的 F-AL 等，Al_2O_3 含量约 23%，为白色粉末，易溶于水。

5.2.2 铝盐的化学性质

铝盐在水中通过水合作用形成［$Al(H_2O)_6$］$^{3+}$，其性质与［$Cr(H_2O)_6$］$^{3+}$ 相似，能发

生水解和配聚。在酸性的铝盐溶液中加碱，当 pH 达到 4.2～4.6 时，就会产生$Al(OH)_3$沉淀。尽管铝和铬的配合物性质相似，但铝配合物中心离子的静电场强度较三价铬盐更低，铝配合物中心离子与配体的结合主要是静电作用，故铝配合物的稳定性较铬配合物低。另外，同样是 5g/L 的浓度，$AlCl_3$ 溶液 pH 为 3.0，$CrCl_3$ 溶液 pH 为 2.4，这是因为 $AlCl_3$ 的水解常数（0.14×10^{-4}）小于 $CrCl_3$ 的水解常数（0.89×10^{-4}）。铝配合物的水解过程原则上分为三步，但其三级水解常数相近，三步水解几乎是连续进行的，因此难以控制水解程度。

由图 5-6 的滴定曲线可以看出，在碱化时铬盐及铝盐的反应不同。$Al_2(SO_4)_3$ 的 pH 变化曲线只在碱度接近 100%时有一个转折点，而在滴定铬盐时，pH 的转折点明显可见。

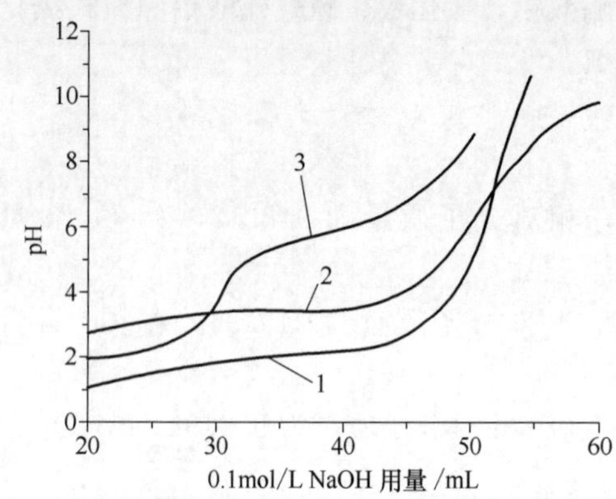

图 5-6　三种硫酸盐的电位滴定曲线

1—$Fe_2(SO_4)_3$　2—$Al_3(SO_4)_3$　3—$Cr_2(SO_4)_3$

加热会促使铝配合物的水解作用和配聚作用加强，如果将碱式硫酸铝溶液长期加热，则大部分配聚络合物将沉淀析出。铝盐在加入少量碱时，溶液中也能产生氢氧化铝及不溶性高碱度化合物，这些沉淀物较氢氧化铬更易溶于酸中，但随着加热时间的延长会逐渐变得不易溶解，见表 5-6。铝盐碱化时生成的沉淀，能逐渐溶于酸性介质中，将碱式氯化铝的悬浮体与沉淀一起长时间搅动，也可以使沉淀完全溶解。

表 5-6　　加热 15min 对 $Al(OH)_3$ 和 $Cr(OH)_3$ 在醋酸中溶解度的影响

温度/℃	在 1%醋酸溶液中氢氧化物的溶解量/%		在 5%醋酸液中氢氧化物溶解量/%	
	Cr	Al	Cr	Al
20	—	100.0	—	100.0
40	94.6	100.0	95.0	100.0
60	70.9	97.1	91.4	99.1
80	26.9	84.0	71.4	96.5
100	16.6	59.1	50.4	83.3

按各种酸根离子对 Al^{3+} 配位亲和力的大小排序如下：氯离子＜硫酸根＜甲酸根＜丁二酸根＜羟基乙酸根＜乳酸根＜酒石酸根＜柠檬酸根＜丙二酸根＜草酸根。这些酸根离子对 Al^{3+} 与 Cr^{3+} 的配位能力强弱次序大致是相同的，但铝配合物具有极大的可变性，例如草酸根离子与 Cr^{3+} 的结合属于配位结合，而在铝配合物内界中的结合则由静电作用所致。与铬配合物比，酸根离子在铝配合物中的配位速度比铬配合物更迅速。

5.2.3　铝鞣机理

铝盐鞣制机理与铬盐鞣制机理相似，但鞣性更弱。其原因很可能是铝盐与胶原相邻分子间形成的桥键比铬盐少，主要与胶原上的单个羧基配位，而铬鞣时双羧基配位（多点结合）更多。此外，铝配合物与胶原羧基结合的不稳定性也导致了铝鞣效果较差，不耐水洗作用。

在铝鞣剂中加入有机配体有利于配合物的稳定，从而达到改善铝鞣剂鞣性的目的。这是因为在这种情况下铝配合物中形成了具有螯形特点的多节环，使配合物结构更稳定。结构中同时具有羧基和羟基的有机化合物配位能力较强。

5.2.4　影响铝鞣的因素

（1）鞣液 pH

用普通铝盐鞣制毛皮时，由于铝盐易产生水解，导致溶液的 pH 偏低。若低于 3.4 时，铝盐的收敛能力太低，不易与皮胶原发生结合，随着 pH 的增加，铝鞣剂与皮胶原的结合量增加，当 pH 接近 4 时，则析出氢氧化铝沉淀。因此，铝盐鞣制的 pH 范围较窄，一般为 3.6～3.8。

（2）鞣液浓度

当鞣液浓度为 2.5g/L（以 Al_2O_3 含量计）时，皮板中的铝结合量最多，浓度进一步增加，结合量反而下降。这是因为，当溶液浓度增加时，进入铝配合物内界的酸根离子增加，阻碍了皮胶原的羧基进入铝配合物内界进行配位，因而使结合量下降。

（3）中性盐

在铝鞣液中加入中性盐的目的是为了防止皮板在酸性溶液中发生肿胀，一般使用氯化钠和硫酸钠（元明粉）。硫酸根的配位能力较强，能与皮胶原上的羧基形成一定的竞争，不利于铝配合物与皮胶原的结合。氯离子的配位能力较弱，故影响较小。在保证不酸肿的情况下，尽量少用中性盐，尤其是硫酸钠要慎用。

（4）其他因素

升高温度可加速鞣制过程。适当的机械作用，不仅能使鞣制过程加速，还可以使铝盐在皮板内均匀分布。鞣制时间取决于皮张大小、种类、厚薄、鞣前处理程度等。铝盐与皮蛋白质结合的速度比较慢，为了使其能结合均匀、牢固，鞣制时间不能过短，一般应在 24～48h。

采用铝鞣时，必须特别注意选择加脂剂。因为铝盐与脂肪酸作用可能形成不溶于水的铝皂，故所用加脂剂中不能含有大量的游离脂肪酸。

5.2.5　铝鞣的实际操作

铝鞣工艺基本与铬鞣工艺相同，生皮经浸酸后，方可进行铝鞣。

以铝鞣獭兔皮工艺为例进行介绍。原料为离心甩水后的浸酸獭兔皮，设备为划槽，液比 2L/张皮，温度 30～32℃，铝明矾 40g/L，氯化钠 40g/L，助鞣剂 B 4g/L，小苏打约 1.5g/L，时间 24h。

操作：加水调温，加铝明矾和氯化钠，划动溶解，缓慢加入助鞣剂 B（先用少许温水溶解），待全部溶解且溶液清亮后投皮，继续划动 10min，以后每 2h 划动 5min，约 12h 后用小苏打调 pH 至 3.7 左右（小苏打先化开，并分 3～4 次加入），过夜，共 24h，出皮前划动 10min，要求终点 pH 在 3.6～3.7。

5.3 醛 鞣

醛鞣是毛皮加工中常用的鞣法之一。具有鞣性的醛类物质有甲醛、乙醛、戊二醛、丙烯醛等，各种醛类化合物的鞣革性能见表5-7，其中以甲醛的鞣性最强，戊二醛鞣制效果最好。甲醛、戊二醛及其他醛鞣剂，如有机膦盐、改性戊二醛、噁唑烷、双醛多糖等，均可用于毛皮鞣制，其中以甲醛的应用最为广泛，戊二醛鞣制会使毛被和皮板变黄，其应用受到限制。

表5-7　　醛类化合物及其鞣性

成革性质	甲醛	乙二醛	戊二醛	改性戊二醛	糠醛	双醛淀粉
收缩温度/℃	90	86	84	86	80	80
柔软丰满性	差	较好	好	好	较好	较好
颜色	白	白	黄	白或淡黄	棕	白
耐汗性	良	良	优	优	—	—
最适鞣制pH	8	7.5	7	7	6.4	8

醛鞣毛皮具有以下特点：

① 质量轻，手感柔软，皮板丰满（戊二醛鞣）。

② 毛被洁白（甲醛鞣）或呈黄色（戊二醛鞣），毛的弹性好。

③ 面积大，出皮率高。

④ 耐汗、耐碱、耐水洗性能好。

⑤ 抗氧化还原作用强，氧化漂色和氧化染色前可用醛（复）鞣。

⑥ 鞣性较好，收缩温度较高，甲醛鞣可达90℃，戊二醛鞣可达85℃。

⑦ 醛鞣后皮板等电点降低，酸性染料上染相对不易，可通过与金属鞣剂结合鞣加以改善。

⑧ 甲醛成本低，但不环保，有强烈刺激性气味和致癌性。

5.3.1 甲醛的性质及其应用

甲醛是分子结构最简单、相对分子质量最小的鞣剂。毛皮加工中使用的40%甲醛水溶液，又称为福尔马林。甲醛及其水溶液都具有聚合的倾向，聚合物是一种白色粉末，称为聚甲醛。甲醛常以水合态（HO—CH_2—OH）和聚合态（HO—$(CH_2O)_n$—CH_2OH，$n>2$）存在于水溶液中。甲醛的水溶液在低温下放置，时间长也会发生缩合，生成不溶于水的固体多聚甲醛，而其浓度也就随之降低。聚合程度的大小，与溶液的稀释度、温度、pH以及贮藏的时间有关。提高温度可使聚合作用变迟缓；在pH为4时，释出的沉淀量最多；随着贮藏时间的延长，沉淀量也会增加。为了提高甲醛水溶液的稳定性，常加入大约10%甲醇以延缓聚合物的生成。

甲醛在皮板内的渗透与结合速度快，鞣制性能良好，甲醛鞣毛皮的收缩温度可达90℃，即使把大部分甲醛洗掉，收缩温度也不改变。将甲醛鞣毛皮在水中加热到80～90℃后，皮板显著收缩，弹性增大，但强度无损失；降低温度，皮板又会完全恢复受热前的大小和弹性。例如，将甲醛鞣毛皮样放在热水中，收缩后再置入冷水中 3min，能恢复其原长度的 94.9%，但是不能长期置于热水中，否则收缩无法恢复。

成品色白，耐碱、耐氧化、耐汗液作用，可水洗，对金属的腐蚀性比植、铬鞣革均小。但其皮板相对扁薄，不耐陈化，容易老化变脆。由于甲醛鞣毛皮耐碱，可在碱性介质中使用还原染料、硫化染料等进行毛皮染色。由于甲醛具有耐氧化剂的性能，所以鞣后需要用过氧化氢漂白毛被和需要使用氧化染料染色的毛皮，使用甲醛鞣制比较合适。另外，由于甲醛的防腐作用，可将其用于鞣前准备工段，处理被细菌侵蚀的生皮。

甲醛鞣的缺点之一是会降低酸性染料的结合牢度，所以在染深色毛皮时，可采用铬-醛结合鞣法或对甲醛鞣的毛皮进行铬复鞣。甲醛也常与铝鞣剂、油鞣剂等进行结合鞣。

5.3.2　甲醛鞣制机理

甲醛很容易与皮胶原的氨基发生共价结合，从而将其封闭，其反应示意如下：

$$R—NH_2+HCHO \longrightarrow R—NH—CH_2—OH$$

$$R—NH_2+R—NH—CH_2—OH \longrightarrow R—NH—CH_2—NH—R+H_2O$$

生皮经甲醛处理后，吸收酸的能力有所降低，同时等电点降低至 4～5，这些现象均说明了甲醛与皮胶原的氨基发生了反应。

此外，甲醛还可以在两个多肽链之间，通过甲醛或聚甲醛的形式使肽链中相邻近的氨基/亚氨基“交联缝合”在一起，从而产生鞣制作用，使皮的收缩温度显著升高。

总之，胶原和甲醛的反应，可分为两部分：

① 与胶原结合不牢、可被水洗去的部分，即在胶原结构中生成垂直于纤维方向的聚羟亚甲基链，当除去此部分甲醛时，可使皮板的体积略为降低，而甲醛鞣制效应依然保留。

② 与胶原结合牢固的部分，即在胶原赖氨酸和羟赖氨酸残基的侧链 ε-氨基上及其间所发生的化学结合，这一部分仅在胶原结构破坏时才失去结合作用。

5.3.3　影响甲醛鞣制的因素

5.3.3.1　鞣制 pH

鞣液的 pH 对甲醛的鞣制作用影响很大，随着 pH 的升高，鞣制速度加快，甲醛结合量也增加。在低 pH 条件下，皮胶原的氨基被质子化，带正电荷（$—NH_3^+$），不利于甲醛的结合，pH 在 8 以上时，甲醛结合量显著增加。在相同浓度下，皮板吸收的甲醛量多于毛被。随着 pH 提高，甲醛鞣毛皮的收缩温度也提高，当 pH 在 8.0～8.5 时，鞣制作用最大，继续提高 pH 至 10 以上时，甲醛的结合量增加，但收缩温度并未提高，成品强度反而有所降低（表 5-8 和表 5-9）。在毛皮加工中，考虑到保护毛被的原因，慎用碱性介质处理毛皮，甲醛鞣制的终点，应控制细皮 pH 6～6.5，兔皮 pH 7～8，羊皮 pH 8～8.5。调整 pH 一般用纯碱，不能用氨水，因为氨和甲醛会反应，生成六次甲基四胺。

表 5-8　　甲醛鞣制兔皮在不同 pH 下的收缩温度　　单位:℃

pH	甲醛浓度		
	0	0.5g/L	2g/L
1.8	42	44	52
2.5	45	46	56
4.7	48	51	65
5.0	55	64	69
7.0	65	73	83
8.4	66	81	87
10.0	68	88	90
10.9	67	89	91

注：氯化钠 30g/L，24h，25℃。

表 5-9　　鞣制 pH 对甲醛鞣兔皮皮板物理性质的影响

项　目	鞣制 pH			
	4.7	7.0	8.4	10.4
平均厚度/mm	0.36	0.40	0.40	0.44
断裂负荷/N	32.3	39.6	43.6	36.3
抗张强度/(MPa)	18	22	22.6	17.1
5MPa 下伸长率/%	29	29.5	31.5	33
5MPa 下残留伸长率/%	20.5	22	23.5	23
可塑性系数	0.706	0.745	0.745	0.700
收缩温度/℃	50	59	68	72

注：工艺条件为甲醛浓度 2g/L，25℃，8h。

5.3.3.2　甲醛浓度

从表 5-10 看出，当甲醛达到一定浓度（例如 40%甲醛的浓度为 1.25g/L）时，已经有了明显的鞣制效果，收缩温度达到 73～89℃。浓度进一步提高，即使浓度高达 250g/L，尽管皮吸收的甲醛量增加不少，收缩温度却增加有限，而且结合过多甲醛可能导致皮板脆裂。因此，在保证达到预定的收缩温度指标和留有一定安全系数的情况下，甲醛浓度为 5～6g/L 较理想。

表 5-10　　不同甲醛浓度鞣制兔皮的收缩温度　　单位:℃

40%甲醛浓度/(g/L)	鞣制 pH		
	7.0	8.4	10.9
0.25	66	67	73
1.25	73	81	89
2.5	79	84	90
5.0	83	87	90
25	85	88	89
125	88	89	90
250	89	91	91

注：试验条件为 NaCl 30g/L，25℃，24h，液比 20。

5.3.3.3　鞣制温度

鞣制温度对甲醛鞣毛皮的收缩温度影响不明显（表 5-11），但却对皮板的柔软度、丰满度等感官性能有较大的影响。温度低于20℃，甲醛在皮板内的分布不均匀，皮板显硬，特别是背脊线部位表现更明显；温度超过40℃，甲醛挥发量大，对人体健康有影响，同时也会降低皮板的强度。因此，一般甲醛鞣制以30～35℃为宜。

表5-11　温度对甲醛鞣制的收缩温度、甲醛吸收量影响

温度/℃	收缩温度/℃	皮板吸收甲醛量/%	毛被吸收甲醛量/%
15	87	0.42	0.23
20	87.5	0.60	0.35
30	88	0.95	0.60
45	89	1.30	0.78

注：工艺条件为液比20，pH 8.4，40%甲醛5g/L，24h。

5.3.3.4　鞣制时间

由表5-12可知，随着鞣制时间的延长，毛皮的甲醛结合量也在增长，即使经过几个月后，甲醛结合量仍达不到终点。另外，在鞣制期间，皮板的甲醛吸收量始终高于毛被。鞣制4h时，收缩温度可达82℃，但是甲醛在皮板中分布欠均匀。因此，在实际生产中，甲醛鞣制时间控制在48h左右。

表5-12　鞣制时间对收缩温度、甲醛吸收量的影响

时间/h	收缩温度/℃	皮板吸收甲醛量/%	毛被吸收甲醛量/%
2	80	0.37	0.21
4	83	0.54	0.30
8	86	0.63	0.36
12	87	0.78	0.44
24	90	0.82	0.48
48	90	1.0	0.53
28d	—	1.25	—

5.3.3.5　鞣后漂洗与中和

为了体现甲醛的鞣制作用，甲醛鞣制通常在中性偏碱性介质中进行。在高pH下，未与毛皮结合的甲醛会继续作用，使皮板变厚、变硬、面积缩小，严重时会导致皮板变脆，力学强度下降，不耐贮存。因此，在甲醛鞣后，应进行漂洗和中和，其目的是洗去游离甲醛，防止过度鞣制；通过反应消耗游离甲醛，降低甲醛的反应性；中和、水洗洗去多余的碱，降低pH；进一步进行脱脂。

漂洗中和可用的材料包括铵盐（硫酸铵、氯化铵）、酸（甲酸、硫酸）、鞣剂（铝明矾、铝鞣剂、铬鞣剂，起到结合鞣的作用）和非离子脱脂剂。纯醛鞣工艺一般中和至pH 5.5～6.0，若醛鞣后继续进行结合鞣（一般是铝鞣），则中和至pH 4左右。

5.3.4　甲醛鞣的实际操作

（1）甲醛鞣兔皮

原料为浸酸兔皮（浸酸pH为2～3），常温，液比20，甲醛10g/L，浸泡6～8h，用硼砂中和（硼砂中和不会使皮疏松），使pH上升至7.0～8.0，并浸泡过夜，次日可再提高pH至6.8～7.5，并升温至37℃。

(2) 甲醛鞣绵羊皮

① 鞣制：设备为划槽，温度35℃，液比8，40%甲醛5g/L，氯化钠40g/L，芒硝20g/L，非离子脱脂剂0.3g/L，纯碱4～5g/L，时间36～44h。

操作：将浸酸、静置后的绵羊皮投入划槽中，6～8h后补温到35℃，加纯碱2g/L，18～20h后再补温到35℃，加纯碱2g/L，28～30h后，检查pH，若达不到8～8.5时，用纯碱调至该pH。

鞣制结束时，pH为8.0～8.5，出皮后静置2～4h，要求皮板鞣透，收缩温度在85℃以上。

② 中和：在划槽中进行，温度30～32℃，硫酸0.5～0.8g/L，硫酸铵1g/L，时间4～8h。

操作：将上述材料加入划槽中，溶解后投皮，划动2～3min。中间划动1～2次，每次1～2min。到规定时间出皮控水。

中和后要求皮板舒展，pH在5.5～6.0，收缩温度在82℃以上。

5.4 油　鞣

油鞣是最古老的鞣制方法之一，远古人类最早就是用动物的油脂为鞣制材料，依靠手工操作进行制革的，方法古老但却实用。目前，一些高档细皮，如水貂皮、进口狐狸皮、水獭皮、黄狼皮和各种鼠皮仍使用油鞣法或铝-油结合鞣法。油鞣毛皮的特点有：

① 皮板特别柔软，手感舒适丰满。

② 皮板延伸性最大，可塑性强。

③ 质量轻，密度小（仅为0.3～0.4g/cm^3），多孔性突出，透气性好，卫生性能优良。

④ 吸水量大，5min内可吸收自身质量4倍的水。

⑤ 毛被非常光亮。

⑥ 耐水洗，耐皂洗，干燥后不变性。

⑦ 收缩温度低，在70℃以下。

⑧ 皮板颜色呈黄棕色或浅黄色。

5.4.1 油鞣材料

传统油鞣是以高碘值（碘值为140～160）、低酸值（酸值<15）的不饱和动物油（特别是海产动物油）和植物油（亚麻油、橡胶籽油等）作为鞣制材料，利用其在空气中氧化时与皮胶原发生化学结合而起到鞣制作用的。这些油鞣材料在皮板内渗透困难，氧化过程难控制，生产周期长，毛皮特别油腻，操作难度较大，现在已基本不再使用。

现代油鞣则是采用专门为毛皮油鞣开发的商品油鞣剂——踢皮油，并借助踢皮机等设备进行的。踢皮油由多种组分复配而成，渗透性能优良，油感强，但不特别油腻，无腥味。踢皮油中的主要组分包括：

① 海产动物油：主要成分是不饱和脂肪酸的甘油三酯，如鳕鱼肝油（碘值160～180，鞣后皮柔软而细致）、海豹油（碘值145～182）等。

② 植物油：主要成分也是不饱和脂肪酸的甘油三酯，如亚麻油（碘值 174～202）。

③ 羊毛脂：可形成油包水型乳液，有一定的疏水性，油鞣成品柔软性好。

④ 合成油，包括不饱和的游离脂肪酸、矿物油（碳氢化合物）等分子较小的油脂，起到稀释和促进渗透的作用，如鳕鱼肝油应含有游离脂肪酸约 6%，但不能太多，如果达到 14%，会引起霉点，宜加入矿物油来降低。

⑤ 助剂：主要是表面活性剂，起到乳化和促进渗透的作用。

5.4.2 油鞣机理

目前，学术界对油鞣的机理尚无定论，一些有代表性的观点归纳如下。

（1）物理吸附

该观点认为，油鞣过程主要是物理吸附过程。当油脂深入皮胶原纤维网络中时，大量油脂分子被吸附在皮纤维表面上，也可能由于不饱和油脂经氧化后形成了覆盖在纤维表面上的油膜，牢固地包裹住皮纤维，从而改变了生皮的性质。该观点的支撑证据是皮板收缩温度没有提高，但是不能解释油鞣作用的不可逆性。因此，只能认为物理吸附是油鞣过程的组成部分之一。

（2）化学反应

该观点认为，油鞣过程主要是油脂的不饱和双键被氧化成过氧基，过氧基非常活泼，很容易分解生成新的官能团，进而与胶原发生化学结合，或油脂自身发生反应，反应如下：

① 油脂中的不饱和双键被氧化成过氧基，过氧基与胶原的氨基或肽基反应：

$$\underset{(\text{不饱和油脂})}{R_1\text{—}\underset{H}{C}=\underset{H}{C}\text{—}R_2\text{-----}\underset{H}{C}=\underset{H}{C}\text{—}R_3} \xrightarrow[O_2]{\text{氧化}} \underset{(\text{过氧化物})}{R_1\text{—}\overset{H}{C}(O\text{—})\text{—}\overset{H}{C}(\text{—}O)\text{—}R_2\text{-----}\overset{H}{C}(O\text{—})\text{—}\overset{H}{C}(\text{—}O)\text{—}R_3}$$

过氧化物与胶原氨基结合：

$$R_1\text{—}\overset{H}{C}(O\text{—})\text{—}\overset{H}{C}(\text{—}O)\text{—}R_2\text{-----}\overset{H}{C}(O\text{—NH—P})\text{—}\overset{H}{C}(OH)\text{—}R_3$$

过氧化物与胶原肽基结合：

$$R_1\text{—}\overset{H}{C}(O\text{—})\text{—}\overset{H}{C}(\text{—}O)\text{—}R_2\text{-----}\overset{H}{C}(O\text{—}N(\text{—P})\text{—}C(=O)\text{—P})\text{—}\overset{H}{C}(OH)\text{—}R_3$$

② 过氧化油脂断链形成醛，产生醛鞣作用，同样消耗胶原的氨基：

$$R_1\text{—}\overset{H}{C}(O\text{—})\text{—}\overset{H}{C}(\text{—}O)\text{—}R_2\text{-----}\overset{H}{C}(O\text{—})\text{—}\overset{H}{C}(\text{—}O)\text{—}R_3 \xrightarrow{\text{断链}} R_1\text{—}\overset{H}{C}(O\text{—})\text{—}\overset{H}{C}(\text{—}O)\text{—}R_2\text{-----}\underset{O}{\overset{\|}{C}}\text{—H} + H\text{—}\underset{O}{\overset{\|}{C}}\text{—}R_3$$

③ 过氧化脂肪酸发生分子重排，然后脱水形成内酯，存留在皮纤维间，即使用碱

水洗也不能将其除去：

$$R_1-\underset{O-}{\overset{H}{C}}-\underset{O}{\overset{H}{C}}-R_2\cdots\underset{O-}{\overset{H}{C}}-\underset{O}{\overset{H}{C}}-R_3\cdots COOH$$

$$\Big\downarrow \text{重排}$$

$$R_1-\underset{OH}{\overset{H}{C}}-\underset{\overset{\|}{O}}{C}-R_2\cdots\underset{OH}{\overset{H}{C}}-\underset{\overset{\|}{O}}{C}-R_3\cdots COOH$$

$$\Big\downarrow \text{脱水}$$

$$R_1-\underset{OH}{\overset{H}{C}}-\underset{\overset{\|}{O}}{C}-R_2\cdots\underbrace{\overset{H}{C}-\underset{\overset{\|}{O}}{C}-R_3\cdots C{=}O}_{O}$$

④ 油脂的过氧化值增加，但油鞣后双键并未减少，故发生氧化的部位不是双键，而是双键旁的 α-碳生成过氧化物：

$$R_1-\underset{H}{C}=\underset{H}{C}-\overset{H}{\underset{H}{C}}-R_2+O_2\longrightarrow R_1-\underset{H}{C}=\underset{H}{C}-\overset{H}{\underset{OOH}{C}}-R_2$$

该化学结合观点的支撑证据包括：油鞣后皮板等电点有所降低，可能是由于油鞣反应消耗了皮胶原上的氨基；无氧气存在时，油鞣作用消失；即使用有机溶剂多次干洗后，油鞣皮中仍残留少量油脂。因此，油鞣过程应该也存在化学反应，油鞣的机理尚需进一步验证。

油鞣过程可概括为三个阶段：首先是油鞣剂渗透入皮纤维之中并沉积于其上；然后油和热空气接触而受氧化，释放出各种醛和双醛，其中一部分发生聚合；最后阶段为醛类和它们的聚合物与胶原的氨基或羟基、肽基发生化学反应。

5.4.3 影响油鞣的因素

（1）皮板的水分含量

为了保证油脂的渗透，油鞣前皮板的水分含量应保持在 25%～30%，即在油鞣前，皮板应当进行甩水/挤水操作，但不可过干，因为水分有助于油脂在皮板内的扩散，并加快油脂氧化作用。

（2）空气及其湿度

空气是鞣制时所必需的，油脂在空气中氧化，才能与皮胶原发生化学结合，如果不经氧化，其鞣性就会消失。另外，空气的相对湿度非常重要。在相对湿度 100%的条件下鞣制 15 天后，鳕鱼肝油的吸收可达 7.3%，皮的收缩温度为 65℃，这表明较高的空气湿度利于鞣制。

（3）pH

不饱和油脂与皮胶原的结合作用发生在较宽的 pH 范围内（2～9.5），故皮板和油鞣剂的 pH 对油鞣无明显的影响。一般而言，最适宜的 pH 为 7～7.5。

（4）温度

由于油脂的氧化分解是放热反应，再加上油鞣过程的摩擦生热（如转鼓和踢皮机的机械作用），应注意控制油鞣温度不得超过 40℃，温度过高会使皮板收缩。

（5）时间

皮的收缩温度因鞣制时间延长而逐渐增高，大约 15 天后达到顶点。为了缩短鞣制时间，加速氧化过程，可于油脂中添加金属盐（Cu、Fe、Mn、Co、Ni 盐等）作为催化剂，并加以湿热空气和机械的搓揉作用，可以大大缩短时间。

检验油鞣是否完成，简易的方法是从毛面拨开毛被，看毛根是否透油，若已透油，则表示油鞣完成。另外，可采用碳酸钠溶液试验法，即取一小块油鞣皮置于碳酸钠的热溶液中，洗去过量油脂，以手指甲刮皮面，若所刮过的地方显示痕迹，则表明纤维分散良好，油鞣已经完成，若不出现痕迹，则表明鞣制尚未完成。鞣制完成后，进行多步干整理操作，包括用有机溶剂干洗，除去毛被和皮板上多余的踢皮油（表 5-13）。

表 5-13　　各工序水貂皮的水分和油脂含量

样品	水分含量/%	油脂含量(以干皮质量计)/%	样品	水分含量/%	油脂含量(以干皮质量计)/%
浸酸干燥皮	27.6	13.6	干洗皮	13.8	6.6
油鞣皮	18.2	50.1	成品皮	14.6	8.0

5.4.4　不同加油方式对水貂皮性能的影响

由表 5-13 结果可知，常规油鞣工艺中仅有极少量油脂与皮纤维结合，而大量填充在皮中的油脂经干洗去除，踢皮油的浪费十分严重。因此，尝试通过改变加油方式（乳液加油和溶剂加油）来降低踢皮油用量（降幅 50%以上）。不同加油方式对水貂皮性能的影响见表 5-14，水貂皮纵切面的 SEM 照片如图 5-7 所示。尽管两种加油方式的踢皮油用量都减少一半以上，但水貂皮仍能吸收大量油脂（油脂含量分别为 26.4%和 30.0%），之后经干洗再去除其中大部分。铝和氯离子含量与常规处理的皮相差不大。从成品感官性能排序来看，常规油鞣干洗皮＞溶剂加油干洗皮≫乳液加油干洗皮＞铝鞣干洗皮。溶剂加油干洗皮的各成分含量与常规油鞣干洗皮相当，皮板绵软，泡感强，延伸性较好。该感官评价结果与水貂皮纵切面形貌也是一致的，图 5-7 中上述两者的皮板纤维束都分散成细纤维，粒面层和网状层的分散都很均匀，孔隙多而大。而乳液加油干

表 5-14　　不同加油方式所得水貂皮的各成分含量及感官性能

样品	水分含量/%	油脂含量*/%	铝含量*/%	氯离子含量*/%	感官性能评价
铝鞣干洗皮	13.3±0.6	1.2±0.0	0.76±0.01	0.38±0.00	皮板干硬，延伸性很差
乳液加油皮	34.5±0.9	26.4±0.1	0.55±0.01	1.75±0.00	
乳液加油干洗皮	10.8±0.0	7.0±5.3	0.71±0.02	2.58±0.07	皮板干涩，延伸性差
溶剂加油皮	10.0±0.3	30.0±0.4	0.54±0.04	1.22±0.13	
溶剂加油干洗皮	10.4±0.4	3.5±0.2	0.66±0.04	0.60±0.07	皮板绵软，泡感强，延伸性较好
常规油鞣干洗皮	12.7±0.0	3.7±0.0	0.47±0.01	0.47±0.13	皮板绵软，泡感强，延伸性好

* 百分含量，以干皮质量计。

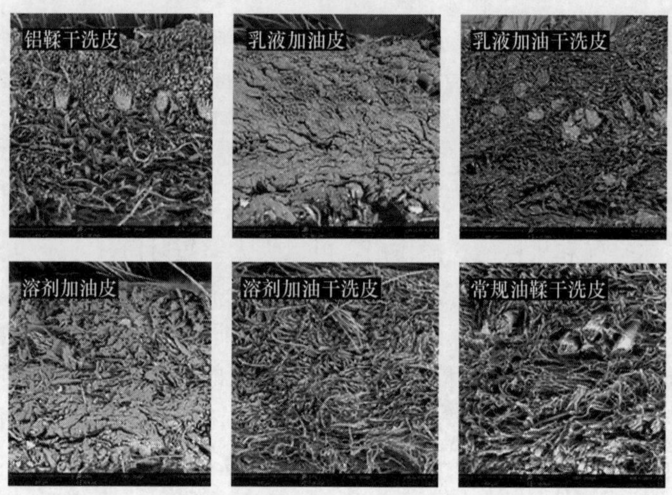

图 5-7　不同加油方式所得水貂皮纵切面的 SEM 照片

洗皮尽管油脂含量更高，但皮板手感干涩、延伸性差，与铝鞣后直接干洗的皮相似。从皮板纵切面形貌也可看出，这两者的纤维分散程度明显不足且不均匀，网状层已分散成粗纤维，但粒面层分散较差。这说明采用乳液加油方式，皮板中油脂分布很可能不均匀，缺乏油脂对整个皮纤维网络的润滑和分散作用，以及溶剂对纤维的脱水定型作用，从而导致成品手感不佳。因此，溶剂加油方式更有利于减少踢皮油的用量，同时保证成品具有优良的感官性能。

5.4.5　油鞣的实际操作

以水貂皮的铝-油鞣工艺为例，介绍油鞣的实际操作。

① 铝鞣：原料为浸酸皮，设备为划槽，温度 30～35℃，有机酸 0.5～1.0g/L（甲酸和乙酸各 50%），氯化钠 50～60g/L，铵明矾 35～60g/L，用 10%纯碱溶液缓慢提碱，pH 为 3.5～3.8，时间 24h。然后甩水，转锯末干燥至水分含量 25%左右。

② 油鞣：踢皮油 50～70g/张。将踢皮油均匀地刷于皮板上，投皮入热风转鼓中，将剩余的踢皮油倒进鼓中，转动 2～4h，温度 38～40℃，停鼓过夜。将热风转鼓中的水貂皮转入踢皮机中踢 3～4h，温度＜40℃，检查毛根透油情况。

③ 干整理操作：伸宽→拉长→转粉→踢粉→削匀→翻筒（毛朝外）→干洗→转锯末→整理。

5.5　结　合　鞣

所谓结合鞣法，是指将两种或两种以上鞣剂用于鞣制的方法，其目的是使不同的鞣制方法优势互补，产生协同效应，获得单一鞣剂鞣制无法获得的良好性能。另外，在生态环保受到高度重视的今天，从保证产品质量、减少环境污染和制造生态毛皮等角度出发，一些结合鞣法具有良好的应用前景。目前，在毛皮鞣制中常用的结合鞣法有铝-铬结合鞣法、醛-铬结合鞣法、醛-铝结合鞣法和铝-油结合鞣法。

5.5.1　铝-铬结合鞣

前已述及，铝鞣毛皮色白、柔软、轻薄，但不耐水洗，收缩温度低，铬鞣毛皮则耐水洗，收缩温度高，但鞣后皮板收缩变厚，毛被易沾污上绿色。考虑到铝鞣与铬鞣有相同的鞣制条件，用铝盐代替一部分铬盐，将两者结合鞣制，可取长补短，在一定程度上克服各自单独鞣制的不足，是一种有前途的鞣制方法。铝-铬结合鞣制毛皮始于20世纪60年代，目前广泛应用于绵羊毛皮和毛革产品的鞣制中。

在铝-铬鞣液中，形成了一种具有鞣性的、包括铬和铝在内的异多核配合物，其稳定性得到大幅提高。按照不同比例配制的铝-铬鞣液，结合鞣制性能存在差异。此外，鞣液的碱度、配制方法、蒙囿剂的种类和用量等因素都会对结合鞣的效果产生影响。

对铝-铬结合鞣工艺的鞣剂加入顺序的研究（表5-15和表5-16）表明：

① 先用铝鞣剂鞣制，再铬鞣，与皮胶原结合的铝鞣剂要被铬鞣剂取代，铬鞣效果显著增强。在这种结合鞣中，铬鞣剂的结合量最大，皮板丰满，收缩温度高，但皮板欠轻盈，颜色浓厚、不够均匀。

② 先用铬鞣剂鞣制，再铝鞣，与皮胶原结合的铝鞣剂量接近最大值，铬鞣剂的结合量下降，皮板颜色浅淡，柔软性好，收缩温度较高。

③ 铬鞣剂与铝鞣剂共同鞣制会促进鞣制过程，皮板从鞣液中吸收的鞣剂量比每种单独鞣制时都多。在这种结合鞣法中，与皮胶原不可逆结合的铝盐量最多，皮板柔软，色淡，疏松，可塑性差。

表5-15　各种鞣制方法及其鞣液特征

鞣制方法	鞣制时间/h	鞣液的浓度/(g/L)				鞣液的碱度/%				鞣剂含量/%	
		初始		废液		初始		废液			
		Al_2O_3	Cr_2O_3	Al_2O_3	Cr_2O_3	铝	铬	铝	铬	Al_2O_3	Cr_2O_3
1. 铝-铬混合鞣液	24	3.35	2.89	—	2.30	28.9	—	—	—	0.66	0.69
2. 铬鞣后碱性铝明矾复鞣	48	2.76	3.12	2.15	2.65	25.6	32	4.2	25.3	0.52	0.34
3. 碱性铝明矾预鞣后铬鞣	48	2.60	3.11	2.21	2.21	26.5	32	13.6	22.8	0.13	1.19
4. 碱性铝明矾鞣	24	2.60	—	2.21	—	26.5	—	13.6	—	0.17	—
5. 铬鞣	24	—	3.1	—	2.65	—	32	—	25.3	—	0.30
6. 明矾预鞣后铬鞣	48	2.79	3.12	2.56	1.98	2.5	32	2.0	19.7	0.22	1.40

注：液比为6，温度为20℃

表5-16　各种鞣制方法所得毛皮皮板的特征

鞣制方法	收缩温度/℃	皮板的特征
铝-铬结合鞣	80	柔软，色淡，很疏松，可塑性差
铬鞣后用碱性铝明矾复鞣	84	色淡，光滑，很柔软
碱性铝明矾鞣后铬复鞣	95	丰满，沉重，污点很多，浓厚蓝色
碱性铝明矾鞣	65	色白，疏松，可塑性差
铬鞣	70	光滑，柔软，微呈蓝色

先铬后铝结合鞣法和铝-铬混合结合鞣法较适用于毛皮生产，其共同特点是相比铬鞣毛皮，出皮率增加10%左右。先铬后铝结合鞣制各类毛皮的鞣液配方见表5-17。

表5-17　先铬后铝结合鞣制各类毛皮的鞣液配方

鞣液组成	绵羊皮	二毛羔	兔皮	猾子皮	羔皮
三氧化二铬含量/%	0.2～0.3	0.2～0.25	0.2	0.2	0.2
氯化钠浓度/(g/L)	35	25	35	35	35
液比	5	5	5	5	5
pH	2.5～3.0	2.4～3.0	2.9	2.5	2.5
明矾浓度/(g/L)	40	35	35	30	30
芒硝浓度/(g/L)	20	29	10～20	10～20	10～20
氯化钠浓度/(g/L)	20	20	20	20	20
液比	5	5	5	5	5
pH	2.5～3.9	3.0～4.0	2.7～3.3	3.2	3.2

铝-铬混合结合鞣法工艺较简单，下面以兔皮为例，介绍其实际操作过程。

设备为划槽，液比为8（以湿皮质量计），温度36℃，硫酸2.5g/L，氯化钠40g/L，芒硝40/g/L，明矾15g/L，铬鞣剂2.4g/L，时间48h，出皮时pH为3.7～3.8。

操作要求：将氯化钠、芒硝和硫酸加入划槽中，再加明矾和铬液等材料，使材料全部溶解，搅匀，调整温度即可投皮，划动10～15min，以后间断划动数次。下皮后12h加温至40℃，24h后加温至42℃，加小苏打1.5～2.0g/L，pH达到3.5左右。32～36h后再加温40℃，加小苏打0.5～lg/L。pH达到3.6左右，至48h，测收缩温度达75℃以上即可出皮，静置过夜。

5.5.2　醛-铬结合鞣

醛-铬结合鞣法在毛皮加工中也有应用。这里所用的醛鞣剂包括甲醛、戊二醛、改性戊二醛、有机膦盐等。醛鞣剂主要与皮胶原上的氨基结合，而铬盐主要与皮胶原上的羧基配位。因此，醛-铬结合鞣法可充分利用胶原上的多种活性基团，形成更多的交联。由于醛鞣与铬鞣所需的pH条件不同，一般进行异浴结合鞣制。

采用两性醛鞣剂TWT、有机膦盐鞣剂和双醛多糖鞣剂OSA（用量均为10g/L）与少量铬鞣剂（2g/L）对绵羊毛皮进行结合鞣制，由表5-18可知，经醛预鞣后，鞣制皮坯的收缩温度均有所增加，表明OSA、TWT和有机膦盐的自鞣性较强，可将收缩温度提高至85℃左右。另外，鞣制后皮板面积均未减少，表明这三种醛鞣剂具有适中的鞣性。醛鞣剂预鞣后再进行少铬结合鞣，铬的吸收率、结合量以及皮板的收缩温度均高于2g/L铬鞣剂单独鞣制的毛皮。这是因为皮板纤维经过醛预鞣后得到了良好的分散和固定，有利于铬鞣剂的渗透和结合。相较于单独采用2g/L铬鞣剂鞣制，少铬结合鞣皮板对铬的吸收率提高了15.1%～28.3%。醛-铬结合鞣法鞣制后，绵羊毛皮的收缩温度均高于90℃，达到了后期高温染色的要求。

表 5-18　　绵羊毛皮的醛-铬结合鞣制特性

鞣制方案	皮板 Cr_2O_3 含量/%	铬鞣剂吸收率/%	收缩温度/℃		出皮率/%	
			醛鞣	铬鞣	醛鞣	铬鞣
2g/L 铬鞣剂	0.73	59.6	—	78.9	—	102.5
16g/L 铬鞣剂	2.67	24.4	—	100.5	—	91.8
10g/L OSA+2g/L 铬鞣剂	0.96	78.3	85.8	90.2	106.5	128.8
10g/L TWT+2g/L 铬鞣剂	1.12	87.9	85.0	94.0	99.6	105.7
10g/L 有机膦盐+2g/L 铬鞣剂	0.98	82.4	84.2	95.1	100.0	100.0

毛皮皮板的电荷性质可用其等电点（pI）加以表征。皮胶原自身的侧链羧基能够释放质子，侧链氨基、胍基等碱性基团能够接受质子，使其具有两性电荷性质和等电点。鞣制过程会加入带有多种化学基团的鞣剂，与皮胶原侧链酸/碱性基团发生化学交联反应，使皮板等电点发生改变。鞣制皮板的等电点对控制染整材料在皮内的渗透和结合具有重要作用。皮板的等电点高于染整材料的结合/固定 pH（3.8～4.0）时，皮胶原带净正电荷，有利于阴离子染整材料与皮胶原的结合。一般来说，皮板等电点越高，与染整材料的结合能力越强。从表 5-19 可以看出，TWT-铬结合鞣毛皮对加脂剂和染板染料的吸收率高于有机膦盐-铬结合鞣毛皮以及单独采用 2g/L 铬鞣剂鞣制的毛皮，并且与 16g/L 铬鞣剂常规铬鞣毛皮相当，这主要是由于鞣制结束后皮板等电点的不同。一方面，TWT 分子上的羧基可以提高铬的吸收，加强铬在皮内的结合，有利于皮板等电点的提高；另一方面，TWT 分子上带有的正电荷，可以弥补因胶原侧链氨基数量减少而导致的等电点降低。这两种作用使得皮板的等电点并未大幅降低（pI=7.75），与常规铬鞣相近（pI=8.17）。有机膦盐预鞣会大量消耗皮胶原的侧链氨基，使得少铬鞣后皮板的等电点也较低（pI=4.62），其对加脂剂和染板染料的吸收率均低于 TWT-铬结合鞣毛皮的吸收率。但是，有机膦盐-铬结合鞣毛皮的纤维网络得到了良好的分散，有助于染料分子的渗透，因此其染料吸收率高于 2g/L 铬鞣剂鞣制的毛皮。另外，高温染毛后，醛-铬结合鞣毛皮对染毛染料的吸收率相较于铬鞣毛皮差异不大，表明这三种结合鞣法对毛被染色没有明显影响。

表 5-19　　加脂剂和染料吸收率

鞣制方案	皮板等电点	加脂剂吸收率/%	染板染料吸收率/%	染毛染料吸收率/%
2g/L 铬鞣剂	7.62	57.52	72.55	96.90
16g/L 铬鞣剂	8.17	59.21	79.37	99.49
10g/L TWT+2g/L 铬鞣剂	7.75	58.79	81.42	99.62
10g/L 有机膦盐+2g/L 铬鞣剂	4.62	56.72	80.67	99.31

5.5.3　醛-铝结合鞣

醛-铝结合鞣与醛-铬结合鞣的工艺条件相似，但该鞣法能够使毛皮获得白色的毛被。甲醛鞣制后用铝鞣剂进行中和及鞣制，是最常用的结合鞣制方法，铝鞣既可以作为醛鞣的中和处理工序，又可以起到结合鞣的作用，一举两得。醛-铝结合鞣是杂皮（兔皮）和低档细皮（国产狐狸、貉子皮）等常用的主鞣方法。

以貉皮的醛-铝结合鞣工艺为例，介绍其实际操作过程。

① 鞣前准备：浸水→踢皮→削匀→水铲→拉刀→复浸水→甩水→浸酸软化→甩水。

② 醛鞣：设备为划槽，液比 15（以湿皮质量计，下同），温度 38℃，氯化钠 40g/L，非离子型渗透剂 1g/L，甲醛 5g/L，纯碱 1g/L，时间 2h，分次缓慢加入小苏打 3g/L，调 pH 至 6.5，过夜，次日甩水。

③ 脱脂：设备为划槽，液比 15，温度 40℃，氯化钠 40g/L，非离子型渗透剂 2g/L，非离子型脱脂剂 2g/L，纯碱 1g/L，时间 2h，甩水。

④ 中和铝鞣：设备为划槽，液比 15，温度 40℃，氯化钠 40g/L，氯化铵 2g/L，非离子型渗透剂 1g/L，甲酸 0.5g/L，时间 2h，pH3.8。向浴液中继续加入铝鞣剂 2g/L，铵明矾 15g/L，助鞣剂 1.5g/L，pH3.5，过夜。次日甩水，进行干整理。

5.5.4 铝-油结合鞣

铝-油结合鞣主要是针对高档细皮所采用的主鞣方法，如水貂皮、进口狐狸皮、黄狼皮、灰鼠皮、海狸皮和麝鼠皮等，其实际操作方法见 5.4.5 油鞣一节。

以水貂皮铝-油结合鞣制的整个工艺过程为研究对象，测定各工序皮板水分含量、油脂含量、铝含量和氯离子含量的变化规律，观察并分析其组织结构变化和纤维分散情况。

① 水貂皮的水分含量：如图 5-8 所示，浸水皮和脱脂皮（甩水后）由于经过充分的浸泡充水，基本呈鲜皮状态，其水分含量最高，分别为 50.3％和 46.0％。随着浸酸和铝鞣工序的进行，水貂皮在盐和铝鞣剂的作用下略有脱水，水分含量降低至 36％左右。铝鞣后经过 3 次转鼓干燥，锯末吸附了皮中大部分自由水，使水貂皮的水分含量降低至 27.6％，符合油鞣前的水分含量（25％～30％）要求，利于油鞣时油脂的渗透和扩散。油鞣之后的各工序水貂皮呈干燥状态，皮中仅含有结合水和部分毛细管水，其水分含量基本保持稳定，至成品时水分含量为 14.6％。

② 水貂皮的油脂含量：如图5-9所示，水貂原料皮中油脂含量很高，浸水后油脂含量为 31.9％。经过表面活性剂（3g/L）和纯碱（1g/L）乳化-皂化联合脱脂 2h 后，油

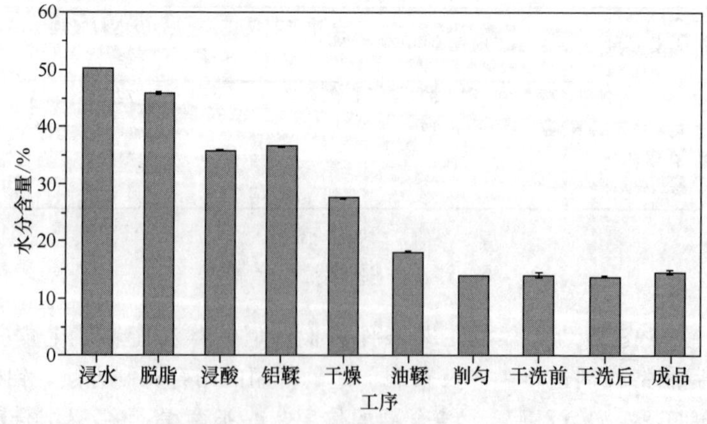

图 5-8　各工序水貂皮的水分含量

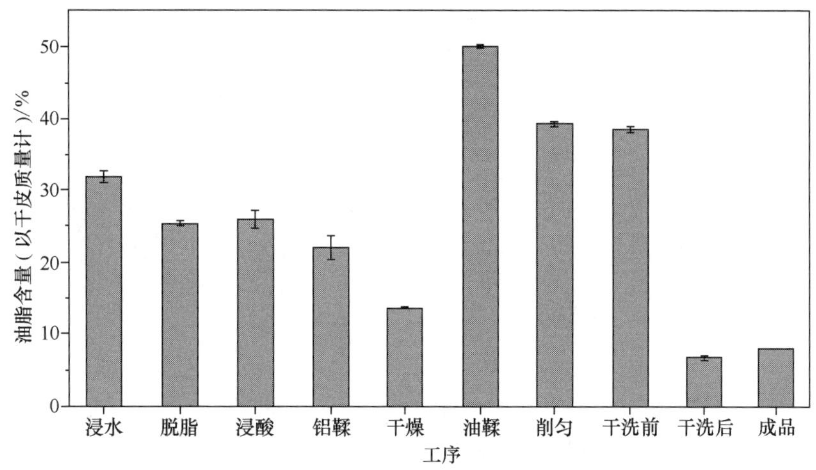

图 5-9　各工序水貂皮的油脂含量

脂含量仍有 25.4%，脱脂作用并不明显。此时皮板纤维编织仍较紧密，未经充分松散，故几乎只是对皮表面油脂的去除。随着浸酸软化和铝鞣的进行，油脂含量略有下降，这是由于在酸和酶等的作用下，皮板纤维得到分散，其中的油脂被释放出来，但酸性环境并不适合油脂的去除，只有一小部分通过水解和乳化脱除。在随后的转鼓干燥处理中，经浸酸鞣制释放出的大量游离油脂被锯末吸走，使干燥皮的油脂含量明显降低（13.6%），这说明铝鞣后的转鼓干燥工序脱脂作用最强。经过油鞣工序，水貂皮吸收了大量踢皮油（一种渗透性很好的油脂），油脂含量增至 50%以上，但是干洗后皮中油含量仅为 6.6%，表明油鞣时所吸收的踢皮油以及生皮中原有的油脂在溶剂干洗过程中被洗出了绝大部分。由此可见，与皮纤维牢固结合的踢皮油微乎其微，更多踢皮油只是物理填充在皮内并经干洗去除，故踢皮油的浪费十分严重。

③ 水貂皮的铝含量：如图 5-10 所示，铝鞣皮的铝含量为 0.7%。铝鞣时加入了 30g/L 铵明矾和 2g/L 三甲酸铝，通过估算可知，生皮实际吸收的铝含量为铝加入量的 30%左右，符合日常生产结果。随着后续工序的进行，皮中铝含量基本保持在 0.5%～0.6%，即这部分铝与皮胶原发生了交联，已与皮板牢固结合。

④ 水貂皮的氯离子含量：基本反映其盐（氯化钠）含量。为了防腐、保护毛被以及抑制皮板在酸性条件下膨胀，在毛皮加工多个工序中会加入大量盐。由图 5-11 可知，皮对盐的吸收率很高，在浸水工序中加入了 30g/L 盐，浸水后皮中氯离子含量为 1.75%。脱脂时未加盐，脱脂皮的氯离子含量（0.47%）下降明显，但已被皮吸收的盐仍有 27%留在皮中，可见盐对于皮板的结合性较强。浸酸时加入 50g/L 盐，故盐含量明显上升。铝鞣时浴液中盐浓度未变，皮板仍在进一步吸收盐，而且有部分氯离子参与到铝鞣配位反应中，氯离子含量达到最大值。经过油鞣、干洗等多步处理后，盐仍存在于皮中，最终成品中盐含量仍然较高。

⑤ 水貂皮纤维分散情况：皮板纵切面的组织切片显微照片如图 5-12 所示，SEM 照片如图 5-13 所示。水貂皮皮板的组织结构特点是胶原纤维编织致密，乳头层纤维束较细，呈交叉状紧密编织，网状层纤维束稍粗，主要平行于皮面走向。由图 5-12 组织切

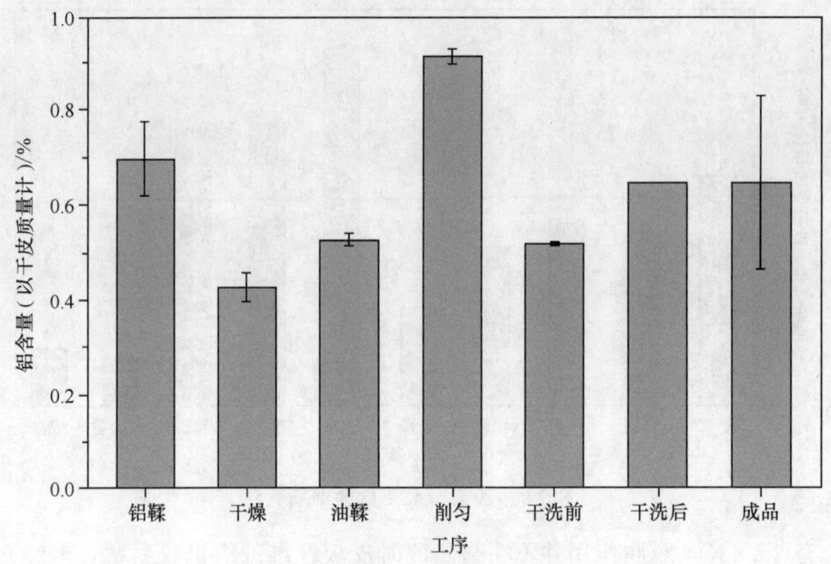

图 5-10　各工序水貂皮的铝含量

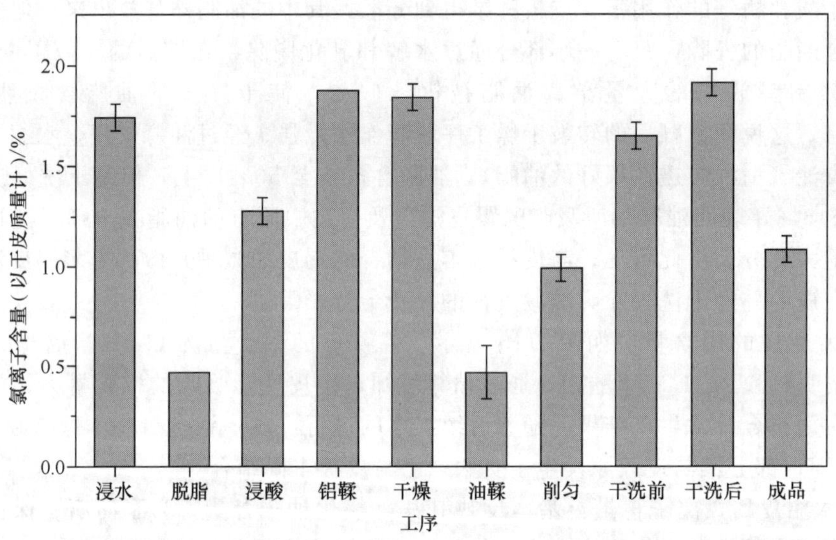

图 5-11　各工序水貂皮的氯离子含量

片可以看出，浸水至浸酸皮板纤维束的编织虽然紧密，但走向趋势并不明显，由相应的SEM 照片（图5-13）也可知，浸水至浸酸皮板的纤维束相互黏结，整个纵切面几乎没有空隙。铝鞣后，纤维束得到适当固定，使得铝鞣和干燥皮板的编织走向更加明显（图5-12），且纤维束之间和内部（图 5-13）均有一定程度的分散，出现少量孔隙。油鞣时大量踢皮油填充在皮板中并包裹住纤维束，使得油鞣至干洗前的皮板组织切片较模糊，SEM 纵切面则非常紧实。干洗工序对于纤维分散的作用十分突出，在溶剂的作用下，绝大部分油脂在干洗时被除去，纤维间质也被溶出，使得组织切片的纤维走向重新清晰，且皮板纤维束的分散程度显著提高，孔隙增多，至成品皮纤维分散且定型。

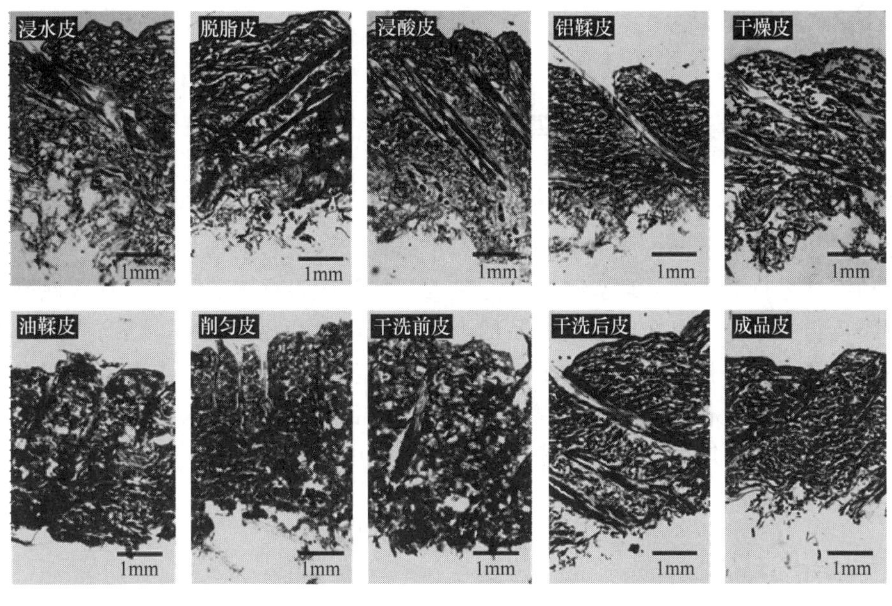

图 5-12　各工序水貂皮纵切面的组织切片显微照片

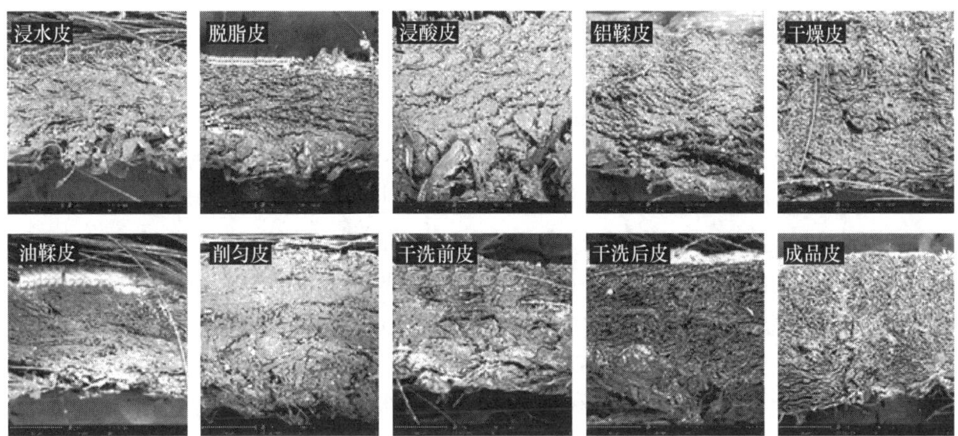

图 5-13　各工序水貂皮纵切面的 SEM 照片

第六章　湿 态 整 理

毛皮鞣制后，为了进一步提高产品的外观和品质，仍需对其做进一步的整饰处理，按处理方式与条件的不同可分为湿态整饰和干态整饰。湿态整饰是指在水介质中对毛皮的皮板和毛被进行的修饰处理。通过湿态整饰，能够改善皮板的物理和感官性能，并赋予毛被颜色与光泽等，以突出毛皮产品的个性特征，增加花色品种，提高产品的附加值和使用性能等。湿态整饰主要涉及复鞣、加脂和染色这 3 个工序，本章将介绍以皮板为处理对象的复鞣工序和加脂工序，以及染前准备的各种操作，而染色工序主要针对毛被进行处理，是毛皮整饰的最关键工序，将在第七章中进行介绍。

6.1　复　　鞣

6.1.1　复鞣的目的

毛皮的复鞣即是对初鞣后的毛皮做进一步鞣制。除了毛革产品外，其他毛皮产品的复鞣较为简单，常用铬复鞣和醛复鞣两种方法。

毛皮复鞣的主要目的是补充初鞣的不足，满足后续加工需求，提高产品质量。在目前的毛皮（尤其是细杂皮）加工中，鞣制（俗称硝制）和整饰（俗称染色）可能不在同一个企业完成。作为染色企业，其收购的鞣制革坯不一定完全符合后续加工的要求，必须通过复鞣使革坯达到统一的质量要求，以减少整饰中的质量事故。例如，初鞣采用油鞣、铝鞣、醛鞣、硝面鞣等无铬鞣法鞣制，皮板的收缩温度较低，而整饰时若需要对毛皮进行酸性染色、烫毛、气蒸拔色等高温操作，则必须先进行铬复鞣，提高皮板的收缩温度，以满足后续的高温操作要求；对于需进行氧化漂白退色或氧化染色的毛皮，则必须先进行醛复鞣，提高皮板的耐氧化性，避免出现退鞣、烂皮等事故；铝鞣毛皮的耐水性较差，在保存不当的情况下易吸潮，引起皮板发热、变硬、掉毛甚至腐烂等问题，通过复鞣可进一步提高皮板的贮存稳定性；毛革产品则需要通过复鞣和填充，减少皮板部位差，改善皮板的丰满度、柔软度等感官性能，满足后续磨绒、染板和涂饰等操作的要求。

6.1.2　复 鞣 方 法

6.1.2.1　铬复鞣

铬复鞣的主要目的是提高皮板的收缩温度，提高产品的耐贮存稳定性，改善皮板的丰满性、柔软性和强度，提高皮板的染色性能（针对毛革而言）等。铬复鞣通常在染色之前进行，若铬复鞣在染色之后进行，还会起到一定的固色作用。铬复鞣的操作方法通常分为浸铬鞣剂复鞣和刷铬鞣剂复鞣。

浸铬鞣剂复鞣是目前最常用的铬复鞣方法。通常的操作是调好水量、水温，为防止皮板发生酸肿，在水中加入不低于 50g/L 的氯化钠，并用甲酸调节浴液的 pH 至 3.0 左右，加适量的渗透剂，划匀后投皮，划动 60min，加入铬鞣剂，划动 30～60min，以后间隙划动，共 6h，然后用小苏打提碱（小苏打用水划开后分 2～3 次加入，间隔 30min）至 pH3.6～3.8。根据毛被的长短和复鞣设备的情况，复鞣时液比可控制在 8～20。根据对皮板收缩温度和成品手感的要求不同，铬鞣剂用量为 5～20g/L。对剪绒羊皮和草上霜产品的铬鞣剂用量宜大一些。铬鞣剂用量大，成品皮板收缩温度高，皮板紧实、有弹性，但柔软度和延伸性会下降，出皮率低。复鞣时温度控制在 35～38℃，总时间 24～48h。对于油脂含量大的毛皮在铬复鞣前应先脱脂，以防产生铬皂。浸铬鞣剂复鞣的优点是鞣制均匀，生产效率高，缺点是耗水量大，铬吸收率低（20%～30%），毛被上吸附大量铬鞣剂，可能会影响染色，且致染色废液中铬含量较高。

刷铬鞣剂复鞣是一种简单易行的方法，其操作是将铬鞣剂溶于 40℃ 的温水中，配制成铬鞣剂浓度为 10g/L（折合 Cr_2O_3 计）左右的铬鞣液，然后手工将铬鞣液均匀地刷涂于皮板上，板对板静置 24h，对于皮板较厚的毛皮可在静置 4～6h 后再刷一次铬鞣液。染色前要仔细洗皮，尽量除去毛被上及皮板上多余的铬鞣剂。刷铬鞣剂复鞣的优点是节约水，不污染毛被，缺点是劳动强度大，工作效率低，鞣剂结合不均匀可能造成皮板染色不匀。

为了减少铬排放，节约铬鞣剂和水，提倡对铬复鞣废液进行循环利用。采用一致的 pH（3.5 左右）进行铬复鞣，不提碱，并通过气浮、混凝、过滤等方法除去铬复鞣废液中的杂质，分析废液中的铬鞣剂、氯化钠和酸的含量，按照分析结果补加化工材料和水，可以提高铬复鞣废液循环利用的效果。

6.1.2.2　醛复鞣

用醛鞣剂复鞣的主要目的是提高皮板的耐碱性、耐氧化性、耐水洗性、耐皂洗性和耐汗性，同时醛复鞣也可提高皮板的收缩温度、延伸性、柔软性、丰满性和弹性。用氧化染料染色时需在弱碱性条件下进行氧化染色，氧化漂白或退色时要使用大量的氧化剂（过氧化氢的最大浓度可达 80g/L 以上），这就要求皮板必须有足够的耐氧化性能，否则可能引起退鞣，导致烂皮。

复鞣所用的主要醛鞣剂仍是甲醛。甲醛复鞣的方法与甲醛初鞣基本相同。液比 8～20，温度 30～35℃，甲醛 8～12g/L，pH 7.0～7.8，鞣制 12h 以上。

甲醛复鞣的优点是操作简单，易控制，成本低，产品耐氧化性强，缺点是产品中游离甲醛严重超标（可达 500mg/kg 以上）。

6.1.2.3　铝复鞣

用高碱度铝鞣剂、铝明矾或含铝多金属络合鞣剂等对铬鞣或醛鞣毛皮进行复鞣，可增强皮板的紧实性和强度，对于毛革产品还能改善磨绒性，使绒毛更均匀、细致，增加皮纤维的正电性，提高皮板的染色性，使染色更加鲜艳、明亮、饱满。

铝复鞣方法与浸铬复鞣相似。例如，经甲醛初鞣的兔皮，采用铝明矾复鞣，水温 45～50℃，氯化钠 10g/L，甲酸 0.3g/L，铝明矾 15g/L，时间 12h 以上。对于铬初鞣的绵羊皮，可用高碱度铝鞣剂（如碱度 60%以上的碱式氯化铝）10g/L，液比 15，氯化钠 20g/L，时间 8h 以上，终点 pH 为 3.8 左右。

6.1.2.4 毛革复鞣填充

合成鞣剂、植物鞣剂、树脂鞣剂等在皮革复鞣中的使用极其普遍，在毛皮生产中主要是用于毛革的复鞣，以改善和提高皮板的磨绒性、均一性、成型性、紧实性等。如植物鞣剂能赋予成品紧实性和压花成型持久性，氨基树脂鞣剂多用于解决部位差和松面等问题，而合成鞣剂和丙烯酸树脂鞣剂可提高皮板的丰满性、柔软性和泡感等。这些复鞣剂各有其优点，但也存在各自的缺陷，在选用时应慎重选择或搭配使用，并注意两点问题：一是复鞣剂尽量不要上毛，否则会影响毛被的颜色和光泽；二是由于材料在毛皮中单面渗透的特点，尽量选择渗透性好的复鞣剂。复鞣通常采取浴液复鞣方式，浴液温度以 35℃左右为宜，时间 10h 以上。

6.2 加　　脂

加脂又称为加油。通过加脂可以明显地改善毛皮成品手感，提高其物理性能，是增加使用价值的重要工序之一。毛皮加脂既可以在染色时进行，也可在浸酸、鞣制时及鞣制后进行；可以一次加脂，也可多次加脂。加脂所用的材料称为加脂剂。

毛皮加脂与制革加脂的相同之处在于，都是主要针对皮板实施的加油处理。但是，毛皮产品要求毛被松散、灵活、光亮、自然，故毛皮加脂与制革加脂的不同之处是毛皮加脂还可以适当改善毛被的油润光泽感，但不能沾污毛被，引起毛被黏结。因此，毛皮加脂对加脂剂的选择、加脂操作的控制及要求更加严格。

6.2.1　加脂的目的

由于干燥作用，鞣制皮板中的大量水分被蒸发，分布于皮纤维间的鞣剂含量增加，鞣剂分子变大，皮纤维的交联结合程度增加；又由于在干燥过程中的毛细管压力作用，使毛细管产生弯曲和收缩，皮纤维结构的间隙缩小，纤维间相互黏结，最终造成皮纤维黏结、变硬、不耐弯曲。为了防止上述现象产生，需要在干燥之前进行加脂，在皮纤维上覆盖一层油膜，以保持胶原纤维间的可移动性和多孔性。

加脂的主要目的是使油脂均匀分布在皮纤维之间，润滑纤维，降低纤维的摩擦因数，使成品滋润、光滑、柔软、丰满、耐折，韧性和延伸性增加；提高成品的抗水性和力学强度（如抗张强度、撕裂强度等）；适度改善毛被的油润光泽感；增加绒面毛革皮板颜色的鲜艳度和绒头的丝光感；赋予毛皮产品新的功能和性质，例如某些加脂剂可使皮板增加弹性、填充增厚等。

但是，加脂会影响毛皮成品的吸水性、透水汽性、染料上染率以及毛革涂饰的黏着力，加脂过量会产生油腻感等。因此要合理控制，以求达到良好效果。需要指出的是，对于油脂含量大的原料皮，如绵羊皮、黄狼皮和海产动物皮等，其自身的油脂主要存在于皮板的脂肪细胞内，无法润滑纤维，且会阻碍其他材料的渗透，需在鞣前准备中将其除去。在鞣制及鞣后工序中仍需要加脂，使加脂剂均匀地包覆在皮纤维表面，起到润滑纤维的作用。

6.2.2　加脂材料

为了使毛皮获得良好的加脂效果，确保皮板的高延伸性和柔软性，必须使用能生成稳定乳液、能快速透入皮板内、在皮纤维表面均匀分布的加脂材料，对其有以下要求：

① 乳液颜色呈白色或浅奶油色，染深色的毛皮允许使用棕色加脂剂乳液。

② 无异味或强烈的刺鼻气味。

③ 油脂含量不少于 60%。

④ 任意稀释倍数，所配制的乳液都应稳定，1%乳液应至少稳定 24h，10%和 50%的乳液应至少稳定 2h，加热到 80℃时，乳液应至少稳定 1h。

⑤ 加脂乳液应对电解质（如氯化钠、铬鞣剂、铝鞣剂、木素磺酸及其他酸）稳定至少 2h。

⑥ 10%的加脂乳液的 pH 为 6～7.5。

⑦ 乳液微粒不大于 3μm。乳液呈半透明状或乳白状。

⑧ 加脂乳液在 2h 内能渗透入皮板厚度的 75%。

⑨ 对毛被无不良影响，加脂后易于从毛被上清除加脂乳液。

毛皮常用的加脂材料按其来源和化学结构的不同可分为 3 类：天然油脂、天然油脂的改性产品和来自石油化工的合成加脂剂。毛皮加脂中为避免毛被污染和上色，选用颜色浅淡的合成加脂剂较多。另外，在现代加脂工艺中，很少单独使用一种加脂剂，通常会使用由多种油脂复配而成的复合型加脂剂，或将几种加脂剂搭配使用，以获得理想的加脂效果。

6.2.2.1　天然油脂

天然动、植物油脂的主要成分是高级脂肪酸的甘油三酯，其结构通式如下：

$$
\begin{array}{l}
H_2C-O-\overset{\displaystyle O}{\overset{\|}{C}}-R_1 \\
\quad | \\
HC-O-\overset{\displaystyle O}{\overset{\|}{C}}-R_2 \\
\quad | \\
H_2C-O-\overset{\displaystyle O}{\overset{\|}{C}}-R_3
\end{array}
$$

式中，R_1～R_3 代表不同饱和或不饱和脂肪酸的碳链，R 不同，油脂的种类和特性不同。除甘油三酯外，油脂中也存在少量甘油二酯、甘油单酯、游离脂肪酸和蜡等。

油脂中脂肪酸的种类和饱和程度决定着油脂的物理化学性质。常温下呈固态或半固态的被称为脂，其脂肪酸多为饱和脂肪酸；常温下呈液态的被称为油，其脂肪酸组成中不饱和脂肪酸的含量高。油脂的不饱和程度用碘值来定量地表示，100g 油脂与碘发生加成反应，所消耗碘的质量（g）称为碘值。碘值高表示组成油脂的脂肪酸不饱和程度高，即油脂分子结构中含有较多的不饱和双键，易被氧化和干化。因此使用碘值较高的油脂，成革在长时间放置时会因油脂的氧化而出现变黄，油脂中的双键可能产生交联，形成树脂状大分子物质，使皮变硬。

天然油脂常含有一定量的游离脂肪酸，用酸值可定量表示油脂中游离脂肪酸的多少，酸值是指中和1g油脂所需要的KOH的质量（mg）。酸值大小反映了油脂发生水解的程度，酸值低说明油脂中游离脂肪酸含量少，油的品质好。酸值大的油脂在加脂中可能形成皂，影响加脂效果，或产生令人不愉悦的气味，即发生酸败。

天然动、植物油脂中的另一重要成分是蜡。蜡是由高级脂肪醇与高级脂肪酸构成的单酯，其分子结构呈直链状，能更好透入皮纤维间，对于加脂有特殊的作用。天然油脂有以下几种：

（1）鱼油

各种海产动物如海豹、鲸鱼、鲨鱼、沙丁鱼、鳕鱼等的油脂统称为鱼油。各类鱼油用途较广，既可用于加脂，又可作为踢皮油的原料用于油鞣。鱼油的不饱和程度（碘值）高，是制备加脂剂的优质原料油，典型代表是亚硫酸化鱼油加脂剂。该类加脂剂乳液稳定性好，耐酸，耐盐，渗透性好，加脂效果持久，皮板柔软，油润感强，延伸性较大，但易引起松面。另外，鱼油若精炼不好，会有鱼腥味，可能引起毛泛黄。

（2）牛蹄油

牛蹄油是从牛蹄中提取的油，颜色浅淡，性质稳定，抗寒（凝固点低，为－12～－6℃），不易氧化。牛蹄油对皮板具有较强的柔软滋润性能和填充性能，能赋予皮板良好的柔韧性和丰满性，且不使皮板太松软或油腻，是一种要求皮板丰满、紧实手感的理想加脂材料，其主要改性产品是硫酸化牛蹄油。

（3）羊毛脂

羊毛脂是由羊毛皮脂腺分泌并附着于羊毛上的脂类混合物，主要来源于羊毛洗涤副产物。羊毛脂常温下呈淡黄色半固态油脂，有特殊的气味，其主要成分是蜡，即高级脂肪酸与高级脂肪醇形成的单酯混合物，但习惯上称为脂。羊毛脂的加脂保湿性能优良，加脂皮板的油润感和蜡感强，皮面光滑而有弹性，绒面丝光效应明显。羊毛脂是毛皮踢皮油的关键成分，其改性产品则以亚硫酸化加脂剂为主。

（4）植物油

蓖麻油、豆油、菜籽油等天然植物油均可用作加脂剂的原料。植物油来源广，价廉，脂肪酸碳链多为12～18个碳，不饱和程度差异较大，有不饱和程度高的亚麻籽油和橡胶籽油，也有碘值很低（8～10）的椰子油。植物油常用硫酸化、亚硫酸化和磷酸化进行改性，向其分子结构中引入亲水基团。以蓖麻油为原料制备的毛皮加脂剂历史悠久，典型代表为硫酸化蓖麻油，即土耳其红油。与动物油脂加脂剂相比，以植物油为原料制备的加脂剂大多渗透性较好，但油润感较差。

6.2.2.2 天然油脂改性加脂剂

以天然动、植物油脂为原料，利用硫酸化、亚硫酸化、磷酸化等化学改性方法或外加乳化剂的方式，将原来不溶于水的油脂转变为易乳化、分散于水中的加脂材料，可制得系列天然油脂改性加脂剂。依据加脂剂中乳化剂的离子类型，可将加脂剂分为阴离子型、阳离子型、两性离子型和非离子型。

（1）硫酸化加脂剂

硫酸化改性是人们最早对天然油脂进行的较成功的化学改性方法，它利用油脂分子上的不饱和双键或醇羟基与硫酸进行加成或酯化反应而形成硫酸酯，在油脂分子上引入亲水的硫酸酯基（$—OSO_3^-$），再经盐析、中和等处理后得到硫酸化加脂剂。

天然油脂进行硫酸化时，实际上只有一部分油脂发生了硫酸化反应，还有相当一部分油脂仍以中性油的形式存在，发生硫酸化的部分油脂作为阴离子型乳化剂，能较好地乳化未硫酸化的中性油脂，形成稳定的阴离子型加脂剂乳液。加脂时乳液能进入到皮纤维间，因硫酸化加脂剂乳液的稳定性适中，易破乳，故其吸收率高，但渗透性较差，加脂剂分布不均匀，皮心内透入较少，皮表面结合较多，皮表面的丰满性和油润感较强。另外，硫酸化加脂剂的硫酸酯基在酸性条件下易水解，故相比亚硫酸化加脂剂，硫酸化加脂剂的耐酸稳定性较差。

（2）亚硫酸化加脂剂

天然油脂的亚硫酸化改性通常是对高度不饱和油脂的双键进行氧化和亚硫酸化，而在其分子上引入亲水的磺酸基（$—SO_3^-$）。磺酸基的硫原子直接与脂肪酸碳链上的碳相连，故亚硫酸化加脂剂较硫酸化加脂剂的化学稳定性更好，同时其乳化性、乳液稳定性（对酸、碱、盐、铬鞣剂等电解质均较稳定）和渗透性好，因而使用范围广，能满足分步加脂对加脂剂性能的要求。加脂后皮板柔软，油脂在皮板中的分布较均匀，且结合性好，不会发生迁移。

（3）磷酸酯类加脂剂

磷酸酯类加脂剂包括天然磷脂、天然油脂磷酸化改性产品以及合成磷酸酯加脂剂。天然磷脂主要存在于大豆油、菜籽油和蛋黄中，是一类含磷的脂类物质，主要成分是卵磷脂、脑磷脂和肌醇磷脂。天然磷脂本身具有亲水和亲油基团，是天然的两性表面活性剂，可作为乳化剂使用。天然磷脂对皮革具有优良的填充作用，成革柔软丰满。另一类磷酸化加脂剂是用磷酸对含羟基的天然油脂、经改性引入羟基的油脂或高级脂肪醇进行磷酸化反应，在油脂分子上引入亲水的磷酸酯基（$—OPO_3^{2-}$）而制备的磷酸酯加脂剂。用磷酸酯加脂剂加脂后，皮板的柔软性和丰满性良好，皮板绒头具有丝滑感。

（4）阳离子型加脂剂

阳离子型加脂剂主要是以胺盐类化合物等阳离子表面活性剂作为乳化剂，与天然油脂或合成油脂混合而成的加脂剂，俗称阳离子油。这类加脂剂常在铬鞣前加入，以封闭胶原纤维上的阴离子基团，促进铬的渗透。天然油脂与三乙醇胺进行酯交换反应生成脂肪酸的叔胺，再用有机酸中和，也可制得叔胺型阳离子加脂剂。这类加脂剂在酸性或中性水溶液中亲水性较强，能形成稳定的乳液，在碱性条件下则会游离出叔胺，叔胺的亲水性较差。阳离子型加脂剂只能与阳离子材料同浴使用，可用于铬鞣前的预加脂（或称油预鞣），以及阴离子型加脂剂加脂固定后的表面加脂，以改变皮纤维的表面电荷，有助于阴离子型加脂剂或染料的吸收与固定，并使皮面滋润有光泽，增加绒毛的丝光感。

（5）非离子型加脂剂

非离子型加脂剂是用非离子表面活性剂与油脂混合所得，或将天然油脂乙氧基化可制备内乳化型非离子加脂剂。脂肪酸酯、脂肪酸聚氧乙烯酯、脂肪醇聚氧乙烯醚、烷基酚聚氧乙烯醚、多元醇脂肪酸酯及其聚氧乙烯醚、烷醇酰胺以及烷基磺酰胺与环氧乙烷或环氧丙烷的加成物等非离子表面活性剂均可作为乳化剂。非离子型加脂剂具有很好的分散和渗透能力，对硬水、酸、碱、盐都较稳定，配伍性好，能与阴离子型、阳离子型、两性离子型加脂剂配合使用，故可在很多工序中进行加脂。非离子型加脂剂对皮板具有特殊的柔软效果，其分子结构中聚氧乙烯链段的极性基团能在皮纤维表面形成定向的吸附膜，能有效分散皮胶原纤维，并削弱纤维间的作用力。非离子型加脂剂乳液较稳定，不易破乳，结合力较弱，通常与其他类型的加脂剂配合使用。

(6) 两性离子型加脂剂

将两性表面活性剂与天然油脂、合成油、合成蜡、矿物油混合，或在油脂分子结构上分别引入带两性电荷的基团，即可制备两性离子型加脂剂。前述的天然磷脂即是一种天然的两性加脂剂。乳化型两性离子加脂剂常用的两性乳化剂主要有氨基酸型、甜菜碱型和咪唑啉型 3 大类。其中氨基酸型表面活性剂是真正意义上的两性表面活性剂，根据介质 pH 的不同可以表现出阴离子性、阳离子性以及两性离子性，在高 pH 时呈阴离子性，在低 pH 时呈阳离子性，在等电点时呈净电荷为零。甜菜碱型表面活性剂在高 pH 时呈两性离子性，在低 pH 时呈阴离子性。咪唑啉型表面活性剂中有的具有真正两性离子特性，有的仅以阴离子和两性离子形式存在。两性离子型加脂剂具有低毒性、良好的生物降解性、极好的耐硬水和耐高浓度电解质性、优异的柔软平滑性和抗静电性、一定的杀菌性和抑霉性、良好的乳化分散性、良好的加脂配伍性和广泛适用性，已引起了人们的普遍关注，但目前此类加脂剂品种较少。

6.2.2.3 合成加脂剂

合成加脂剂是指以石油产品为原料制备的加脂剂。其中，第一类是矿物油，它是石油中的某些高沸点馏分，是各种烃类物质的复杂混合物，属于直链烷烃。它的渗透性好，常与天然油脂加脂剂配合使用以促进加脂剂的渗透，但与皮纤维的结合性差，易于发生迁移和挥发，加脂的持久性差，手感干枯。第二类是以矿物油长链烷烃为原料，经氯化、磺化、氯磺化、氧化等方法引入一些极性亲水基团，使之可以在水中乳化或分散，并增加其与皮纤维的结合性，如氯化石蜡（合成牛蹄油）、烷基磺酰氯、烷基磺酰胺和烷基磺酰胺乙酸钠等。第三类是以高级脂肪酸、高级脂肪醇、有机胺类化合物为原料，通过有机合成得到的合成脂肪酸酯、酰胺、磷酸酯等合成加脂剂。第四类是以芳香烃类为基础合成的加脂剂，例如烷基酚磺酸胺加脂剂、芳香族羟基羧酸类加脂剂等。合成加脂剂有些本身具有乳化性，有些需外加乳化剂以获得乳化性能。与矿物油相比，其余三类合成加脂剂分子中含有一定的极性基团，与皮纤维的结合性大大提高，因而固定性更好，不易迁移和散发，加脂效果更为持久。用合成加脂剂加脂的皮板柔软，无油腻感，耐光性好，不变黄，而且对脂肪酸或皮内的油脂有良好的溶解性能，能防止“油霜”的产生，分散性与渗透性良好。但合成加脂剂的油润感不足，皮板有干枯感。

6.2.2.4 复合型加脂剂及特殊功能加脂剂

为了克服单一加脂剂加脂性能的某些不足，获得理想的综合加脂效果，国内外均在致力开发复合型加脂剂。复合型加脂剂主要是把前述的天然动植物油脂及其改性产物、合成加脂剂、乳化剂和助剂等加以复配而成。由于复合型加脂剂兼具了多种单一加脂剂的优点，能够发挥它们的协同效应，因而给生产控制带来许多便利。事实上目前市场上的加脂剂商品绝大部分为复合型加脂剂，或者是以某种加脂剂组分为主的产品。

特殊功能加脂剂除具有加脂作用外，还能够赋予皮板某些特殊性能，如耐洗性、耐光性、防水性、防雾化性、阻燃性、填充性和鞣性等。加脂剂的这些特殊性能都是通过对产品分子结构的精心设计而实现的。例如，耐洗性加脂剂的分子结构中含有能够与皮纤维极性基团或鞣剂形成牢固结合的活性基团（如—SO_2Cl、—SO_2NH_2、—SO_3^-、—COO^-和—OPO_3^{2-}）；耐光性加脂剂主要是耐氧化作用较强的合成加脂剂和低碘值的天然油脂类加脂剂，在生产或使用过程中不会产生黄变；填充性加脂剂组成中常含有长碳链的加脂成分，如蛋黄、天然磷脂、脂肪酸高级脂肪醇酯、蜡类等，能够使皮板边腹部位增厚，强度提高，整张皮填充更均匀。

6.2.3　乳液加脂的历程

毛皮加脂与皮革加脂一样，主要采用乳液加脂方式，即将加脂剂用热水乳化，使之形成乳白色的水包油型乳液，与皮板作用，完成加脂工序。乳液加脂的历程如下。

6.2.3.1　油脂的乳化

加脂乳液是一个复杂的系统，由油、水和乳化剂组成。乳化时，油脂和乳化剂在机械作用下分散成细小的乳粒，乳化剂在细小的乳粒界面上整齐排列，使油脂能较稳定地分散在水中，形成乳白色的奶状乳液。乳粒的大小与油脂的性质、乳化剂和乳化方法有关。其中乳化剂对乳粒的大小影响很大。根据乳粒大小，将乳液分成三类：①粗乳液，乳粒直径＞1μm，外观不透明；②胶体乳液，乳粒直径在1nm～1μm，外观呈半透明状；③分子级乳液，乳粒直径＜1nm，外观透明。加脂乳液通常由1～4μm的粗乳液组成。当加脂配方由多种加脂剂混合组成时，形成的乳液微粒有粗有细。其中粗乳粒多一些。

乳液微粒的大小与其表面积关系很大。例如，$1cm^3$ 物体的表面积为 $6cm^2$，若将其分成 $1nm^3$ 的立方体，则表面积高达 $6000m^2$。由此可见，乳液微粒的表面积随其分散度的增大而增大，油乳微粒越细，在皮板内分布越均匀。皮纤维网络的内表面也是十分巨大的，分散良好的1g皮板的内表面积在200～$310m^2$。因此，只有将油脂分散成细小乳粒后加脂，才能使油脂在皮纤维巨大的表面上分布均匀。合成油脂比天然油脂及其改性产品形成的乳液微粒更细。乳粒越细，乳液越稳定，在皮板中渗透能力越强；反之，乳粒粗，则乳液稳定性差，渗透力弱，但油脂吸净率高。

6.2.3.2　乳液的吸收和渗透

加脂剂在水中并不能溶解，而是形成水包油型（O/W）加脂乳液。以阴离子型加脂剂为例，如硫酸化加脂剂和合成加脂剂，其分子结构如同表面活性剂，含有亲水基和长链疏水基。在乳液中，亲油水的疏水基相互聚集，而将电离后的亲水基整齐定向排列于乳液微粒外层，使乳粒带上相同的负电荷，并在水中保持稳定。在加脂时，乳液微粒随水相的流动进入皮纤维中。皮纤维在一定的pH下，带有不同的电荷，带电荷类别、数量与皮蛋白质的等电点和溶液的pH有关。带电的皮纤维在水中产生双电层。在静止时，双电层电位差值为0，流动时则在皮纤维外形成一动电电位——ζ电位，它是皮纤维表面吸附层和扩散层在运动时形成的电位差。这样在皮纤维表面形成带电层。

带电的加脂乳液微粒流经带电皮纤维构成的毛细管时，与皮带相同电荷的加脂乳液微粒很容易通过，带相反电荷的加脂乳液微粒则向皮纤维运动，在皮的双电层上固定。其结果是降低了该处的电位差，使其他带相反电荷的加脂乳液微粒易于通过，渗透入皮纤维的更深处。在加脂过程中，加脂乳液微粒就这样不断地被纤维吸附、固定，如此反复作用，皮纤维中油脂越来越多，皮纤维逐渐被油浸润。

油脂向皮内的渗透深度与乳液的流动性、乳粒大小和加脂剂的性质有关，也与加脂的温度和机械作用有关。加强机械作用能迫使加脂乳液流动；提高温度能促使水分子运动加快，使纤维的吸附水层变薄；皮板孔隙增大，油脂乳粒渗透更容易；而对油脂渗透影响最大的还是皮纤维的带电状态，故调整加脂 pH 是首先需要考虑的因素。

6.2.3.3 破乳沉积

O/W 型加脂乳液逐渐在皮纤维表面集中，使得乳液微粒浓度增大。同时，有一部分电离的油脂逐渐被皮纤维极性基吸附，使得皮纤维附近的油相浓度也随之增大。当油相浓度高达 66%左右时，乳液由 O/W 型转换为 W/O 型。油和皮纤维更紧密地接触，皮板和油脂间的界面张力降低，油脂沿皮纤维表面扩展，随后油水分层，水被排出，油被皮纤维吸收，最终沉积在皮纤维上。

通过 X 射线衍射分析可知，加脂剂并非以严密无间的形式沉积在皮板的毛细管壁上，而是形成了若断若续的疏水层。油脂的沉积不仅不会降低毛皮的卫生性能，而且还赋予毛皮良好的疏水性能。油脂的沉积能够阻止水的渗透，同时能够避免皮板在干燥过程中由于水分的丧失而发生黏结现象，还能促进纤维的定向滑动，对皮纤维产生润滑作用，从而降低纤维间的摩擦因数。

6.2.4 加脂剂与皮纤维的相互作用

皮胶原纤维的肽链上有大量的侧链亲水基和疏水基，这些基团往往在肽链中分段出现。在水溶液中，侧链亲水基吸附一层水分子将皮纤维包覆，使皮纤维呈现出一定亲水性。加脂时，油脂中已电离的亲水基与胶原肽链上的亲水基相互吸引，将油脂固定于肽链附近。同时，皮胶原肽链上的疏水基与油脂中的疏水基相互吸引，这种相互作用力比较弱，随着分子间距离的增加，作用力迅速降低。皮纤维周围水分的减少（离心脱水），或加脂温度的升高，或皮纤维结合水的运动性增大，都会促进乳液破乳，使油脂更好地与皮纤维结合。其中，能电离又有一定极性的油脂更易在皮纤维表面扩展开，与皮纤维结合更牢。如果皮纤维与油脂所带电荷相反，则更容易结合。X 射线衍射研究表明，加脂剂主要沉积于皮胶原的侧链基上，有以下几种结合方式：

① 离子键结合：常用的阴离子型加脂剂中含有硫酸酯基、磺酸基、羧基、羟基等基团，这些基团与皮胶原纤维的亲和力强，可与胶原的氨基生成离子键，保证了油脂与胶原结合的不可逆性，使皮纤维中的油脂不易迁移。

② 配位键结合：加脂剂中的羧基、羟基等基团能与铬鞣剂、铝鞣剂等无机鞣剂形成配合物。当毛皮用无机鞣剂鞣制时，加脂剂可通过与鞣剂的配位而与皮纤维结合。

③ 共价键结合：合成加脂剂中的烷基磺酰氯（RSO_2Cl）等，其活性基团与胶原的氨基可形成牢固的共价键结合。

④ 氢键和其他物理力结合：皮胶原的活性基团可与加脂剂中的羧基、酯羰基等形成氢键，油脂之间也能产生氢键结合，另外还有范德华力等起作用。但是具体到加脂剂，其结合力和结合方式则根据该种加脂剂的结构而定。

6.2.5　油脂在皮板中的分布

实践表明，影响加脂效果的决定性因素不是皮纤维中的油脂含量，而是油脂在皮板中的分布均匀性。若在皮板中层沉积有足够油脂，就能使皮板获得足够的柔软度和坚牢度，改善皮板的整饰效果。同时在加脂过程中还要追求用最小量的油脂获得最优的加油效果。但实际上，由于部位的不同，皮板对油脂的吸收程度也是有差异的。结构疏松的部位如腹肷部吸收油脂量大，而结构紧实的部位如脊背、臀部吸收油脂量小；网状层吸收油脂量多，而中层部分吸收油脂量少。通过工艺调整，力求增加中层的油脂含量，使油脂在皮板内分布更均匀。

延长加脂时间，适当降低加脂温度，加强机械作用，使皮板中和更深透，用合成鞣剂、蒙囿剂中和，用有机鞣剂复鞣以及对皮板紧实的部位实施局部加脂，都能适当提高皮板中层的油脂含量。例如，加脂后通过机械挤压作用，使油滴被挤压粉碎成较小颗粒，能够迅速地渗入到皮纤维内。

硫酸化加脂剂被皮纤维的吸净率高于亚硫酸化加脂剂，其原因是硫酸化加脂剂的稳定性差，易受皮板中 pH、温度和机械作用的影响而破乳，而亚硫酸化加脂剂的稳定性好，被皮纤维的吸净率低。但是低温吸净率大于高温，低浓度吸净率大于高浓度。故亚硫酸化加脂剂更适合于在各工序进行常温多次加脂。当上述两种加脂剂用量高于皮质量的 10%时，油脂吸收差；用量为 5%左右时，吸净率较为理想。

6.2.6　加脂对皮板性能的影响

毛皮皮板的抗张强度、延伸性等物理性能与加脂剂的性质、吸收量和分布状况有关。油脂包覆在皮纤维结构表面并填充在其间，削弱了皮纤维之间的引力和摩擦力，提高了皮纤维结构的定向能力，从而提高了皮板的坚牢度和伸长率。另外皮板的断裂强度和柔软度还与加脂剂的表面活性密切相关，即与加脂剂揳入粗胶原纤维并将其分成更细的纤维的能力有关。加脂剂揳入胶原的能力顺序为：矿物油<海产动物油<蓖麻油<硫酸化海产动物油<硫酸化蓖麻油。硫酸化海产动物油对抗张强度的提高最大，矿物油最小，蓖麻油、海产动物油居其中。用脂肪酸甲酯加脂，皮的抗张强度、粒面断裂力和断裂伸长率都大大提高。从表 6-1 中看出，阳离子加脂剂与皮纤维中的羧基和铬配合物形成了牢固的化学键，不易被三氯甲烷萃取出来；耐弯折次数和涂层耐湿擦稳定性以硫酸化海产动物油加脂的毛革为最佳。

表 6-1　　加脂剂对毛革皮板性能的影响

加脂剂名称	三氯甲烷萃取物含量（占绝干物质）/%	透气性 /[cm^3/(cm^2·h)]	耐弯折/次	涂层耐湿擦稳定性（圆盘旋转）/次
硫酸化海产动物油	5.5	80.4	11400	563
阳离子油	1.5	90.8	10700	109
锭子油和 OP-10	3.9	64.9	8800	253
硫酸化海产动物油、锭子油、合成油脂混合乳液	6.1	63.1	11200	512

为了获得特别柔软的皮板，宜采用两次或三次加脂。在浸酸、铬鞣前和铬鞣中进行加脂可获得最佳效果，但需挑选适宜的耐酸、耐电解质加脂剂，如磺化脂肪醇类。

皮板中的油脂含量和油脂性质对毛皮的卫生性能（透气性、透水汽性、水汽容量）有影响。研究表明，当铬鞣皮板的油脂含量为6%时，透水汽性由0.123cm^3/(cm^2·h)降到0.025cm^3/(cm^2·h)；当油脂含量大于6%时，皮板的透水性改变很小；当油脂含量大于13%时，皮板的透水汽性降低；当油脂含量大于25%时，皮板几乎失去了透气性。合成加脂剂比硫酸化加脂剂对透水汽性的影响更大。

加入油脂后，由于在皮纤维表面产生疏水作用，皮板的耐水性得到了提高，同时皮板的保暖性也有所提高。这是因为油脂的导热系数仅为水的一半，油脂填充在皮板的孔隙中，与皮纤维结合，阻碍了水的渗透，并提高了毛皮的保暖性。

6.2.7 毛皮的加脂方法

毛皮加脂主要采用乳液加脂方式，可用刷加脂和浸加脂两种方法。毛皮除了乳液加脂外，还偶有采用溶剂加脂的方式。

6.2.7.1 刷加脂法

刷加脂法的操作如下：用40～50℃的温水乳化加脂剂，并经仔细搅拌后配成加脂乳液；把毛皮展开平放在加脂操作台上，皮板一面向上，用毛刷、布团或海绵将加脂乳液均匀地涂于皮板上，从皮板的中部开始涂刷，然后向两腹、颈肩和四肢涂刷，必须使乳液沿皮板全面分布，且在背脊部应较浓厚；然后板对板或沿背脊线折叠堆放10h以上，待加脂液均匀渗入皮内以后，再进行干燥。

加脂乳液的涂刷量应以不从皮板流下，且不把毛被弄脏为原则。一张中等张幅的毛皮（如家兔皮、家猫皮等）所消耗的加脂液约为40mL，一张较大张幅的毛皮（如狐狸皮、绵羊皮等），加脂液的消耗量可达150～200mL。

加脂前最好把皮在刮软机上刮软，使皮全面伸开，沿与背脊线垂直的方向适当拉伸，这样就能促进加脂乳液更好地渗入皮板。

刷加脂法由于采用手工操作，虽然费工费时，但可以避免毛被污染，便于局部处理，且节约加脂剂和水，在毛皮加脂中应用极其普遍。

6.2.7.2 浸加脂法

浸加脂法是把毛皮浸入加脂乳液中，通过划槽或转鼓的机械作用进行加脂的操作方法。此法简便，工效高。但应特别注意的是，在酸性介质中，毛被是阴离子加脂剂的优良吸附材料，故浸加脂应在中和后进行，一般控制浴液pH在6.2左右。提高浴液温度有利于加脂乳液的稳定，加速乳液的渗透与吸收，因此浸加脂的温度应控制在40～50℃。加脂乳液的吸收在30～60min内就可完成（视皮板厚度而定），随后加入甲酸，使浴液pH降低，并使加脂乳液破乳，油脂沉积在皮纤维间或与皮纤维结合，达到加脂的目的。

6.2.8 影响加脂的因素

6.2.8.1 加脂前毛皮的水洗与中和

毛皮鞣制后要进行水洗，其目的是除去皮板和毛被上的一部分中性盐、游离酸、未结合的鞣剂和其他杂质，使毛板洁净，质量减轻，产品质量稳定，有利于加脂的进行。

皮板对加脂剂的吸收，受到鞣制、中和等前工序的影响。对于铬鞣毛皮和铝鞣毛皮来说，由于铬鞣剂和铝鞣剂与皮纤维上的羧基结合，皮板等电点高（铬鞣绵羊皮等电点为7.6～8.2），此时带正电荷。因此，用阳离子型加脂剂对铝、铬鞣毛皮加脂时，加脂剂不易被皮板吸收，而太强的阴离子型加脂剂又容易在皮板表面大量结合，造成加脂不均匀。为了使加脂剂在皮板中更易渗透且分布均匀，应在鞣制后实施加碱中和，使皮板表面的正电性减弱，以利于阴离子型加脂剂的渗透与结合。对于醛鞣毛皮来说，由于甲醛与皮胶原氨基发生共价结合，皮板等电点低，此时带负电荷，阴离子型加脂剂不易被吸收，而用阳离子型加脂剂加脂效果更好。为了防止加脂剂大量在皮表面结合，加脂前应用酸中和，减弱皮板表面的负电性，使阳离子型加脂剂容易渗透，分布均匀。此外，甲醛鞣毛皮也可采取铝复鞣的方法来代替酸中和（其方法为：液比8，明矾5g/L，芒硝40g/L，氯化钠20g/L，硫酸1.5～1.7g/L，滑石粉30g/L，出皮时pH控制在3.9～4.1，时间18～24h，温度35℃），提高皮板的正电性，在加脂时也可使用阴离子型加脂剂。

加脂前的水洗和中和还可以除去皮板上不需要的酸和盐，继续完成鞣制作用，同时也避免了皮板上的酸与盐使加脂乳液过早破乳，为毛皮加脂的顺利进行创造条件。实践证明，在正常的水洗和中和时，鞣制好的皮板不会引起退鞣。从另一方面来说，水洗与中和也是检验皮板鞣制质量的简便方法。

6.2.8.2　皮板的纤维松散程度与油脂含量

加脂前适当地松散纤维，可以帮助加脂剂渗入皮板的内部。加脂后，皮板的油脂总含量应是毛皮自身剩余的天然油脂与加脂过程中吸收的加脂剂含量的总和。皮板中天然油脂含量不同，对加入油脂的吸收量也不相同。从表6-2看出，在相同条件下对毛皮进行乳液加脂，天然油脂含量较高的半细毛绵羊皮对加脂剂中的油脂吸收量小于较粗毛绵羊皮对油脂的吸收量。所以，对瘦板皮、松板皮多加脂也是出于这个道理。

表6-2　不同绵羊皮皮板的油脂含量随加工工序的变化情况　单位：%

加工工序	半细毛绵羊皮	较粗毛绵羊皮	加工工序	半细毛绵羊皮	较粗毛绵羊皮
去肉后	22.8	10.5	染色干燥后	22.6	16.3
乳液加脂后	23.8	17.4			

6.2.8.3　加脂乳液的组成和电荷性质

在制备加脂乳液前，首先应根据皮板的表面电荷状态考虑加脂剂的电荷性质。前已述及，由于铬、铝鞣毛皮的皮板表面带正电荷，所以应采用阴离子型加脂剂；甲醛鞣毛皮的皮板表面带负电荷，应采用阳离子加脂剂进行加脂。在实际生产中，为了防止阴离子型加脂剂与铬、铝鞣毛皮皮板的表面结合过多而阻止了加脂剂渗入皮板内层，则采取水洗中和的方法，减弱皮板表面的正电荷，促使皮板内层与外层油脂含量接近，提高成品的柔软性；甲醛鞣毛皮则采取水洗与酸中和的办法，减弱皮板表面层的负电荷，使阳离子型加脂剂能渗入皮板内层。

为了使皮板内外层的油脂含量接近一致，还可先采用阴离子型（或阳离子型）加脂剂加脂，再采用阳离子型（或阴离子型）加脂剂加脂的方式。含有非离子型和离子型乳化剂及中性油脂的复合型加脂剂的加脂效果也较好。

为了获得稳定性较高的加脂乳液，提高加脂乳液对皮板的润湿渗透作用，在加脂乳液中还常加乳化剂（即表面活性剂）。这些表面活性剂能使油脂在皮板内迅速渗透，均匀分布，但是它们本身大多不具加脂效果，而且会增大成品的吸水性能，减弱防水性能。因此，过量的乳化剂是不适宜的。

6.2.8.4 加脂乳液的 pH

加脂乳液的 pH 对加脂有很大影响。由表 6-3 可知，在酸性介质中，毛被吸收的油脂量比皮板多，随着乳液 pH 的提高，毛被含油量逐渐下降。这是因为毛的表面积远大于皮板，在低 pH 条件下阴离子型加脂剂更易破乳，并大多沉积在毛被中。另外毛的等电点低于皮板，高 pH 条件下带负电荷，与阴离子型加脂剂的结合能力弱。以表 6-3 中硫酸化鱼油的乳液加脂为例，当 pH 为 6 时，毛被油脂含量为 24.45%，而在 pH 为 8.4 时，毛被油脂含量降为 2.56%。但是，毛皮成品中毛被的油脂含量应在 2%～3%，否则毛被易黏结，无光泽。所以浸加脂可在碱性条件下进行，用氨水调节 pH 在 8.4 以上，出皮时 pH 应在 7.5 以上。刷加脂时，乳液的 pH 应尽可能接近中性。

表 6-3　不同 pH 条件下皮板和毛被对加脂剂的吸附量　单位：%

加脂剂	pH 6		pH 8.4	
	皮板	毛被	皮板	毛被
硫酸化鱼油	12.85	24.45	10.00	2.56
硫酸化蓖麻油	11.80	6.93	9.58	3.85
海豹油：油酸(3：1)	9.45	25.45	8.07	18.24

6.2.8.5 加脂乳液的浓度

当加脂乳液中油脂和乳化剂的浓度增加时，其扩散作用增强，加脂剂在皮板内渗透得深而均匀，油脂吸收率也随之提高，有利于加脂的进行。从图 6-1 可以看出，当液比低至 0.5～1 时，在加工的最初 10min 内，大部分油脂即被吸收；在相对较大的液比条件下（液比为 2），有 40%的油脂未被吸收，即使延长加脂时间，也不会提高油脂的吸收量。因此，乳液加脂时采取小液比和相应的机械作用，不仅能加快油脂的吸收，而且也可减少加脂剂的用量。加脂液的浓度根据皮的种类和加脂方法而定，瘦板、干板皮浓度应高些，肥板、嫩板皮浓度可低些，刷加脂法浓度应高些（100g/L 左右），浸加脂法浓度可低些（40～60g/L）。

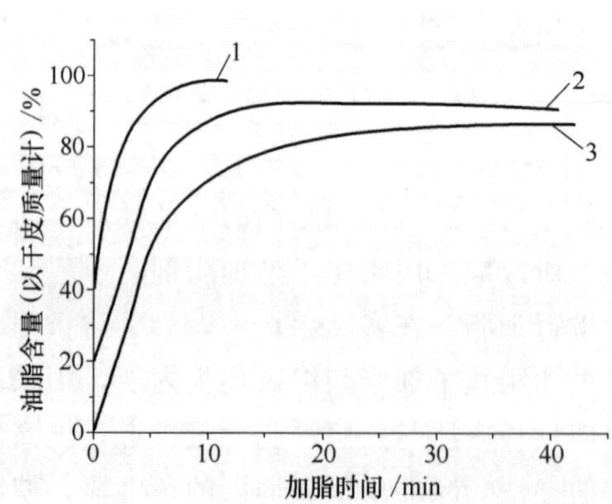

图 6-1　液比对皮板油脂含量的影响
1—液比为 0.5　2—液比为 1　3—液比为 2

6.2.8.6 温度

温度对加脂有一定影响。当温度升高时，分子布朗运动增强，扩散作用增强，对加脂剂的渗透有利，但乳液稳定性会降低；温度太低，加脂剂渗透速度缓慢。不同的加脂剂要求不同的配制温度，一般控制在45～55℃，温度过高和过低均会发生乳化不良现象。配制加脂乳液时，应将乳化剂加入油中，在搅拌下加入热水，这样配制的乳液，油分散度高，加脂时容易渗透。一般刷加脂剂时，加脂乳液温度控制在45～55℃；浸加脂剂时，乳液温度控制在45～50℃。

6.2.8.7 加脂后处理

加脂后的堆置和甩水操作对皮板的油脂含量也有较大的影响，见表6-4。加脂后不堆置，立即进行甩水和干燥，可以提高皮板中层的油脂含量，从而提高成品的柔软度。

表6-4 **甩水和堆置对油脂在皮板中分布的影响** 单位：%

操作说明	油脂		操作说明	油脂	
	总量	中层含量		总量	中层含量
不堆置，不甩水	4.4	1.1	堆置24h，甩水	4.8	1.7
不堆置，甩水	4.6	3.3	堆置48h，甩水	4.7	1.2
堆置4h，甩水	4.6	2.8	堆置96h，甩水	4.5	1.2

加脂是毛皮生产中湿态整饰的重要工序之一。此工序若处理得当，可以弥补前工序的不足，保证产品质量。所以在毛皮加脂前，必须认真检查在制品的质量。对于鞣制不足的皮必须进行复鞣；对于脱脂不净的皮重新脱脂；对肥板皮要少加脂，对瘦板皮要多加脂；对纤维较为紧密的皮采用渗透性较强的加脂乳液，对纤维松软的皮采用填充性较强的加脂乳液；在刷加脂时，要注意厚皮多刷，薄皮少刷，浸加脂时硬皮先投，软皮后投。只有前后各工序相互平衡，才能保证毛皮产品质量。

6.2.9 加脂的实际操作

(1) 甲醛鞣兔皮刷加脂工艺

选取甲醛鞣后的兔皮，经明矾、氯化铵和铝鞣剂中和以及甩水后，进行刷加脂。加脂乳液由加脂剂GLH 80～100g/L、渗透剂5g/L、25%氨水1g/L配制而成，pH为8左右，温度45℃。均匀地将加脂乳液刷于伸展后的皮板上，每张皮刷50mL，要求刷足而不流淌，然后板对板堆放4h以上，再挂晾干燥。

(2) 铬鞣绵羊皮浸加脂工艺

① 中和：设备为转鼓，温度35℃，中和复鞣剂3g/L，碳酸氢钠3g/L，时间2h；中和后水洗。

② 浸加脂：温度50℃，加脂剂Lipoderm PN 2g/L，Lipoderm PSE 2g/L，增白剂2g/L，时间2h；浸加脂后搭马静置、干燥。

6.3 染前准备

毛皮在染色和修饰以前要进行一系列的加工，为染色创造必要的条件。这些加工工序有洗毛、媒染、直毛、漂白、退色等。但对某种具体产品，应酌情使用上述工序。

6.3.1 洗　毛

洗毛是将毛皮用表面活性剂、碱溶液、有机溶剂等加以处理。其目的是：

① 除去毛表面上的各种污垢和油脂，使毛被清洁，有利于媒染剂和染料的渗透。

② 中和毛中多余的酸，使毛和皮张获得最有利于进行媒染和染色过程的 pH。

③ 部分破坏毛的鳞片层，以便于染料的渗透。

④ 脱去皮板中的油脂和污垢，为制造剪绒和毛革产品打下良好的基础。

毛被上若油脂过量，则妨碍染料均匀上染毛被，造成色花。故过量油脂一定要除去。如果毛被油脂量不超过 1.5%，如家兔皮，则可不脱脂而染色。若毛被油脂量过低会使毛干枯发脆，因此脱脂（净毛）工序进行与否应视毛皮含脂量而定。

洗毛时常联合使用碱（氨水、苏打）和表面活性剂（如洗衣粉），以增强脱脂去污效果。对于特别油腻的毛皮，则采用有机溶剂干洗，这对于染色和生产剪绒产品、毛革产品是很有好处的。

6.3.1.1　中和

酸是毛皮吸收媒染剂和染料的调节剂，为使染色进行得更好，必须使酸在毛中分布得非常均匀，而且适量，因此，中和毛中过量的酸是必要的。

在酸性溶液中处理过的毛皮（即鞣后的毛皮），其蛋白质具有正电荷，因此在用氧化染料染色之前进行媒染时，重铬酸盐能被大量吸收，而对硫酸亚铁的吸收量非常少；在碱性溶液中处理的毛皮（即碱液净毛后的皮），其蛋白质具有负电荷，这样就有利于硫酸亚铁的吸收，而使重铬酸盐的吸收量减少。图 6-2 为碱液净毛对毛吸收重铬酸盐和硫酸亚铁的影响。

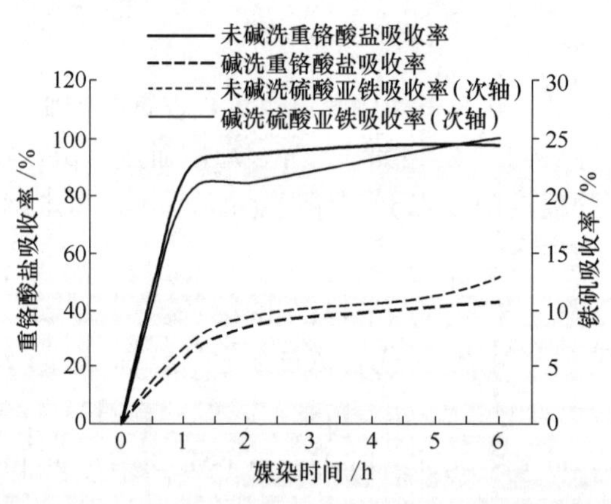

图 6-2　碱液净毛对重铬酸盐和铁矾吸收的影响

应用铜、铁作媒染剂时，碱处理可以促进染色强度的增加；如用重铬酸盐作媒染剂，碱处理就要降低毛对重铬酸盐的吸收，染色时着色强度降低。因此，在用重铬酸盐媒染时，前一步工序不应设碱处理，而毛上的油脂和脏物应在鞣制前的脱脂工序中（如加入洗衣粉）清除。

在酸性溶液中处理的毛皮（如复鞣）直接用阴离子性染料（如酸性染料）染色，由于染料结合得太快，会使毛皮染色不均匀，所以染色前最好中和一下，降低毛皮的正电荷，以利于匀染性提高。

另外，通过碱对毛的处理，可以部分破坏毛的鳞片层，有利于染料的渗透，如对于具有稠密的针毛结构难以染色的毛皮，可采用涂刷碱液净毛。在规定浓度下使用纯碱和氨水净毛，对毛不会有太大损伤。相比之下，氨水的作用最温和，有利于染料渗透的作用最突出。

油脂对剪绒产品影响很大，造成毛始终油腻而不松散、不灵活；毛革产品也会因油腻而出现染色色花，涂层不牢，脱浆，涂层花而不匀等问题。因此，脱脂去污一定要达到质量要求。

6.3.1.2 影响净毛的因素

（1）碱液净毛所用的材料

根据碱脱脂能力的降低顺序可排列如下：氢氧化钠＞纯碱＞氨水。碱的选择应根据毛本身的性质而定。毛被粗硬的毛皮宜用较强的碱，毛被柔软的毛皮宜用弱碱。

氢氧化钠是脱脂能力最强的碱，但由于它对毛被及皮板的破坏作用大，一般不用，但如果在脱脂配方中加入少量的氢氧化钠，就能大大增加脱脂能力。纯碱能使毛脱脂优良，在一定的用量范围内不损伤皮板，也不影响毛的光泽，因此多用于一般毛皮的脱脂。氨水是一种优良的脱脂剂，它能使毛脱脂良好，对皮板无不良作用。

在特殊加工情况下，如果由于毛被的某种损伤而必须获得较强的染色或在毛尖上和毛基部造成不同 pH 时，常采用苛性钠涂刷毛被来进行净毛。把过氧化氢加入苛性钠内，过氧化氢能在很大程度上加强碱的作用，同时也促使毛的色素漂白。这种净毛方法主要用在由家兔、狐及其他野生类的毛皮制造长毛仿制皮上。采用此法净毛后，在染色时能获得野生动物的毛被所特有的暗色，使针毛过渡到较淡色毛基的颜色。

目前一些化料公司专门开发了洗毛用脱脂剂，如泛博公司的 JA-50。

（2）溶液浓度

碱的浓度太低就达不到脱脂及中和毛上过剩酸的目的，对于染色效果也不好；碱浓度太大，会使毛受到损伤，严重的会使毛变得无弹性易脆折，轻的则会使针毛变弯曲，毛枯萎且失去光泽，太强的碱液还能引起皮纤维组织的破坏。

碱的吸收量取决于最初浓度。由图 6-3（a）可以看出，在碳酸钠浓度为 4g/L 时，就能使毛皮饱和，以后在碳酸钠浓度很大时，碱的吸收逐渐增加。氨水的用量与碱吸收量的关系如图 6-3（b）所示。

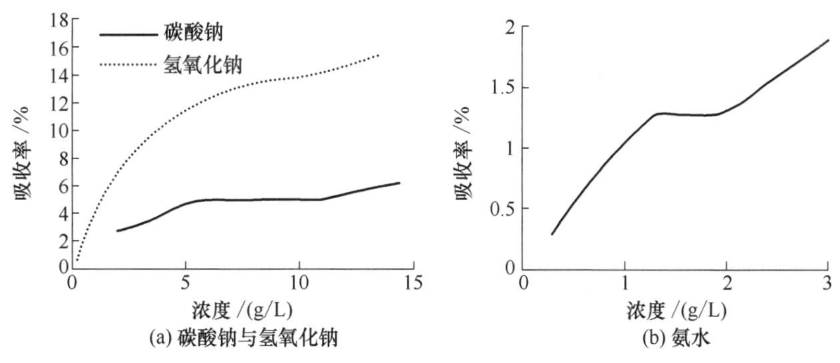

图 6-3 净毛过程中碱用量与碱的吸收的关系

（家兔皮，液比 12，温度 20℃）

脱脂时碱液的浓度是根据毛的性质决定的，分别采用涂刷法或浸渍法。涂刷法主要是对针毛起作用，它的浓度应高于浸渍法。涂刷法溶液配比为碳酸钠 15～30g/L，氨水（22％）50～75mL/L；浸渍法溶液配比为碳酸钠 1.6g/L，氨水 3～10mL/L。有时宜采用两者联合使用。

由于碱对皮板的不利作用，净毛应在含有氯化钠（20～30g/L）的溶液中进行。净毛时间不应超过 2h。

（3）脱脂温度

温度没有重大作用。因为中和毛皮游离酸的反应进行得很快，而且不以温度的变化为转移。提高温度可能损伤毛被，所以提高温度仅在少数情况下采用。脱指温度一般为 25～50℃。

（4）脱脂时间

毛皮在净毛液中吸收碱是在短时间内进行的，净毛经过 1h 之后，毛皮已吸收的碱和剩余在溶液中的碱量之间就已达到了平衡状态。因为碱对毛的作用容易引起毛的损坏，因此脱脂时间不应超过 2h，一般为 0.5～1.5h。

6.3.1.3　脱脂净毛工艺

（1）浸渍法

在划槽或搅拌器中进行。

【实例 1】 绒细的细毛羊皮

液比 20～30（以干皮质量计），温度 40～45℃，洗衣粉 2g/L，氨水 2mL/L，pH 8～9，时间 1h。经水洗控水或甩水后可直接进行媒染或染色。

【实例 2】 针毛较多的肉兔皮

液比 6，pH 9～10，温度 30～35℃，纯碱 5g/L（或氨水 10mL/L），时间 2h。

（2）涂刷脱脂法

这种方法用于粗毛及具有针毛的毛皮（黄狼皮、水獭、旱獭及带针的兔皮等）。

【实例 1】

纯碱 10～30g，水 1000mL。这种方法多用于粗针及多脂毛皮，染黑色时也多采用这种方法。

【实例 2】

氨水 20～50mL，水 1000mL。这种方法多用于含脂量不大的、比较贵重的毛皮。

【实例 3】

过氧化氢 50～100g/L，氨水（25%）20～50mL/L，温度 25℃。

净毛液中加有过氧化氢时操作应特别注意。晾干时不能用日光晒，否则针毛会弯曲。晾干或堆置时应特别注意温度，最适宜的温度为 20℃左右。过高的温度会损坏皮板，过低的温度则会降低脱脂液的作用。在实际操作中可以采用重复多刷几次来代替使用高浓度的碱液。但不是所有产品都必须碱液净毛，要看皮做皮。

（3）硫代硫酸钠中和工艺

这种方法对于绒毛和针毛不一样的毛皮（如兔皮、麝鼠皮等）及有过渡毛或局部换毛的毛皮（旱獭、黄鼠等）尤为适合。用红矾和硫代硫酸钠溶液处理上述皮张，可以明显提高毛被中红矾媒染的均匀性。先用 5～10g/L $Na_2S_2O_3$ 和 1～2g/L H_2SO_4 处理 1～2h，然后再用 1～2g/L 红矾进行媒染，氧化染色，这样不仅毛被均匀，同时皮板更加丰满、柔软并富有塑性，这是由于硫代硫酸钠在酸性介质中分解出胶体硫沉淀在皮纤维之间，以及 Cr^{6+} 还原成 Cr^{3+} 对皮板起复鞣作用的缘故。

6.3.2 媒　　染

用氧化染料、酸性媒介染料和茜素染料在染色前或后用铬、铁、铜盐处理毛皮的过程称为媒染。媒染的作用是：

① 明显提高染色上染率、均匀度和坚牢度。特别是铜盐媒染提高了染色的耐光性。

② 一种染料使用不同的媒染剂能得到多种颜色（表 6-5）。常用的媒染剂有红矾（$Na_2Cr_2O_7 \cdot 2H_2O$ 和 $K_2Cr_2O_7$）、绿矾（$FeSO_4 \cdot 7H_2O$）和蓝矾（$CuSO_4 \cdot 5H_2O$）。

表 6-5　　媒染剂对颜色、色调和强度的影响

染料名称	无媒染剂的颜色	有媒染剂的颜色		
		重铬酸盐	铁盐	铜盐
毛皮黑 Д(对苯二胺)	棕紫色	深棕色	深棕色	黑色
毛皮棕 T(间甲苯二胺)	黄棕色	浅棕色	黄棕色	深棕色
毛皮灰 ДA(2.4-二氨基甲醚硫酸盐)	浅红灰色	灰棕色	灰红色	深棕色
毛皮棕 A(对氨基苯酚盐酸盐)	黄棕色	红棕色	灰棕色	深棕色
毛皮灰 Д(二甲替对苯二胺盐酸盐或硫酸盐)	浅红灰色	浅绿灰色	浅蓝灰色	橄榄灰色
毛皮灰 A(对氨基二苯胺盐酸盐)	浅蓝灰色	浅绿灰色	灰色	浅黄灰色
茜素	黄	紫褐	棕黑	黄光棕

6.3.2.1 红矾媒染

红矾是 $Na_2Cr_2O_7 \cdot 2H_2O$ 和 $K_2Cr_2O_7$ 的俗称，作为媒染剂应用广泛。红矾水溶液呈酸性反应：

$$Cr_2O_7^{2-} + H_2O \longrightarrow 2HCrO_4^- \longrightarrow 2H^+ + 2CrO_4^{2-}$$

重铬酸盐在不同的 pH 下可以生成多种铬的化合物：

$$Na_2Cr_2O_7 + 2NaOH \longrightarrow 2Na_2CrO_4 + H_2O$$

$$2Na_2CrO_4 + H_2SO_4 \longrightarrow Na_2Cr_2O_7 + Na_2SO_4 + H_2O$$

在高 pH 的范围内铬酸盐主要以铬酸根离子形式存在，在较低 pH 范围内主要以重铬酸根离子形式存在，当 $pH<2$ 时，出现了 $H_2Cr_2O_7$ 和 $HCr_2O_7^-$。研究表明，铬酸盐不具备媒染能力。红矾在酸性条件下具有强烈的氧化性，将本身还原成 Cr^{3+}。红矾与过氧化氢作用生成过氧化物是它的特性，小心将过氧化氢（30%）加入到 0℃ 的 $K_2Cr_2O_7$ 溶液中可获得蓝紫色结晶体——$KCrO_6 \cdot H_2O$；在碱性条件下过氧化氢与 K_2CrO_4 作用生成棕红色结晶体——K_3CrO_8。

在水溶液中所有铬过氧化物很不稳定，迅速分解出原子氧。

（1）重铬酸盐与毛的相互作用

① 毛从重铬酸盐溶液中吸收重铬酸，并呈黄色，成为毛的重铬酸盐化合物。

毛的蛋白质与重铬酸的相互作用如下：在低 pH 下，重铬酸的吸收进行得最完全，所以，向媒染液中加酸就会大大增加重铬酸的吸收量。

重铬酸的吸收量取决于含酸量，这是因为重铬酸盐在酸的作用下转变为重铬酸，其反应为：

$$Na_2Cr_2O_7 + H_2SO_4 = H_2Cr_2O_7 + Na_2SO_4$$

要从重铬酸盐中全部置换出重铬酸，重铬酸盐和酸的摩尔比为1∶1，或质量比为1∶0.33。

当溶液酸度进一步增加时，重铬酸吸收量的增加就很少了。实践证明，每100g绵羊毛所吸收重铬酸的最大量为10.2g。而通常在毛皮媒染中，每100g绵羊毛吸收重铬酸0.2～3g。

通常工厂采用醋酸代替硫酸，因醋酸性质缓和，易于掌控，酸的用量一般为1g重铬酸盐加入0.3～0.4g硫酸或者0.4～0.5g醋酸。酸不能过量，否则会影响染色的进行。

② 重铬酸能从毛的硫酸盐中把硫酸置换出去，这时就形成毛的重铬酸盐，而硫酸则转移到溶液中去。

用重铬酸盐媒染，它既是一种辅助催化剂，又在染色时与过氧化氢一起参与了在毛上形成染料的过程。

(2) 媒染过程中的影响因素

① 时间：皮板与毛吸收重铬酸的速度也和其他无机酸一样，吸收比较快。在开始的1h吸收重铬酸的量最大，以后逐渐减少，3h后吸收量趋于平衡。毛吸收的重铬酸量比皮板多一倍。

② 浓度：当溶液的浓度增加时，毛皮吸收的重铬酸也随之增加，但是并不成比例。其相对吸收量（和溶液的原有浓度相比）却随浓度的提高而减少，因此浓度越高则媒染液的利用率也就越低。

③ 温度：氧化染料的媒染温度宜在30℃左右，重铬酸与毛结合得比较牢固，但也会因温度超过30℃后，重铬酸受角蛋白的还原作用形成亚铬酸盐，在毛上呈棕黄及橙色，发生这种现象是不正常的。

酸性媒介染料若采用后媒染，温度低于60℃时和毛反应缓慢。随着温度升高，反应速度不断增加。为了获得匀透的染色效果，升温要缓慢，最后升温到70～80℃。

④ 液比：重铬酸的吸收随液比的增加而增加，但是，重铬酸盐吸收率（即媒染浴的利用率）却降低了。

⑤ 毛皮的天然性质：毛皮的天然性质对其吸收重铬酸也有影响。品种不同吸收重铬酸的量不同，针毛比绒毛吸收多，因此可使针毛染色较深，而绒毛染色较浅。

用清水洗涤重铬酸盐媒染过的毛皮时，重铬酸盐将有一部分被洗掉。水洗时间越长，水洗强度越大，被洗去的重铬酸盐越多。

(3) 过度铬化问题

毛吸收重铬酸盐的量对染色有很大影响，当重铬酸盐吸收量为毛质量的1.2%～1.5%时（pH 4.25～3.75），染色正常；吸收量增加到1.83%时，在颜色中出现紫色光，色调改变；吸收量增加到2.5%以上时，就出现过度铬化现象，毛几乎不着色。针毛比绒毛表现得更为明显。

出现过度铬化、不能染透的原因是由于在毛的表面上形成了密实的沉淀，染料向毛内的扩散减弱。在毛内重铬酸盐的浓度小于染料的浓度时，则沉淀层的形成发生在毛的角蛋白中，而当毛内的重铬酸盐浓度大于溶液中染料的浓度时，则沉淀层的形成就发生在毛的表面和染液中。

过度铬化的毛，如果事先用硫代硫酸钠溶液10%（占红矾质量的比例）处理一下，也可正常地染色。这是因为部分重铬酸盐被还原，从而降低了它在毛中的含量。

如果过度铬化不严重时，可采用在染液中加入氨水的办法来使其正常染色。这是因为提高染液的pH，减弱了重铬酸盐在毛表面的氧化作用。

由上可知，毛中重铬酸盐含量与染液中染料的浓度之间有适当比例时，才能得到需要的色调和上染率。因此在制定媒染和染色配方时，必须注意，毛中重铬酸盐的浓度不得高于染液中染料的浓度。

（4）用重铬酸盐媒染的规程

用重铬酸盐媒染的规程与毛皮染色的颜色要求、毛被性质有关。

氧化染料在染浅色时，媒染液中重铬酸盐浓度一般不超过0.5～1g/L，染棕色时为1～2g/L，染黑色时为2～3g/L。

前已述及，媒染液的酸度很重要。但在某些情况下染浅色时，为了使整批皮张都获得均匀的媒染和染色。在媒染液中重铬酸盐的浓度不大时加酸往往是不适宜的，因为吸收重铬酸盐过急会使毛皮媒染不均匀。

在个别情况下，为了获得均匀的媒染，可往媒染液中加入少量氨水。氨水提高pH时，会在媒染开始时抑制重铬酸盐的吸收，同时还促使整张皮获得均匀的媒染。

在染黑色时，媒染浴中要采用较高浓度的重铬酸盐，最好通过加酸的办法来加强媒染过程。

硫酸的用量通常是1g重铬酸盐加0.35～0.5g硫酸，处理时间根据媒染条件，需3～6h。

媒染时，要尽快并在不断搅拌的情况下，将整批皮张装入媒染浴中。

【工艺举例】 媒染举例——剪绒羊皮染棕色（氧化染料染）

	浅色	深色
液比（以干皮质量计）	18～20	18～20
重铬酸钠浓度/(g/L)	0.5～1	1～2
醋酸浓度/(g/L)	0.4～0.8	0.8～1.5
温度/℃	30～35	30～35
时间/h	2～3	2～3

实际操作：将脱脂、水洗、甩水后的毛皮放入配好的媒染液中，按规定的温度媒染至规定的时间，然后水洗、甩水和折叠（毛向外）。

媒染后用离心机甩干而直接染色时，由于皮表面存在重铬酸盐，染浴中的部分染料会在毛的表面上产生沉淀。如果在媒染后将毛皮进行短时间水洗（15min左右），就可获得染后较为洁净的毛。

媒染和染色之间的停放时间要尽量短，因为毛上的重铬酸盐受光的作用就会被还原，长时间停放会产生毛皮染色不均和毛染不透的现象。

6.3.2.2　铁盐媒染

二价铁盐和三价铁盐都是稳定的化合物，但实践证明，只有二价铁盐，例如硫酸亚铁才适合于毛皮媒染。

硫酸亚铁俗名绿矾、铁矾，分子式 $FeSO_4 \cdot 7H_2O$，为绿色小晶体，久置潮湿空气中能够潮解，暴露在干燥空气里容易氧化，晶体的表面渐渐变为白色粉末。但易为空气氧化而呈黄色或铁锈色。

用铁盐媒染毛皮主要是为了获得灰色调，但耐光性不高。铁媒染特点是针毛吸收不多，故染色时针毛着色浅淡，在需要针毛不着色时（例如将草狐皮、貉皮、豺皮、狼皮等染灰色时）就利用了这一特点。

用铁盐媒染，它在染色时起到氧化催化剂的作用。

在媒染时要考虑到毛皮的品种、毛被的性能和染色的目的。

硫酸亚铁浓度随染色强度而定，一般为 2～8g/L，染灰色 2～3g/L，染棕色 4～5g/L。为了防止硫酸亚铁在溶解时氧化，将绿矾溶解于含有少量醋酸（0.5～4g/L）的水中，然后加水达到规定的体积。但酸量不宜太大，否则会使硫酸亚铁的吸收量明显降低。

实验证明，毛对硫酸亚铁的吸收量与溶液的 pH 无明显的关系，只与加入的醋酸量有关。硫酸亚铁的吸收量与加入的醋酸量成反比。

溶液的温度不宜超过 25℃，因为提高温度对铁盐的吸收并无多大帮助，而且温度较高时会降低铁盐的吸收量。

媒染时间一般为 6～8h，因为铁盐在最初 2h 内已大部分被吸收，以后逐渐迟缓下来。

液比可根据毛皮的品种和设备而定，采用划槽时为 15～20。

投皮时要快，并不断搅拌，否则媒染不均匀。媒染后最好不要水洗，随即染色，不能停放，因为亚铁在空气中会氧化为三价铁，影响媒染质量。有时也可加入少量的保险粉或海波，以稳定 Fe^{2+} 状态。

【工艺举例】 兔皮氧化染料染棕色和灰色的媒染

	棕色	灰色
液比	20	20
$FeSO_4$ 浓度/(g/L)	4	2～3
冰醋酸浓度/(g/L)	1.0	1～1.5
NaCl 浓度/(g/L)	20	20
温度/℃	2～28	25～28
时间/h	6～10	6～10

6.3.2.3 铜盐媒染

用于毛皮媒染的铜盐，主要是硫酸铜（$CuSO_4 \cdot 5H_2O$），俗名蓝矾，或称胆矾，又称铜矾、蓝石，是深蓝色的大结晶或蓝色的颗粒状粉末。在干燥的空气中可以慢慢风化，表面变为无水的白色粉状物，无水硫酸铜具有极强的吸水性，硫酸铜有毒。它易溶于水，水溶液呈微酸性。

铜盐在与氨的水溶液、氰化钾及其他物质相互作用时，即形成易溶于水的络合物。

一般铜盐用于媒染时，只能在 pH 不超过 5.3 的酸性介质中使用，pH>5.3 时，开始产生蓝色的氢氧化铜沉淀。但络合盐类在 pH 较高时是稳定的。例如：$[Cu(NH_3)_4]SO_4$ 在 pH 为 8 时是稳定的。

铜盐媒染时，铜盐既是催化剂，又是氧化剂，媒染时同时起这两种作用，因此用硫酸铜媒染会达到强烈的染色效果。

（1）媒染过程的影响因素

① 时间：皮板和毛吸收硫酸铜的速度是不同的，皮板在最初的1h内吸收力很强，然后慢下来，而毛吸收慢且均匀。皮板比毛吸收的量大得多。

② 浓度：皮板和毛吸收铜盐量随着浓度的增加而增加，但吸收的百分率却随着浓度的增加而降低，也就是说，溶液的利用率随浓度的提高而下降。

③ 温度：提高温度对皮板的吸收量并无重大影响，但对毛吸收量影响却很大。当温度升高到40℃以上时，毛吸收硫酸铜量急剧增加。

④液比：液比加大，硫酸铜的吸收量加大，但利用率降低。

⑤ pH：pH的影响比较明显，当pH很低时，硫酸铜几乎不被吸收；当pH在2以上时，皮板和毛对硫酸铜的吸收量都随着pH的升高而增加；当pH等于9.2时，皮板的吸收量要比毛的吸收量大得多。

⑥ NaCl的影响：在有NaCl的情况下，皮板和毛吸收的铜盐量增加，并且随着NaCl浓度的增高而增加。

硫酸铜媒染的毛皮在洗涤时，皮板和毛吸收的硫酸铜逐渐地被洗掉。经过长时间（12h）水洗，剩下与皮板牢固结合的硫酸铜仅为全部吸收量的18.8%，与毛牢固结合的为12.6%。

铜盐媒染剂的特点是：所得色调深，耐光牢度好；缺点是铜盐会降低皮板的质量，其原因是铜化合物的催化作用，使过氧化氢的氧化作用加强，结果使皮纤维的强度及弹性降低。但铜盐对皮板强度的影响取决于皮板对氧化作用的稳定性。皮板鞣制的越好，则对氧化作用的稳定性越大。铜盐显示的催化作用越低。

（2）铜盐媒染遵循原则

① 皮板应鞣制得很好，收缩温度在78～80℃，最好是用铬鞣。

② 媒染应在保证毛吸收铜盐量最大而皮板吸收量最小的情况下进行。

如前所述在溶液pH为9.3时，毛吸收铜盐的量超过皮板的吸收。利用铜氨络合物可以保证媒染液pH在弱碱性范围内进行，而达到毛吸收铜盐多，皮板吸收铜盐少的目的。其配制方法为：将2.5g硫酸铜的溶液加入7.5mL（25%）的氨水配成500mL的溶液。

③ 提高媒染温度至40～45℃。在应用铜媒染进行染色时，染色后必须仔细检查皮板的质量。

【工艺举例】 兔皮染黑色媒染

液比20（以干皮质量计），温度40～45℃，$CuSO_4$ 4～6g/L，冰醋酸1～2mL/L，NaCl 10～30g/L，时间4～8h。

其操作同铁盐媒染。由于铜盐对皮纤维有损伤，皮不宜在媒染液中过夜。

6.3.3 直　毛

使自然弯曲的毛伸直并固定的加工过程叫直毛，或者叫毛被的特种加工。直毛的加工是一系列的热处理、化学加工和机械加工。采用这种方法，可以使普通而又价廉的毛皮成为毛被具有稳定的、良好光泽的优质毛皮。细毛羊剪绒皮产品就是其典型代表。

在自然状态下，角蛋白纤维肽键以α螺旋形式存在，肽链侧链上的基团排列比较密实，由于角蛋白肽链中有很多胱氨酸，含有很多双硫键，能把分开的多肽链交联起来，因此角蛋白表现出许多物理性能，如膨胀力低、纤维的结构比较坚密，同时具有顺着纤维轴拉长的能力等。

6.3.3.1 毛的拉长

在外力作用下，角蛋白纤维伸长，主链伸直，由α螺旋变为β折叠型。又在蒸汽的作用下，纤维可比原来长度伸长一倍，但是被弄直和伸长的纤维是不稳定的，在失去外力作用时会急剧收缩，甚至收缩到比伸直以前更短的尺寸。

在某些能引起角蛋白分子中双硫键破坏的加工条件下，可使毛纤维不受重大损伤，而在外力作用下更易于拉长。如在水蒸气中，尤其是在有酸和碱以及还原剂的情况下纤维更容易伸长。

毛的机械伸长和化学作用是随着温度的提高而加强的，因此，将热处理和化学处理及机械处理结合起来，可以利用熨烫机（烫毛机）来进行该项工作。熨烫机要求所用的化学药品要有足够的耐热性，高温产生的挥发性产物不能沉积在毛被和熨烫机的工作部件上。

实践证明，湿润的毛被同熨烫机工作辊灼热的表面（130℃左右）接触，毛中的水分急剧蒸发，使毛纤维的结构趋于不稳定，毛易拉直。毛吸湿越多，则越易拉直。为了加速这一过程和提高它的效率，可预先在水里加一些化学药品。经过对各种酸、碱和还原剂的试验，结果表明，在水中加入一定量的甲酸来润湿毛被，甲酸能被部分地氧化成二氧化碳和水，可以使角蛋白中少量的双硫键还原断裂。

$$R—S—S—R + HCOOH \longrightarrow 2R—S— + CO_2 + H_2O$$

另外甲酸还可以破坏角蛋白肽链间的盐键等，这些作用使毛更易于拉直。把甲酸刷在毛被上，熨烫会增加毛被的光泽。

若在甲酸溶液中加入乙醇效果更好。因为乙醇能促使水分更强烈的蒸发，并能使酸渗入毛被的深处，另外乙醇还能溶解毛被上的一些有机质污物，使其随着一起蒸发，毛被更洁净、松散。目前此法普遍被采用。

经上述处理毛被伸直了，在干态下能保持这种状态。但在湿态下却不稳定，毛会恢复其天然的弯曲状态。

6.3.3.2 毛伸直状态的固定

为了提高毛在使用中的稳定性，必须采取措施，消除毛的自发收缩和弯曲能力，并把纤维牢固地固定在伸直状态。

把伸直的毛固定下来则要在角蛋白中形成新键。新键不仅靠交联已断裂的双硫键，而且也靠侧链的氨基参与反应。

某些二价金属（钡、铅）的盐类以及醛类和重铬酸盐等都具有交联的能力。

但到目前为止，只有甲醛的效果较好，伸直的毛用甲醛液润湿，随后熨烫，由于甲醛同角蛋白在高温下产生不可逆反应，因而使毛固定为伸直状态。毛所含的牢固结合的甲醛越多，则毛的伸直状态被固定得越稳定。

在高温下甲醛能固定毛是由于角蛋白的肽链间形成了新的化学键：R—S—CH_2—S—R 和 R—NH—CH_2—NH—R，从而使毛的结构得到固定。

6.3.3.3　直毛操作

在生产中，直毛可按如下顺序进行：

① 第一次涂酸液：即用硬毛刷在绵羊皮的整个毛被上均匀地涂刷酸液。

用料配比：水∶酒精∶甲酸＝1000∶300∶200（质量比）

要求刷均匀，使酸液透入毛被的深度在2/3以上，不要让酸液透入皮板，以防熨烫时把皮板烫缩。刷酸液后用竹棍敲打一遍效果更好。

② 第一次熨烫：熨烫辊的温度控制在150～170℃，温度低效果差。熨烫压力以及熨烫速度都要适当地控制。压力太小，速度太快，拉伸的力量就小，伸直效果就差；压力过大，速度太慢，毛容易被烫焦。

③ 剪毛：要求剪齐，无剪伤，毛的长度符合要求，一般为20～25mm。

④ 第二次涂酸液（和第一次涂酸液相同）。

⑤ 第二次熨烫（和第一次熨烫相同）。

⑥ 剪毛。

⑦ 挑选：把未充分伸直的毛皮挑出补充处理，把锈毛疙瘩梳开，把窝毛梳顺，然后再剪毛。

⑧ 第一次涂甲醛溶液：甲醛液的配比为水∶甲醛∶酒精∶甲酸＝1000∶1000∶300∶200（质量比）

操作：和涂酸液相同。涂好后毛对毛堆置2～3h。

⑨ 熨烫。

⑩ 剪毛。

⑪ 第二次涂甲醛溶液（和第一次相同）。

⑫ 熨烫。

⑬ 挑选分级：处理不够的毛被进行补充加工。根据染色要求，毛被干净、洁白的染浅色，其他染深色。

直毛是否顺利，除了上面提到的操作外，直毛前脱脂干净，毛剪得平整，对直毛是有利的，否则将给直毛带来困难。

直毛的质量究竟如何，通过染色就可以反映出来。如果染色后毛仍持伸直状态则直毛的质量好。

直毛工序可以安排在染色前进行，也可以在染色后进行。原则是，当用阴离子染料（如酸性、金属络合物染料等）染色时，若需染浅色，直毛工序应在染色前进行；若染深色，则在染色前后进行均可；当用氧化染料染色时，直毛工序在染色前后进行均可。目前毛皮的花色品种变化很快，为了适应这个形势，以染色前直毛较好，因为这样可以使染色的周期缩短。

6.3.4　漂白与退色

漂白作用主要是改良天然白色毛皮的白度。毛皮动物在生长过程中，由于动物排泄物的污渍，细菌的污渍以及纤维蛋白质受到光化学的损坏，致使动物毛皮上出现黄色或橙色的条纹和污块。这种情况易出现在白水貂、银鼠、白狐、白羔及白兔等皮张上。此外，有的生皮由于含有大量不饱和油脂会迅速自行氧化而产生污斑，有的在运输中受到外界污染。因此，漂白是提高毛皮质量的有效步骤。

退色是将深色毛被退成浅色，甚至是白色，这样的过程称为退色。退色可以增进皮张之间颜色的均匀性，增加颜色品种以及为以后的染色做预处理。如果是将上染到毛皮的颜色使其消失或部分消失的过程则称为拔白或色拔。

6.3.4.1 天然色素漂白及退色机理

毛色的形成和毛的天然颜色取决于毛纤维中色素的含量。色素存在于皮质层中，呈粒状结构。在毛和皮肤中存在的色素有两种：褐黑素和真黑素，又称 p-黑素和 e-黑素。真黑素产生灰、深棕及黑色；褐黑素发生黄、红棕、红色。由于两种色素在毛中的含量不同，而使毛呈现出各种颜色。例如，褐黑素在中国红狐、黄狼中含量大，而真黑素在卡拉库尔羔皮的黑毛中含量大。

黑素是一种生物聚合色素，酪氨酸在酪氨酸酶的影响下顺序氧化形成醌型有色化合物，并进一步转化而形成黑素，存在于毛纤维的皮质内，其主要反应过程如下：

酪氨酸 —[O]，开始很慢，后来很快→ 3,4-二羟基苯丙氨酸 —[O]→

中间体 ——→ 5,6-二羟基二氢吲哚-α-氨基酸 —[O]→

—$-CO_2$→ 5,6-二羟基吲哚 —[O]→

——→ 黑素（e-黑素）

滤泡黑素细胞产生的黑色素是哺乳动物毛发和羊毛色素沉着的主要依据。长期以来，人们一直认为真黑素聚合物包括无数交联的 5,6-二羟基吲哚和 5,6-二羟基吲哚-2-羧酸聚合物。然而，最近对真黑素的电学性质的研究表明，它可能由更多的基本的寡聚物通过某种机制相互依附组成。因此，真黑素分子结构的确切性质再一次成为研究的对象，普遍接受的褐黑素和真黑素的化学结构如下：

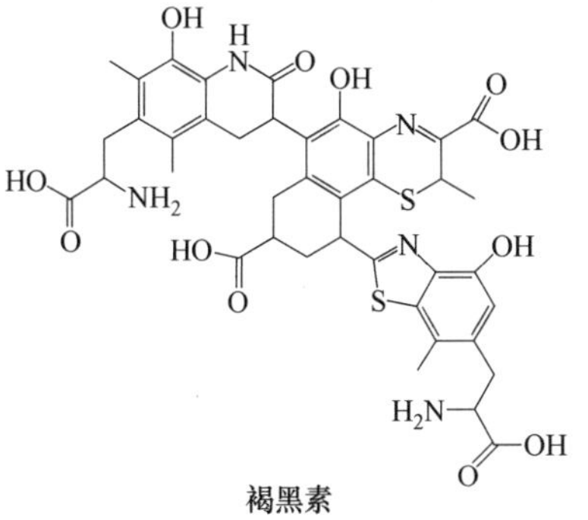

褐黑素 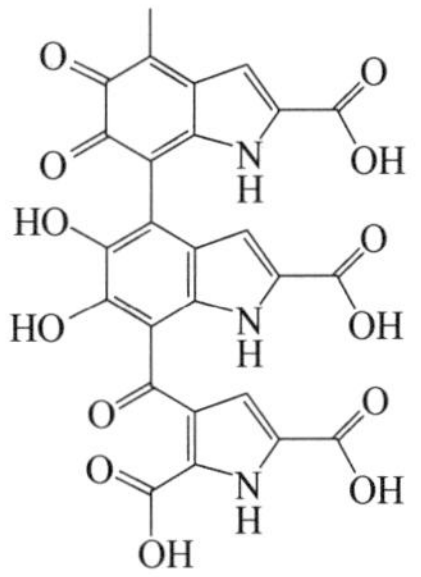　　　　真黑素

黑素的近似元素组成为：碳 57%，氮 9%，氢 3.5%，黑素中还含有氧和少量的硫。

黑素不溶于大多数的溶剂、10%的盐酸和硫酸溶液；在醋酸中微有退色；溶于 0.5%的苛性钾溶液，很难从蛋白质和组织中分离出来。

从黑素形成的反应式看出，酪氨酸在氧和酪氨酸酶的参与下，经过一系列反应转变成黑素，也就是说只要将黑素显色的醌型吲哚结构予以破坏，就可以达到漂白和退色的目的。

从化学动力学角度来分析，退色分为两步：首先是黑色素颗粒的溶解，然后是溶解了的黑色素的脱色。与色素的溶解相比，退色漂白过程是相当缓慢的，因而决定着整个反应的速度。黑色素被 H_2O_2 溶解仅仅是消除了阻碍脱色的横向交联，而总的化学结构未变，溶解了的黑色素可以被 $KMnO_4$、H_2O_2、$NaClO_3$、CH_3COOOH 等脱色。其中 $KMnO_4$ 脱色能力最强，但它却不与未溶解的色素反应。在弱酸性条件下，CH_3COOOH 对毛角蛋白的双硫键破坏强烈，但对黑色素却无多大影响。但在碱性条件下，黑色素则易受到作用，在 pH 接近 CH_3COOOH 的 pK8.2 时，可观察到最大的脱色效果。

在适当的 pH（如 8～9）时，H_2O_2 与黑素的反应活性比与毛角蛋白的反应活性高得多。这样可以最大限度地破坏色素，最低限度地损失毛角蛋白。黑色素颗粒分布于毛的皮质层中，所以退色漂白之初在纤维表面进行时，H_2O_2 对棕色和白色毛分解速率几乎一样，这是因为这两种毛直径和化学组成相似的缘故。在后阶段反应进入到内部，对色素的分解速度提高，这是 H_2O_2 与色素接触的结果。

大量试验研究表明，氧化剂、还原剂联合退色效果更好。例如采用 $FeSO_4$ 和 H_2O_2 退色效果很好。因为 $FeSO_4$ 不仅是还原剂，而且是催化剂。$FeSO_4$ 具有与色素结合的能力，当这种经媒染过的毛皮用 H_2O_2 处理时，发生有选择性的退色，对角蛋白仅有极低的损伤作用。

$$Fe^{2+} + 3H_2O_2 \longrightarrow Fe^{3+} + 2OH^- + 2H_2O + O_2\uparrow$$

大量的金属盐类都有催化作用，但以 $FeSO_4$ 对毛皮氧化退色效果最好。说明亚铁盐具有与黑素反应结合的催化能力，并使过氧化物与色素在原来的位置上反应。

6.3.4.2　染料的退色机理

某些染料类别（例如偶氮类和三苯甲烷类）在还原剂的作用下，可将上染的颜色退去。利用这个性质可以对毛皮进行拔白印花和色拔印花。退色机理是还原剂破坏了偶氮结构和三苯甲烷的显色结构，而达到退色的目的。

6.3.4.3 漂白退色方法

(1) 氧化漂白

氧化法是优良的漂白退色方法。常用的氧化剂有 H_2O_2、$KMnO_4$、过硫酸盐、过硼酸钠、红矾等。其中 H_2O_2 的效果最好，也最常用。

在碱性 pH 8.5～9.0 条件下漂白，其中活性漂白物质是过羟基阴离子^-OOH。

$$H_2O_2 + OH^- \longrightarrow {}^-OOH + H_2O$$

此外，超氧自由基阴离子 $O_2^-\cdot$ 和羟基自由基 $\cdot OH$ 也被认为是过氧化物漂白过程中的替代活性物质。

典型的毛漂白工艺是在 pH 8.5～9.0 和 60℃条件下漂白至少 1h，使用含有适量稳定剂的 H_2O_2（质量分数 0.75%）的溶液漂洗。但有 $FeSO_4$、Na_2CO_3、NH_4OH、过硫酸铵和钼酸铵存在时，会加速 H_2O_2 的分解。过渡金属离子催化也会使 H_2O_2 快速分解成水和氧。

$$2H_2O_2 \xrightarrow{M^{n+}} 2H_2O + O_2$$

同时，过渡金属离子也会导致羟基自由基的产生，从而造成对毛纤维的损害。

$$2H_2O_2 + M^{n+} \longrightarrow M^{(n+1)+} + OH^- + \cdot OH$$

因此，理想的氧化漂白条件是温度为 28～35℃，pH 为 8～9。

动物毛中含有微量的与纤维强烈络合的过渡金属离子，尤其是铁和铜，它们在冲洗过程中不能被完全去除。因此，向漂白液中加入螯合金属离子的稳定剂，以防止这两种副反应的发生。以前用于碱性毛漂白的稳定剂是磷酸盐，特别是焦磷酸四钠（TSPP）。目前用于碱性过氧化物漂白的稳定剂有次氮基三乙酸钠（NTA），二乙烯三氨基五甲基膦酸钠（DTPMP）、硫酸铵、动物胶和稳定剂 C（最有效的白度是稳定剂）。

在碱性条件下漂白的羊毛在用甲酸或乙酸（1mL/L）冲洗后，应该使毛皮最终呈酸性，从而使干燥过程中的任何热变黄现象最小化。

用 H_2O_2 进行碱性漂白总会由于角蛋白中胱氨酸残基的氧化而导致纤维损伤，最终形成半胱氨酸。氧化降低了二硫键的交联程度，这导致纤维机械强度的损失。为了降低纤维损伤的风险，H_2O_2 也可用于在微酸性条件下（pH 5）漂白动物毛，但漂白速度要慢得多，并且需要有合适的过酸活化剂。PrestogenW（巴斯夫公司的一种生成过羧酸的有机盐的专有混合物）和柠檬酸都被报道在 pH 5.5 时是有效的活化剂。柠檬酸活化 H_2O_2 在低 pH 漂白的机理尚不清楚，因为过羟基阴离子通常需要形成过酸。典型的漂白条件是 7.5～10.0g/L 的 H_2O_2 和约 5g/L 的 PrestogenW，在 80℃漂白 1h。然而，在酸性条件下过氧化物漂白获得的白度水平显著低于通过常规碱性过氧化物漂白获得的白度。

尽管碱性 H_2O_2 仍然是漂白未着色毛的最有效手段，但研究表明，它不能除去 470～380nm 区域内所有吸收光的黄色发色团。

各种催化剂对氧化漂白的影响研究结果表明，先用 $FeSO_4$ 媒染，再用 H_2O_2 漂白效果最好。

(2) 还原漂白

罗马人最早发明的用硫黄熏羊皮，直到 20 世纪 30 年代仍是最主要的毛皮漂白的商业方法。此法简单实用，但只限于轻度污染的毛皮，而且不能持久。

硫黄熏法是将毛皮悬挂于燃烧着的硫黄熏室内 12～24h，然后再用 $NaHCO_3$、氨水或清水洗涤，以中和皮内的亚硫酸。另外也可采用雕白块、保险粉等还原漂白。

羊毛的还原漂白不如 H_2O_2 氧化漂白有效，现在很少使用。大多数还原性漂白的羊毛通常使用稳定的连二亚硫酸钠（也称为次硫酸氢钠）进行，但也可以使用其他还原剂，包括二氧化硫脲、甲醛次硫酸钠和甲醛次硫酸锌。一个典型的还原漂白过程是使用稳定的连二亚硫酸盐（2～5g/L）在 pH 5.5～6.0、45～65℃条件下处理 1h。二氧化硫脲比连二亚硫酸钠更昂贵，在 80℃和 pH 7 条件下加入 1～3g/L，处理 1h。

英联邦科学研究组织（CSIRO）和美国罗姆哈斯公司（Rohm&Haas）开发了一种新型的羊毛还原漂白技术 ColorClearTMWB。利用硼氢化钠与亚硫酸氢钠反应，原位生成活性漂白物连二亚硫酸钠：

$$NaBH_4 + 8NaHSO_3 \longrightarrow 4Na_2S_2O_4 + NaBO_2 + 6H_2O$$

这种试剂在改善白度方面与常规还原漂白相比，具有显著的优点。

（3）双（或全）漂白

为了使毛皮漂白达到最佳的白度，使用两阶段方法。即在碱性条件下用 H_2O_2 漂白，然后进行还原漂白，通常使用亚硫酸氢钠或二氧化硫脲。

（4）有色毛的漂白

对于色素沉着的有色毛，如卡拉库羊皮、家兔皮，需要更严格的方法，称为媒染漂白。首先在还原剂存在下用金属盐（通常为硫酸亚铁）处理毛皮，然后用 H_2O_2 漂白。在第一阶段，毛纤维中的黑色素颗粒优先吸附于黑色素强烈络合的金属阳离子。在强还原剂（通常为次磷酸）的存在下进行该反应，以避免 Fe^{2+} 氧化成 Fe^{3+}。媒染后，多余的未配合的金属离子从毛皮中彻底清除。漂洗阶段通常是用热水（80℃）进行，含 0.5g/L 次磷酸。在第二阶段，与黑色素结合的 Fe^{2+} 阳离子催化分解 H_2O_2，产生高度活泼的羟基自由基，选择性地攻击和漂白黑色素。

（5）生物漂白

Levene 报道可以通过在浴中加入蛋白酶来改善毛的白度，这使得毛纤维更容易被漂白剂增白。白度的改善是由于蛋白酶的快速初始表面蚀刻作用，打开了毛纤维表面的鳞片结构，为漂白剂的渗透创造了条件。然而，改善的白度是以质量和强度严重降低为代价的，质量损失至少为 3%。

6.3.4.4　漂白工艺举例

【兔皮退色】

① 甲醛鞣：可用涂刷法或浸鞣法。其溶液的组成为：甲醛（福尔马林）10mL/L，纯碱 1g/L。

② 碱液净毛：碳酸钠 5～6g/L 溶液或碳酸钠 3g/L、氨水 3～4g/L 的溶液。

用浸浴法处理，溶液温度为 20～22℃，浸浴时间为 1～2h，毛皮皮张的表皮和毛被组成中的角蛋白质对碱溶液处理非常敏感，马氏层的蛋白质尤其容易受碱的影响，过度强烈的碱液净毛能引起毛的“焦梢”现象。因此，必须最大限度地缩短毛皮用碱净毛的过程。碱液净毛的主要目的是中和毛，并使之具有下一步进行媒染和染色所必需的 pH。

实验证明，在用铁矾进行媒染时，事先在碱溶液中处理毛皮，能够增加毛皮对铁矾的吸收量。

③ 媒染：采用硫酸亚铁（铁矾）6～8g/L 的溶液。因为只有二价铁盐才是氧化漂白的催化剂，若有三价铁盐存在漂白效果就差得多。因此在媒染过程中，须在溶液中加少量（1～3g/L）的醋酸和亚硫酸氢盐以防止亚铁盐氧化成三价铁盐。

④ 氧化：是漂白过程最重要的工序。漂白的效果和毛皮的安全在很大程度上取决于氧化浴组分的正确。

在选择氧化溶液成分时，应注意到氧化过程稳定剂的选择。在氧化溶液中加入硅酸钠（稳定性能最弱）、焦磷酸钠（稳定性能最强）和硼砂时，可获得优良效果。

此外，在溶液中加入硫酸镁、氯化镁、葡萄糖和硫酸铝，对氧化过程起良好的作用，有助于获得柔软的皮板，并能很好地保护毛。

按照上述方法，氧化溶液的成分是：30%过氧化氢 20～30mL/L，硼砂 2.5～4g/L，硫酸铵 0.5～1g/L，溶液的 pH 在 8.0～8.5，氧化时间为 2～3h，溶液温度28～30℃。

在达到需要程度的脱色后，将毛皮从氧化液中取出，洗净并放入还原剂溶液中。

⑤ 还原：还原溶液中硫代硫酸钠 1～2g/L，醋酸 1.5～2g/L，还原时间为 1h。溶液温度为 28℃。

还原以后，按一般程序进行洗涤和染色，但应降低染液中染料的浓度，因为漂白后的毛比未经漂白的着色较强。

【黑毛毛皮生皮退色工艺操作规程】

工艺流程：生皮分路→浸水→脱脂→媒染复浸→去肉→氧化退色→中和、浸酸→鞣制→水洗、加脂→干燥→回潮→铲皮→整理入库

① 生皮分路：按生皮大小、皮板的厚薄、老嫩或季节等不同情况，分别组成生产批。

② 浸水：设备为划槽，温度常温，液比 20～30（以干皮质量计，下同），时间 24h。

要求生皮在浸泡期间不得露出水面，皮板基本浸软、浸透，不得有干巴现象。

③ 脱脂：设备为划槽或转鼓，液比 20，纯碱 5g/L，氨水 5mL/L，温度 40～45℃，时间 1h。脱脂时不断划动。出皮后用清水冲洗两次，控水后转下工序。

④ 媒染复浸：设备为转鼓，液比 20～25，氯化钠 10g/L，JFC 0.3mL/L，硫酸亚铁8～10g/L，浓硫酸 0.7mL/L，温度 28～30℃，时间过夜。pH 4～6。

将水加热至规定温度，把氯化钠、硫酸、JFC 加入搅拌均匀后，再加入硫酸亚铁，继续搅拌均匀后投皮，下皮要不断地搅拌。

⑤ 去肉：操作时要注意把肉里揭净铲净，不要把皮揭破，掉材要缝好，要保证皮形完整。

⑥ 氧化退色：设备为转鼓，液比 20，温度常温，氨水 5～10mL/L，焦磷酸钠 2g/L，JFC 0.3mL/L，过氧化氢（19%）30g/L，时间过夜。

下皮后要不停转动，出皮后用凉水冲洗干净，甩水或控水后转下工序。

⑦ 中和、浸酸：设备为划槽，液比 20，温度常温，芒硝 40g/L，硫酸铵 5g/L，硫

酸 2mL/L，氯化钠 30g/L，时间 24h。

中和时要不断搅拌，旧液可以连续使用，化工材料根据分析结果进行补加。

⑧ 鞣制：设备为划槽，液比 20，温度 35℃，氯化钠 30g/L，芒硝 60g/L，硫酸 0.4～0.5mL/L，Cr_2O_3 1g/L，Al_2O_3 2g/L，时间 44h，pH 3.8～4.0。

将水加热至规定温度，再把芒硝、氯化钠、硫酸等加入搅拌均匀，然后加入按规定量的 Cr_2O_3、Al_2O_3 折合的铬盐精或铬鞣液以及硫酸铝，并搅拌均匀。然后将皮抖散逐张投入，并不断搅拌，24h 后加碱调 pH。总碱量分 6 次加入，每次间隔约 2h，最后 pH 为 3.8～4.0，出皮后静置过夜。

旧液可连续使用，化工材料根据分析结果补加。

⑨ 水洗：设备为划槽，液比 20，水温 30℃，划动 30min，甩水。

⑩ 刷加脂：平平加 C-G125 5g/L，氨水 2mL/L，1# 合成加脂剂 100g/L，45～50℃热水 900mL/L，搅匀后用棕刷将加脂乳液刷于皮板上，板对板静置 2～4h，即可干燥。刷时要尽量避免刷到毛上。

⑪ 干燥：干燥在烘干室内进行，不宜过干或过湿，以八成干为好，室温控制在 45～50℃为宜。

⑫ 回潮：将 40～45℃温水均匀地喷在皮板上，然后板对板堆置过夜，次日逐张进行检查，不均匀者再喷一次水，仍堆置过夜。

⑬ 铲皮：在铲皮机上进行，要把皮铲软，脊背铲开，四边铲脱铲净，掉料缝好，保持皮形完整。

⑭ 整理入库。

第七章 毛皮染色

在讨论毛皮染色这一问题时，自然会产生一个问题："毛皮为什么要染色?"是毛皮的天然色彩不够吸引人？还是那些通过人工技术获得的颜色更有吸引力？答案当然不能一以概之。天然毛皮的确比大多数染色毛皮有更高的价值。然而，也有理由充分说明并解释了毛皮染色的必要性，因为毛皮业的这一分支几乎是和毛皮的鞣制（硝制）一样重要和不可或缺的部分。

7.1 染　料

能使纤维或其他物料相当坚牢地着色的有色有机物质称为染料。其对所染纤维有一定的亲和力和一定的染色牢度。而与同样是着色物质——颜料的主要区别在于染料是可溶于水或可能转变成溶液而染色的有色有机物。有些染料也能转变成不溶于水的物质——色淀；还有一些染料，是用中间体在纤维上直接生成的，如毛皮染料（氧化染料）。

根据来源不同染料还可以分为天然染料和合成染料两大类。天然染料是取自自然界现成的有色物质，例如从植物中浸提靛蓝、茜素、苏木黑和从动物组织中提取的胭脂红等。天然染料中大多是媒染染料，不能直接上染纤维，染色时需先用金属氧化物浸渍处理纤维，之后才能对纤维进行染色。天然染料发现很早，但由于其存在色谱不全、应用不便、染色过程复杂、颜色鲜艳度以及染色牢度差等缺点，除了少数应用外，大多数已逐渐淘汰，而被有较好染色性能、染色应用较为方便及色谱齐全的合成染料所取代。

7.1.1 染料的分类

合成染料品种繁多，为了便于研究和应用，有必要将染料分类。染料的分类方法主要有两种：一种是按照染料分子的化学结构或特征基团进行分类，称为化学分类；另一种是根据染料的性质和应用方法进行分类，称为应用分类。

7.1.1.1 化学分类

根据染料分子中相同或相似的结构、染料分子内的一些共同的基团、染料相似的制备方法或染料共同的反应性质等进行分类，一般可以把染料分为11大类：①偶氮染料；②亚硝基染料；③硝基染料；④芳甲烷染料；⑤不溶性偶氮染料；⑥硫化染料；⑦酞菁染料；⑧蒽醌染料；⑨靛系染料；⑩杂环类染料；⑪菁类染料。

以上有些类别还可以分为若干小类，例如，偶氮染料可以分为单偶氮染料、双偶氮染料和多偶氮染料等。

7.1.1.2 应用分类

染料的应用分类法主要是根据染料的应用性质和应用方法上的共性（如溶解性、离子形态、染浴介质、与被染物质的反应性等）进行相对的划分，这种分类法比化学分类法更切合实际。

（1）酸性染料（阴离子染料）、酸性媒染染料、酸性含媒染料及茜素染料

酸性染料是有机化合物的磺酸或羧酸钠盐，能在酸性介质中上染蛋白质纤维及合成纤维，但对纤维素纤维缺乏直接性，所以一般不用于纤维素纤维的染色，并且上染温度较高。酸性染料是目前毛皮染色常用的一类染料。

酸性媒染染料能和金属离子形成络合物，即经过铜离子或者三价铬离子等媒染剂处理，可提高坚牢度。

酸性含媒染料是把某些金属离子以配位键的形式引入酸性染料的母体，制成酸性含媒染料，也称金属络合染料。染料与金属按1∶1络合，称为1∶1金属络合染料，又称酸性络合染料；若络合比为1∶2（即一个金属离子与两个染料分子形成的络合染料），一般可在中性或弱酸性条件下染色，所以又称为中性络合染料。

茜素染料是指具有蒽醌结构的酸性媒染染料和酸性染料。染色温度比酸性染料稍低，染色方法与酸性染料和酸性媒染染料相似。

（2）直接染料

直接染料是有机酸的钠盐，能染蛋白质纤维，也能染纤维素纤维，不需要媒染剂就能上色。其染色方法简便，色谱齐全，应用广泛，成本低廉。但它的耐洗和耐日晒牢度较差，加之渗透性也较差，一般只用于黏纤织物等的染色，毛皮上用于皮板染色。用甲醛或者固色剂处理后可提高染色坚牢度。

（3）碱性染料（阳离子染料）

碱性染料又名盐基性染料，它是三苯甲烷型、偶氮型和氧杂蒽型等有机碱或与酸形成的盐，能染蛋白质纤维，用媒染法也可以染纤维素纤维。碱性染料色谱广泛，颜色鲜艳，着色力强，但因耐晒、耐摩擦坚牢度较差而限制了该类染料的应用。在弱酸性介质中比较稳定，染色时染液pH一般控制在4～5。

（4）氧化染料

氧化染料是芳香族的胺类、酚类和氨酚类化合物。由这些中间体经过氧化，在纤维上形成不溶性染料，是毛皮专用染料。其优点是染色温度低，色泽饱和自然；缺点是染色坚牢度较差，工艺繁琐。

（5）硫化染料及还原染料

硫化染料不溶于水，用硫化碱还原生成可溶性隐色体的钠盐而染色。在空气中氧化之后，原来的不溶性染料又恢复而固着在纤维上。该种染料应用于棉布的染色，少数用于毛皮。

还原染料不溶于水，必须用连二亚硫酸钠（$Na_2S_2O_4$）在碱性介质中还原成隐色体，然后才能染色。经过氧化，隐色体转变成不溶于水的还原染料，在纤维上形成坚牢的颜色。染色的条件与硫化染料相似。溶靛素和溶蒽素染料是可溶性的还原染料。主要用于棉布印花，较少用于丝毛的染色。

（6）活性染料（反应染料）

活性染料分子中具有能与纤维分子中的羟基、氨基发生化学结合的活性反应基团，与纤维生成共价键而坚牢地结合在纤维上，故又称为反应性染料。

(7) 冰染染料（不溶性偶氮染料）

冰染染料是在纤维上形成的不溶性偶氮类染料，由打底剂和色基组成。染色温度为0～5℃，色基在调制时需要用冰，故称冰染染料。

(8) 缩聚染料

这类染料可溶于水，染色时在纤维上脱去水溶性基团而发生分子间的缩聚反应，成为相对分子质量较大的不溶性染料而固着在纤维上，故称缩聚染料。

(9) 分散染料

分散染料在染料分子中不含水溶性基团，是一类水溶性很小的非离子型染料。在染色时须用分散剂将染料分散成极细颗粒而染色，所以称为分散染料。

随着科学技术发展又出现了荧光染料、功能性染料等。

7.1.2 染料命名

现在毛皮染色用的染料都是合成染料，是具有复杂结构的有机芳香化合物，有的甚至还没有确定其化学结构，加之工业上染料中常含有某些其他物质或染料的异构物的混合物，因此有机化合物的学名不能作为染料的名称合用，染料只能采用专用名称。在染料品种比较少的情况下，用染料的颜色作为染料的名称，如品红、孔雀绿、靛蓝等，但随着染料工业的不断发展，染料品种不断增加，这种命名法已不再适用了，加之染料生产企业为了自身商业利益，往往对染料化学结构保密，同一品种染料可能有各自的商标牌号，染料名称的混乱。如用于聚酯纤维的分散染料，有的称福隆（Foron），有的称舍玛隆（SAMARON）。我国染料的名称采用“三段命名法”，即由“冠称”“色名”和“字尾”三个部分组成：

冠称	色称	字尾
酸性	嫩黄	G120％
酸性	纯蓝	6B
活性	艳红	X-3B

(1) 冠称

冠称往往表示三层含义：①表示该染料的性质和使用方法，如直接、碱性、酸性、活性、硫化等冠称，表示染料的类别，共有30余类，分别表示各染料的性质和使用方法；②表示该染料的化学组成如甲基蓝、溴靛蓝、酸性络合等，分别表示染料的化学结构中具有甲基，含有溴元素或金属络合等特征；③表示该染料的生产单位，如厂名、公司等。

(2) 色称（又名色名或色相）

色称用来表示染料于染色后所呈现的颜色，即染料色泽的名称。色称采用30个色泽名称：嫩黄、黄、深黄、金黄、橙、大红、红、桃红、玫瑰红、品红、红紫、枣红、紫、湖蓝、艳蓝、深蓝、艳绿、绿、深绿、黄棕、红棕、棕深、橄榄、橄榄绿、草绿、灰、黑。这些色称涉及：①可见光谱的通用色称，例如红、橙、黄、绿、青、蓝、紫、棕、灰、黑等；②用植物名称，例如橘黄、桃红、玫瑰、草绿、橄榄等；③自然界色彩，例如天蓝、金黄、湖蓝等；④动物名称，例如驼灰、孔雀绿、乌鸦黑等。

（3）字尾

字尾，即是以一定的符号和数字来说明色光、形态、特殊性能和其他染色性能。但也有不少符号是染料厂商任意附加的，他人很难明确其确切意义，并因生产厂和染料类别的不同，有些字尾的意义含糊混乱。一般数字表示色泽的程度，百分数表示染料的强度，现将常见的符号说明如下：

① 表示染料的色光、性质等的字尾，见表7-1。

表7-1　染料命名中字尾符号及含义

字尾符号	代表含义	字尾符号	代表含义
B	蓝光（英文BLAU，法文BLAU）	KN	新的高温型，N表示新的类型，通常指乙烯砜型反应性染料
BW	棉用（德文BAUMWOLLE）	L	耐晒牢度高，染料的可溶性
C	耐氯，棉用，不溶性偶氮染料的盐酸盐等	P	适宜于印花
D	稍暗，适应于染色，适用于印花（德文DRUCKEREI）	R	红光（德文Rot英文Red）
E	稍暗，适应于染色，适于竭染法	S	升华牢度好，水溶性，蚕丝用及标准浓度商品
EX	染料浓度高（英文Extra）	SE	Salz—Echt，即可海水坚牢
F	坚牢度高，鲜艳	T	泽深
FF	甚少量	U	混纺织物用
G	德国往往表示带黄光（德文Gelb），而英语国家则常常表示带绿光（英文Green）	V	紫光
I	相当于还原染料的牢度	W	羊毛用，适于温染法等
J	荧光（法文Jaune）	X	普通型反应性染料，高浓度等
K	还原染料冷染法（德文Kalt），或反应性染料中的热固型染料	Y	带黄光

② 表示染料力份的字尾，染料的力份是指颜色相近的两个同种类染料，在相同的染色条件下，用相同用量，染出颜色的浓淡程度的比较。当要求染出规定浓淡的色泽时，所用染料的需用量与该染料的力份成反比。通常把标准染料的力份定为100％。即力份为50％的染料是标准染料的一半浓，或者说如果要达到与标准染料相同的浓淡程度，其用量应比标准染料用量多一倍；200％就是比标准染料浓一倍，或者说，如果要达到与标准染料相同的浓淡程度，只需要标准染料用量的一半。这里的100％、50％或200％就是表示染料力份的字尾。有时，表示染料力份的字尾可以冠于整个染料名称之首。注意，100％、200％、300％等，并不表示产品的纯染料含量，它们不是一个绝对值，而是相对值。

某些染料产品名称沿用已久，为了照顾使用者的习惯，如还原蓝RSN、还原深蓝BO、酸性橙黄Ⅱ等仍保留使用其尾称字母。

7.1.3 染料特性

染料的组成和结构反映不了染料的应用价值，一般根据染料的特性来评价其质量。

(1) 外观

外观主要指染料的颜色和形态。染料的颜色大都和被染物所呈现的颜色相近，或较深或极深，也有的并不相同。染料有粉状、粒状、块状或浆状等多种形态。

(2) 溶解度

在一定温度下，某染料在100g纯水中所能溶解的最大量为该染料在此温度下的溶解度。溶解度分为五级，以五级为最好，一级为最差。五级≥10g；四级≥5g；三级≥3g；二级≥1g；一级<1g。

(3) 强度

强度指染料的染色强度或染色力度，是决定染料品质的重要指标。它表示染色能力的大小，往往称为浓度和成分。

染料的强度没有一个绝对标准，而是用实际染色的试验比较出来的，通常以百分率表示，例如50%、100%、150%、200%等。其百分比不表示任何成分和纯度，而是与某一标准染料样品的浓度（定为100%）相比较而言的。染料的强度越大，染色时的需要量就越少，反之则越多。

(4) 色光

色光是指染料通过被染物质显示主色外所呈现的副色。例如：黑色带红光，绿色带有黄光等，俗称“光头”。有的色光比较显著易于辨认，有的则不易被察觉。

(5) 坚牢度

坚牢度是指染料与被染物质坚牢结合、不易退色的程度。染料的坚牢度由于受不同客观条件的影响可以分为若干种，如耐光、耐水洗、耐溶剂、耐摩擦、耐汗、耐熨烫等。对于毛皮来讲，最重要的是耐摩擦坚牢度要好，否则穿着时会出现掉色而玷污衣服，或颜色变浅；若毛朝外穿时，耐光坚牢度要好，否则会发生颜色变化或泛黄。此外，耐水洗、耐化学洗涤剂的坚牢度与染料本身的化学结构有着密切关系，尤其与分子中水溶性和油溶性基团有关，水溶性越弱，耐水洗性越强；油溶性越弱，耐有机溶剂性越强。

染色坚牢度不仅与染料本身的性质有关，染料在纤维上的状态（例如染料的分散或聚集程度，染料在纤维上的结晶形态等）、染料与纤维的结合情况、染色方法和工艺条件等对染色坚牢度都有很大的影响。而且与毛皮的性质和状态（包括复鞣、加脂等）也有关系。

(6) 渗透程度

不同的染料在被染物中的渗透程度很不一致，小分子染料要比大分子渗透性好一些。例如在染毛革一体的皮板时，有的染料不易渗入革的内层，而只是表面上色，如直接性染料。在拼配染色时，应考虑染料分子结构的差异，否则存在染料渗透不匀的问题。

(7) 上染百分率

上染百分率是染色达到平衡时，上染到纤维上的染料与染液中原有染料总量的百分比。

（8）亲和力

亲和力指染料被纤维吸附的能力，可用不加促染剂时的上染百分率表示。

以上特性关系到染料的优劣，这些特性一般用符号表示在染料名称的字尾，在选用染料时应注意，以提高染色的效果。

7.2　毛皮常用染料

由于毛皮染色涉及仅染毛被，或单独染皮板，或毛板兼染，对染料要求比较特殊；所用染料的品种也较多，加之染料在染色过程中染色方法和使用条件也要影响染料在毛被和皮板中上染程度、结合牢度等，因此，在选择染料时需根据使用条件及染色方法等结合起来考虑。

7.2.1　酸 性 染 料

酸性染料是一类结构上带有酸性基团的水溶性染料，在酸性介质中上染蛋白质纤维或绵纶纤维，以加深所染的颜色和使染料固定，故习惯上称之为酸性染料，并非本身成酸性。它在水溶液中电离后生成有色的阴离子和无色的金属阳离子，也称阴离子染料。在上染过程中静电引力的结合起着重要的作用，染料的亲水基大多数为磺酸基，少数染料含羧酸基。实际上大多数是以磺酸钠盐形式存在，分子式常用 D—SO_3Na 表示，D 为有色染料的母体。酸性染料多为偶氮结构，约 50%属于此类，蒽醌类和三芳甲烷类占 20%左右，其余的以氧杂蒽和二氮蒽为多。表 7-2 列出了毛皮染色常用的几种酸性染料。

表 7-2　　　　毛皮染色常用的几种酸性染料

染料名称		结构式	相对分子质量	类属	外观
现名	旧名				
酸性黄 G		HO—C—N—, —SO_3Na, —N=N—C, N, C, CH_3	380.00	单偶氮	黄色粉末
酸性金黄 G	酸性皂黄	NaO_3S, —N=N—, —NH—	357.37		棕黄色粉末
酸性橙Ⅱ	酸性金黄Ⅱ	HO, NaO_3S—, —N=N—	350.33		鲜艳金黄色粉末
酸性红 B	酸性紫红、酸性枣红	HO, NaO_3S—, —N=N—, SO_3Na	502.40	单偶氮	深棕色粉末

续表

染料名称		结构式	相对分子质量	类属	外观
现名	旧名				
酸性绿		$N(C_2H_5)CH_2$; SO_3Na; C; $N^+(C_2H_5)CH_2$; SO_3^-	658.06	三芳甲烷类	蓝绿色粉末
酸性深棕	酸性棕R	OH; OH; N=N; NH; O_2N; NaO_3S	516.00	单偶氮	黑棕色粉末
酸性毛皮黑DBN		O; NH_2; SO_3Na; O; H_2N; NaO_3S; NH; OH; HO; OH; N=N; H_3C; C; OH; N=N; OH; OH; SO_3Na; NaO_3S		拼混	黑棕色粉末
酸性黑ATT		O_2N; N=N; NH_2; OH; N=N; NaO_3S; SO_3Na; HO; NaO_3S; N=N		拼混	棕色粉末
弱酸嫩黄G		NaO_3S; N; C—OH; N; C; N=N; CH; H; H; C; SO_3Na; N; C—OH; N; C; N=N; C; CH_3	1125.00	双偶氮	黄褐色粉末
弱酸性红A	酸性曙红A	Br; Br; OH; O; Br; COONa	661.66	三苯甲烷类酸性染料	暗红色粉末
弱酸藏青R		NaO_3S; OH; SO_3Na; N=N; H; N; CH_3; NaO_3S	715.00	单偶氮酸性染料	

7.2.1.1　酸性染料的种类

（1）偶氮酸性染料

偶氮酸性染料色谱齐全，以黄、橙、红色为主，蓝色品种主要是藏青，紫和绿的色光不够艳亮，商品中的棕色多数是拼混染料，酸性黑品种也很多。相对分子质量一般在400～800，含有1～3个磺酸基。偶氮酸性染料在羊毛、蚕丝和锦纶染色以及直接印花中被大量使用。

单偶氮酸性染料结构简单，匀染性好，色泽鲜亮，但坚牢度差。随着偶氮数目的增加，颜色也随着加深，坚牢度也有所提高。例如：酸性红G，日晒4级，干擦4～5级，湿擦3～4级；酸性黑10B，日晒6～7级，干擦4～5级，湿擦3级。酸性红G和酸性黑10B的结构式如下：

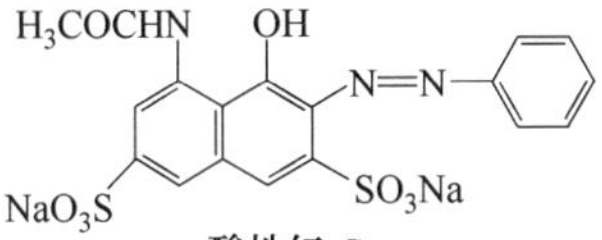

H_3COCHN　OH　N=N　NaO_3S　SO_3Na

酸性红G

O_2N　N=N　NH_2　OH　N=N　NaO_3S　SO_3Na

酸性黑10B

随着偶氮数目的增加，相对分子质量变大，染料的渗透力减低。

（2）三芳甲烷结构的酸性染料

这种染料以鲜艳的紫、蓝、绿色著称，但不耐日晒（牢度不超过4级）。例如酸性湖蓝V：

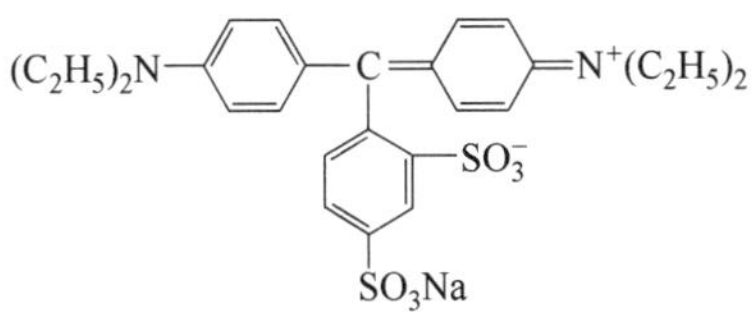

$(C_2H_5)_2N$　C　$N^+(C_2H_5)_2$　SO_3^-　SO_3Na

（3）蒽醌类酸性染料

这类染料中最主要的是蓝色品种，色光艳亮，日晒牢度优良，其他坚牢度也良好，适于对反穿毛皮染色。这类染料大多为深色。例如酸性蒽醌蓝：

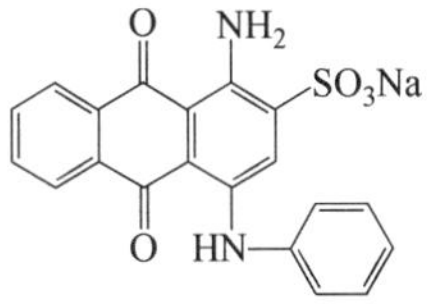

O　NH_2　SO_3Na　O　HN

（4）兰纳塞脱染料或彩源塞脱染料

这是一类改良型中性染料及活性染料，其系列产品具有相同的染色性能，拼色相容性非常好；上染率高，吸尽率高；优良的匀染性，可改善毛的光染现象，因此染色重现性非常好，减少调色及复染，提高品质；染浴pH为4.5～5.0，接近毛的等电点，此时毛纤维损伤小；染色坚牢度好。

7.2.1.2　酸性染料的性能

从酸性染料分子结构中，可以归纳出三个特征：①酸性染料分子中含亲水基（如—SO_3^-、—OH、—COO^-）较多，易溶于水；②酸性染料分子较小，渗透性好；③某些酸性染料分子中，在偶氮基的邻位上含有羟基或羧基，可以和某些金属络合，提高染色的坚牢度。

酸性染料分子小，亲水基团（以磺酸基为主）多，易溶于水，在水中能电离成阴离子：

$$D—SO_3Na \longrightarrow D—SO_3^- + Na^+ \quad (Ⅰ)$$

电离出的色素阴离子一般不呈聚集状态，分散度高，因此渗透性、匀染性较好。

酸性染料在酸的作用下，可形成色素酸：

$$D—SO_3Na \xrightarrow{H^+} D—SO_3H + Na^+$$

形成的色素酸具有聚集的倾向，有利于上染。由式（Ⅰ）可知加入中性盐（如 $NaCl$、Na_2SO_4 等），就可抑制染料的电离，减少色素酸的生成，从而达到缓染的目的。

酸性染料色谱广泛，颜色鲜明，渗透性好，能渗透到毛的皮质层中，但其耐水洗、耐日晒坚牢度较差。

酸性染料与重金属如铅、锡等离子作用可生成有色沉淀（颜料）；遇碱金属会生成色素酸钙沉淀，但在染浴中加酸仍能离解，所以硬度不大的水对它影响不大。

大多数酸性染料用还原剂处理后，颜色消失，成为隐色体，再用氧化剂处理又能恢复原色，但其中有偶氮结构的因被还原成氨的化合物，即使再氧化也不能恢复原色：

$$\underset{\text{染料}}{R—N=R'+4[H]} \rightleftharpoons \underset{\text{消色后的化合物}}{R—NH_2 + R'—NH_2}$$

用酸性染料染毛皮时，由于毛皮在酸性的染浴中带正电荷（即染液的 pH 低于毛皮的等电点）：

$$毛皮纤维\begin{cases}NH_3^+\\COO^-\end{cases} \xrightarrow{H^+} 毛皮纤维\begin{cases}NH_3^+\\COOH\end{cases} \quad (Ⅱ)$$

阴离子的染料就逐渐与毛皮纤维中带正电荷的氨基（$—NH_3^+$）以离子键互相结合：

$$P\begin{cases}NH_3^+\\COO^-\end{cases} + {}^+Na—SO_3—D \longrightarrow P\begin{cases}NHO_3S—D\\COOH\end{cases} + Na^+ \quad (Ⅲ)$$

但对铬鞣毛皮来讲，由于它本身就带有正电荷且具有酸性，与染料的亲和力很大，用酸性染料染色时，不加酸也可以产生大量结合。

$$\underset{\text{铬鞣毛皮}}{P\begin{cases}NH_3^+\\COO—[Cr\ 铬离子]\end{cases}} + \underset{\text{酸性染料}}{{}^+NaO_3S—D} \longrightarrow \underset{\text{染色后的铬鞣毛皮}}{P\begin{cases}NH_2^+O_3S—D\\COO—[Cr\ 铬离子]\end{cases}} + Na^+ \quad (Ⅳ)$$

由上述各反应式可以看出，毛皮染色时加酸有利于色素酸的形成，也有利于纤维的氨基电离，有促染作用。加入中性盐（$NaCl$、Na_2SO_4 等）或碱（NH_4OH 等），会产生缓染作用。在用酸性染料染毛皮绒面革（毛革两用）时，为了促进染透，常在染色初期在染浴中加入一定量的氨水，以提高染料的渗透能力，在染色结束前再加入酸，使染料更好地固着。在用酸性染料染醛鞣毛皮时，由于醛鞣毛皮表面带有负电荷，所以染色前先经过铬复鞣，对染料的结合固着更有利。

由于酸性染料在水溶液中带负电荷，因此它不能与在水溶液中带正电荷的阳离子染料或助剂同浴使用，否则它们将相互作用发生沉淀而破坏染色。

$$\underset{\text{酸性染料}}{D—SO_3Na} + \underset{\text{碱性染料}}{ClNH_3—Me} \longrightarrow D—SO_3^- {}^+H_3N—Me\downarrow + NaCl$$

酸性染料根据染料的染色性能、染色工艺条件及应用性能的不同还可以分为强酸性浴染色的酸性染料、弱酸性浴染色的酸性染料和中性浴染色的酸性染料，其性能比较见表 7-3。

表 7-3　酸性染料的应用分类和主要应用性能

性　　能	强酸性浴染色的酸性染料	弱酸性浴染色的酸性染料	中性浴染色的酸性染料
分子结构	较简单	较复杂	较复杂
相对分子质量	小	中等	较大
磺酸基在分子中的比例	较大	较小	小
颜色鲜艳度	好	稍差	较差
溶解性与聚集度	好，基本不聚集	稍差，聚集	差，低温聚集
对纤维的亲和力	较小	较大	很大
匀染性	好	中等	差
移染性	好	较差	很差
湿牢度	很差	中等	较好
耐缩溶性	不好	较好	很好
染液 pH	2.5～4	4～5	6～7
染羊毛常用酸剂	硫酸	醋酸	硫酸铵
元明粉的作用	缓染	缓染作用小	促染
能否低温染色	能	稍困难	困难，需特殊助剂

7.2.2　酸性媒介染料

酸性媒介染料是结构中具有能与过渡金属络合形成螯合物的一类酸性染料，由于染色过程中除正常的酸性染色外，还包括金属盐媒染工序，故在染料分类中单独列出，称为媒介染料（又名酸性媒染染料）。它具有染色均匀，染毛被的日晒牢度和湿处理牢度高，生产成本低等优点，但也存在着工艺复杂，色光难以掌握，染色残液中含有 Cr^{6+}，含铬废水处理难度较大，容易造成环境污染等缺点，因此在使用上有一定的局限性，但仍是毛皮常用染料。

7.2.2.1　酸性媒介染料的结构特点

酸性媒介染料中偶氮类占 75%，三芳甲烷类占 11%，蒽醌类占 6%，其余结构占 8%。例如偶氮类的酸性媒介深黄 GG、酸性媒介枣红 BN，三芳结构类的酸性媒介宝蓝 B，蒽醌类的酸性媒介红 SW，结构式如下：

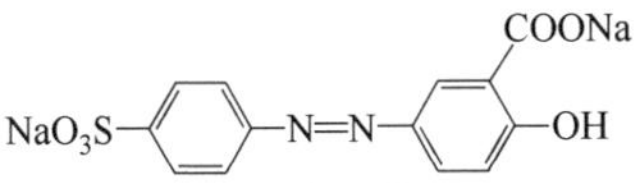

酸性媒介深黄 GG 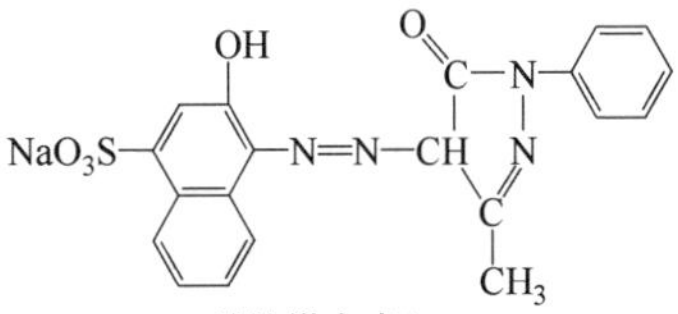　　　酸性媒介枣红 BN

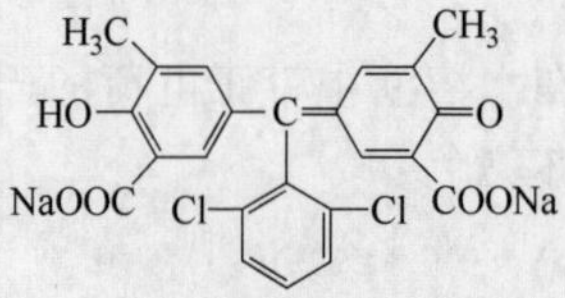

酸性媒介宝蓝 B

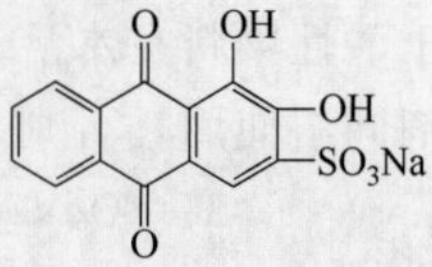

酸性媒介红 SW

媒介染料与过渡金属络合成螯合物的原因是在偶氮类染料的偶氮基的邻位具有羟基、氨基或羧基结构与过渡金属 M 形成螯合物：

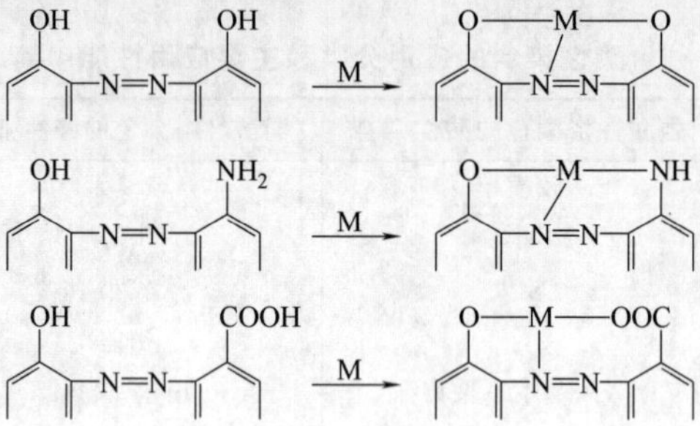

蒽醌系媒介染料多属 1-羟基蒽醌结构，在醌结构的羰基和伯位羟基间与金属 M 络合：

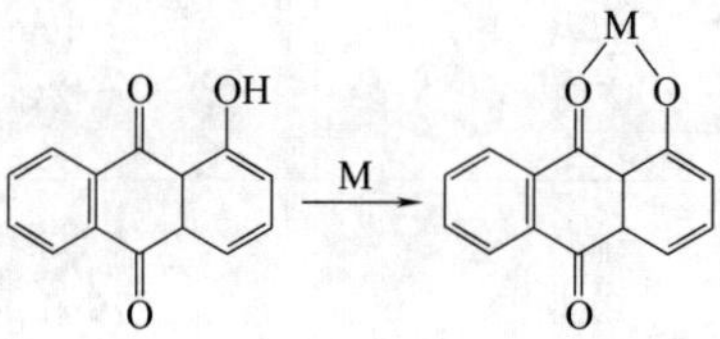

7.2.2.2 酸性媒介染料的性能

酸性媒介染料因单偶氮结构占优势，所以很多性质受其结构影响。

① 相对分子质量小，溶解度好，染色均匀一致。

② 媒染过程中，媒染剂提供一个中心金属原子，被具有螯合结构的染料“捕获”形成配位键，一般提供三啮或二啮配位体。同理，蛋白质纤维中的—COO^-、—NH_2也与中心离子形成配位键。配位键能较高，从而使染料耐洗牢度大为提高。

染料与金属络合后，吸收光谱发生了变化。金属的非键轨道与配位体 π 轨道重新组成了成键和反键轨道，使跃迁能量减小，颜色变深。另一方面，金属与羟基上氧原子连接，使氧原子更易给出电子，进入 π 电子体系，属于给电子-吸附电子发色体系，如 X中的电子从氧原子向取代基 X 羟基偶氮染料迁移受到影响时，也会使颜色发生变化。总之，引入金属原子，吸收曲线向深色位移，吸收峰变宽，颜色变深变暗。

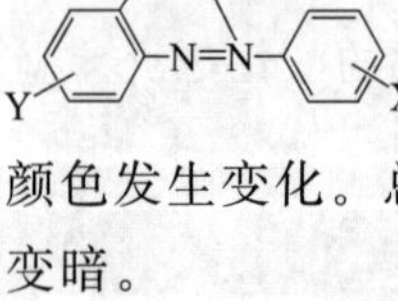

7.2.2.3 铬媒染方法

铬媒染处理有三种方法，即预媒法、同媒法和后媒法。实践经验表明，后媒法效果理想，染色坚牢度好，深色更是如此。通常在染浴中加醋酸使染料被毛皮吸尽或基本吸尽后，再加媒染剂例如红矾，毛皮的铬媒处理和染料与铬在毛纤维上形成络合物的反应是同时进行的：

$$Cr_2O_7^{2-}+14H^+ \xrightarrow{+6e^-} 2Cr^{3+}+7H_2O$$

还原剂有蛋白质中的胱氨酸、半胱氨酸和酪氨酸等，这种方法虽简单，但对毛有一定损伤，手感不良。在还原剂中加入甲酸、乳酸等，可减少毛的损伤。

$$Cr_2O_7^{2-}+5HCOOH \longrightarrow Cr_2O_3+2HCOO^-+4H_2O+3CO_2\uparrow$$

直接用 Cr^{3+} 作媒染剂效果不理想。如用 CrF_3 为媒染剂，染色色泽不如红矾，原因是在毛皮纤维上 Cr^{6+} 经过一系列氧化还原过程所产生的 Cr^{3+} 很快与染料、毛纤维上配位体配位；而 Cr^{3+} 的媒染剂已经与水分子等配位体络合，再被染料、毛纤维配位体取代则缓慢。

应用铬媒染时，应注意以下事项：

① 水质要求应以软水为宜。水质硬度不得超过 150mg/L，不得含铜、铁离子，以防染料沉淀，用硬水易造成色花。若加入六偏磷酸钠或软水剂 B，用量为 0.2～0.5g/L，能改善水质。

② 控制红矾用量。用红矾做媒染剂效果最好，但因污染问题，用量应掌握在最低限度，并且废水要经过妥善处理后才可排放。红矾用量为染料质量的 25%～50%。

③ 增艳酸性媒介染料色泽比较暗，可选用不受铬盐影响，并在酸性媒介染料染浴中有较好上染率的弱酸性染料或中性亮（艳）染料拼色。与酸性媒介染料同时加入。

④ 调节色光用后媒法进行媒介染色，需要经过较长时间铬媒处理后才能充分发色，因此给试样仿色带来困难，易造成色差。故在打小样时一定要准确，工艺条件一定要严加控制。调整色光以补调酸性媒介染料为宜。

⑤ 稀土染色。稀土为元素钪、钇及镧系元素的合称，用于毛染色主要是 $CeCl_3$ 等的混合稀土。它对各个媒介染料的有效程度有所不同，其用量也有差异，一般为 0.0506%～0.206%。加用稀土后毛易膨化，染色温度可以降低；可提高染色速率和上染率，节约能源和时间；染料和助剂量可减少 4%～15%，可减少红矾用量（仅加用稀土，不用红矾则不能形成络合物，不能泛色）；发色纯正，染色坚牢度提高，毛的手感、光泽良好。稀土作为助染剂的使用前景良好。

7.2.3 酸性含媒染料

酸性含媒染料是从酸性媒介染料发展而来的，酸性媒介染料的染色需要经过染色和媒染两个步骤，工艺稍复杂。为了应用方便，对于合成时已引入中心金属离子的商品染料，无须再用媒染剂，就能直接和蛋白质纤维结合生成络合物，即在生产染料时，把某些金属离子以配位键的形式引入酸性染料的母体制成酸性含媒染料，也称金属络合染料。

根据中心金属离子和作为配位体的母体染料的比例的不同，又可分为1∶1金属络合染料（又称为酸性络合染料），1∶2 金属络合染料（又称为中性络合染料），2∶3 金属络合染料（又称醇溶染料）以及以中性络合染料和活性染料为基础经改良结构的染料称为兰纳塞脱染料。金属络合染料和中性染料在 1986 年颁布的国家标准染料分类（GB/T 6686—2006）中，都归于酸性染料类，分别以字尾 EM 和 NM 命名。

（1）酸性络合染料（1∶1 型络合染料）

这种染料是由一个金属离子或一个染料分子形成的染料。例如国产派拉丁坚牢蓝 GGN 即属此类。

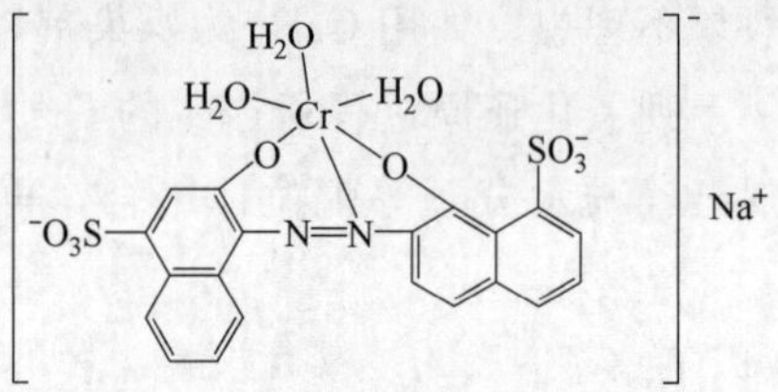

这类染料的特征是：①溶解性、渗透性好；②匀染性和染色坚牢度好；③适宜染中、淡色调；④染出的颜色丰满而鲜艳。但这类染料需要在强酸介质的染浴中（pH 在 3.5 以下）进行染色，才能获得充分上染和匀染的效果。

（2）中性染料（1∶2 型络合染料）

此类染料是一个金属原子与两个染料分子形成的络合染料。在中性或弱酸性条件下染色。国产的“中性染料”和进口的欧开苏拉染料都属于此类。例如中性紫 BL：

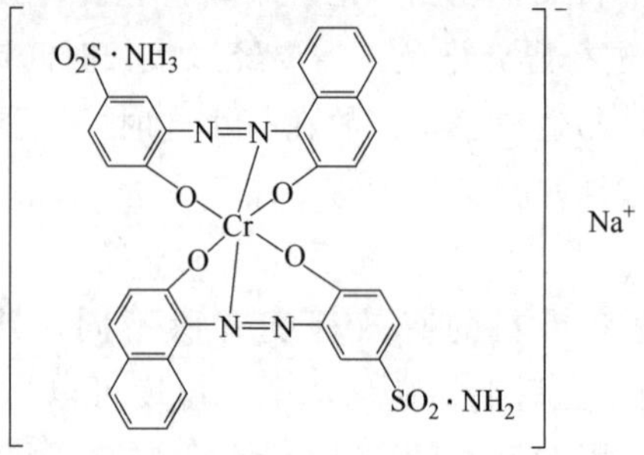

这类染料的特征是：①易聚集，着色力高，遮盖力较强；②坚牢度好，耐洗、耐光、耐干湿擦；③染料价格高。这类染料比 1∶1 型的色调浓艳、遮盖力更强些。

使用条件与普通酸性染料染色条件近似，染色工艺简便，因此，可以和酸性染料混合使用，目前我国有不少厂家都采用中性络合染料和酸性染料混合使用对毛皮进行染色。该种染料因其各方面坚牢度都较好，特别适合用于毛皮绒面革（毛革两用）的染色。

毛皮上应用的金属络合染料，大多为金属离子铬与偶氮染料所形成的络合物，因此，它对于胶原或角蛋白既有染色能力，又有轻微交联的作用。

络合后染料的颜色与络合前有显著不同，染料的坚牢度也有所提高。它的历程是染料的偶氮基或羟基与 Cr^{3+}、Cu^{2+} 等离子络合，从而使染料与蛋白质纤维发生更牢固的结合。如以酸性媒介黑 R 为例，染料、铬和毛皮纤维三者之间的结合形式示意如下：

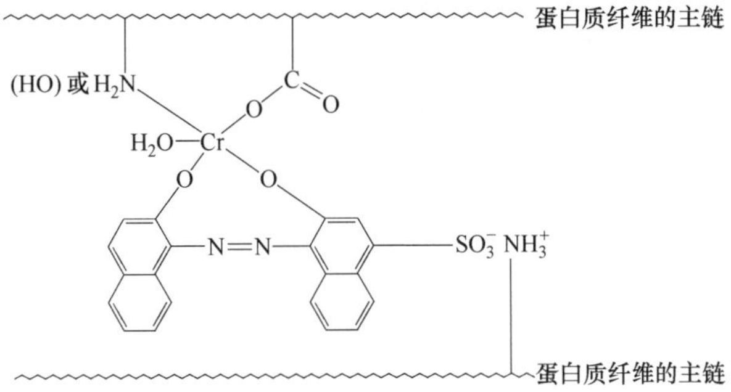

(3) 2∶3 络合金属染料

此类染料主要用于毛革的涂饰，用以调整或改善涂饰层的色调。

7.2.4　茜 素 染 料

茜素染料又称毛皮专用染料，是具有蒽醌结构的酸性染料和少部分酸性媒染染料的总称。可从茜草根部提取，但一般采用工业合成法得到，是用蒽醌-2-磺酸、氢氧化钠与硝酸钾或氯酸钾共熔，或在水溶液加热条件下反应制取的。它是第一个通过人工合成得到的天然染料。具有蒽醌结构的酸性和酸性媒介染料的界限难以划清，原因是用含磺酸基的蒽醌染料进行毛的染色，差不多在 α 位具有—OH、—NH_2、—NHR 等基团，这些基团与羰基生成钳状环而具有深色效应，也能与过渡金属离子生成络合物从而提高染色坚牢度。所以具有蒽醌结构的可溶性染料都是具有酸性媒介染料性质的，其中不少既可作为酸性染料，又可作为酸性媒介染料予以应用。故统称为具有蒽醌结构的毛用染料（茜素染料）。其染色方法与酸性染料或酸性媒染染料相似。

茜素染料色彩鲜艳柔和，匀染性好，日晒牢度，干湿擦牢度优良，耐高温，染色温度较低，色谱比较齐全，而且毛的上染率高，皮板几乎不上色，是毛皮理想的染料。

茜素染料结构简单，容易产生深色效应，特别是在 1,4 两个位置有氨基和替代氨基的深色效应更为明显，例如：

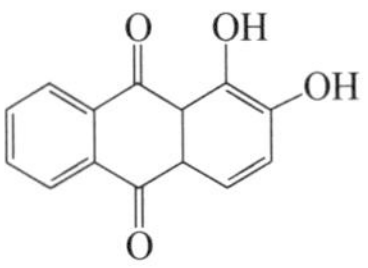

茜素黄 (C.I.75330) 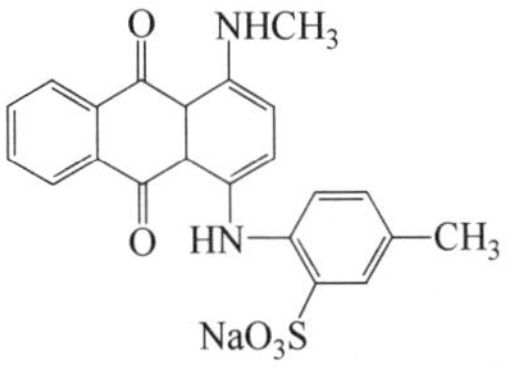　　茜素宝石蓝B (C.I.61530)

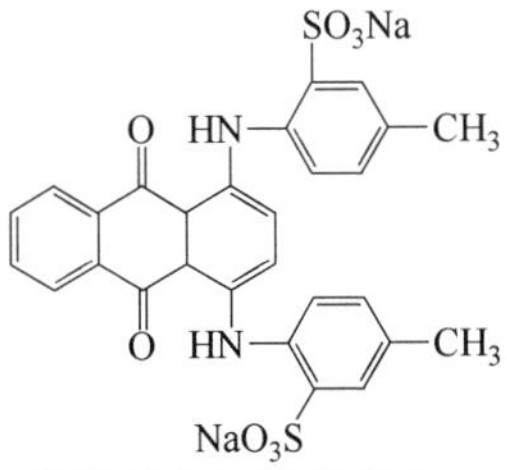

茜素蓝绿G (C.I.61570) 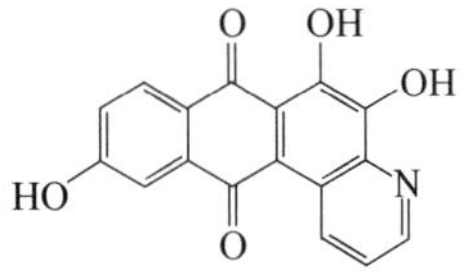　　茜素黑P (C.I.67425)

还有的茜素染料具有媒染能力，在不同的媒染剂作用下，可改变色泽或提高染色坚牢度。例如茜素无媒染时呈黄色；铝媒染时呈美丽且坚牢的红色（土耳其红）；铁媒染时呈棕黑色；亚铁媒染时呈深紫色；锡媒染时呈粉红色；铬媒染时呈紫褐色；铜媒染时呈黄光棕。

7.2.5 直 接 染 料

7.2.5.1 直接染料的结构特点

这种染料在染植物纤维时，不需任何媒染作用就可以上染并达到染色效果，故名直接染料。直接染料色谱齐全，应用广泛，成本低，染色方法简单，但其渗透性较差，多用于皮板着色。

直接染料主要是芳香族化合物的磺酸钠盐，少部分为羧酸钠盐。其化学结构大部分是偶氮结构，其中以双偶氮和三偶氮结构为最多。例如直接大红 4B 的结构式为：

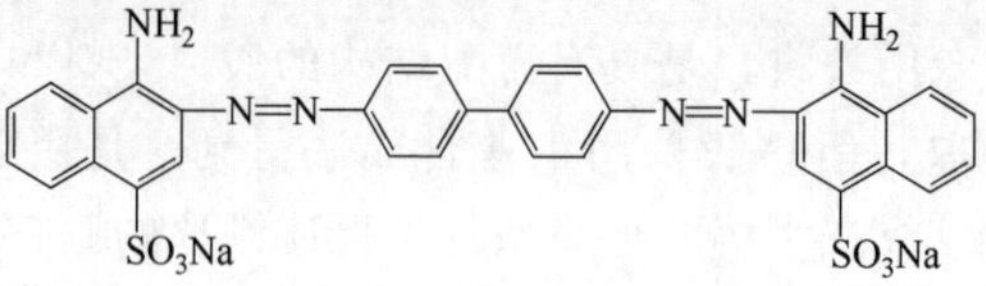

其分子结构中含有磺酸基（亲水基团），增大了染料的溶解性，随着亲水基团的增多，染料的溶解度也增加。直接染料在水溶液中电离成色素阴离子和金属阳离子：

$$D—SO_3Na \longleftrightarrow D—SO_3^- + Na^+$$

直接染料虽溶于水，但其分子较大，在染液中染料分子容易聚集成半胶体溶液。由上式可知，在染液中加入适量的中性盐能降低染料的溶解度。然而中性盐过量时，就不仅是降低染料的溶解度，而且还可能由于胶体溶液的聚沉，使染液产生沉淀而影响染色。

这类染料与硬水中的钙离子、镁离子和铁离子等活泼金属作用，将生成沉淀：

$$D—SO_3^- + 1/2Ca^{2+}\ （或\ Mg^{2+}、Fe^{2+}）\longrightarrow D—SO_3Ca_{1/2}\downarrow$$

故染色时须注意水的硬度。

直接染料对酸很敏感。在浓染液中，加入无机酸，会产生色素酸沉淀

$$D—SO_3^- + H^+ \longrightarrow D—SO_3H\downarrow$$

因此在染浴中不加酸或微加酸，色素酸在碱的作用下，可再变成钠盐而溶解。

此外，直接染料中具有偶氮结构的，易被还原剂破坏而颜色消失。因此在存放和使用时应注意避免和还原性物质接触。

7.2.5.2 直接染料的应用

直接性染料的分子一般比酸性染料大，故渗透性差，遮盖力较好，色泽浓厚。在对毛皮染色时，主要是对皮板进行表面着色（一般只用于毛皮绒面革的皮板），所以常与酸性染料配合使用，在同浴中染铬鞣毛皮，可兼两者的优点。染料的聚集是放热反应，加热可减少分子的聚集，有助于染料的分散和溶解，因此在染浴温度较高时直接染料上染效果较好。

由于直接染料与酸性染料一样，色素离子带负电荷，所以，它可以和阴离子型物质

如酸性染料、扩散剂 N 等同浴使用，而不能与阳离子型物质如碱性染料、阳离子表面活性剂等同浴使用。

为了使直接染料对纤维素纤维有足够的亲和力而直接上染，其结构应具有的特征为：① 染料分子较长，呈直链式，并且具有较强的对称性；② 染料分子中具有较多的共轭双键；③ 染料分子的各个基团都处于同一个平面上，相对分子质量也较大。

直接染料在毛皮皮板染色时应注意以下事项：① 适当提高温度来增加上染能力；② 无机中性盐具有促染作用；③ 碱性材料（例如纯碱），可提高染料的溶解度，降低着色程度；④ 钙镁离子会使染料沉淀而消耗染料；⑤ 还原剂会破坏偶氮结构致使染料失效。

7.2.6　碱性染料（阳离子染料）

7.2.6.1　碱性染料的结构特点

碱性染料又名盐基性染料、阳离子染料。它是三苯甲烷型、二苯甲烷型、偶氮型和氧杂蒽型等具有颜色的有机碱与酸形成的盐。其碱性基一般为氨基，在水溶液中形成色素阳离子和酸根阴离子，因此又称阳离子染料。

$$Me—NH_3Cl \longrightarrow Me—NH_3^+ + Cl^-$$

碱性染料并非本身具有碱性，也不是在碱性物质中溶解或染色，是含有伯胺、叔胺等碱性基团的染料在溶液中呈阳离子状态。碱性染料遇碱将分解，生成不溶性的色基沉淀。

$$H_2N-C_6H_4-C(=C_6H_4=NH_2^+Cl^-)-C_6H_3(CH_3)NH_2 + NaOH \longrightarrow H_2N-C_6H_4-C(OH)(C_6H_4NH_2)-C_6H_3(CH_3)NH_2 \downarrow + NaCl$$

上式沉淀加酸，则又可生成色基的酸性盐而溶解。有些碱性染料，甚至在弱碱性介质（如氨水）中也会分解。碱性染料多数能与还原剂作用，而变成无色化合物或隐色体，但在氧化条件下（除偶氮型的染料外），大多能恢复原来的色彩。

7.2.6.2　碱性染料的应用

碱性染料结构中亲水基团较少，虽均可溶于水，但其溶解性远比酸性染料差。因此通常溶解时，根据其具有碱性基的特点，先用酒精和有机酸溶解它再用水稀释。有的品种如碱性嫩黄对温度很敏感，在 60℃时就会分解变质，因此在溶解染料时，水温一般不超过 60℃；此外，碱性染料对水中的碳酸盐硬度较敏感，所以染浴的 pH 最好控制在4～7。

由于碱性染料在染液中带有正电荷，因此对带有正电荷的铬鞣毛皮皮板不具亲和力，不能单独将碱性染料用于铬鞣毛皮绒面革皮板的染色。

碱性染料不能与带负电荷的酸性染料或阴离子助剂同浴使用。否则会形成沉淀而破坏染色。但有时可以进行套色，先用酸性染料染皮板，再用碱性染料染色，这样套色后，两种染料在纤维上形成沉淀从而提高了碱性染料的坚牢度，而且由于碱性染料鲜艳的色泽也增强了染色效果。这类染料可用于毛皮绒面革的染色。

碱性染料色谱广泛，具有浓艳的色调，着色力强，但耐晒、耐摩擦坚牢度较差，极易退色。20 世纪 60 年代苏联曾实验过用碱性染料染毛皮的毛被，先用红矾媒染，然后将渗于毛中的六价铬还原成三价铬，再用碱性染料染色，实验证明将碱性染料用于毛皮的染色是可行的。

阳离子染料对腈纶的亲和力大，染色时由于吸附快而扩散，易产生染色不匀现象。若产生染色不匀现象，则很难恢复。因此，在使用阳离子染料时，应适当降低染料的上染速率。影响其上染速率有几个方面：

(1) 温度

温度是控制匀染的重要因素。在 75℃以下很少上染，温度达到纤维的玻璃化温度(75～85℃) 时，染料上染速度增加。所以当温度达到玻璃化温度时应缓慢升温，一般每 2～4min 升温 1℃。也可在 85～90℃时保温染色一段时间后，再升温至沸腾。

(2) pH

阳离子染料一般不耐碱，染色时 pH 一般为 4～4.5，染深色时染浴的 pH 可高些，染浅色时 pH 可相对低一点，染浴的 pH 一般用醋酸调节，醋酸不仅能调节 pH，还能提高染料的溶解度。染浴中加入醋酸钠可以稳定染浴的 pH。

(3) 缓染剂

阳离子染料染色时常常会加入缓染剂降低上染速率，得到匀染效果，有阳离子缓染剂和阴离子缓染剂。阳离子缓染剂为长链烷烃或烷芳烃的季铵盐类，能扩散进入纤维内部，可起到暂时封闭纤维上的染座的作用，并可降低纤维上的染料浓度梯度，从而降低染料的上染速率，达到延缓上染的效果。而阴离子缓染剂大多是带负电的芳烃磺酸盐。

(4) 电解质

在染浴中加入电解质，如元明粉、氯化钠等，可降低阳离子染料的上染速率，具有缓染作用。电解质对染料的直接性 K（表示染料对毛纤维的上染能力）为 1～1.5 的染料无明显的缓染作用，对 K 为 3～5 的染料有缓染作用。电解质的缓染作用随着染色温度的提高而降低。

7.2.7 氧化染料

氧化染料又称为毛皮专用染料（又称乌苏尔、乌尔丝、纳靠染料）。氧化染料实际是染料中间体。染色时这些中间体渗入到毛皮中，经过氧化，才能形成染料，并坚牢地固着在毛被上，从而使毛皮着色。

氧化染料染色具有温度低，色泽柔和、自然，能仿染珍贵毛皮（例如水貂皮、狐狸皮）等优点，但是染色工艺复杂，颜色坚牢度较差，有毒。由于它优点突出，至今仍被广泛采用。

7.2.7.1 氧化染料的结构

氧化染料是芳香族的染料中间体，主要是苯或萘的衍生物，如胺类、酚类（萘酚类）和氨基酚类（氨基萘酚类）。胺类、酚类和氨基酚类的硝基衍生物也属此类。它们的相对分子质量不大，易溶于热水。但个别染料，如毛皮氨酚黄、α-萘酚要求先溶于乙醇中。氧化染料在溶解状态下易渗入毛中。虽然其化学结构式各异，但都易在室温下（介质温度 30℃，pH 8～8.5）氧化。氧化的结果生成大分子间的有色化合物，不溶于热水、酒精及其他有机溶剂。氧化染料还具有指示剂的性质，氧化时氧化产物的颜色随着介质的 pH 而变化。

7.2.7.2　氧化染料的性质

常用氧化染料的性质见表 7-4。

（1）溶解性

氧化染料一般易溶于水，为加速溶解，可采用热水搅拌溶解或者煮沸溶解。个别的还要加入乙醇、酸等。

（2）坚牢度

由于氧化染料与毛皮亲和力比较弱，因此耐干湿擦、耐烫、耐晒牢度均比较低，一般为 3 级左右。

（3）化学性质

① 易于氧化。在低温和空气中氧化成醌亚胺，为加快氧化速度，一般加入过氧化氢。

② 不同媒染剂得到的色泽不同。一般铜媒染色泽较深，铁媒染色泽浅，铬媒染色泽居中。

③ 与漂白粉、氯化亚铁、甲醛起化学反应，并有特殊的现象产生，可以用它们作定性反应，例如毛皮棕 A（对氨基盐酸盐）与漂白粉反应，产生紫色变绿的现象。

7.2.7.3　氧化染料结构对色泽的影响

① 对氨基衍生物而言，含对位氨基的衍生物具有最强烈的颜色性质。对苯二胺的颜色最强，间位次之，邻位更次，由于氨基的接近，色的强度减弱了。

② 苯的羟基衍生物在纯态时没有染色能力，但是与胺或氨基酚配合，就能使颜色大大改变和加深，而且常常加强颜色的耐光性。

③ 含有氨基和羟基的混合性质的化合物具有强烈的颜色性质，同时把毛皮染成红棕色调，颜色的饱和度比二胺类的小。

④ 芳环上导入硝基一般获得黄颜色，在氨基及羟基的对位导入氯基时加强颜色，而且常常提高耐光性，但若有磺酸基存在，使颜色变弱。

⑤ 甲醛不论在芳香族环或者在氨基中都会削弱颜色的强度。

⑥ 萘系氧化染料可得到耐光的且更饱和的颜色（主要是蓝色），萘系氧化染料溶解度很低。

7.2.7.4　氧化染料呈色机理

氧化染料是染料中间体，通过氧化作用聚合成染料而显色。下面列举几种氧化染料显色机理。

各种氧化染料氧化的最初阶段生成醌和醌亚胺，例如羟基醌。邻苯二酚氧化时，分别得到对苯醌和邻苯醌：

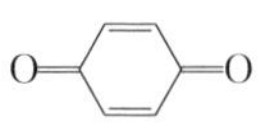

O=C1C=CC(=O)C=C1　　O=C1C=CC=CC1=O

对苯醌 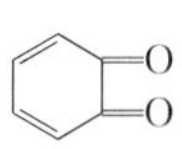　　邻苯醌

表 7-4 常用氧化染料的性质

产品名称	化学名称	颜色性质				溶解度	溶化温度/℃	定性反应		
		无媒染剂	重铬酸盐媒染剂	铁媒染剂	铜媒染剂			和漂色粉	和氯化铁	和甲醛
苯胺盐	氨基苯盐酸盐	—	—	—	—	满意	—	蓝紫色	棕色沉淀	乳白色胶体溶液
毛皮黑Д（乌苏尔 D）	对苯二胺	棕紫色	暗棕色	红棕色	黑色	满意	140.0	白色沉淀	绿色转变成紫色	白色沉淀
毛皮灰Д（乌苏尔 AL）	二甲基对苯二胺硫酸盐	淡红色	淡绿色	淡青灰色	橄榄灰	优良	41.0	立刻消失的绿红色形成沉淀	紫红色	—
毛皮灰 A（乌苏尔 B）	对氨基二苯胺盐酸盐	淡青灰色	淡绿灰色	土灰色	淡黄灰色	不良	66.0	红色同时转变成绿色	樱桃红色，转变成绿色	沉淀
毛皮棕 xлф（乌苏尔 SO）	氯对苯二胺硫酸盐	淡红灰色	淡红棕色	亮棕色	橄榄棕色	不良	—	黄色溶液转变成红棕色	—	沉淀
乌苏尔棕 O	2-氯对苯二胺	亮棕色	淡红棕色	浅棕色	橄榄棕色	优良	63.0	黄色溶液转变成棕色	—	—
毛皮棕 A（乌苏尔 P）	对氨基酚盐酸盐	黄棕色	红棕色	灰棕色	暗棕色	满意	184.0	紫色转变绿色	紫色	—
乌苏尔 ET	间氨基酚	灰褐色	亮棕色	灰褐色	黄棕色	满意	229.0	橙色	红棕色	沉淀
毛皮黄 H（乌苏尔 4G）	4-硝基间苯二胺	黄色	黄棕色	黄色	黄棕色	满意	202.0	—	红色，有沉淀析出	—
毛皮黄 A（乌苏尔 2G）	邻氨基酚	黄色	黄棕色	黄棕色	红棕色	满意	45.0	红棕色，其次释出沉淀	红棕色	沉淀
毛皮棕 xAф（乌苏尔 Ru）	4-氯邻氨基酚	淡绿色	黄棕色	灰褐色	黄棕色	满意	—	橙色	樱桃红色	沉淀
酚	羟基苯	淡黄棕色光不着色				优良	—	—	—	—
间苯二酚	间二羟基苯					优良	110.7	樱桃红色，转变成黄色	蓝色	—
邻苯二酚	邻二羟基苯					优良	104.0	绿色	绿蓝色	与醋酸铅生成沉淀

对苯二胺和邻苯二胺氧化时可获得相应的醌亚胺：

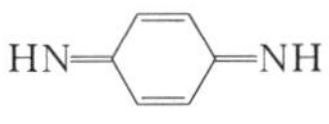

对醌二亚胺 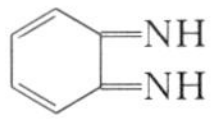　　邻醌二亚胺

氧化作用进行时要释放出水分子：

$$C_6H_4(NH_2)_2+\frac{1}{2}O_2 \longrightarrow C_6H_4(NH)_2+H_2O$$

并使双键增多，形成醌型结构。

醌亚胺氧化时，亚胺基可被氧取代生成醌。

醌和醌亚胺的氧化作用和聚合作用的产物分别为靛胺和靛酚，它们都是强烈着色（一般着成蓝色）、含苯环和醌环的物质。它们都是在低温和弱碱性溶液中生成的；在碱性和强酸性介质中它们是稳定的，与稀酸溶液作用时就分解成醌或醌亚胺。当两个芳香族化合物结合时，反应基一般加到与助色团成对位的位置，如果对位已被占据，就加到邻位上。

兹列举由对苯二胺分别和苯胺与酚共同氧化时所得的简单的靛胺反应：

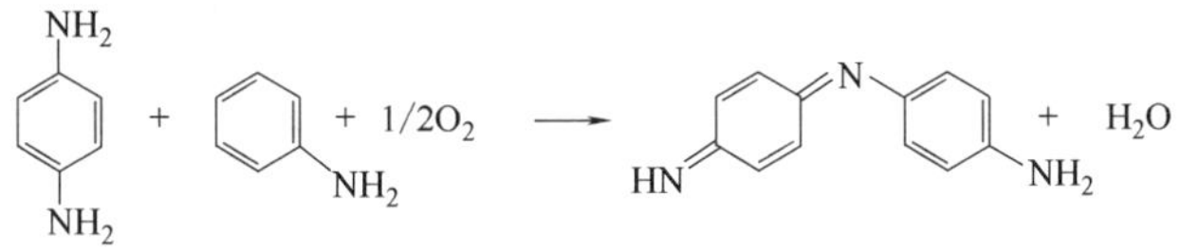

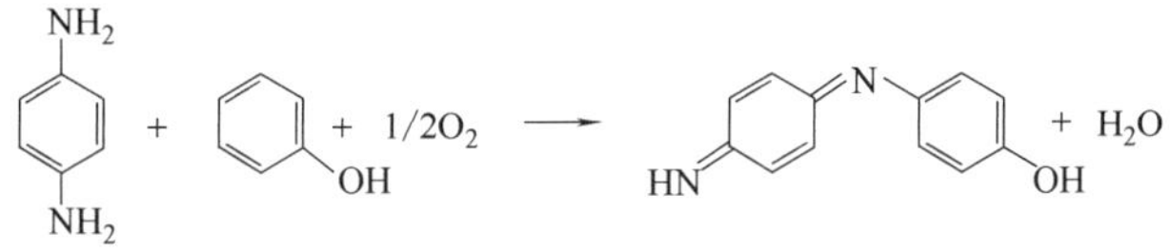

酚和氨基酚共同氧化时能获得靛酚类反应，例如，氨基酚氧化时就生成对醌亚胺：

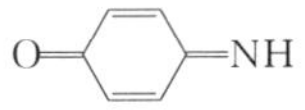

而对醌亚胺和苯酚共同氧化时也产生靛酚。

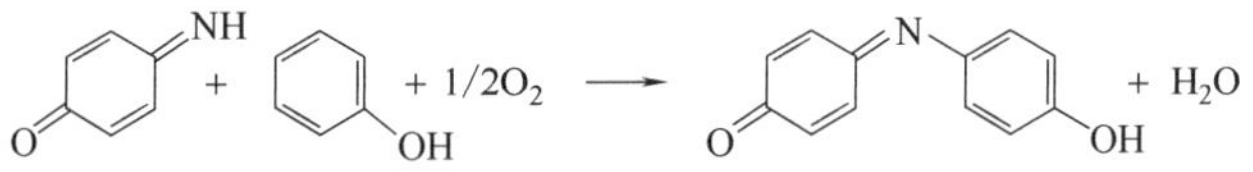

在生成靛酚和靛胺的各阶段中，它们的氧化过程没有完成，是不稳定的，只有在继续氧化时才能生成稳定的染料。下面讨论某些特殊的氧化情形。

① 盐酸苯胺染色：苯胺氧化时开始形成绿色或紫色的染料。若进一步氧化，颜色就逐渐变深，以至形成坚牢的黑色——苯胺黑。

② 对苯二胺染色：用对苯二胺染色时，最初形成的氧化产物是对醌二亚胺。

邦德罗夫斯基用过氧化氢氧化对苯二胺，提出了所得产物的结构式为：

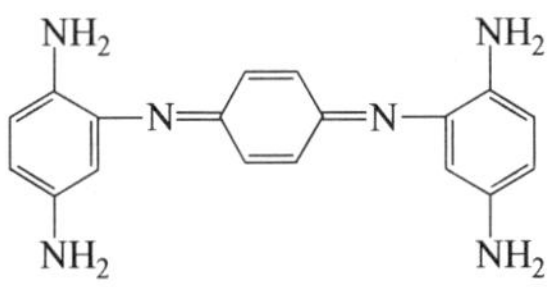

这种产物形成的染料又称为邦德罗夫斯基色基（简称邦氏色基），它是棕色针状结晶体，熔点为 238℃，难溶于水，易溶于酒精，在苯胺、硝基苯、吡啶和冰醋酸中溶解

良好。可以随 pH 的不同而改变颜色。pH 小于 4 时呈黄色，pH 4.5 时呈棕色，pH 8 时呈紫色，而在更高的 pH 时则呈橙色，可见这种染料在微碱性介质中能产生最优良的颜色。对苯二胺与苯胺一起染色时则形成蓝色溶液。水溶液受氧化铁作用时，沉淀出黄色结晶体。

邦氏色基容易还原为白色结晶的隐色体，在空气中分解，并迅速变成蓝色。

③ 对氨基酚染色：A. M 雅科布松在研究用过氧化氢在水介质中氧化对氨基苯酚的产物时，获得实验式为 $C_{18}H_{16}N_{2}O_{2}$ 的化合物。这个实验式说明，氧化产物应该是由氧化对氨基苯酚的三个分子组成，从而设想对氨基苯酚的氧化聚合与前述两种染料类似，形成下列构造的三环颜色产物：

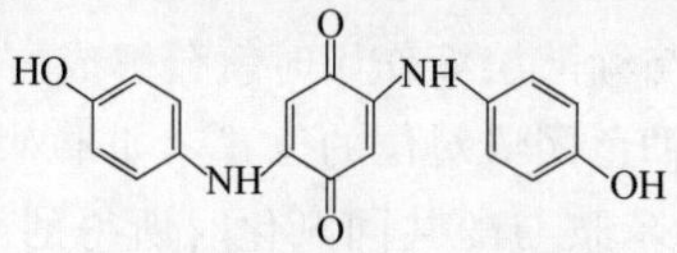

④ 对氨基二苯胺染色：在盐酸苯胺氧化为苯胺黑的过程中，氧化的中间体之一就是对氨基二苯胺。研究对氨基二苯胺的氧化产物表明，这类产物同获得苯胺黑时所形成的某些中间化合物相同。染毛皮时，在毛上主要形成亚胺蓝：

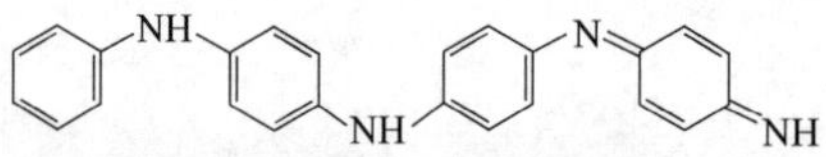

⑤ 对氨基苯酚与间甲苯二胺混合染色：用对氨基苯酚和间苯二胺混合染毛皮时，在染液中和毛皮上会形成强烈的蓝色染料，但是把毛皮从染液中取出之后就立刻变红。这种现象的产生，是因为在染液中和毛皮上形成靛苯胺，在空气中很快就转变为 2-甲基-3 氨基-6 羟基酚嗪（二氮蒽结构）：

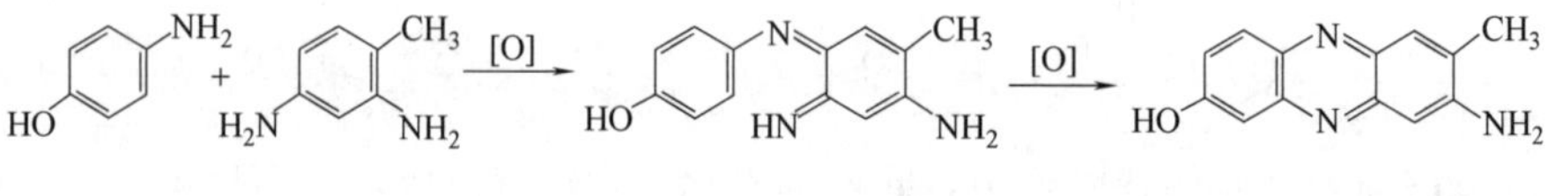

⑥ 对苯二胺和间苯二酚混合染色：用对苯二胺和间苯二酚混合染色时形成如下的染料：

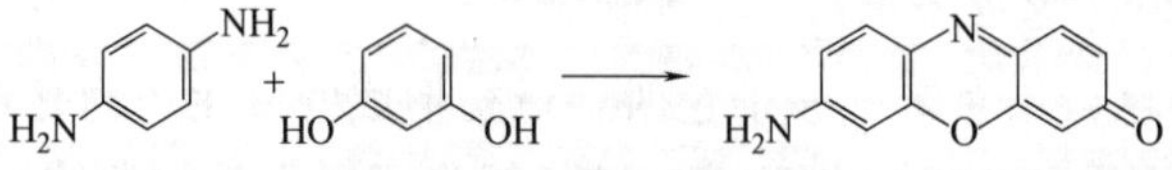

所形成的染料不溶于水，在浓硫酸中呈微蓝的紫色，稀释时变为红色，在碱液中呈微红的棕色。

把白绵羊皮的样品用重铬酸盐媒染后，用下列配方可染成深棕色：对苯二胺 2g/L，间苯二酚 2g/L，过氧化氢（30%）4mL/L，氯化钠 30g/L。

⑦ 二甲基对苯二胺与萘的衍生物混合染色：用二甲基对苯二胺和 2,7-萘二酚混合染色时，在毛上形成与蕈毒碱相同的染料。

其过程如下：

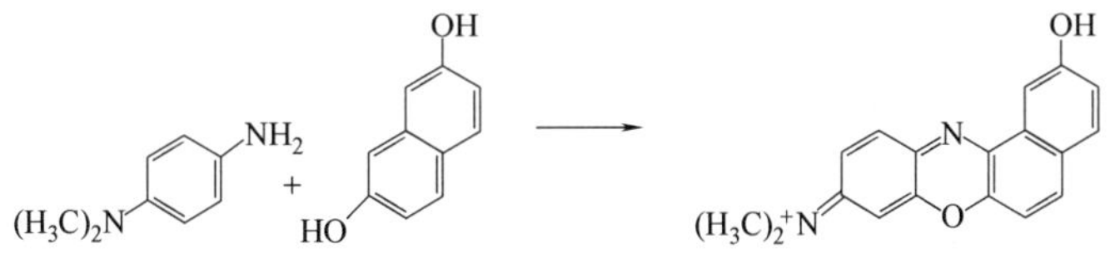

把用重铬酸盐媒染过的白绵羊皮样品，用下列配方染色，可将毛皮染成蓝黑色：二甲基对苯二胺硫酸盐 2g/L，2,7-萘二酚 2g/L，氨水（25%）2g/L，过氧化氢（30%）4g/L，氯化钠 30g/L。

二甲基对苯二胺染毛皮为灰色，2,7-萘二酚染毛皮为橄榄绿驼色，而两者混合染毛皮则得出蓝黑色。

用对苯二胺与 2,7-萘-酚染色时，也能将毛皮染成黑色，因为二甲基对苯二胺是对苯二胺的衍生物。

如果用二甲基对苯二胺和 1-萘酚一起染色时，在毛上会形成与（酸性）酚蓝相同的染料：

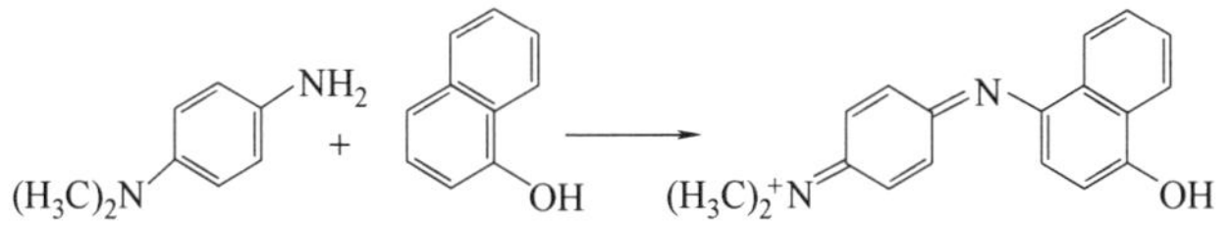

该染料可将毛皮染成强烈的蓝色。

用重铬酸盐媒染过的绵羊皮样品按下列配方进行染色，可获得强烈的蓝色：二甲基对苯二胺硫酸盐 2g/L，1-萘酚 2g/L，氨水（25%）2g/L，过氧化氢（30%）4mL/L，氯化钠 30g/L。

二甲基对苯二胺染毛皮为灰色，1-萘酚染毛皮为驼色，而两者混合染毛皮则为深蓝色。

用对苯二胺同 1-萘酚染毛皮时，也可染得带紫色光的强烈的蓝色：

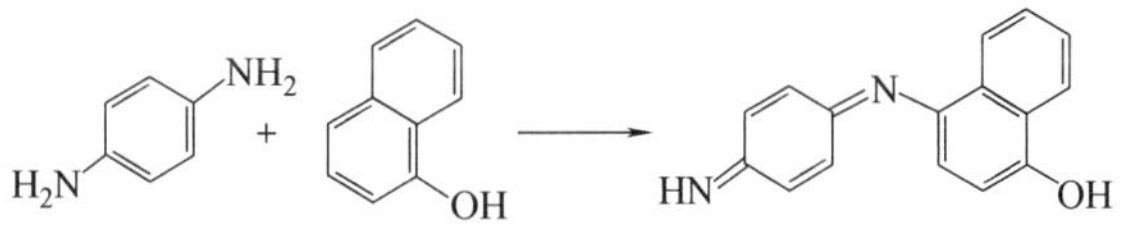

⑧ 对苯二胺和邻苯二酚混合染色：虽然对苯二胺和邻苯二酚的氧化产物具有很大的实际意义，但其氧化产物的结构研究的很不够，推想有下列化合物生成：

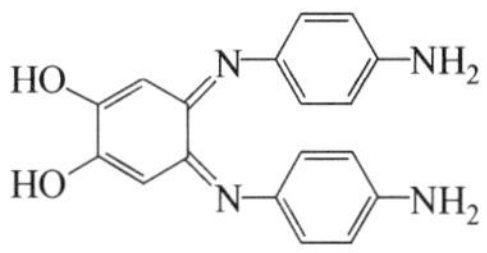

上述各种中间体在染色时形成的染料化合物，只是考虑到中间体本身，若同时考虑到被染物料（毛皮的角蛋白）和媒染剂参加反应，则其氧化过程会更复杂。到目前为止，对毛皮染色时所形成的染料的真实结构仍有待于进一步研究。

7.2.8　活性染料（反应染料）

7.2.8.1　活性染料的特点

活性染料主要是指含有化学性质活泼的基团而能与纤维发生化学反应的染料。它能与多种纤维（如棉、麻、蚕丝、羊毛、某些化学纤维）的有关基团（如羟基、氨基等）起反应，形成共价结合，使两者成为稳定的有机整体，从而显示了较高的洗涤和摩擦坚牢度。因此，活性染料又称为键合染料或反应染料。

活性染料的分子结构可用 W-D-B-R 表示，其中：W 为水溶性基团；D 为发色体或染料母体；B 为桥基；R 为活性基。

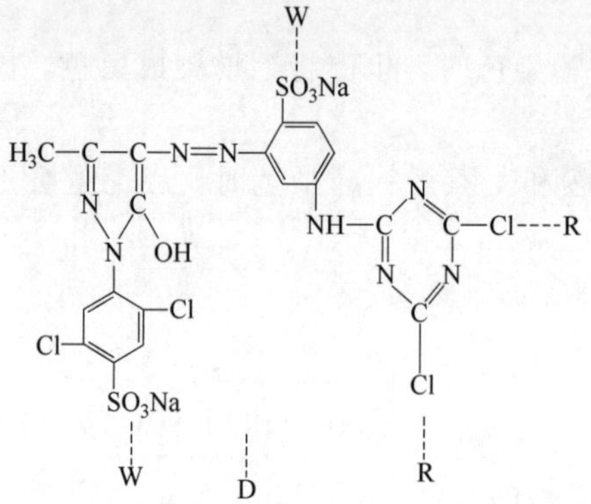

母体染料是带色的染料分子，可以是偶氮结构、蒽醌结构、金属络合物染料等。它主要决定活性染料的色谱、色光以及其他性质，有良好的可溶性；含有活性基团的部分主要是连接或桥合染料母体与活性基团。

活性基团是活性染料的重要组成部分，它决定了染色的坚牢度。活性基团必须具备三个条件：①以纤维素和羊毛为染色对象的活性染料，其活性基团必须是亲电性的活泼基团，可以在不同的情况下和纤维的羟基或氨基发生反应形成共价键；②活性基团既要有稳定性，又要有活泼性，就是说活性基团与水发生反应（水解）的速度要慢，而与纤维发生反应的速度要快；③染料母体与活性基团的结合要牢固，活性基团与纤维的结合也必须牢固。

7.2.8.2　活性染料的种类

活性基团的种类有百余种，商品化的有 43 种。主要有如下三类：

① 含活泼卤素的氮杂环系衍生物。其中应用最广泛的是三聚氯氰系（三氮苯）和嘧啶系（1,2 氮苯）的衍生物。例如：

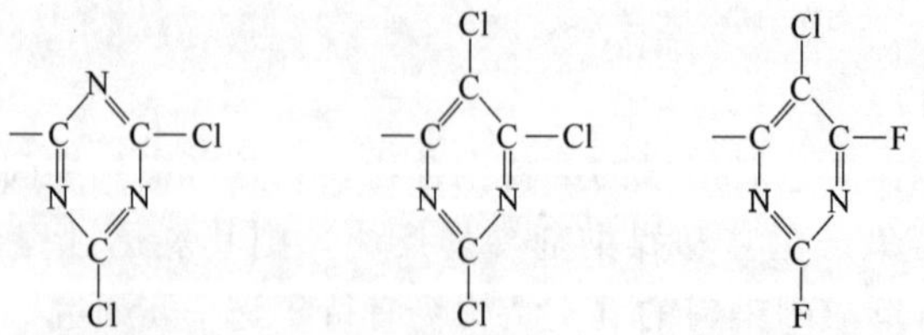

二氯三氮苯基　　三氯二氮苯基　　一氯二氟二氮苯基

这类活性基团的结构中所含卤素越多活性越大，如二氯均三嗪型活性染料（X型）就比一氯均三嗪活性染料（K型）的化学性质活泼，所以X型染料在低温下（20～30℃）就能和纤维发生反应而进行染色。同时只要在低温下和弱碱性（pH为10.5，用于毛皮皮板染色时，染浴的pH一般在8～9）条件下就能固色，因此又叫普通型或低温型活性染料。X型染料在染色过程中有下列反应：

$$D-NH-\langle(Cl)(Cl) + HO-\text{纤维} \xrightarrow[\text{室温}]{\text{纯碱}} D-NH-\langle(O-\text{纤维})(Cl) + 2HCl$$

也有部分成为：

$$D-NH-\langle(Cl)(Cl) + 2HO-\text{纤维} \xrightarrow[\text{室温}]{\text{纯碱}} D-NH-\langle(O-\text{纤维})(O-\text{纤维}) + 2HCl$$

而K型染料固色温度需达到90℃以上，才能和纤维发生反应，同时还需强碱剂，例如在磷酸三钠（Na_3PO_4）溶液中才能固色，因此又称为高温型染料。

② 乙烯砜型活性染料。其化学活泼性介于X型与K型之间，固色碱性程度与X型相仿，但染色温度在60℃左右较为适宜，所以是高温型活性染料之一，例如：

$-SO_2-CH=CH_2$	$-SO_2-CH_2-CH_2\cdot OSO_3H$	$-SO_2\cdot CH_2\cdot CH_2\cdot N(C_2H_5)_2$
乙烯砜基	硫酸酯乙烯砜基	二乙胺乙烯砜基

乙烯砜型活性染料的活性基团是乙烯砜基，但在商品中往往是以乙烯砜硫酸酯的形式存在的，使用时，必须在碱性条件下，使乙烯砜基暴露出来，再与纤维反应进行染色，其反应过程如下：

$$D-SO_2-CH_2-CH_2-OSO_3^- + OH^- \longrightarrow D-SO_2-CH=CH_2 + SO_4^{2-} + H_2O$$

$$D-SO_2-CH=CH_2 + OH-\text{纤维} \longrightarrow D-SO_3-CH_2-CH_2-O-\text{纤维}$$

③ 含活泼卤烃衍生物。含这类活性基团的活性染料反应性较好，目前主要用于羊毛等含氮纤维的染色，例如：

$-NH-CO-C(Br)=CH_2$	$-NHCO-CH(Br)-CH_2(Br)$
α-溴代丙烯酰胺基	α,β-二溴代丙烯酰胺基

根据结构和应用的特性，国产活性染料可分为5类：

X型可在20～50℃的范围内染色，又称低温型。

K型可在50～100℃的温度范围内染色，又称高温型。

M型与K型相似，它具有多个活性基团。

KN型可在70℃以下的温度染色，又称乙烯砜型。

KD型与直接染料相似。

7.2.8.3　活性染料的主要性质

（1）溶解性

在活性染料的结构中，一般都含有磺酸基，因此它们的水溶性能都比较好，对硬水有较高的稳定性（但活性紫X-2R和艳红8B较差）。活性染料溶于水后，呈离子型，因此可以与阴离子型或非离子助剂同浴使用，而不能与阳离子同浴使用。

活性染料的活性基团既能与纤维的羟基作用，也能与水中的羟基起水解反应：

$$\text{D—NH—}\triangleleft^{\text{Cl}}_{\text{Cl}} + H^{+}OH^{-} \longrightarrow \text{D—NH—}\triangleleft^{\text{OH}}_{\text{Cl}} + HCl$$

这样就会大大降低染料与纤维产生化学结合的能力。因此，在使用染料时（尤其是X型活性染料）染色时，要特别注意随用随化。

（2）坚牢度

活性染料应用于毛皮染色时，染料的活性基团与纤维上的氨基形成共价结合，它比一般靠分子间引力（氢键和范德华引力）、电价结合和机械固着要牢固得多。因此它既能坚牢地染色，又具有一定的鞣制作用。活性染料对铬鞣毛皮和未经过鞣制的毛皮均能染色。

（3）化学反应

在染色过程中，各种活性染料与纤维反应都会生成酸。因此，在酸性介质中则抑制反应的进行，加碱中和产生的酸，则可促进反应继续进行，使染料在纤维上固着。另一方面加碱也有利于蛋白质纤维上氨基的暴露，为染料提供结合点，也有利于着色作用。因此，一般在染色后期渗透作用基本完成后再加碱固色。

$$P\begin{cases}NH_2\\COOH\end{cases} + \text{Cl—C}_3N_3(\text{Cl})\text{—NH—D} \longrightarrow P\begin{cases}\text{NH—C}_3N_3(\text{Cl})\text{—NH—D}\\COOH\end{cases} + HCl$$

$$P\begin{cases}NH_2\\COO\text{—[Cr 络离子]}\end{cases} + \triangleleft^{\text{Cl}}_{\text{Cl}}\text{—NH—D} \longrightarrow P\begin{cases}\text{NH—}\triangleleft^{\text{Cl}}\text{—NH—D}\\COO\text{—[Cr 络离子]}\end{cases} + HCl$$

7.2.8.4 活性染料的发展

纵观从1956年活性染料诞生以来的发展史，特别是近10年的发展情况，有以下特点：

① 应用范围由纤维素纤维扩展到蛋白质、涤/棉等混合纤维。例如，为了适应在弱酸中与毛、丝上染，诞生了β-(N-甲基-磺基乙胺基）乙基砜型染料等。

② 复合活性基的出现。活性染料在染色过程中，不可避免地会有部分染料被水解，为了增加染料与纤维反应的几率，出现了含多活性基团的KE型和M型染料，尤其是M型染料，含有反应性不同的硫酸酯乙基砜和一氯三嗪两个活性基，可以在较宽广的温度范围内反应固着，互相弥补两个反应基团各自的不足，因而获得较好的染色效果。

③ 20世纪80年代以后，在活性染料的剂型上有了新的发展，出现了液状活性染料。它的出现，在生产上使电脑程序控制计量成为可能，在技术上标志着对活性染料水解稳定性研究水平进入了一个新的高度。

7.2.9　其他染料

目前国际上毛皮染色除常用上述的几种染料外，还有天然染料以及用不溶性偶氮染料（冰染染料）、增白剂等进行染色。

7.2.9.1　天然染料

天然染料古老且历史悠久，在没有发明合成染料之前均使用天然染料，例如姜黄、五棓子、靛青、茜草中的茜素、苏木黑以及矿物染料硫化铅等。因为这些染料来源于自然界，较人工合成不方便，加之色谱不齐全，在应用上受到一定的限制，但少数品种至今仍在使用，像苏木、硫化铅等。

7.2.9.2　不溶性偶氮染料（冰染染料）

不溶性偶氮染料具有偶氮结构，但不含磺酸基，因此在水中不溶解。这类染料在染色时需要低温条件，故又称冰染染料。

这类染料是在染色过程中有两种中间体反应而在纤维上形成不溶性的偶氮染料。其中一种中间体是含有酚羟基的组分叫色酚（也叫打底剂或偶合剂）；另一种中间体是带有氨基且可以与色酚偶合成不溶性偶氮染料的组分，叫作色基（也叫显色基或重氮剂）。结构式如下：

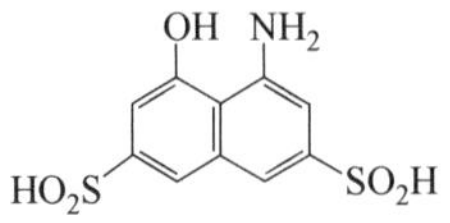

色酚
（偶合剂或打底剂）

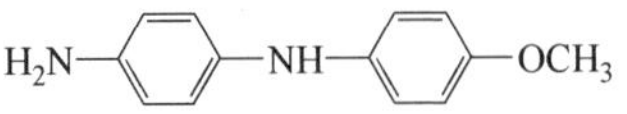

原色偶氮胺蓝
（显色基或重氮基）

染色时先将纤维浸渍在色酚的钠盐溶液中，即“打底”，再与色基类的重氮盐溶液进行偶合“显色”。

一般在打底时，打底液的碱性很强，不适合于染羊毛等蛋白质纤维。为解决这一问题，可选择使用一些可溶于水的偶合剂进行打底，如氨基萘酚磺酸，完全可溶于水，并易为羊毛吸收。

毛对色酚的吸收在 pH 为 2～2.5 时最大。在 60℃以下，随温度升高毛对色酚的吸收有明显提高，超过 60℃增加的不大。

色酚同重氮组分的结合是在温度 15～20℃和 pH 6.5 时进行的。

有人曾试验过用色酚同原色偶氮胺蓝配合染蓝色时，染得的效果好。

7.2.9.3　荧光增白剂

荧光是一种光致发光现象。当某种光线投射于一种能够发出荧光的物体时，这种物体就会吸收这种投射光线而发射出另一种光线从而产生荧光。荧光增白剂（FWA）实际上是一种带荧光的无色染料，其吸收 340～380nm 范围内的紫外线 A（UVA）并在 400～450nm 区域发射较低能量的蓝光。奶黄和微黄色的毛皮吸收蓝光区域的光线，因蓝光与黄色光互为补色光，使黄色消失或减弱，造成肉眼所感知产品的白度和明亮度增加。FWA 于 1929 年由 Krais 发现，并迅速在家用洗涤剂中大量使用，以提高增白洗涤效果。用于毛皮的荧光增白剂主要是含有磺酸基团的无色酸性染料，如二苯乙烯衍生物。它们通常在稳定的亚硫酸氢盐溶液（pH 4～5）和60～80℃进行还原漂白，以减少热变黄现象。二苯乙烯衍生物结构如下：

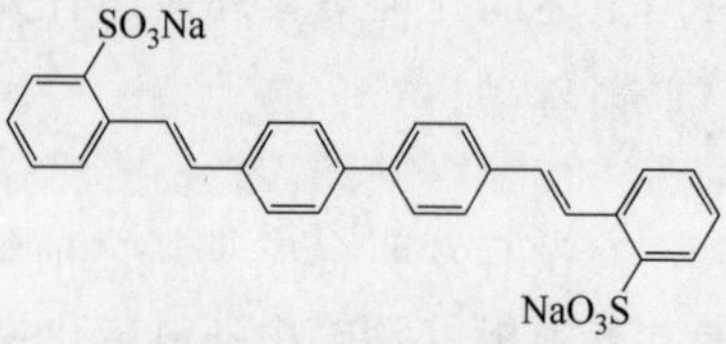

SO_3Na

NaO_3S

应用荧光增白剂时要注意：①荧光增白剂的增白，只是光学上的增白，并不能代替化学漂白。因此，色泽深暗的制品，若不经漂白，单用荧光增白剂处理效果不佳；②荧光增白剂要在日光下才有柔和悦目的荧光光泽。由于日光灯光照中没有紫外线而使荧光增白失去作用；③荧光增白剂对紫外线有强烈的敏感性，但其化学结构易被紫外线破坏，因此经荧光增白剂处理的制品不宜长期曝晒。

荧光增白剂发展很快，已有15种基本结构类型，400种以上化合物，分属于2500多个商品牌号，占染料总产量的10%～12%,。表7-5列出了荧光增白剂的主要类型及结构。

表7-5　荧光增白剂类型

结构类型	二苯乙烯类	香豆素型	萘酰亚氨型	苯并氧氮茂、苯并噁唑型	吡唑啉型
结构式	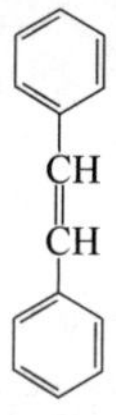 CH CH	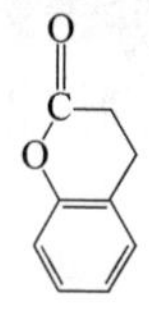 O O	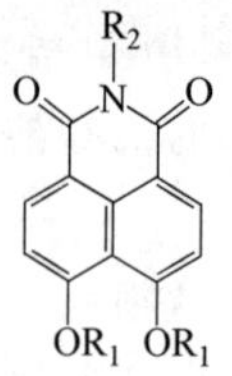 R_2 O N O OR_1 OR_1	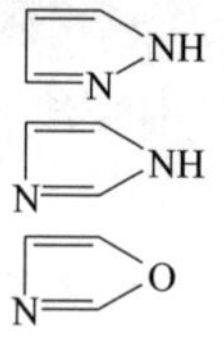 NH N NH N O N	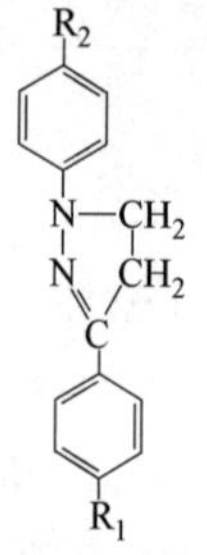 R_2 N—CH_2 N CH_2 C R_1
荧光特征	蓝色荧光	较强的蓝色荧光	蓝色荧光	红色荧光	绿色荧色
用于蛋白质纤维的增白剂举例	增白剂PRS、雷可福B	荧光增白剂WS、SWN	—	—	增白剂WG、NR

世界各国正在大力研究不退色的荧光机理，并力求生产出原料易得、合成工艺简单、不污染环境、适用性强的新品种。

7.3　毛皮染色理论

毛皮染色是一个极为复杂的物理化学过程，不仅是因为被染物存在毛被与皮板的结构与组成上的差异，而且通常要求是染毛不染板或染板不上毛。那么如何实现染料仅上染毛纤维，且能牢固结合？从物理化学观点来看，染料从染浴相转移到纤维相是一个相变化过程，其中相间平衡、分配属于热力学研究范畴；而染色速度则属于动力学研究范畴。因此可以通过染色热力学和动力学研究来掌握染色过程的变化。

7.3.1　毛皮染色过程

依据染料与毛纤维之间的关系，毛皮染色基本历程可分为既不相同又相互制约的三个阶段：一是染料从染浴中被吸附到毛纤维表面，二是被吸附的染料向纤维内部扩散，三是染料与毛纤维结合而被固着。如图 7-1 所示为染色初期和染色后期染料与毛纤维的关系。

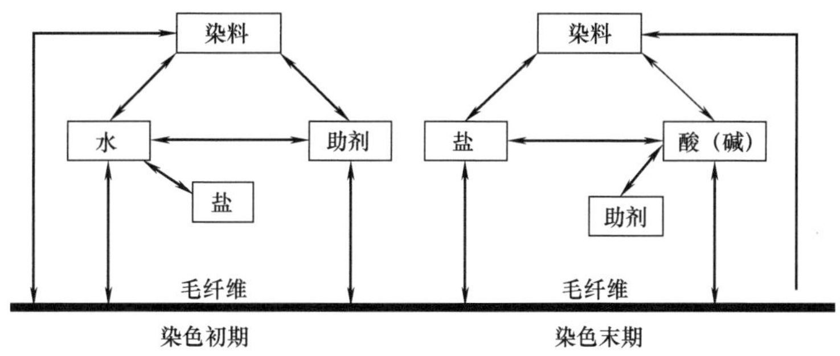

图 7-1　染料与毛纤维的关系

7.3.1.1　染料上染过程

所谓上染是指染料从染液（或染色介质）向纤维转移并透入纤维内部的过程，其上染过程和染料浓度分布如图 7-2 所示。

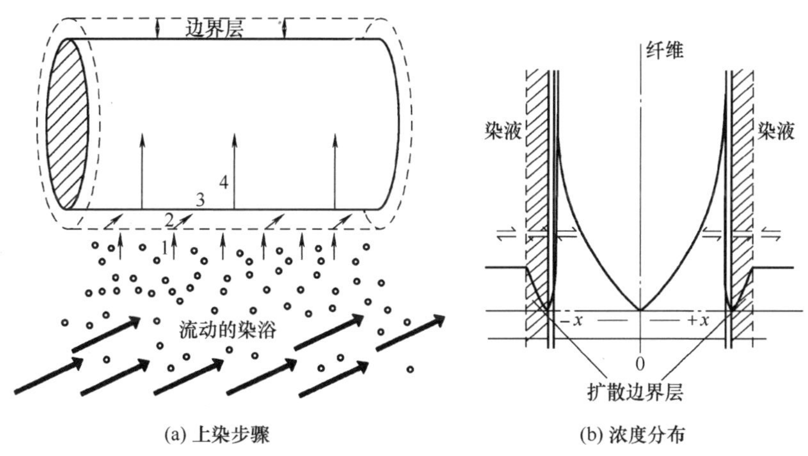

图 7-2　染料对纤维的上染过程示意图（引自赵涛）

1—染料在染浴中扩散　2—进入扩散边界层　3—被纤维表面吸附　4—在纤维内部的扩散

（1）染料分子或离子随染液流动靠近纤维界面

此过程主要受染液流动速率（如机械搅拌等）的影响，越靠近纤维界面的区域，染液流动的速度越慢，形成染液本体和纤维界面间的速度梯度。一般把染液流速从染液本体到纤维表面流速降低的区域称为动力边界层。动力边界层的厚度虽小，但在染料的传递过程中却起着非常重要的作用。显然，动力边界层的厚度与纤维表面的染液流速有关。

(2) 染料通过纤维表面的扩散边界层向纤维表面扩散

动力边界层内靠近纤维表面的染液几乎是静止不动的，此时，染料主要靠自身的扩散靠近纤维表面，该液层称为扩散边界层［图 7-2(b)］。扩散边界层中的染料浓度则从染液本体到纤维表面是逐渐降低的，也存在着浓度梯度，染料的扩散方向是由染液本体向纤维表面。扩散边界层是动力边界层的一部分，厚度约为动力边界层的 1/10，因此与动力边界层的厚度有关。扩散边界层会阻碍或降低纤维对染料的吸附速度或解吸速度，这种影响随着扩散边界层厚度的增加而增加。在染色过程中，若染液流动速度有差异，会使得纤维表面的扩散边界层厚度不均匀，从而造成染料吸附上染率或上染速度的不均匀，导致染色不匀。提高染液的流动速度，减小扩散边界层厚度，是提高染色速度和匀染性的重要途径之一。

(3) 染料分子被纤维表面吸附

染料在扩散边界层中靠近纤维到一定距离后，染料分子被纤维表面迅速吸附，并与纤维分子间产生氢键、范德华力、库仑力结合。

纤维对染料分子的吸附主要是通过物理吸附（如范德华力和氢键）及化学吸附（如离子键）等来完成的，吸附速度受纤维表面的电荷性质、染料的分子结构和所带电荷、染料的溶解性质以及染料分子在扩散边界层中的扩散速度等因素的影响。

(4) 染料向纤维内部扩散并固着在纤维内部

染料吸附到纤维表面后，纤维表面和内部存在浓度差，因而向纤维内部扩散并与纤维上的活性基团结合。

此阶段的扩散是在固相介质内进行的，扩散过程主要受纤维内的孔隙大小、化学吸引力及染料分子间吸引力的影响，这个阶段往往是决定上染速度的核心阶段。这种扩散直到纤维和溶液间的染料浓度达到平衡，即纤维内、外表面染料浓度相等时，扩散才停止（图 7-3）。由于毛纤维内的结构和组成差异，染料分子在毛纤维内的状态也有多种形式存在，包括分布在无定形区域孔隙、吸附在纤维分子链上或通过化学键与纤维分子链结合等。

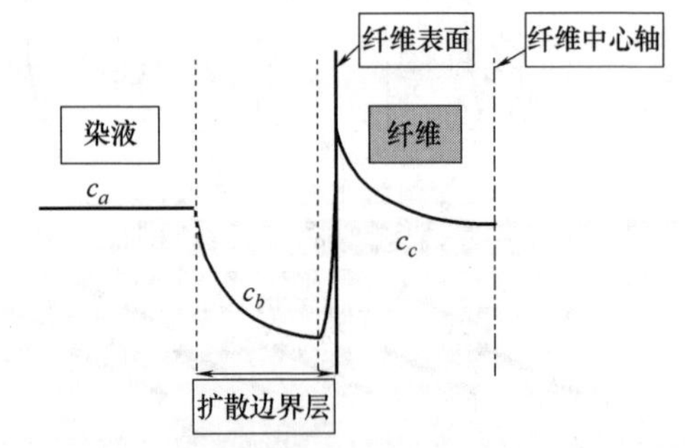

图 7-3 染料在染液和纤维内部的浓度变化示意图

c_a—染液本体浓度 c_b—扩散边界层浓度 c_c—纤维上染料浓度

7.3.1.2 上染速度曲线与吸附等温线

上染速度通常以纤维上染料浓度对时间的变化率来表示，或者以染浴中染料浓度随时间的降低率来表示。上染百分率表示吸附在纤维上的染料量占加入染料总量的百分率，简称上染率。在恒温条件下进行染色，以纤维上染料浓度（$[D]_f$）或上染率（%）为纵坐标，染色时间为横坐标作图，所得曲线称为上染速度曲线，如图 7-4 所示。

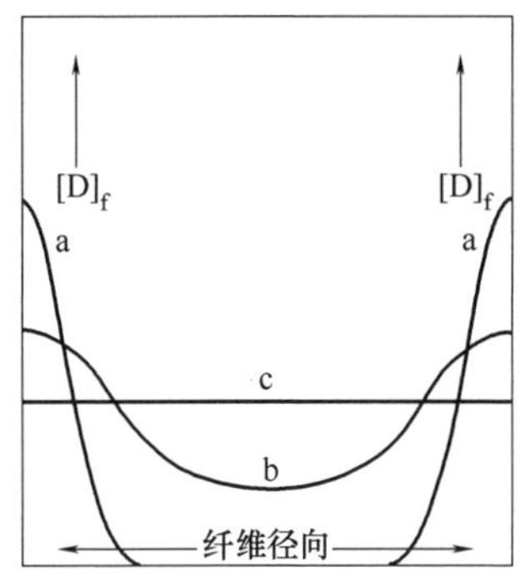

图 7-4　不同染色阶段染料在纤维内的浓度分布

a—染色起始阶段　b—染色中期　c—染色达到平衡

从上染曲线可以看出，在上染初期纤维上染料浓度增加很快，随着上染时间推移，纤维上染料增加量越来越慢，最后纤维上的染料浓度不再随时间而增加，即达到染色平衡。染色平衡时纤维上的染料浓度称为平衡吸附量。此时的上染百分率称为平衡上染百分率，为一定条件下染色时可达到的最高上染百分率。在染色条件相同时，染料对纤维的亲和力越高，纤维上的染料浓度越高。染色过程需要很长时间才能达到平衡，因此染色速度多用半染时间来表示，半染时间是指达到平衡吸附量一半所需要的时间，用 $t_{1/2}$ 表示，表示染色达到平衡的快慢（图7-5）。因此拼色，只有选用半染时间相近的或上染速率曲线相近的两只或多只染料才容易染得前后一致的色泽。

染料对纤维的上染能力常用染色达到平衡后染料在纤维上的浓度与染液中的染料浓度之比即分配率来表示。在恒定温度下，将染色达到平衡时纤维上的染料浓度 $[D]_f$ 对染液中的染料浓度 $[D]_s$ 作图，可得到吸附等温线，这是研究染色热力学的基础。如图 7-5（b）所示，图中 [S] 为染色饱和值，即在一定条件下，染色达到平衡后，纤维上的染料浓度不再随染液中染料浓度增加而增加时的值。

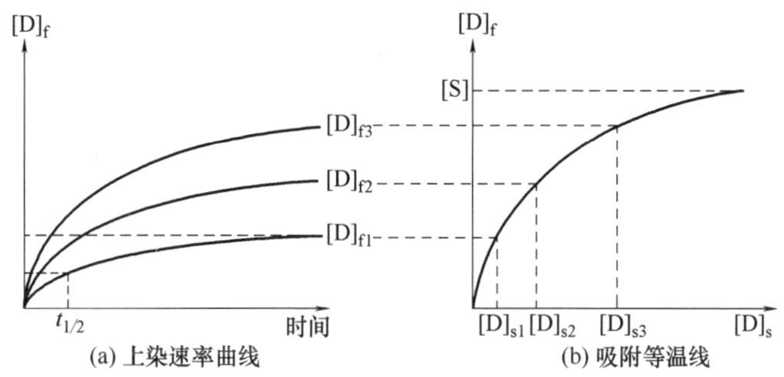

图 7-5　上染速率曲线与吸附等温线（引自赵涛）

纤维上的染料浓度常以单位质量（如每克或每千克）纤维上的染料摩尔数或染料质量表示；溶液中的染料浓度常以每升溶液中的摩尔数表示。吸附等温线表示达到染色平衡后染料在纤维上和染液间的分配关系，表示染料在一定温度下对纤维的上染能力。不同的染料上染不同的纤维有不同的吸附等温线，而不同的吸附等温线又是由于上染或吸附机理不同引起的。

同一染料在不同染色温度下，上染速率也存在一定差异（图 7-6）。染色温度越高，初染率越高，上染速度越快，达到平衡所需时间越少，但平衡吸附量会降低（图 7-6 中 B 点位所示）。实际染色时，为了提高染色效率，节约染色时间，通常在染料上染百分率达到图 7-6 中的 A 点位时即可结束，显然染色温度越高，上染百分率越高。因此对于上染速度不同的染料，在合适的染色时间内，其染色最高温度以获得最高上染百分率为宜，但毛皮染色时还必须考虑皮板所能承受的最高温度，故毛皮染色温度通常低于其他纺织纤维，如棉、羊毛等。

在实际浸染染色过程中，由于初始染液浓度高，初染率高，易造成染色不匀，因此宜采用较低的始染温度，降低初染率，随后逐渐提高染色温度以提高上染速度，缩短染色时间，最后再降温以获得较高的上染百分率。该条件下做出的上染速度曲线称为升温上染速度曲线，如图 7-7 所示。初始温度不同，升温速度不同，则上染速度曲线的形状就不同。该曲线对实际生产具有很好的指导意义。

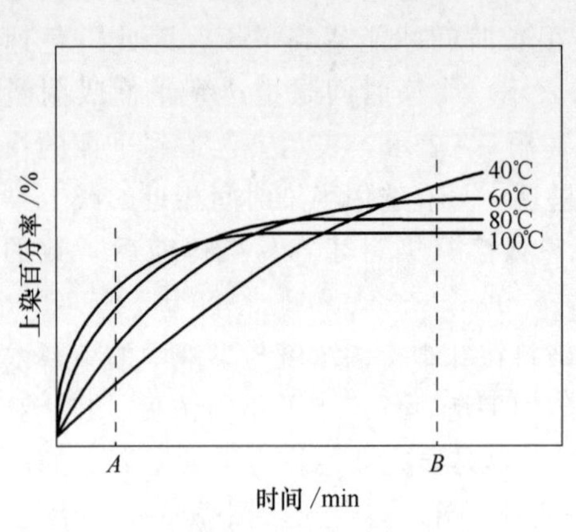

图 7-6　不同染色温度时的上染速度曲线

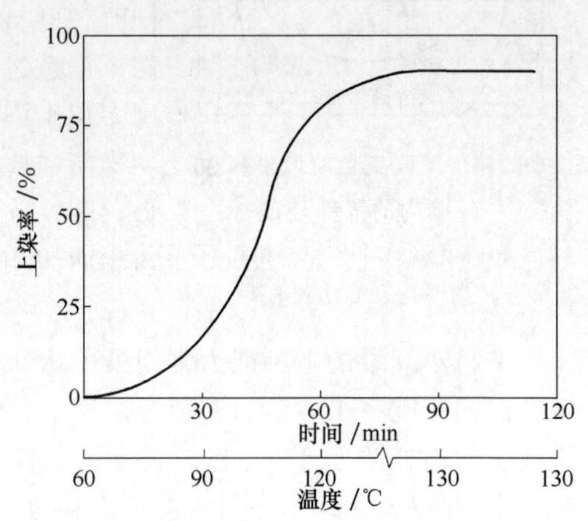

图 7-7　升温上染速度曲线

7.3.1.3　染料上染的可逆过程

必须指出，上染的各阶段都是可逆的。即染料从溶液向纤维表面靠近的同时，也有可能离开纤维表面；吸附于纤维的同时，也可能发生解吸；向纤维内扩散的同时，也有可能对向纤维外层扩散。上染一开始，逆过程也就同时开始，随着上染不断进行，两者的速度不断变化。

假如染色过程中染料的上染速率或吸附速率在恒定的染色条件下（如温度、液比、pH 及助剂等）与染浴中的染料浓度呈比例关系，则吸附（或上染）速率可表示为

$$v_{吸}=[D]_{s,t}\cdot k_{吸} \tag{7-1}$$

式中：$[D]_{s,t}$ 为染色时间 t 染液中的染料浓度；$k_{吸}$ 为染色速率常数。

上染开始阶段，染液中的染料浓度最高，吸附速率最快，上染速率大于解吸速率，主要是染液中的染料上染纤维。但随着时间的延长，染液中的染料浓度不断下降，吸附速率不断减慢，解吸速率逐渐增加。

解吸速率可表示为：

$$v_{解}=[D]_{f,t}\cdot k_{解} \tag{7-2}$$

式中：$[D]_{f,t}$ 为染色时间 t 时纤维上的染料浓度；$k_{解}$ 为解吸速率常数。

附着纤维上的染料浓度不断增加，解吸速率不断增加，最后上染和解吸速率相等，这时染液和纤维上的染料浓度都不再变化，达到吸附平衡，即达到上染平衡状态。此时：

$$[D]_{s,t}\cdot k_{吸}=[D]_{f,t}\cdot k_{解} \tag{7-3}$$

$$[D]_{f,t}/[D]_{s,t}=k_{吸}/k_{解}=K \tag{7-4}$$

式中：K 称为直接性或分配系数，可用来表示染料在纤维或水浴中的分配趋势或量度。

染料的上染百分率 E、染色液比 L［染浴容量（L）与纤维质量（kg）之比］及分

配系数的关系式为：

$$E=K/(K+L) \tag{7-5}$$

式（7-5）可以说明液比对上染百分率及分配系数的影响。在相同的 K 值时，液比越大，染料的上染百分率越低。

值得注意的是，达到吸附平衡后上染过程虽已结束，但染料的吸附和解吸并未停止。因此说上染过程是大量染料分子运动的结果。宏观上，常以染料在染液中的浓度变化来衡量，而不代表个别染料分子的行为，此时的上染百分率称为平衡上染百分率。

7.3.2　染料在染浴中的聚集状态

充分了解染浴中染料的分子状态，可以更好地理解与毛纤维染色有关的许多问题，这些问题都可以通过染料的聚集或胶体状态加以解释。众所周知，大多数染料在水溶液中有一定程度的聚集，聚集的程度取决于浓度、温度和电解质的存在等因素。如弱酸性染料普拉黄在低温时有很高的缔合度，仅能使羊毛表面染色，而在高温下解缔后，可使羊毛很好地上染。

7.3.2.1　染料的溶解性

染料能溶解于水，是由于受到极性水分子的作用，而使染料分子之间的作用力减弱或拆散的结果。离子型染料溶解后形成水合离子，非离子型染料溶解后形成水合分子。染料在水中的溶解性能常用每升染液可以溶解质量（g）来表示。

染料的溶解性能主要取决于染料分子中极性基团的性能和数量。极性基团包括离子基（$—SO_3Na$、—COONa、$—OSO_3Na$、$—SSO_3Na$、季铵盐等）和非离子极性基团（—OH、$—NH_2$、$—CONH_2$ 等），离子基一般都是强的电离基，习惯称为水溶性基团。这些基团在染色条件下发生电离，生成染料阴离子和金属阳离子：

$$D—SO_3Na \longrightarrow D—SO_3^- + Na^+$$

含有羟基、氨基、酰氨基等非离子极性基的染料分子（如分散染料），在水中溶解度很低，但在碱性条件下，溶解度会有不同程度的提高。含有氨基或取代氨基的染料，氨基在酸性条件下能生成铵盐电离成染料阳离子，提高染料的溶解性。

7.3.2.2　染料的聚集

水溶性阴离子染料在溶液中存在着解离平衡，当两分子靠近时，染料亲水基 $—SO_3^-$ 因库仑力相斥，而疏水部分则因范德华力相吸；当两分子在空间位置适宜时，发生缔合，如图 7-8 所示。

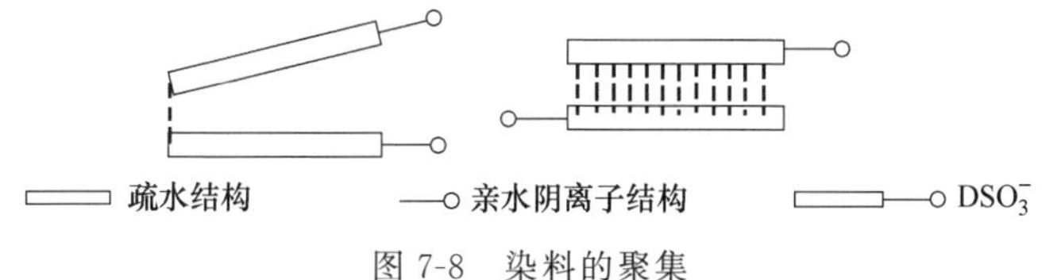

图 7-8　染料的聚集

染料聚集形式以含有磺酸基的阴离子型染料为例表述如下：

① $D—SO_3Na \rightleftharpoons D—SO_3^- + Na^+$，D 为染料母体，$D—SO_3^-$ 为电离的染料阴离子。

② $n\mathrm{D{-}SO_3^-}$ ══ $(n\mathrm{D{-}SO_3^-})$，染料阴离子聚集成离子胶束，平均聚集数为 n，属于胶体电解质状态，该离子胶束再和 m 个 $\mathrm{Na^+}$ 结合。

$$(n\mathrm{D{-}SO_3^-})(n-m)\mathrm{Na^+} = [(n\mathrm{D{-}SO_3^-})_m\mathrm{Na}]^{(n-m)-}$$

③ $n\mathrm{D{-}SO_3Na}$ ══ $(\mathrm{D{-}SO_3Na})_n$，n 个染料分子聚集成的胶核，所占比例较小。胶核吸附部分染料离子形成胶粒，在胶粒外再吸附电荷相反的离子形成胶团，即胶体粒子。

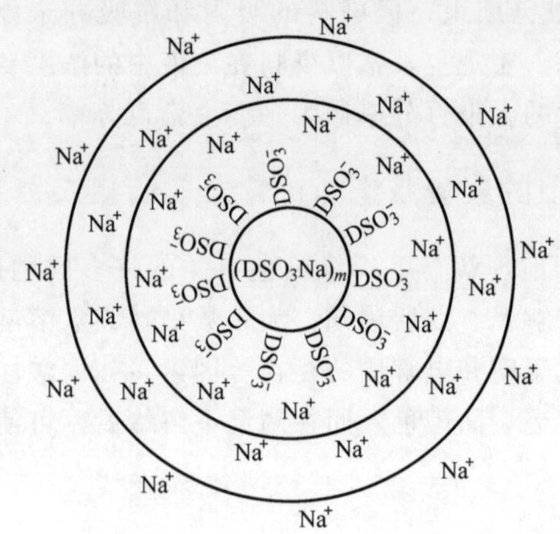

图 7-9　胶体离子示意图

未离解的染料，由于分子不带负电荷，更易因分子间力缔合，并以此缔合的染料为核心形成胶核，吸附部分离解的染料阴离子形成固相离子，加上其附近因电性相吸的钠离子，作为主染浴中移动的单元粒子。当这种带电粒子直径在 1～100nm，即形成胶体溶液，如图 7-9 所示。

7.3.2.3　染料结构对聚集的影响

线型分子、平面结构有利于两个染料分子的相互靠近，易于缔合。一般具有线型平面结构的酸性染料、直接染料缔合程度较大，溶液的胶体性质比较明显。例如具有长碳链烷基结构的卡波纶黄染料（A）比相应的酸性染料（B）容易缔合。

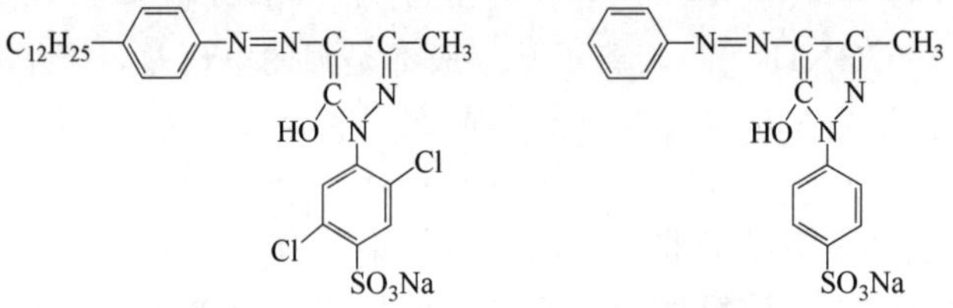

A. 卡波纶黄 3GS　　B. 酸性嫩黄 G

染料分子的稠环结构中环的增多，π 系统增长，有利于缔合。例如酸性橙Ⅱ（C）比黄光酸性红（D）的缔合度小，原因是酸性橙Ⅱ中的苯环被黄光酸性红的萘环取代，而易缔合，酸性橙Ⅱ在 5℃时聚集度为 110，而黄光酸性红（D）在 25℃时的聚集数为 370±50。四磺化染料 C.I. 酸性红（E）在水溶液中是单分散的，因为四个磺酸盐基团使染料分子非常亲水。若将磺酸盐基团的数目减少到一个，酸性红聚集度增加。

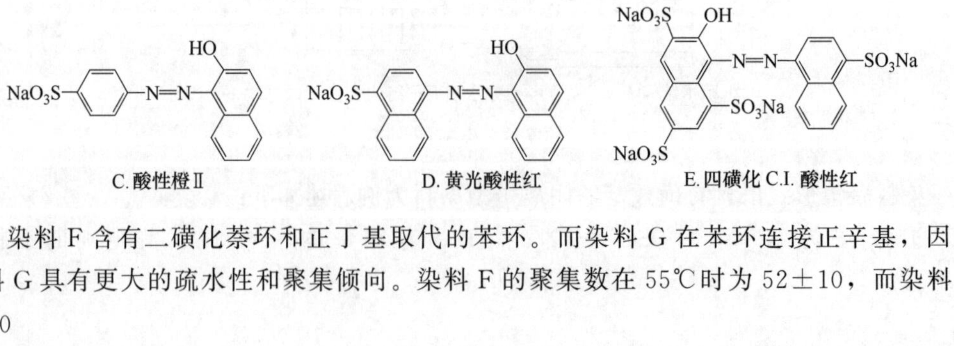

C. 酸性橙Ⅱ　　D. 黄光酸性红　　E. 四磺化 C.I. 酸性红

染料 F 含有二磺化萘环和正丁基取代的苯环。而染料 G 在苯环连接正辛基，因此染料 G 具有更大的疏水性和聚集倾向。染料 F 的聚集数在 55℃时为 52±10，而染料 G

的聚集数为 2200。很明显，染料结构看起来相对较小的变化可能对其聚集倾向具有非常大的影响

NaO_3S OH N=N C_4H_9 NaO_3S

F

NaO_3S OH N=N C_8H_{17} NaO_3S

G

染料的水溶液是一个复杂的体系，其溶解情况除了受染料本身的结构影响外，还与染液浓度、染液温度，以及盐、助剂的性质和浓度等因素有关。通常中性盐的存在使染料的溶解度降低。温度增高，分子动能增加，有利于解缔。因为溶液中外层正离子浓度增大，逐步中和了染料表面电荷，斥力下降，聚集机会增多，有利于缔合。增大到一定程度时，可产生盐析现象。例如直接红 4B 的缔合度见表 7-6。

表 7-6　　直接红 4B 的缔合度

NaCl 浓度/(mol/L)	温度/℃			
	25	51	65	94
0.01	4	3	—	—
0.25	103	6	—	—
0.05	1350	12	7	—
0.11	沉淀	—	24	3

图 7-10 是温度、氯化钠浓度对直接天蓝 FF 聚集的影响，由图可知，降低温度和提高盐的浓度都会显著地增加染料的聚集。在染液中加入助剂，往往使染料的溶解度增加，常用的助剂有尿素及表面活性剂等，它们能与染料分子形成氢键等，使染料分子间的作用力减弱，而增强溶解性。表面活性剂分子含有亲水基和疏水基，对染料溶解度也有一定程度的影响。离子型表面活性剂会影响与其具有相反电荷的染料的溶解性能，而非离子表面活性剂一方面因其亲水基与水分子形成氢键，提高水溶性，另一方面疏水基与染料的疏水基相互作用，产生染料-助剂间的聚集。

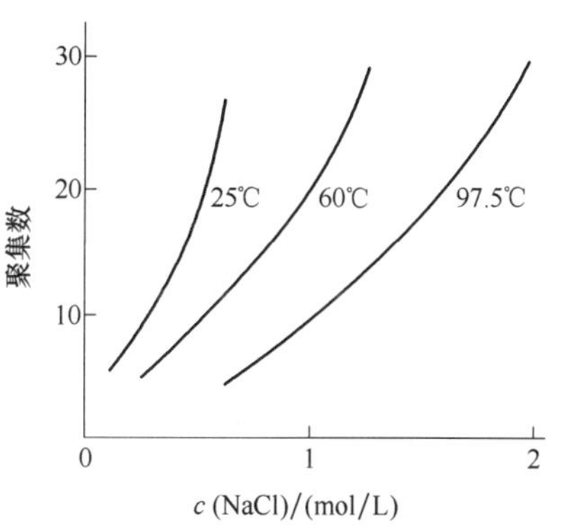

图 7-10　温度、氯化钠浓度对直接天蓝 FF 聚集的影响

7.3.2.4　助剂对染料聚集的影响

Datyner 等测量了一系列染色助剂（匀染剂）和尿素对一些高度聚集染料的聚集影响。匀染剂是 AM20（脂肪酰胺的环氧乙烷加合物）、Albegal A 和 Albegal B（Huntsman，两性匀染剂）及 Antarox CO-880（Solvay）。Antarox CO-880 是支链壬基酚环氧乙烷加成物，平均含有 30 个环氧乙烷基，也称为 NP30。NP30 在 55℃和 95℃时显著

降低了 1∶2 金属配合物染料的重量平均聚集数（200）。在聚氧乙烯壬基苯基醚的存在下，酸性染料的吸收速率随染料中形成的胶束的疏水性增加而增加。而 AM20、Albegal A 和 Albegal B 具有解聚染料的功能，但其效果是变化的。例如，Albegal B 在分散一些匀染性和耐缩绒性染料（milling dye）方面是非常有效的，但是对 1∶2 金属络合染料却无效。

尿素是唯一一个在 55℃和 95℃显著解聚染料的助剂，重量平均聚集数减少到 100 以下，这意味着最大的聚集体直径小于 2.5nm，因此应该能够穿透毛纤维结构。尿素在羊毛染色中的作用是一个有相当争议的问题，因为除了在染浴中分散染料之外，尿素还可能与毛纤维相互作用。Burdett 等认为尿素、硫脲和相关化合物能加快染色速度的原因是：

① 液态水中的长序排列结构被破坏，引起染料解聚。另外，界面处的结合力减弱，使染料更容易渗透。

② 纤维对尿素的优先吸收取代水分子。

③ 尿素和染料之间形成弱复合物。复合物结合到染料通常不能单独与羊毛结合的位点。

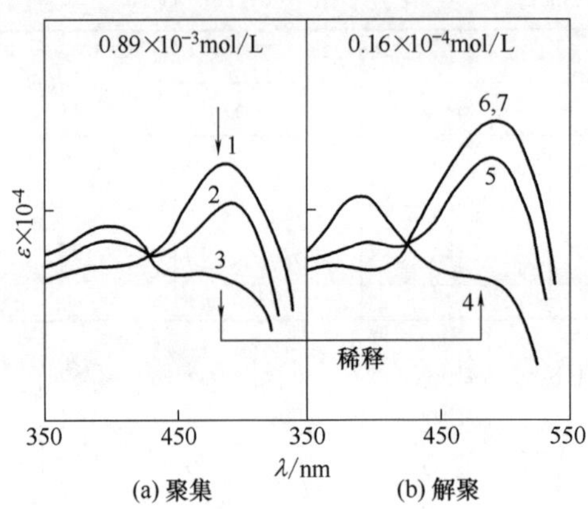

图 7-11 聚集和解聚的吸收光谱变化

1—加热溶解新配溶液放置 3min 2—加热溶解新配溶液放置 4h 3—加热溶解新配溶液放置 24h 4—稀释后放置 3min 5—稀释后放置 23min 6—稀释后放置 50min 7—稀释后放置 90min

染料聚集体的测定常用散射光谱法，因染料聚集形成一定颗粒，从而会引起入射光的散射，用来表征胶体聚集度的大小。图 7-11 表示染料聚集和解聚的吸收光谱的变化情况。

溶液中染料聚集体规模可用斯托克斯-爱恩思坦方程求得聚集体中的染料分子或离子数。

$$D=\frac{RT}{6\pi\eta N_A}\cdot\frac{1}{r} \tag{7-6}$$

式中：D 为球形粒子的扩散系数；r 为球形粒子的半径；η 为溶剂的黏度；N_A 为阿伏加德罗常数；R 为气体常数；T 为热力学温度。

染料聚集状态对研究染料的染色性能非常重要。由于分子缔合将影响染浴中染料质点运动和发色强度，从而影响界面扩散、纤维表面的吸附以及染料在纤维内部扩散速度。所以，一般情况下，都希望在非缔合状态下进行染色。常用的方法是采取升温增加染料分子的动能，使缔合物解缔。另外，在染液中加入少量正丁醇或苯甲醇，对染料有一定的解聚作用。

7.3.3 毛皮纤维在染液中的状态

7.3.3.1 吸湿和膨胀

毛皮在染浴中，在亲水基团的作用下，水分子沿毛和皮板的细隙进入纤维内部，使纤维孔隙度加大，有利于染色。研究表明，在风干角蛋白中纤维间的空隙大小为0.6nm（相当于正丙醇分子大小），充水后孔隙直径为3.5～4.1nm；而皮板经空气干燥后胶原分子间距离为10nm，充水后变为14～16nm。由于毛纤维的孔隙小，所以多用小分子的酸性染料、氧化染料等染色，使其色泽饱满均匀。而皮板的胶原纤维间距离大，因此，大分子染料例如直接染料也可以进行染色。

7.3.3.2　蛋白质纤维与染液的界面性质

当纤维与水溶液接触时，纤维表面带有一定的电荷，当染液 $pH>pI$ 时，纤维带负电荷；$pH<pI$，纤维带正电荷；例如铬鞣后的毛 pI 为5.6左右，胶原 pI 为8.7左右。

由于纤维表面带电荷，有吸引染液中相反电荷离子的趋势；但另一方面由于离子本身的热运动和搅拌作用，有远离纤维表面而使离子均匀分布的趋势。在这种情况下，一部分相反电荷离子与纤维表面贴近，它们牢固地随纤维而移动，形成了吸附层。而在吸附层外，还有一部分相反电荷离子，由于热运动而分散在纤维周围，形成一个扩散层（图7-12）。这样正、反两种电荷离子聚集在染浴与纤维的界面上，产生了双电层。这个界面的电位与溶液内部的电位差称为动电电位，又称为 ζ 电位。例如羊毛在中性电解质中的 ζ 电位为－40mV）。当纤维表面呈负电荷时，用阴离子染料染色，纤维与染料分子间引力和它们之间的静电排斥力相反，排斥力与距离的平方成反比，而吸力与距离的六次方成反比。显然，只有当纤维与染料间距离很近时，引力才能发挥作用。因此，在染色过程中，染料阴离子必须具有相当的能量才能克服斥力而靠近纤维，达到上染的目的。纤维的 ζ 电位负值越大，则染料需要上染的能量越高，上染越困难。若纤维表面带正电荷，用阴离子染料染色，由于纤维表面电荷与染料电荷相反，所以它们的静电吸引力与分子间引力是一致的。因此，ζ 电位负值越大，上染越容易。

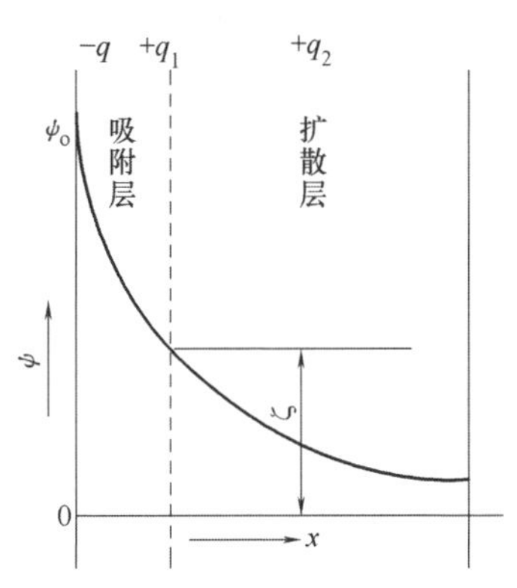

图7-12　纤维表面双电层结构

ζ 电位除与纤维的种类有关外，溶液中的电解质及溶液的pH对其影响都很大。当溶液的pH升高时，ζ 电位的绝对值增大，这是由于溶液中氢氧根离子的浓度增加，有利于纤维中酸性基团的电离，有利于纤维吸附氢氧根水合离子，但pH达到一定值后，ζ 电位趋于一平衡值，随着pH的进一步升高，ζ 电位的绝对值还可能下降。相反，当pH降低时，ζ 电位的绝对值也下降，主要是纤维中酸性基团电离受到抑制，同时纤维吸附氢氧根水合离子较少的缘故，蛋白纤维具有两性性质，溶液的pH在等电点以上时，羧基电离的数量大于氨基，纤维表面带负电荷，ζ 电位为负值，且随着pH的升高，ζ 电位的绝对值增加；在等电点以下时，情况正好相反；等电点时纤维呈电中性，因此，ζ 电位的值为零。

电解质的浓度取决于反离子在双电层的分布情况。因此，随着电解质浓度的增加，会使反离子（如电解质的阳离子）更多地分布于吸附层内，过剩的反离子则会减少，于是扩散层变薄，ζ 电位的绝对值降低。加入足够量的电解质，可使 ζ 电位的绝对值变为零，甚至使ζ电位变为正值。在ζ电位为零时，扩散层的厚度也为零，此时纤维处于等电状态。另外，电解质浓度很低时，ζ电位的绝对值有上升趋势，可能是此时纤维优先吸附电解质阴离子的缘故。电解质的阳离子电荷也会影响纤维表面的吸附，电荷数越大，越易被纤维表面所吸附，会降低ζ电位。如三价铝离子对ζ电位的影响大于二价镁离子，又大于一价钠离子。若阳离子电荷数相同，一般离子半径越大，水合能力越小，不易形成水合离子，越容易被纤维表面吸附，对ζ电位的降低越显著。电解质阴离子对ζ电位的影响较小，若纤维表面吸附电解质阴离子，会使ζ电位的绝对值增加。

7.3.4 染色热力学基础

染色热力学或称染色吸附热力学，主要研究染料在染色介质相及纤维相的分配趋势和量度。

7.3.4.1 化学位

当某一物质由一个相或一种状态到另一个相或状态时，必然伴随着吉布斯自由焓或化学势的变化，即物质从化学势高的相转移到化学势低的相，从而降低系统的总自由能，并使系统达到平衡态，达到平衡时将满足温度相等$T_A=T_B$和化学势相等$\mu_A=\mu_B$。根据热力学观点，染料从溶液中转移到纤维上，是由于染料在溶液中的自由焓或化学势高，从溶液上染纤维伴随着自由焓或化学势的降低。

对于不发生化学变化或相变化的物系，其自由焓只受温度和压力两个变量的影响，而对于发生化学变化或相变化的物系，自由焓的变化还和物质的量（mol）有关。化学势就是吉布斯自由能对成分的偏微分，又称为偏摩尔自由焓。通常研究的上染过程是在等温、等压下进行的，染料在染液中和纤维上的摩尔数不断发生变化，因此，上染过程的自由焓只受染料转移的摩尔数的影响。判断上染过程能否进行，通常用偏摩尔自由焓的变化情况来说明，偏摩尔自由焓用符号μ来表示

$$\mu=\left(\frac{\partial G}{\partial n_i}\right)_{T,P,n_j} \tag{7-7}$$

在染色体系中，是指在温度、压力及其他组分数量（n_j）不变的条件下，加入无限小量的染料（i组分）n_i^s摩尔，每摩尔所引起的染液自由焓G_s的变化。

$$\mu_s=\left(\frac{\partial G_s}{\partial n_i^s}\right)_{T,P,n_j} \tag{7-8}$$

染料在染液的化学势越高，染料舍染液而被纤维吸附的倾向越大，染料越容易上染纤维。同理，染料在纤维上的化学势μ_f可如下：

$$\mu_f=\left(\frac{\partial G_f}{\partial n_i^f}\right)_{T,P,n_j} \tag{7-9}$$

根据化学势值的大小，可以判别染料能否舍染液（或其他介质）转移到纤维上（即过程进行的方向）与进行的程度（即染料对纤维的上染能力）。

7.3.4.2 亲和力

染色初期，染液浓度高，染料在染液中的化学势高，上染倾向大，而解吸倾向最小。随着时间的推移，染液浓度降低，吸附速率减慢，解吸速率增加。当达到平衡时，

染料在染液和纤维上的化学势相等。

染色标准亲和力简称亲和力，是纤维上染料标准化学势和染液中染料标准化学势的差值，是温度和压力的函数，与染色平衡时染料在纤维上的活度有关，和体系组成、浓度无关。

染料在染液中的化学位是它的活度 a_s 的函数。设标准状态 $a_s=1$ 的化学位为 μ_s^0，则

$$\mu_s=\mu_s^0+RT\ln a_s \tag{7-10}$$

设 a_f 为纤维上的染料活度，标准状态 $a_f=1$ 的化学位为 μ_f^0，则纤维上染料的化学位 μ_f 为：

$$\mu_f=\mu_f^0+RT\ln a_f \tag{7-11}$$

平衡时染料在染液中化学位与纤维上的化学位相等即：$\mu_s=\mu_f$，则

$$\mu_s^0+RT\ln a_s=\mu_f^0+RT\ln a_f \tag{7-12}$$

移项得：

$$\mu_s^0-\mu_f^0=RT\ln\frac{a_f}{a_s} \tag{7-13}$$

$$-\Delta\mu^0=\mu_s^0-\mu_f^0 \tag{7-14}$$

则

$$-\Delta\mu^0=RT\ln\frac{a_f}{a_s} \tag{7-15}$$

亲和力表明染料从它在溶液中的标准状态转移到它在纤维上的标准状态的趋势和量度，染料上染纤维的必要条件是 $\mu_f^0<\mu_s^0$，亲和力越大，表示染料从染液上染的趋势越大，即上染动力越大。亲和力是染料对纤维上染的一项特性指标，它的单位为 kJ/mol。

7.3.4.3 直接性

直接性的定义较为含糊，常作为亲和力的定性描述，为染料离开染液上染纤维的性能，可用染色平衡时染料的上染百分率大小表示直接性的高低。它随着染料浓度、浴比、电解质性质及用量、助剂性质及用量等因素而变化，具有工艺特性。而亲和力是染料属性，不受其他条件的影响，具有精确的热力学特性。

当碱金属盐如氯化钠被添加到系统中，在恒定的离子强度下进行。Gilbert 和 Rideal 也给出了一个方程式：

$$pH_{0.5}=\lg[Cl^-]-\frac{(\Delta\mu_H^0+\Delta\mu_{Cl}^0)}{2.303RT} \tag{7-16}$$

其中 $pH_{0.5}$ 是半饱和的 pH。

在较高的氯离子浓度下（即较高的离子强度下），需要较少的酸来产生给定的纤维饱和度（最大酸容量）。

7.3.4.4 朗格缪尔吸附等温线

吸附等温线是在恒定温度下上染达到染色平衡时，纤维上的染料浓度和染液中的染料浓度的关系曲线。研究发现，染料对纤维的吸附等温线主要有三种类型，即能斯特型、朗格缪尔型和弗莱因德利胥型，如图 7-13 所示。

能斯特型又称亨利型吸附等温线，可能是最简单的一种吸附类型，完全符合分配定律，即在染色平衡时，染料在纤维上的浓度 $[D]_f$ 与在染液中的浓度 $[D]_s$ 之比为一

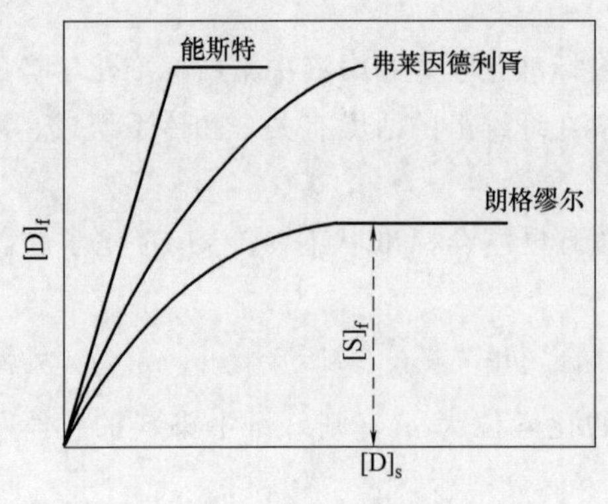

图 7-13　三种染料吸附等温线

常数。

弗莱因德利胥曲线的特征是纤维上的染料浓度随着染液中染料浓度的增加而不断增加，但增加速率越来越慢，没有明显的极限，该等温线的吸附属于物理吸附，即非定位吸附。

朗格缪尔型吸附属化学吸附，即定位吸附，离子型染料主要以静电引力上染纤维，以离子键在纤维中固着时，符合朗格缪尔型吸附。例如，强酸性浴酸性染料上染羊毛的吸附等温线基本上属于这种类型。朗格缪尔吸附等温线的特征是在低浓度区时，纤维上染料浓度增加很快，以后随染液中染料浓度的增加逐渐变慢，最后不再增加，达到吸附饱和值。

朗格缪尔吸附等温线假定：在纤维上有一定数量的吸附染料的位置（称为位点）；所有位点都能同样地吸附染料而不发生相互干扰；一个位点上吸附染料分子后便饱和而不能发生进一步的吸附（即吸附是单分子层的）。吸附达饱和时，称 $[S]_f$ 为纤维染色饱和值，如图 7-14 所示。

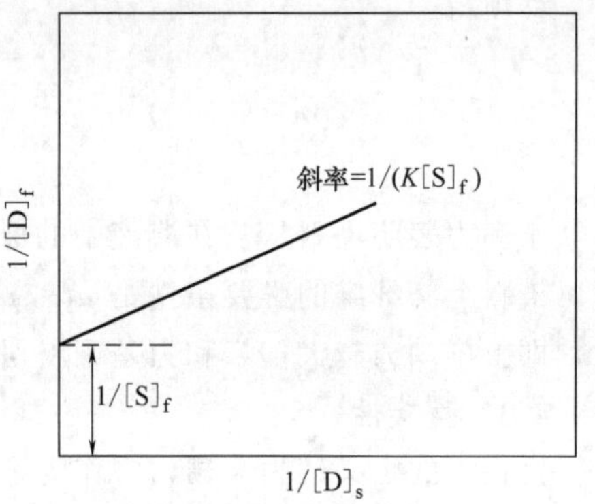

图 7-14　朗格缪尔吸附的 $1/[D]_f$ 与 $1/[D]_s$ 的关系

染料的吸附速率：

$$\frac{d[D]_f}{dt}=K_1[D]_s([S]_f-[D]_f) \tag{7-17}$$

染料的解吸速率：

$$-\frac{d[D]_f}{dt}=K_2[D]_f \tag{7-18}$$

式中：$[S]_f$ 为染料对纤维的饱和值；K_1、K_2 分别为吸附、解吸速率常数；t 为时间。

在染色达到平衡时，吸附速率等于解吸速率，即：

$$K_1[D]_s([S]_f-[D]_f)=K_2[D]_f \tag{7-19}$$

令 $K_1/K_2=K$，则：

$$[D]_t=\frac{K[D]_s[S]_f}{1+K[D]_s} \tag{7-20}$$

7.3.4.5　染色热

染料吸附上染纤维必然引起纤维—染液体系中物质分子间作用力的拆散和重建，并伴随热的释放或吸收，即发生染色热效应或体系焓的变化。

所谓染色热是无限小量染料从含有染料呈标准状态的染液中（活度为 1）转移到染有染料也呈标准状态的纤维上（活度为 1），每摩尔染料转移所吸收的热量。

$$\Delta H^0=\frac{\partial H}{\partial n} \tag{7-21}$$

根据吉布斯-亥姆霍兹公式，可以得出亲和力（$-\mu^0$）、温度（T）和染色热（ΔH^0）的关系式：

$$\left[\frac{\partial\left(\frac{\Delta\mu^0}{T}\right)}{\partial T}\right]_P=-\frac{\Delta H^0}{T^2} \tag{7-22}$$

$$\int d\left(\frac{\Delta\mu^0}{T}\right)=\Delta H^0\int d\,\frac{1}{T} \tag{7-23}$$

$$\frac{\Delta H^0}{T}=\frac{\Delta\mu^0}{T}+C \tag{7-24}$$

式中：C 为积分常数。设 T_1、T_2 时的染色亲和力分别为 $-\Delta\mu_1^0$、$-\Delta\mu_2^0$，则可求得：ΔH^0：

$$\Delta H^0\left(\frac{1}{T_1}-\frac{2}{T_2}\right)=\frac{\Delta\mu_1^0}{T_1}-\frac{\Delta\mu_2^0}{T_2} \tag{7-25}$$

7.3.4.6　染色熵

熵是反映物系内部大量质点运动紊乱程度的状态函数。

染色熵是指无限小量的染料从标准状态的染液中（活度为 1）转移到标准状态的纤维上（活度为 1），每摩尔染料转移所引起的物系熵变［kJ/(℃ · mol)］。ΔS^0 为正值，表示染料上染纤维引起物系的紊乱度增大；负值，则表示紊扰度减小。在一定温度范围内，ΔH^0 为恒定，故将 $-\Delta\mu^0$ 对 T 作图可得一直线，如图 7-15 所示，由直线斜率可求得 ΔS^0。

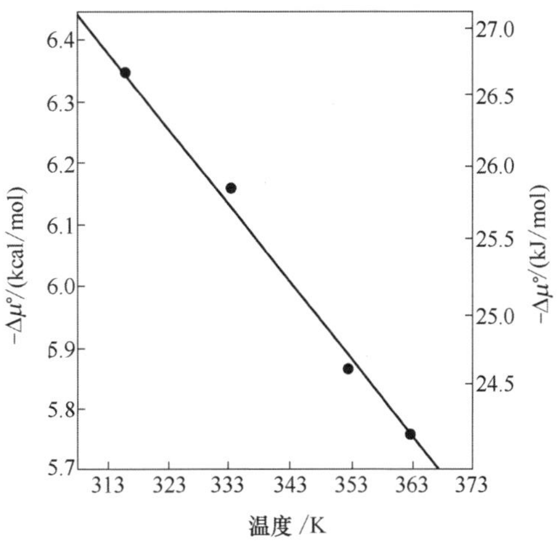

图 7-15　温度对 C.I. 分散红 19 上染二醋酯纤维亲和力的影响

亲和力（$\Delta\mu^0$）主要由染色热（ΔH^0）和染色熵（ΔS^0）组成，其关系为：

$$-\Delta\mu^0=T\Delta S^0-\Delta H^0 \tag{7-26}$$

因此，从亲和力（$-\Delta\mu^0$）和染色热（$-\Delta H^0$）、染色熵（$-\Delta S^0$）的关系可以看到染色热、染色熵以及染色温度对染料上染的影响。

7.3.5　染色动力学基础

染料扩散是一种分子运动。由于纤维表面的染料浓度高，与纤维内部存在着浓度梯度，吸附在纤维表面的染料分子，进而向纤维内部扩散，扩散动力就是浓度梯度。

依据扩散介质中浓度梯度的状态，将扩散过程可分为稳态扩散和非稳态扩散。扩散介质中各处的浓度梯度始终维持不变（即各处浓度维持不变）的扩散过程称为稳态扩散，此扩散过程符合菲克第一扩散定律

$$F_x=-D\,\frac{\partial c}{\partial x} \tag{7-27}$$

$$\frac{dc}{dt}=-A\cdot D\cdot\frac{\partial c}{\partial x} \tag{7-28}$$

式中：F_x 为扩散通量（扩散速率），即单位时间内通过单位面积的染料数量［g/(cm² · s)］；

D 为扩散系数，指在单位时间内，浓度梯度为 1g/cm^4 时扩散经过单位面积的染料量（cm^2/s）；$\partial c/\partial x$ 为扩散方向单位距离内的浓度变化，即浓度梯度［g/（cm^3·m)］；式中的负号表示染料由浓度高向浓度低的方向扩散；dc/dt 为 x 轴向的扩散速率（g/s）；A 为垂直于扩散方向的面积（cm^2）。

实际染色时，随着染料不断从染液中上染到纤维上，染液中的染料浓度不断降低，吸附于纤维表面的染料浓度不断增加，纤维中各处的染料浓度梯度不断变化，所以是不稳定的扩散过程。因此用菲克第一定律不能表示这种扩散过程，而应用菲克第二定律非稳态扩散方程进行研究。

图 7-16 表示染料沿 x 轴扩散。在非稳态扩散条件下，扩散通量（F_x+dx）随着距离 x 而变化，其变化率为 $\partial F_x/\partial x$，则通过 $A'B'C'D'$ 平面的扩散通量为：

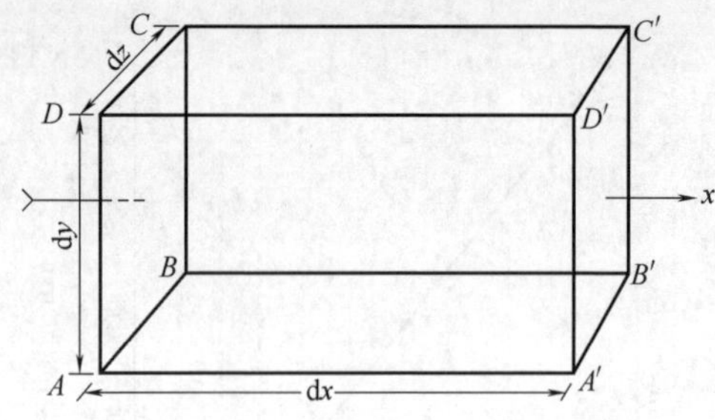

图 7-16　染料通过单元体积的扩散图示意图

$$F_{x+\mathrm{d}x}=F_x+\left(\frac{\partial F_x}{\partial x}\right)\mathrm{d}x \tag{7-29}$$

设 dt 时间内上述长方体中染料增加的数量为 ΔN，则：

$$\Delta N=(F_x\,\mathrm{d}t-F_{x+dx}\,\mathrm{d}t)\,\mathrm{d}y\mathrm{d}z \tag{7-30}$$

如果扩散系数不随纤维上染料浓度 c 和时间 t 以及扩散距离 x 而变化，则上式可简化成下式关系：

$$\frac{\partial c}{\partial t}=D\,\frac{\partial^2 c}{\partial x^2} \tag{7-31}$$

式中 $\partial c/\partial t$ 是扩散介质中单位时间内浓度的变化，这是 x 轴向的情况。若考虑 x、y、z 三维空间体积内扩散，则得：

$$\frac{\partial c}{\partial t}=D\left(\frac{\partial^2 c}{\partial x^2}+\frac{\partial^2 c}{\partial y^2}+\frac{\partial^2 c}{\partial z^2}\right) \tag{7-32}$$

通常把毛纤维看作是圆柱体，且假定是无限长度的，则在扩散中的各个方向只受 r 的影响，而与方位角 θ 无关。图 7-17 表示无限染浴柱状体的 c_t/c_∞ 和 Dt/r^2 的关系。在充分搅拌、无限染浴条件下上染某一纤维，从所得 c_t/c_∞ 和 Dt/r^2 的关系式可得知，半染时间 $t_{1/2}$ 和扩散系数 D 呈反比关系，而和纤维半径 r 的平方成正比，即若纤维半径是常数，扩散系数越大，半染时间越短；若扩散系数是常数，纤维半径越小，半染时间越短。曲线扩散关系可简化为：

$$\frac{\partial c}{\partial t}=\frac{1}{r}\frac{\partial}{\partial_r}\left(rD\,\frac{\partial c}{\partial r}\right)\text{或}\frac{\partial c}{\partial t}=D\,\frac{\partial^2 c}{\partial r^2} \tag{7-33}$$

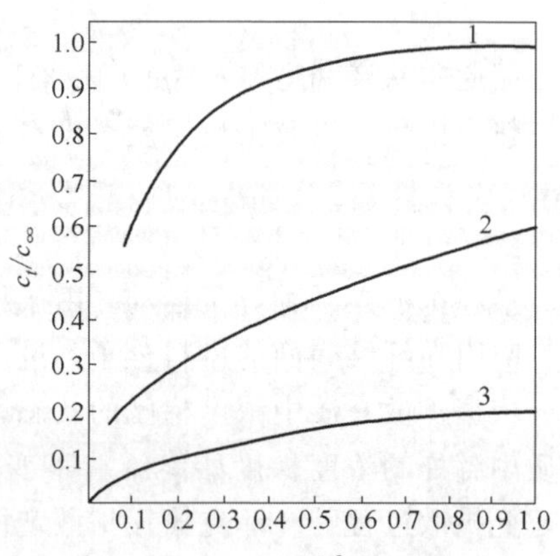

图 7-17　无限染浴柱状体的 c_t/c_∞ 和 D_t/r^2 的关系曲线

1—Dt/r^2 为 0～1.0　2—Dt/r^2 为 0～0.1　3—Dt/r^2 为 0～0.01

Hill 进一步简化了非稳定态菲克扩散方程

$$c_t/C_m=4\sqrt{\frac{Dt}{\pi r^2}} \tag{7-34}$$

式中：c_t 为在时间 t 时纤维中染料的量；c_m 为平衡时染料的吸收量；D 为染料的扩散系数；r 为纤维半径；t 为染色时间。

7.3.6　毛纤维表面的染料扩散途径与障碍

基于菲克扩散定律的扩散方程，多数纤维染色染料吸收量与时间平方根的关系曲线应该呈直线，但对于毛纤维，染料吸收曲线的最初部分是凹曲的，在一段时间之后才变成线性的。基于这一观察结果，提出了一个假设，即在毛纤维表面存在一个吸收染料容量小的“屏障”，认为这种屏障是由毛获得的非菲克染色等温线的原因。

早期的研究确定了上皮层具有染料渗透的屏障性，这是基于上皮层的化学抗性和错误的观点，认为该组分构成了围绕整个纤维的连续膜，屏障也归因于整个角质层，特别是外角质层中高度交联的最外层部位。图 7-18 表示了染料通过细胞扩散的路径，因为染料必须通过角质层细胞扩散以达到纤维皮质。

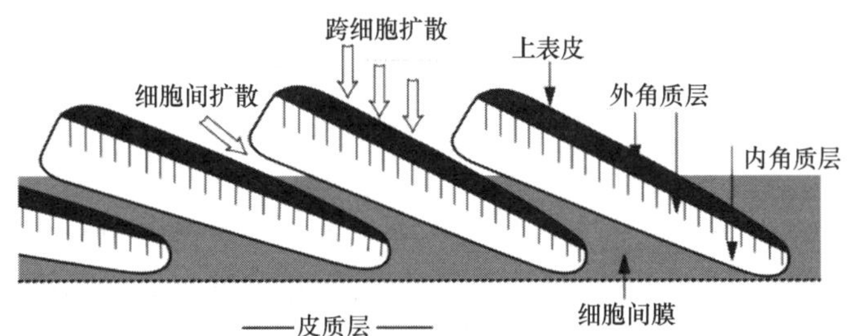

图 7-18　染料从毛纤维表面向纤维内的扩散路径（引自 Lewis D M）

然而，角质层不是一个连续的膜，而是围绕着每一个角质层细胞。在细胞间物质延伸到纤维外部的鳞片之间存在间隙；事实上，细胞间的物质约占纤维表面的 0.05%。鳞片之间所存在的间隙，使得染料可以穿透毛而不通过角质层扩散。图 7-19 给出了显示角质层细胞之间荧光染料扩散初始阶段的光学显微照片，进一步说明了染料主要是沿毛鳞片间进行扩散的。

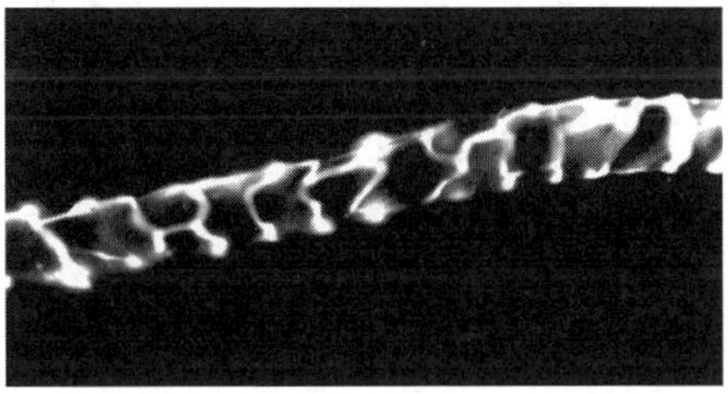

新的研究表明，有关毛纤维染色有以下结论：

① 染料渗透到毛纤维后，它们必须在整个纤维横截面扩散，以获得最佳的着色收率和坚牢度性能。

② 细胞膜复合物的非角蛋白、脂质可能阻碍染料扩散到整个纤维皮质层。

图 7-19　荧光染料通过毛鳞片间扩散的光学显微照片（引自 Lewis D M）

③ 染料进入角质细胞之间的纤维后，沿着细胞膜复合物发生扩散。染料也从细胞膜复合物逐渐转移到其他非角质区域，包括内皮细胞和间质纤维状物质。

④ 随着染色周期的进行，染料逐渐从非角蛋白区域转移至位于皮层细胞内的微纤维周围的富硫的蛋白质基质中。

⑤ 活性染料能够与非角蛋白区域的蛋白质形成共价键，即更多地存在于细胞膜复

合物和内皮质细胞中。

7.4 毛纤维染色经典理论

染色的早期理论是基于羊毛对酸的吸附。在酸性染浴中，毛纤维带正电荷的氨基与带负电荷的染料阴离子间产生离子相互作用。

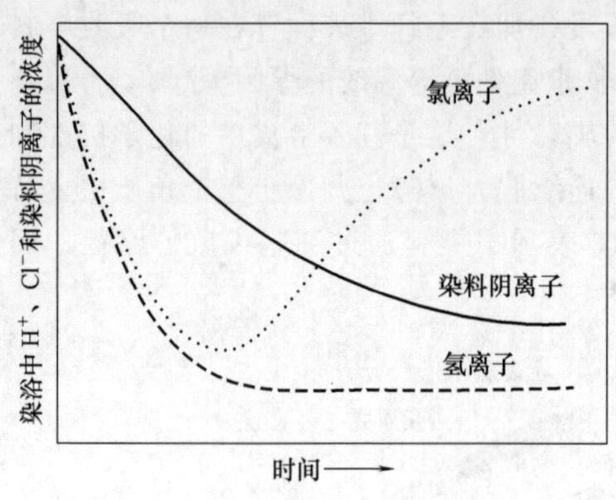

图 7-20 染浴中 H^+、Cl^- 和染料阴离子的浓度变化（引自 Lewis D M）

图 7-20 表示染浴中染料阴离子、电解质（Na_2SO_4）、酸的抗衡离子间在毛纤维上吸附及染浴中各离子浓度的变化情况。最初 H^+ 和 Cl^- 的吸附非常迅速。随着时间的延长，染料阴离子扩散变慢，Cl^- 逐渐从毛纤维中移出，即浴中 Cl^- 浓度的增加。

尽管基于离子相互作用的理论，现在被认为对于复杂的毛染色体系是过于简化，但是由于它们的历史重要性，这里还是简要讨论这两个最重要的模型。在这两种理论中，纤维被认为处于与酸溶液不同的均匀电势。

7.4.1 Gilbert-Rideal 理论

Gilbert-Rideal 理论的几点假设：

① 毛中的所有带正电的碱性基团以相同的方式与阴离子相互作用。

② 所有的羧基对质子具有相同的亲和力。

③ 阴离子可以占据任何带正电的位点，而不管其相对于带电或不带电的羧基的位置。

④ 阴离子和质子被认为彼此独立地被吸附。

⑤ 要求纤维保持整体电中性。

考虑到物质化学势的增加，该物质在一个有限数量的位点随机吸附了一个不带电荷的物质，从而导出了质子和氯离子的化学势的方程

$$\lg\frac{\theta_H}{1-\theta_H}=-\text{pH}-\frac{(\Delta\mu_H^0+\Delta\mu_{Cl}^0)}{4.6RT} \tag{7-35}$$

式中：θ_H 为被占据位点份额；μ^0 为 θ 为 0.5 时的化学势；T 为热力学温度（K）；R 是气体常数［8.317J/(K・mol)］。

Gilbert-Rideal 理论的一个优点是它可以扩展到多元酸，如硫酸，与实验数据非常吻合。

7.4.2 Donnan 理论

Donnan 膜效应涉及由膜分离的两个不同相之间的离子物质的分布或分配。虽然钠

和氯离子能够通过“膜”扩散到外部溶液中，但刚果红（CI Direct Red 28）的较大染料阴离子不能穿透膜。此膜被描述为“半渗透性”，因为渗透性取决于渗透分子的大小。Peters 在阐述了 Donnan 理论在羊毛中的应用时，假设阴离子对蛋白质没有特异性亲和力，并且认为蛋白质中的各种基团与外相中的离子达到平衡。可表示如下：

有盐存在时：

$$pH_i = pH_s - \lg[Cl_s] + \frac{\lg[H_a]}{\nu} \tag{7-36}$$

而无盐时，则

$$pH_i = 2pH_s + \frac{\lg[H_a]}{\nu} \tag{7-37}$$

式中：i 和 s 分别表示纤维内部溶液和外部溶液；$[H_a]$ 为吸收的氢离子的量；$[Cl_s]$ 为氯离子的吸收量；ν 为毛纤维的内部水体积（假定为 0.3L/kg）。

用亲和力表达羊毛吸收盐酸的关系式为：

$$-\Delta\mu_H^0 = RT\ln\left[\frac{\theta_H^2}{1-\theta_H^2}\right] - RT\ln[H_s][Cl_s] + RT\frac{\ln S}{\nu} \tag{7-38}$$

μ_H 是 $\theta_H = 0$ 时的化学势，S 是饱和值

式中 ln $[\theta_H^2/(1-\theta_H)]$ 与 $\ln[H_s][Cl_s]$ 间的斜率应为 1。Vickerstaff 研究证实了这一关系曲线的斜率是 0.7。

7.4.3　现代毛纤维染色理论

染色过程就是染料上染纤维并与纤维结合的过程。Meybeck 和 Galafassi 研究证实，在染色过程中观察到的氯离子的释放并不总是相当于染料的吸附量。对于略疏水的染料，仅约 10%的结合氯离子释放出来；而对于疏水性更强的染料，氯离子的释放是不可测量的。这表明羊毛中阳离子位点和染料阴离子之间存在库仑力的相互作用，在平衡时仅对染料与纤维的结合起非常小的作用（即染料的亲和力）。

染料与毛纤维间的结合力有库仑力、范德华力、氢键、离子键、共价键、配位键等。但因染料种类的不同、染色方法的不同，染料与毛纤维间结合力的种类也不会完全相同。主要非共价键作用力有离子相互作用、范德华力、氢键和疏水性（疏溶剂）相互作用。

7.4.3.1　库仑力

库仑力是指两个点电荷之间相互作用的力。点电荷 Q_1 与 Q_2 之间的相互作用力的大小和 Q_1 与 Q_2 的乘积成正比，和它们之间的距离 r 的平方成反比，作用力的方向沿着它们的连线，同种电荷相互排斥，异种电荷相互吸引。$F = KQ_1Q_2/r^2$，式中 K 为库仑常数，$K = 8.987 \times 10^9$。

7.4.3.2　范德华力

范德华力是分子间的作用力，产生于原子或分子间的静电相互作用，包括色散力、诱导力和取向力。色散力也称“伦敦力”，是分子瞬时偶极间的作用力，即由于电子的运动，瞬间电子的位置对原子核是不对称的，正电荷重心和负电荷重心发生瞬时的不重合，从而产生瞬时偶极。诱导力是诱导偶极和固有偶极间相互吸引，这种由于诱导偶极

而产生的作用力分子称为诱导力。极性分子与极性分子之间的固有偶极与固有偶极之间的静电引力称为取向力，又叫定向力。

范德华力比较弱，结合能量不超过 16.8kJ/mol，比共价键要低很多。范德华力和库仑力都是近距离引力，作用范围不到 1nm。由此可见，在考虑分子间范德华力时，分子的大小和构型将是非常重要的因素。染料通过范德华力与毛结合时，染料分子的平面性、线性结构以及有足够长的共轭链是保证染料具有较大直接性的重要因素。

7.4.3.3　氢键

氢键是由分子内极化了的氢原子和一个富电子原子作用而形成的很弱的键。染料分子中有羟基、氨基、氰基、偶氮基、羰基等基团，由于电子云密度不均衡，形成电子云密度较高的富电子中心，与纤维上的羟基或氨基上的活泼氢原子形成氢键，或者染料分子中的活泼氢与纤维上的富电子中心形成氢键。染料和毛皮纤维中常见的供氢基团如：

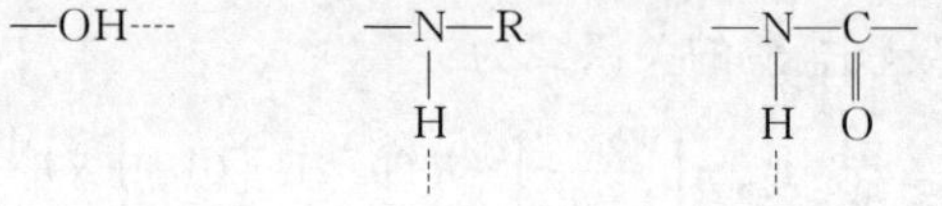

—OH┈　　—N(H┆)—R　　—N(H┆)—C(=O)—

常见的富电子基团如：

—N(┆)=N—　　H—O(┆)—　　—NH₂(┆)　　—C(=O)—O(┆)—

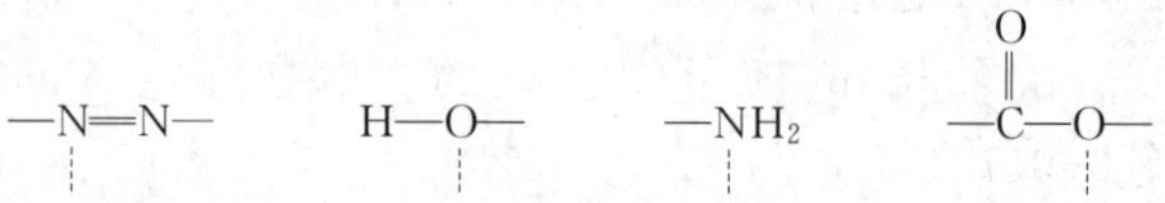

除了上述极性基团中富电子中心作为质子受体外，由于 π 电子云的流动也可形成富电子中心，所以 π 键也可作为质子受体与活泼氢形成氢键。显然，这类 π 型氢键随着 π 键增长，电子流动性增大而增强。

氢键是普遍存在的，但键能较低，一般在 16～25kJ/mol，并易受外界作用而破坏。

氢键对于染料的溶解、吸附和它们的稳定性都有重要作用。

7.4.3.4　离子键

纤维和染料都会因某种基团的离解而带有电荷。当它们带有相反电荷时，就会产生静电吸引力（库仑吸引力），发生离子键结合。例如酸性染料染毛皮，在强酸性介质中，溶液中的氢离子浓度较高，pH＜pI，毛纤维带正电；酸性染料的磺酸基电离而使染料带负电。这样，毛纤维的正离子与染料负离子形成离子键。

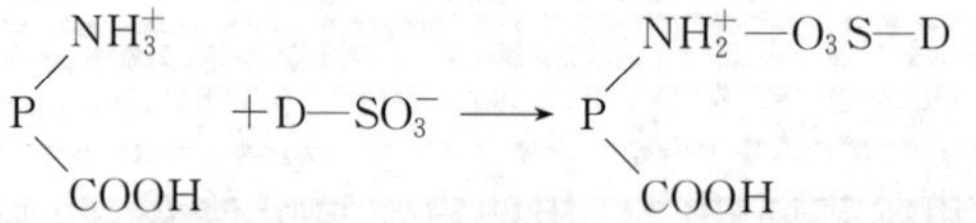

$$\mathrm{P}\begin{cases}\mathrm{NH_3^+}\\ \mathrm{COOH}\end{cases} + \mathrm{D{-}SO_3^-} \longrightarrow \mathrm{P}\begin{cases}\mathrm{NH_2^+{-}{}^-O_3S{-}D}\\ \mathrm{COOH}\end{cases}$$

产生离子键结合的染料有酸性染料、直接染料、氧化染料等。离子键键能略大于氢键和范德华力。但由于这种有机酸碱生成的盐在水中仍能被解离，尤其是在碱性介质中染料生成磺酸盐而溶于水，所以离子键结合的牢度也是有限的。

7.4.3.5　共价键

具有活性基团的反应染料与毛皮纤维作用形成共价键。量子化学的观点认为，共价键是由染料和纤维中有关的一个原子上各有一个自旋相反的电子及其电子云密集于原子核间，使体系的能量降低；也可认为上述原子轨道线性组合后，形成了成价轨道，所形成的稳固化学键有利于体系的势能降低。

反应染料的活性基团（如三聚氰氯、乙烯砜）能与毛皮纤维的氨基和酰胺基作用，产生共价结合，既能牢固染色，又具有轻微的鞣制作用，示意如下：

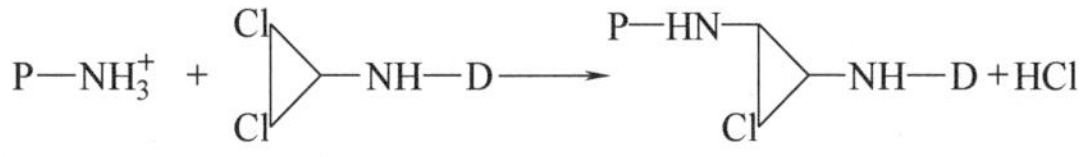

$$P—NH_3^+ + (Cl)_2\text{-triazine}—NH—D \longrightarrow P—HN(Cl)\text{-triazine}—NH—D + HCl$$

$$P—NH_3 + H_2C{=}CH—SO_2—D \longrightarrow P—NH—CH_2—CH_2—SO_2—D$$

共价键稳定性很高、键能高，例如 C—O 共价键能为 330kJ/mol，C—N 共价键能为 275kJ/mol。

7.4.3.6　配位键

配位键是两个原子间共有的一对电子由某一原子供给所形成的键。配位中心为金属离子，而配位体为有未偶电子对的氨基、羰基等基团。当金属络合染料染毛皮等蛋白质纤维时，毛皮纤维上的氨基、羧基上未偶电子对进入金属空轨道取代水分子配位体，与染料形成配位键。

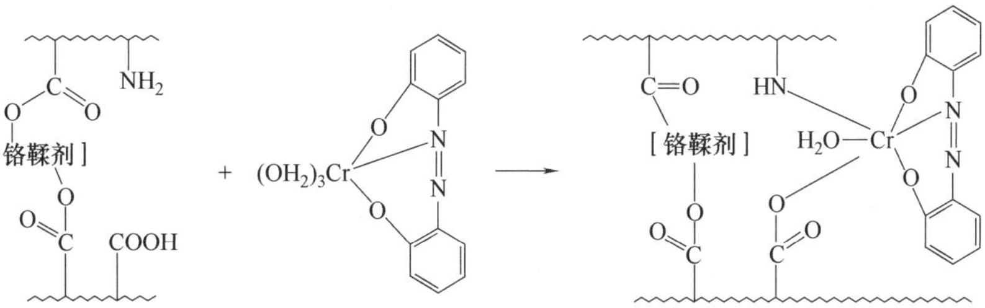

[铬鞣剂]　NH_2　COOH　+ $(OH_2)_3Cr$ → $C{=}O$　HN　[铬鞣剂]　$H_2O—Cr$

能产生配位键结合的染料有酸性媒介染料、氧化染料、酸性络合染料、中性染料等。另外直接染料的某些类别在染色后期用金属盐处理，形成配位键，从而提高染色坚牢度。

配位键是一种特殊的共价键，其极化程度较大，配位键能介于共价键与离子键之间。

7.5　毛 皮 染 色

7.5.1　染 色 方 法

毛皮染色主要是针对毛被进行染色，或毛被美化。依据所要求获得的美化效果，可将毛被染色分为浸染、刷染、喷染、吊染、印染、扎染等。

毛皮染色通常是在水中进行的，由于毛皮的品种和染色要求不同，染色方法也不相同。

（1）浸染

浸染是将被染毛皮直接浸入染浴中使毛着色的方法，依所使用的设备又分为划槽浸染和转鼓染色。毛皮在划槽中浸染着色是最常用的染色方法，借助划槽搅拌浆的机械作用可加速染料上染及均匀着色，划槽染色液比较大，且机械作用温和。其特点是在整个染色过程中可随时观察染色情况，便于控制与调色；不易锈毛，染色均匀，生产效率高；但是消耗的水量、热能、化工材料较多。转鼓染色机械作用强，温度控制准确，染色迅速，具有省水、节能、省料的特点，但不便随时观察，易引起结毛，多适用于短毛皮的染色。

（2）刷染

刷染是将染液刷于毛被上，然后进行汽蒸或晾晒固色的染色方法。该方法的优点是节约染料，基本不会产生染色废液，适宜于单面染色，可满足一毛多色、草上霜效应、印花等特殊的染色要求，但生产效率低，劳动强度大，控制要求比较严格，易产生色花、色差、色坚牢度较差等质量问题。

（3）喷染

喷染是指借用喷枪将染料水喷于毛被而实现着色的方法，适用于毛尖或局部着色，主要用于流行花色制作，如一毛双色、梦幻效应、喷脊效应等。

（4）印染

印染，又称型染，是将印花板压在毛被上对毛被局部遮盖，然后通过刷染或喷染的方式进行染色，这样可以在毛被上形成相应的图案和花纹，可多次使用不同颜色的染料水，实现彩色或立体色效果。

（5）吊染

吊染主要用于渐变色效应的制作。方法是革坯毛被朝外固定在不锈钢丝网架上，然后将丝网架逐渐浸入染浴，或先将丝网架全部浸入染浴，之后再逐渐提升。依据毛被不同部位在染浴中停留或接触时间（即染色时间）的渐变，从而获得毛被着色深浅的渐变。若再加上染液配方的变化，还可获得更丰富的色调变化。

（6）扎染

扎染是先将待染毛革坯按一定方式或形状捆扎起来，然后进行浸染，这时被捆扎的部位因不能与染液接触而不能上染，从而形成不规则的花案。扎染技术主要取决于花型设计、扎制方法、染色条件等。

此外，还有盘染、防染、拔染、重染等染色方法。或是多种染色方法结合应用，以获得不同染色效果。

7.5.2 影响染色因素

毛皮染色工艺涉及面较广，影响因素也很多。除了构成染浴的各种组分及其互相影响外，染色前的坯皮状态，染色过程中 pH、温度、浓度的控制，添加的助剂以及前后工艺的配合等因素，也颇为重要。

7.5.2.1 染料的选择与拼色

构成染浴的主要成分之一是染料。要使染色工艺能顺利进行，所用染料应精心选择，对于其溶解性和用量也应倍加注意。

（1）染料的溶解

选用的染料应具有优良的溶解性，染料着色应浓厚、均匀而牢固；当 pH 改变时和经加脂（油）乳液作用时，染料的颜色也不发生改变；染料应与工艺配套，即染料上染以后，也能满足后续工艺的要求。例如，制作羊剪绒，则需选择抗温、抗酸处理的染料，并需注意所用设备、助剂及水中的钙、镁、铜、铁等金属离子对染料色光的影响。

染料的溶解直接关系到染色的效果。通常应尽可能将染料溶解完全后再应用，这样有助于染色均匀。溶解染料若方法不对，也会引起染色缺陷。例如，用的水量太小，染料溶解不良而悬浮在水中，这样染料就会在毛皮上慢慢溶解而形成色花。

溶解染料最好在搪瓷、玻璃、塑料或瓷的容器中进行。不要使用金属容器，否则可能与染料或染液中的其他助剂发生反应。

对于酸性和直接性染料，先以少量的冷水或温水，把染料拌成均匀糊状，然后在搅拌下加入染料重 30～50 倍的热水（80℃以上）将其溶化。多数染料尚需以蒸汽短时间的吹沸，使其完全溶解。

金属络合染料可先用水或酒精直接溶解。

X 型活性染料可先用少量冷水调匀，在室温的水中溶解，因这类染料稳定性较差，须随用随配，不能溶解后长期不用。一般最好在 3h 内用完。K 型活性染料可先用少量温水调匀，加 70～80℃的热水溶解。氧化染料难溶解的须煮沸溶解。

染料完全溶解后，在使用前应进行过滤，一般经双层纱布过滤即可达到使用要求。

（2）染料的用量

染料的用量取决于染料本身的着色强度和毛皮品种的要求，同一染料其强度不同，用量也不同。相对而言，染料着色强度大，用量小；着色强度小，用量大。同时，按毛皮质量计算染料用量时，应考虑到毛皮质量与面积之间的关系。皮板薄而面积大者染料用量需相应大一点；反之，用量则小一点。

由于通常染色很少使用单一染料，而大多数采用几种染料混合配色，因此，必须注意每次称料时可能产生的微小误差，否则会引起毛皮批与批之间的色差。为此，除了在配色时尽可能减少染料的品种外，在大批量生产时，有条件者，可按染色配方，将若干次染色的染料一次称出，用球磨机混匀再均分成若干份染色，这样可使批次间色差尽量减小。

（3）染料的拼混

应根据毛皮的不同鞣制方法和品质要求，选择一种或几种染料混拼达到染色效果。例如绒面毛革选用渗透性好的酸性和金属络合染料，羊剪绒皮选用酸性和中性染料，还有部分氧化染料。

当拼色时，应遵循下列原则：

① 各种染料上染速度应接近，这样不易染花，色光也易掌控。

② 染料的单色坚牢度接近，以保证在拼染后，色样变化小。

③ 性质不同的染料，尽量避免拼混，例如强酸性染料就不宜与弱酸性染料拼用。

④ 使用染料的种类，原则上越少越方便，毛皮染料拼色时，一般用 2～4 种染料。染料品种越多，色光变化越复杂，色光也越难掌控。同时染料本身常常带有杂质的色素，拼色时，可能有和它成为补色的杂质混在一起，从而影响色光的鲜明，使颜色灰暗。

⑤ 选用近似色样颜色作基本染料，然后用其他颜色做适当调整。如配一个复色，尽量不用红、黄、蓝基本色来拼合。有三次色色光的，最好用一个二次和一个基本色相拼合，容易拼合成所需色泽，可减少色差，质量也较稳定。

⑥ 在拼色时，除了合理取色外，所取各色的色光应协调。例如要拼合一个嫩绿色，

要选用带蓝光的黄和带绿光的蓝染料相拼合，这样拼合而成的颜色要比用带红光的黄和带红光的蓝染料拼成的颜色漂亮。这是因为红和绿互成补色，从而产生黑色色光而使所拼成的颜色不鲜明。若要拼紫色，则应用带红光的蓝和带蓝光的红拼合，所拼色泽漂亮。而用带黄光的蓝和带黄光的红染料拼合而成的紫色带灰色。

7.5.2.2 毛皮性质

染色质量与毛皮本身状况有很大关系。染色坯皮经染色前各种预处理一定要达到质量要求。否则须退回前工序再处理，确实不能染色的皮张则另行处理。坯皮要求在外观上毛被洁净、松散、灵活、无油污、无锈毛，毛被平齐或者平顺；皮板皮形完整，破皮拼缝合格，无油腻，皮板丰满、柔软、厚薄均匀。对于特殊产品，例如毛革皮，还要求皮板无癣疥痘疤，无制造伤，绒头细致、均匀，无鞣花等；羊剪绒还要求毛根直立，弹性好等。总之，不同的产品要求不同的坯皮，为了确保染色成功，染色前的每道工序都需严加控制、管理。

7.5.2.3 染液的 pH

染液的 pH 是影响毛皮染色的一个重要因素，它不仅影响毛皮所带电荷的情况，而且也影响染料的分散程度、与毛皮的结合速度和毛皮染色的深浅浓淡。不同的染料，不同的产品，对染色的 pH 要求不同，见表 7-7。

表 7-7 常用染料染色要求的 pH

染料名称	染浴 pH	染料名称	染浴 pH
酸性染料	3～4	酸性媒介染料	2.5～4
弱酸染料	4～5	酸性络合染料	3.5～5
氧化染料	7.5～8	中性染料	4～6
茜素染料	3～5	活性染料(染毛被)	3.8～4.2
直接染料	7.5～8(皮板)	活性染料(染皮板)	7.5～8
碱性染料	4～6		

组成毛皮的是角蛋白纤维和胶原纤维，经鞣制和染前处理，两种蛋白质的等电点不同，如铬鞣后皮板 pI 为 8.7，毛被 pI 为 5.6。如果用酸性染料染色，当染浴 pH<5.6 时，因毛被表面积比皮板大很多，则易染毛被；当 pH>8 时，皮板带正电荷，毛带负电荷，则易染皮板。利用染浴 pH 和纤维 pI 的差异可较好控制染毛被还是染皮板。

理想的染色过程是吸附、扩散及固着结合，因此染色初期 pH 应有利于吸附、扩散、渗透，染色后期 pH 应有利于固着与结合。例如酸性染料染色初期 pH 控制在 4～5，然后逐步调 pH 为 3～3.5。这样，毛被染色均匀，色泽饱满。

此外，有的染料对 pH 敏感，在不同 pH 下颜色不同。例如氧化染料乌苏尔 D（对苯二胺），pH 为 9 时呈橙色，pH 为 8 时呈紫色，pH 为 4.5 时呈棕色。同时 pH 也影响染料在纤维上的渗透和结合，渗透好则染色淡，表面结合好则染色浓。因此，在染色中一定要合理使用和调节 pH。

7.5.2.4 温度

染浴温度取决于染料和被染毛皮承受温度的能力。各种染料都有自己最适宜的染色温度，被染毛皮皮板都有相应的收缩温度，两者相比取其低者，例如酸性染料染毛皮最高温度不超过 80℃，原因是虽然酸性染料最适染色温度为沸染，但铬鞣毛皮收缩温度为 95℃左右，为了安全起见，染色温度不得超过 80℃；再如冰染染料染色温度为 10～15℃，毛皮皮板收缩温度＞60℃，染色温度超过时加入冰块。

染浴温度还取决于染色产品的要求。例如毛革产品要求染板不染毛，活性染料在 20℃左右的温度下染色，则毛被不上染或基本不上染。

提高温度，有利于染料分子解聚，有利于染料分子向纤维的扩散、渗透，提高染色速度，但染色的染色热是负值，为放热反应，提高温度意味着上染百分率下降，因此综合平衡之后，提高温度对染色是有利的。例如酸性染料染毛皮，染色初期温度较低，染色中后期温度提高到上限，这样染色均匀一致。

7.5.2.5 助剂

为了提高染色的均匀程度和坚牢度，常在毛皮染色时添加某些助剂。除了能影响染色体系 pH 的酸、碱、盐这类最简单的助剂外，还有匀染剂和固色剂，多为表面活性剂。

(1) 匀染剂

匀染剂主要有两类：一类对纤维有较好的亲和力，它利用先对纤维吸附而延缓染料的上染。例如用阴离子型染料染色时（如酸性或直接性染料），一般采用阴离子和非离子型匀染剂。在染浴中，阴离子染料和阴离子表面活性剂分别离解成染料阴离子和表面活性剂阴离子。由于阴离子表面活性剂（如扩散剂 N）较染料阴离子小，它首先与皮纤维结合，占据了阴离子染料所要占据的位置，染料要与毛纤维结合，只有逐个取代表面活性剂阴离子，使上染的速度大为减缓，从而达到匀染的目的。

另一类对染料具有一定的亲和力，例如非离子型表面活性剂平平加。在染浴中，它首先包围染料分子，与染料发生聚集而延缓染料与毛皮的结合作用，减缓了结合速度而达到匀染的目的。不仅如此，平平加对已经上染的染料还具有亲和力，因而可将浓色部位染料移到淡色处，起移染作用，从而使毛皮染色均匀。

常见的匀染剂有扩散剂 N、匀染剂 S、平平加 O 和 JFC、尼凡丁、OP-10 等。

此外，铬鞣毛皮在染色前适当加入加脂剂，也能起到匀染作用。

(2) 固色剂

所谓固色剂，其作用与匀染剂相反，它主要是降低染料分子与毛皮纤维结合后的水溶性，使已结合的染料进一步固定。固色剂也多为表面活性剂，但所带的电荷与染料电荷相反，能与染料形成沉淀，固着于被染纤维上。例如固色剂 Y，是季铵盐类物质，属阳离子型表面活性剂，它与阴离子型染料能生成不溶性沉淀而起到固色的作用。

7.5.2.6 液比（液体系数）

染色液比大，有利于染料的溶解和分散，较易染匀，这时染料的浓度也低，所染的色泽偏淡；若液比小，染料量不变，染料的浓度大，有利于染透，可提高染料的上染量。在毛皮染色时，为了防止色花现象的产生，染色宜采用较大的液比，但液比过大，又会造成染料的浪费。因此，划槽染色液比为 20～30（以干皮质量计）。

7.5.2.7 时间

染色时间主要取决于毛皮的种类及其要求染色的深度。染色时间一般控制在 2～4h。染深色时，时间长一点；染浅色时，时间短一点。但须注意，特别是染浅色毛皮时，染浴变清后，仍需再染一段时间，因为染料与毛被还在继续起作用，否则易造成色花和坚牢度差。

7.5.2.8 机械作用

机械作用能提高染色速度和染色均匀度。机械作用如同给染料分子加上一个外力，促使染料分子的运动速度加快，以利于染料分子的渗透，达到染色均匀一致的目的。

毛皮染色时，要不停地搅动，特别是刚加入染料后的一段时间，否则容易染花。搅动要达到每张皮每个部位都均匀地吸收染料，划转速度一般为15～25r/min。

7.5.2.9 其他

下皮操作方法也对染色效果有很大影响，毛皮应逐张有序地迅速地投入划槽中，下皮不当也有染花的可能。

氧化染料和媒染染料与媒染剂的种类及媒染效果有关。如果媒染控制不当，则染出来的毛皮也必然是花的，因此媒染也是很重要的。

此外，氧化染料染色还与氧化剂的用量有关。氧化剂的用量要适当，如果用量太大，对毛被、皮板的强度损失大；如果用量太小，中间体又不能充分氧化，势必降低染色效果，并造成染料的浪费。氧化剂用量一般与中间体用量相等或稍高一些。

7.5.3 毛皮染色实例

目前毛皮染色主要采用酸性染料和氧化染料两类染料进行，下面重点介绍这两类染料的染色方法。

7.5.3.1 氧化染料染色

(1) 常规方法

① 脱脂：

【方案Ⅰ】碱性浴脱脂

$NaHCO_3$ 2～5g/L［或 NH_4OH（25%）4～10mL/L］，非离子表面活性剂（如JFC）0.3～0.5g/L，温度30～35℃，时间1～2h。

脱脂后清洗，必要时用HAC（60%）0.5～1mL/L清洗。

【方案Ⅱ】还原浴脱脂

$NaHCO_3$ 2～4g/L，连二亚硫酸钠2～3g/L，非离子表面活性剂（如JFC）0.3～0.5g/L。

其余同方案Ⅰ。

【方案Ⅲ】刷漂毛针

过氧化氢（30%）50～100mL/L，NH_4OH（25%）20～60mL/L，非离子润湿剂（如JFC）1g/L。

用刷子将溶液刷于毛被上，然后毛对毛堆置2h，干燥。如有必要再次和多次涂刷。

② 媒染：

【方案Ⅰ】红矾媒染（适用于黑和棕色）

液比20（以干皮质量计），温度20～30℃，红矾0.5～3.0g/L（用量视染色深浅而定，浅色用量少，深色用量多），pH 4～6（用0.4%～2.0%的醋酸或甲酸调节），时间

3～4h。

划槽中调好水温，加入化料溶解后，划动投皮，连续划动；出皮轻微水洗，甩水，随即转入染色。

【方案Ⅱ】铁媒染（用于灰色）

液比 20，温度 20～30℃，时间 6～10h，$FeSO_4$ 4～8g/L，NaCl 20g/L，pH 3～4（用酒石酸或柠檬酸调）。

操作同方案Ⅰ。

【方案Ⅲ】铜媒染（用于黑色）。

液比 20（以干皮质量计），温度 35～40℃，$CuSO_4$ 0.5～2.0g/L，醋酸（60%）0.5～1mL/L（pH 4.0～5.0）。

操作同方案Ⅰ。

③ 染色：液比 20，温度 35～40℃，氧化染料 0.3～5g/L，过氧化氢（30%）0.3～5g/L，pH 7.5～8，时间 3～6h。

④ 注意事项：

A. 高浓度染料染色时，过氧化氢分若干次加入。

B. 经红矾媒染的染色，氧化染料分几次加入为宜。

C. 称取氧化染料时应在有抽气系统的室内操作，并有防尘面罩。操作时戴乳胶皮手套。工作完毕用微温的高锰酸钾 20g/L 和硫酸（96%）0.5～1mL/L 仔细洗手，然后用清水冲洗，再用稀亚硫酸氢钠溶液洗，最后用水彻底清洗。

（2）染色实例

【氧化染料染色】 科莱恩公司推荐工艺（液比均为 20）

① 回软：温度 35℃，氨水 2g/L，脱脂回软剂 Parvol LTD 0.5g/L，氯化钠 30g/L，划动 30min，pH 8 左右。

② 漂洗：水洗至 pH7 左右，出皮甩水。

③ 媒染：温度 35℃，氯化钠 40g/L，酒石酸 0.5g/L，冰醋酸 0.2g/L，红矾 2.5g/L，划动 180min 后静置过夜，pH 5～5.2，次日出皮，甩水。

④ 染色：温度 30℃，氯化钠 15g/L，划动 10min；Nako 氧化染料适量，氨水 0.4g/L，划动 30min；缓慢加入过氧化氢 1g/L，划动 180min，保持 pH 7 左右，静置过夜，其间每小时划动 5min。次日漂洗，出皮，甩水，干燥。

【进口中啡色水貂染黑】 德科理樹公司推荐工艺

① 脱脂：液比 15，温度 32℃，氯化钠 40g/L，LANAWET-SD133 1.0g/L，纯碱 2.0g/L，氨水 1.0g/L。

注：碱和氨水的用量视皮的种类、毛的强度做适当调整；除氨水外，加好材料后划动下皮，10min 后加氨水，总时间 120min。

② 水洗：液比 15，温度常温，氯化钠 20g/L，时间 20min，出皮，甩水。

③ 媒介：液比 15，温度 35℃，氯化钠 40g/L，LANAWET-SD133 0.3g/L，冰醋酸 0.8mL/L，酒石酸氢钾 1.0g/L，红矾钾 2.0g/L。

操作：在水中先加入 0.8mL/L 的冰醋酸，转动 10min 后加酒石酸钾和红矾钾，投皮，1h 后测 pH 4.5 左右，不足时用冰醋酸调整 pH。过夜，次日出皮前测 pH 5.0，出皮，甩水。

④ 染色：液比 15，温度 36℃，氯化钠 40g/L，LANAWET-SD133 0.3g/L，LANAFURMF-3 1.5g/L，LANADOL D 3.4g/L，LANADOL C 2.6g/L，LANADOL BLACK DR 1.0g/L，LANADOLEG 0.5g/L，氨水 1.0g/L，过氧化氢（50%）2.4g/L。

操作：氧化染料 LANDOL D、C、EG 和 DR 用开水化开，沿槽边缓慢加入，加氨水至 pH 7.8 左右后下皮，连续划动 30min；过氧化氢用清水稀释后，分三次缓慢加入，每次间隔 60min，第三次加完后转动 30min，以后每 30min 转动 5min。染色 6h 查看颜色，总时间 7h，甩水。

⑤ 盐洗：液比 15，温度常温，氯化钠 40g/L，浸泡过夜。

⑥ 酸洗：液比 15，温度 30℃，氯化钠 40g/L，LANAWET-SD133 1.0g/L，乳酸 1.0mL/L，LANASUPERTAN-A 2.0g/L，pH 3.0，时间 120min。出皮，甩水。

⑦ 复制：液比 15，温度 35℃，氯化钠 40g/L，LANAWET-SD133 0.3g/L，铵明矾 20g/L，LANATAN-AL 2.0g/L，LANAFAT-GH 2.0g/L，LANATANNING ASSIST-TB 2.0g/L。

操作：LANAFAT-SD133 和铵明矾用槽水化开后，下皮；60min 后加 LANATAN-AL（用槽水化开）；120min 后加入加脂剂 LANAFAT-GH（用 40～50℃温水乳化后加入）；60min 后加入 LANATANNING ASSIST-TB（用清水化开缓慢一次性加入），pH 3.4 左右。出皮，甩水。

【国产咖啡色水貂公皮增黑】 德科理樹公司工艺

① 脱脂：液比 15，温度 35℃，氯化钠 40g/L，LANAWET-PC 1.0g/L，纯碱 2.0g/L，氨水 2.0g/L。

注：碱和氨水的用量视皮的种类、毛的强度做适当调整；除氨水外，加好材料后划动下皮，10min 后加氨水，总时间 120min。

② 水洗：液比 15，温度 30℃，氯化钠 20g/L，时间 30min，出皮，甩水。

③ 媒染：液比 15，温度 32℃，氯化钠 40g/L，LANAWET-SD133 0.3g/L，冰醋酸 1.0mL/L，酒石酸氢钾 1.0g/L，红矾钾 1.6g/L。

操作：在水中先加入 1.0mL/L 的冰醋酸，转动 10min 后加酒石酸钾和红矾钾，投皮，测 pH 并用冰醋酸调整，3h 后 pH 稳定在 4.5～4.6。过夜，次日出皮前测 pH 4.6 左右，出皮，甩水。

④ 染色：液比 15，温度 36℃，氯化钠 40g/L，LANAWET-SD133 0.2g/L，LANAFUR MF-3 1.5g/L，LANADOL D 2.5g/L，LANADOL C 1.9g/L，LANADOL BLACK DR 0.73g/L，LANADOL EG 0.37g/L，氨水 0.5g/L，过氧化氢（50%）1.8mL/L。

操作：氧化染料 LANADOL D、C、EG 和 DR 用开水化开，沿槽边缓慢加入，加氨水至 pH 7.8 左右后，下皮，连续划动 30min；过氧化氢用清水稀释后，分三次缓慢加入，每次间隔 60min，第三次加完后转动 30min，以后每 30min 转动 5min。染色 5h 检查颜色，总时间 7h，甩水 30min。

⑤ 酸洗：液比 15，温度 34℃，氯化钠 40g/L，LANAWET-SD133 1.0g/L，乳酸 1.0g/L，LANASUPERTAN-A 2.0g/L，pH 3.0，时间 120min，出皮，甩水，翻板朝外。

⑥ 复鞣：液比 15，温度 35℃，氯化钠 40g/L，铵明矾 20g/L，LANAWET-SD133 0.5g/L，LANATAN-AL 3.0g/L，LANAFAT-GH 2.0g/L，LANATANNING ASSIST-TB 3.0g/L。

操作：LANAWET-SD133 和铵明矾用槽水化开后，下皮；60min 后加入 LANATAN-AL（用槽水化开）；120min 后加入加脂剂 LANAFAT-GH（用 40℃～50℃温水乳化后加入）；60min 后加入 LANATANING ASSIST-TB（用清水化开缓慢一次性加入），pH 3.4 左右。出皮，甩水。

【獭兔皮染黑色】

① 经铜盐媒染后的兔皮，再经水洗，甩干后即可进行染色；染色工艺参数如下：液比 15（以干皮质量计），温度 35～40℃，乌苏尔 D 5g/L，乌苏尔 DB 1.2g/L，过氧化氢（30%）6.2mL/L，时间 8～12h。

染色后发现有色泽不一、色相不正的皮，可再进行刷染。

② 经过铜盐媒染后的皮，进行水洗、甩干后，平铺于木板上，用下列染液刷毛：温度 40℃，乌苏尔 D 16g，乌苏尔 DB 4g，水 1000mL，过氧化氢（30%）20mL。

刷染数次，直到需要的色调为止。然后阴干，充分水洗（先用皂角液水洗，后用清水洗），甩水，干燥，去浮色。

7.5.3.2　酸性染料染色

（1）常规方法

液比均为 15。

① 脱脂：温度 50～55℃，洗衣粉 4～5g/L，纯碱 1g/L（有时加氨水 1～2mL/L），时间 30～60min。在划槽中进行，脱脂后用温水洗 2 次，甩水。

② 染色：温度 60～75℃，染料（总用量）0.1～8g/L，甲酸 0.3～2mL/L，助剂（匀染剂）0.5～1.5mL/L，时间 2～6h，NaCl（或 Na_2SO_4）3～10g/L。

注意，染料用量大，甲酸和助剂的用量亦加大。

③ 洗浮色：温度 35～40℃，洗衣粉 2g/L，时间 15～20min。

④ 加脂。

⑤ 干燥：要求皮平展，干至含水量 15%～20%。

⑥ 烫光亮剂。

⑦ 整修入库。

（2）染色工艺实例

【国产母貂皮染嫩绿色】　德科理樹公司工艺

正常铬复鞣皮。

① 水洗：液比 20，温度常温，LANAWET-SD133 0.3g/L，时间 30min（洗去附着在毛被上的铬），出皮、甩水。

② 染色：液比 20，温度 58℃，元明粉 5.0g/L，LEVEL-A（匀染剂）0.8g/L，

FUR YELLOW-L 0.4g/L，FUR BRILLIANT BLUE-R 0.05g/L，FUR BLUE-BT 0.02g/L，甲酸 1.0mL/L。

操作：加元明粉和匀染剂划动 10min 后，下皮转动 30min；先加入黄色染料，转 60min，再加 BLUE－R 和 BLUE－BT 蓝色染料，转 60min；甲酸稀释后分两次加入，间隔 60min，pH 3.0。染色 6h，出皮、甩水。

③ 洗皮：液比 20，温度常温，LANAWET-SD133 0.3g/L，时间 30min，出皮，甩水，加油，干洗、转鼓鼓软。

【染葱芯绿色】

一次色：液比 20，温度 75℃，酸性湖蓝 V 0.12g/L，平平加 102 0.5g/L，硫酸 0.5mL/L，元明粉 3g/L，时间 3.5～4h。

二次色：液比 20，温度 55～60℃，酸性嫩黄 GG 0.17g/L，甲酸 0.3mL/L，平平加 102 0.5g/L，时间 1～1.5h。

操作要点：一次染色结束换染液，加水升温，加入两种助剂后，将染料稀释，缓缓加入染液中；二次染色时间最好不要超过 1.5h。

【染嫩黄色】

液比 20，温度 70～75℃，酸性嫩黄 GG 0.6g/L，元明粉 2g/L，润湿剂 JFC 0.5mL/L，甲酸 0.3mL/L，时间 2.5～3h。

操作要点：入染前染液温度最好在 60℃左右，因为温度高低对色泽深浅有很大影响。

【染浅红色】

液比 20，温度 70～80℃，酸性大红 G 0.3g/L，氯化钠 5g/L，硫酸 0.5mL/L，酸性嫩黄 GG 0.1g/L，润湿剂 JFC 0.5mL/L，时间 3h。

【染国防绿色】

液比 20，温度 75℃，中性灰 2BL 0.5g/L，中性深黄 GL 0.5g/L，润湿剂 JFC 0.5g/L，甲酸 0.5mL/L，氯化钠 5g/L，时间 3h。

【染浅褐色（羔皮）】

液比 20，温度 65～70℃，金属络合橙 RL 0.008g/L，JFC 1g/L，金属络合黑 RL 0.05g/L，甲酸（85%）1mL/L，时间 1h。

【染棕色（羊剪绒）】

液比 20，温度 70～75℃，酸性橙Ⅱ 0.4g/L，中性蓝 BNL 0.6g/L，甲酸（85%）1mL/L，平平加 0 1mL/L，氯化钠 5g/L，时间 3h。

【染黑色（兔皮）】

液比 20，温度 70～75℃，酸性黑（柴林黑）313S 6g/L，OP-10 2mL/L，甲酸（85%）4mL/L，时间 4h。

7.5.3.3 茜素染料染色

茜素染料染色的一般方法与酸性染料相同。

以茜素染料染蓝狐工艺（[美] 劳恩思坦公司）为例。

① 选皮：选择铬鞣和铬鞣后狐皮，收缩温度 90℃以上。

② 脱脂：设备为划槽，液比 25～30，温度 45～50℃，氨水 2mL/L，洗涤剂 2g/L，时间 40min。出皮，清水划洗，甩干。

③ 检查：凡是有锈毛、油污者挑出，另行处理。

④ 染色：设备为划槽，液比 30，温度 60～65℃，匀染剂 M 0.5mL/L，元明粉 5g/L，时间 1.5～2h。

投皮 30min 后分别加入下列染料，并染出相应的颜色：

a. 深棕——茜素绿 M 1g/L，茜素深棕 NB 2g/L。

b. 紫灰——茜素灰 LO 1.5g/L，茜素紫 FE 0.5g/L。

c. 酒红——茜素深红 KA-8 1g/L，茜素灰 LO 1.78g/L。

d. 黑灰——茜素黑 PL 0.5g/L，茜素灰 LO 1.5g/L。

e. 黑色——茜素黑 PL 2.5g/L。

30min 后加入 0.75mL/L 甲酸，划动 30min；再加 0.75mL/L 甲酸（90%），出皮，水洗，甩干。

⑤ 加脂：设备为划槽，温度 32℃，加脂剂 G 5mL/L，氯化钠 40g/L，时间 1h。出皮、甩水。

⑥ 转锯末，除锯末。

7.5.3.4　酸性媒介染料染色

酸性媒介染色有前媒染、同媒染和后媒染。以后媒染更适合于针毛不易上染的毛皮，如兔皮、旱獭皮等。

（1）一般染色工艺（后媒染）

① 选皮：挑选合格的脱脂坯皮染色。

② 染色：设备为划槽，液比 20（以干皮质量计），温度 70～75℃，匀染剂（OP-10）1.0g/L，甲酸（85%）1mL/L，醋酸（冰醋酸）1.5～2.0g/L，元明粉 5g/L，酸性媒介染料 0.5～2.0g/L，红矾（以染料质量计）25%～50%，时间 4～8h。

操作：调好水温、水量，加入元明粉、匀染剂、甲酸和溶解的染料，划染 2～3h，当染料基本吸尽或者色泽达到要求后，加入稀释的红矾和醋酸，划染 2～3h，色泽达到要求则出皮、水洗、甩干。若未达到则时间顺延。

（2）旱獭皮染棕色

① 漂退色：过氧化氢（30%）300～400mL/L，氨水（25%）150～200mL/L，渗透剂 0.5g/L，温度常温，时间≥8h。

操作：将上述配制溶液刷于毛被上，要求刷匀，刷的深度达毛被的 2/3，背部稍重，腹胸稍轻；深色多刷，浅色少刷；不得出现花斑；不可透板而影响皮板的结实程度。刷后毛对毛、板对板堆置过夜，室温保持在 25℃，阴干，不可日晒，以免造成勾毛现象。刷一次达不到要求，则刷的次数顺次增加。

② 染色：设备为划槽，液比（以干皮质量计）16，温度 75～78℃，酸性媒介棕 RH 1.2g/L，酸性媒介黄 GG 0.6g/L，酸性媒介黑 R 0.5g/L，甲酸（85%）2g/L，红矾 1.2g/L，JFC 或平平加 1g/L，元明粉 5g/L，时间 5～8h。

操作：调好水温、水量，加匀染剂、溶解的染料、元明粉和甲酸 1g/L，划匀后投皮，划染 2h 后检查上染情况，达到上染要求则加入红矾和剩余的甲酸（稀释后加入）媒染。染色和媒染若达不到上染要求，则时间顺延。染色后水洗、皂洗、离心甩水、刷加脂、干燥。

7.5.3.5 其他染料染色

（1）活性染料

活性染料种类繁多，有染毛被的（如乙烯砜型），有染皮板的（如三聚氯氰型）。染皮板在以后章节介绍。

染毛被的一般方法：液比 20（以干皮质量计），温度 65～70℃，毛用活性染料 0.5～3g/L，元明粉 5g/L，硫酸铵 2g/L，醋酸 0.5～1g/L，匀染剂 0.5～1g/L，时间 2～4h，pH 浅色 5～6、深色 4.5～5.0。

【工艺举例】 羊剪绒染棕色

① 脱脂：液比 20（以干皮质量计），温度 40～45℃，亚硫酸氢钠 5g/L，洗衣粉 2g/L，时间 1～2h。脱脂后水洗，离心甩水。

② 染色：设备为划槽，液比 20（以干皮质量计），温度 65～70℃，兰纳佐黄 4G 2.4g/L，兰纳佐蓝 3G 0.85g/L，兰纳佐红 6G 0.1g/L，元明粉 5g/L，硫酸铵 2g/L，醋酸 1g/L，匀染剂阿贝加 B 0.5g/L，时间 3h。

操作：调好水温、水量，加入元明粉、硫酸铵、醋酸和匀染剂，划动均匀，投皮，20min 后加入溶解好的染料，划染至规定时间，检查色泽合格后水洗。

③ 用氨水或乌洛托品中和至 pH 7～7.5，离心甩干，干燥。

（2）植物染料染色

植物染料以污染小而著名，当今，环境保护日益重要，植物染料又引起了人们的注意和重视。

以植物染料染黑色、棕色猾子皮为例。

【染黑色】

① 媒染：设备为划槽，液比 20（以干皮质量计），温度 35～40℃，醋酸亚铁 8g/L，酒石酸 0.6g/L，硫酸亚铁 4g/L，时间 3～4h。

② 染色：设备为划槽，温度 35～40℃，苏木浸膏 40g/L，桑木浸膏 20g/L，焦性没食子酸 10g/L，时间 6～10h。

【染棕色】

① 媒染：设备为划槽，液比 20（以干皮质量计），温度 30～35℃，硫酸 0.8g/L，氯化钠 20g/L，红矾 2g/L，时间 4～6h。

② 染色：设备为划槽，温度 32℃，坚木浸膏 20g/L，五棓子 10g/L，时间 6～10h。

（3）可溶性还原染料染色

可溶性还原染料又称为暂溶性染料。将靛蓝的隐色酸制成可溶于水的硫酸酯钠盐，在酸性浴中上染毛被，与蛋白纤维的氨基、酰胺基形成离子键结合，上染后在酸性浴中经红矾氧化，恢复成靛蓝而着色。由靛类还原染料制成的可溶性还原染料称为溶靛素染料，由蒽醌类还原染料制成的这类染料称为溶蒽素染料，这类染料色坚牢度较好，使用较方便，但价格较贵。适宜于染中、浅色。

以羊剪绒染青灰色为例。

① 染色：设备为划槽，液比 20（以干皮质量计），温度 50～55℃，溶蒽素灰 IBL 0.35g/L，元明粉 5g/L，硫酸铵 3～5g/L，醋酸 1g/L，溶蒽素红 IFBB 0.01g/L，时间 2～3h。

② 显色（在染色液中进行）：硫氰酸铵 1～1.5g/L，红矾 0.7g/L，硫酸 2g/L，时间 1～2h。

先加入硫氰酸铵划动 15min，再加红矾和硫酸划动至规定时间，颜色达到要求后水洗、皂洗、清洗、离心甩水，干燥。

除了上述染料外，还有冰染染料、无机颜料、反应分散染料、碱性染料、直接染料以及染色合成鞣剂染色等。这些染料用得较少或者还需要进一步开发研究，这里不再介绍。

7.5.3.6　非水介质中染色

（1）有机溶剂介质中染色

有机溶剂与水相比作为染浴有一系列的优点：①可以大大减少生产用水，使染色污水处理量大为减少；②蛋白质纤维润湿迅速；溶解在有机溶剂中的化学药剂扩散快，并能均匀地分布在毛纤维内，明显提高了染色质量和效率；③明显改善了劳动条件；④通过再生，有机溶剂可以重复使用；⑤可以充分利用干洗设备进行染色，使无水染色成为可能，使鞣制、染色连续化、自动化成为可能。

但是有机溶剂也有明显地不足，即：①有机溶剂价格高，要有专用设备，一次性投资大；②有机溶剂或多或少有毒；③技术要求高，管理严格。

苏联研究人员曾使用过氯乙烯作为染色溶剂，它具有不燃不爆，毒性极小（允许浓度为 $20mg/m^3$），蒸发热低（20℃ 时为 0.23kJ/g，水为 2.46kJ/g），比热容小（为 0.92J/g，水为 4.18J/g），稳定性好，对金属和蛋白纤维有惰性的特点。

（2）媒染

媒染剂是红矾，在酸性条件下进行。红矾、硫酸不溶于过氯乙烯而溶于水，水又能为毛与红矾相互作用创造条件。在媒染液中加入异丙醇，可以降低水与过氯乙烯的界面张力，形成 W/O 型乳液。过氯乙烯、异丙醇和水的最佳体积比为 90∶9∶1。

研究表明，在有机溶剂中和在水溶液中一样，随着溶液中硫酸浓度的提高，毛皮对红矾吸收量增加。当硫酸与红矾量比为 0.3∶1 时，吸收量最高。再增加酸量会促使 Cr^{6+} 转变为 Cr^{3+}，导致 Cr^{6+} 无谓消耗。媒染 30min，吸收红矾达到平衡，约 80% 的红矾被毛皮吸收。而且毛被吸收的红矾量比皮板多约 1 倍，表明红矾能渗透到毛纤维内起媒介作用。

因此，有机溶剂媒染体系比水溶液具有时间短、效率高、红矾利用率高的特点。其原因是在有机介质中含有高浓度的红矾水溶液以及异丙醇具有极强的润湿能力。

（3）氧化染色

氧化染料不溶于过氯乙烯，而有限地溶于异丙醇，在不停地搅动下，能促使染料均匀分布。随着染料已溶部分逐渐上染到毛上，其他部分染料则从悬浮体转入溶液，然后被毛吸收，直至达到平衡。异丙醇在过氯乙烯溶剂中同样对氨水和过氧化氢起到乳化作用。

有机溶剂（包括过氯乙烯）与蛋白纤维的官能团作用力比水弱得多，因此有利于染料向蛋白纤维内吸附扩散。

氧化染料在有机溶剂中以分子态的形式存在，如溶在过氯乙烯中的对苯二胺和邻苯二酚呈无色状态，未发生氧化；而在水溶液中的对苯二胺和邻苯二胺则随着时间延长，溶液的颜色明显逐渐加深，说明氧化染料在水溶液中在逐步氧化，分子在变大；因此，有机溶剂中氧化染料呈分子状态，有利于染料向蛋白纤维内扩散，改善了染料分子与蛋白纤维官能团的相互作用性能。此外，在有机溶剂中氧化染料不会自发氧化，故避免了染料损失。在有机介质中染色，毛的脱色性降低，提高了氧化染料利用率，见表 7-8。

表 7-8　　绵羊皮吸收染料情况　　单位：%

染色时间/min	水溶液	有机溶液	染色时间/min	水溶液	有机溶液
15	22.2	38.3	180	46.3	75.3
60	38.8	64.3			

注：按初始浓度为 100%计。

在有机介质中染出的绵羊皮，毛被呈饱和黑色，而且均匀深透，色坚牢度合格。毛皮的质量没有下降。

绵羊皮在有机介质中氧化染色方法如下：在有机介质（过氯乙烯和异丙醇）中投入绵羊皮，在不停地搅拌下加入红矾 1g/L 和硫酸 0.33～0.4g/L，媒染时间 0.5～1h，再加入氨水（25%）2mL/L 和氧化染料（预先溶解在异丙醇中），染 0.5h，pH 7.5，再加入与染料量相同的过氧化氢（30%），继续染 1～1.5h，然后毛皮干燥，整饰。

（4）无水（超临界 CO_2 流体介质）染色

所谓超临界 CO_2 无水染色技术就是利用 CO_2 作为染色介质，在高温高压条件下，将染料溶解并渗入到纤维孔隙中，使染料快速、均匀地上染到织物上。与传统水染工艺相比，超临界 CO_2 染色具有以下优点：不用水，无废水污染；上染速度快，匀染和透染性能好；CO_2 本身无毒、无味、不燃，可重复使用；染料可重复利用，染色时无需添加任何助剂，降低了生产成本。

超临界 CO_2 染色是 1989 年由德国西北纺织研究中心（DTNW）E. Schollmeyer 发明的。1991 年 DTNW 和德国 Jasper 公司制造了第一台实验室规模的超临界无水染色实验机。1995 年，在意大利米兰的 ITMA95 博览会上展示了容量为 30L 的超临界染色示范系统。

其工艺流程如下：将 CO_2 加热加压到既非气体也非液体的超临界流体状态，由循环泵打压到染料罐和染色罐之间不断循环，超临界 CO_2 流体边溶解染料边为织物上染。染色条件是压力 20～30MPa，温度 80～160℃，染色时间 1h 左右，染色完成后剩余染料和 CO_2 均可回收并循环使用，如图 7-21 所示。

超临界 CO_2 染色的核心技术是将二氧化碳加热至 31℃以上，并加压至 7.5MPa 以上，此时就达到超临界状态。

2012 年，亨斯迈和荷兰 DyeCoo 公司联手开发的 CO_2 超临界染色技术，已研制了

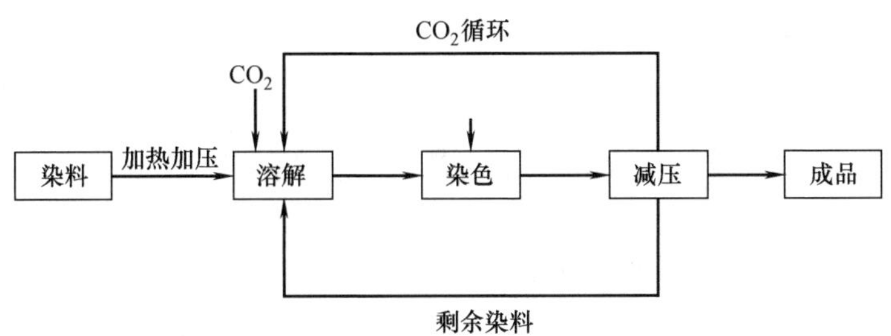

图 7-21 超临界 CO_2 无水染色工艺流程

工业化无水染色设备，中国台湾等三家企业引进了该设备用于合成纤维和棉混纺纤维的染色。

DyeCoo 的染色机器采用不锈钢染缸，超临界流体 CO_2 可以提高无水染合成纤维的效率，此过程能够缓和分散染料在纤维内扩散。在相同的染缸，也可进行布料干燥和除去过量的染料。多余的回收染料不致浪费，可以回收及循环再利用。

2017 年即发集团通过大连工业大学、中昊光明化工研究院等院校开展产学研合作，开始了超临界 CO_2 无水染色技术产业化研发应用。廖隆理等研究了超临界 CO_2 用于皮革的染色，目前虽尚无报道毛皮的超临界 CO_2 染色技术，但已引起业界的极大兴趣，随着适于天然角蛋白纤维在无水介质中的新型染料的开发成功，一定会成为今后的研究热点和发展方向。

第八章　毛皮干燥与整饰

毛皮经鞣制、加脂或染色等湿加工后，需要转入干态整饰阶段。干态整饰的处理效果直接影响毛皮的感官品质。通过干态整饰，要使皮板达到轻、薄、软的效果，毛被达到松散、灵活、光亮、清洁、无勾毛、无溜针、无脱毛、无灰尘、无异味、无油腻感的目的。根据加工对象和加工方法的不同，工序的增减、顺序的安排、重复工序的次数要相应调整。

8.1　毛 皮 干 燥

8.1.1　干燥的目的

经鞣制、加脂的毛皮水分含量在60%以上，而毛皮成品的水分含量要求在12%～18%。由于湿毛皮含水量高，其可塑性很大，皮纤维未定型，无法进行后续的机械操作。因此，干燥的主要目的是除去湿毛皮中过多的水分，使皮纤维结构定型，以便于进行其他的干态整饰加工。另外，在干燥过程中，由于水分被除去，皮板内的鞣剂、染料和加脂剂等材料进一步与皮胶原纤维结合，加脂剂乳液破乳也更完全，分布更均匀。

8.1.2　毛皮中的水分

根据毛皮中水分与皮纤维的结合方式，可将毛皮中的水分分为吸附水、毛细管水和结合水。而根据皮中水分除去的难易程度，又可将毛皮中的水分分为结合水和非结合水。结合水包括上述的毛细管水和结合水，非结合水则为吸附水。结合水同皮结合牢固，除去较困难，而非结合水存在于表面及粗大空隙中，故容易除去。

(1) 吸附水

吸附水也叫自由水，它仅附着在毛皮的表面和毛皮的粗大空隙内，不与皮结合。此种水分从皮内除去，不影响毛皮的面积，即不引起收缩。

(2) 毛细管水

毛细管水是凝结在毛皮微小空隙（即毛细管）内的水分，与毛皮结合较牢固。毛细管水的含量取决于空气的湿度和温度，湿度越大，温度越低，其含量也越多。毛细管的直径越小，则结合越牢固。若干燥时除去毛细管水，会使毛皮的面积缩小，厚度及物理性能等发生变化。

(3) 结合水

结合水是以氢键、范德华力等形式与胶原的极性基牢固结合的水分，它与纯水性质有所不同，一般条件下很难除去。若在较极端条件下从皮内除去了这种水分，会使皮的物理性能发生很大的变化，并出现强烈的收缩。

(4) 平衡水分

当湿毛皮挂晾在空气中，经过一段时间后就可晾干，这是因为湿毛皮表面的蒸气压大于周围空气中的蒸气分压，水分便从皮中迁移并扩散到周围的空气中。显然，干燥会一直进行到皮表面上的蒸气压和周围空气中的蒸气分压相等为止，此时毛皮表面的蒸气压与周围空气的蒸气分压达到平衡。这时毛皮中的水分即称为平衡水分。

任何材料都只能干燥到平衡水分，此水分含量取决于周围空气的温度和相对湿度。平衡水分也随材料的吸湿性而变化，如图 8-1 所示，不同材料的曲线形状大致相同，平衡水分曲线在相对湿度低于 20%和高于 60%时上升很快，而相对湿度为 20%～60%时上升缓慢。当湿皮的水分含量超过平衡水分而与热空气接触时，随着湿皮表面水分的汽化，逐渐使皮内和皮表面产生湿度差，皮内的水分借扩散作用向皮表面迁移，在皮表面汽化，并不断地被空气带走。此过程持续进行下去，即可使皮达到干燥的目的。

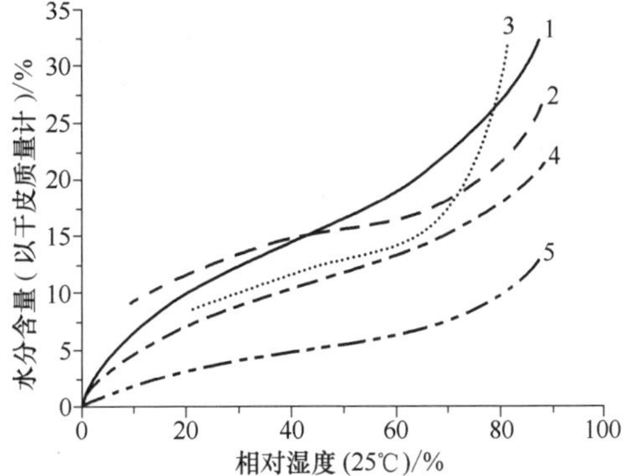

图 8-1　平衡水分曲线

1—铬鞣革　2—栎树皮鞣底革

3—绵羊皮　4—毛　5—棉布

8.1.3　干燥机理

干燥过程通常是指热能的传递使湿毛皮中的水分产生相态变化（即由液态转为气态）以除去水分的过程。皮内的水分受热汽化，经蒸发进入空气介质而被带走。例如对流干燥，湿毛皮挂在烘道的传送装置上缓慢移动，毛皮与通入的热空气接触，热空气的热量以对流的方式传递给湿毛皮，使毛皮表面的水分汽化，同时毛皮表面的水分又不断被空气带走，如此进行下去，使毛皮干燥。因此，空气作为干燥介质，既是传递热能的热载体，又是带走水分的湿载体。为了使干燥过程持续进行，控制空气的温度、湿度和流动速度是极为重要的。

此外，毛皮的干燥过程可认为是水分的扩散和蒸发两个过程的综合效应，即干燥的快慢取决于皮内水分向其表面扩散的速度和皮表面水分蒸发的速度两个方面。扩散速度主要取决于皮内水分的形态（结合水或非结合水），而蒸发速度主要取决于空气的温度、湿度、流速及压力。一般来说，被蒸发的水主要是自由水（非结合水），干燥更多地受蒸发所制约。为此，在使用烘房或烘道干燥时，要备有鼓风、排风装置，一方面提供热能，使空气为热载体传递热量，另一方面更换空气，保持或降低空气湿度，使空气成为湿载体而带走皮面蒸发的水分。这样使得水分的扩散和蒸发不断进行，湿毛皮中的水分不断被除去，直到符合干燥要求。由此可见，要使毛皮的干燥顺利进行，必须具备以下 3 个基本条件：①必须不断地供给湿毛皮蒸发水分所需的热能；②湿毛皮周围空气的湿度应小于皮的湿度；③干燥空气必须不断更换，以便将所吸收的水分带走，如不更换，则干燥空气中的水分越来越多，干燥的效果就越来越差。

湿毛皮的干燥也可用另一种概念加以说明，即当水分从湿毛皮中蒸发时，具有一定的蒸气压，同时，空气中的水分对皮也存在蒸气压。由于皮的蒸气压大于空气的蒸气压，皮内水分向空气迁移，即进行干燥过程。反之，若空气的蒸气压大于皮的蒸气压，则皮将会从空气中吸收水分。

8.1.4 干燥方法

毛皮干燥的方法很多，各生产单位由于产品的种类、设备条件不同，所选择应用的干燥方法也不尽相同。毛皮干燥的方式可分为自然干燥和人工控制干燥两种，也可按热能传递的方式分为对流干燥、辐射干燥和高频干燥等，按干燥操作的压强分为常压干燥和真空干燥，按干燥过程中毛皮本身的状态分为自由状态下干燥（如搭杆、悬挂、自然晾晒等）和固定干燥（绷板干燥以及钉板干燥）。

（1）自然干燥

自然干燥是将皮平放在地面上，或将皮悬挂在杆、绳上，借空气自然流动，以对流的方式将皮内蒸发的水分带走，使皮干燥。此法受季节、气候的影响很大，皮干燥的程度及干燥的周期差别大，但设备简单，操作容易，成本低。在自然干燥过程中，先将皮板干燥至七成干，然后翻过来晾毛，以防皮板过干而发生脆裂。

（2）烘房或烘道干燥

此法也属对流方式干燥。烘房或烘道内装有加热、散热装置和鼓风、排风设施，烘道中还有传送设备。此法利用蒸气加热空气作为干燥介质，并通过温度、湿度和空气流速加以控制。烘房干燥要定时更换湿皮。烘道干燥，即湿皮在烘道内循环往复几周，运行到烘道出口时达到干燥要求。

（3）固定干燥

固定干燥是传统的干燥方法之一。其中，用钉子将毛皮伸开钉于木板上进行干燥的方法，称为钉板干燥；用夹具将毛皮四周边沿夹住，然后朝四周拉绷并固定在一框架上进行干燥的方法，称为绷板干燥。其操作是先固定头和两条后腿，然后再固定其他位置。固定干燥一般用于漂洗后、量皮前的干燥，此时皮的水分含量为30%～40%。用固定干燥法干燥的皮，面积得率高，且能达到规定的几何尺寸。

（4）真空干燥

湿毛皮的干燥也可在真空干燥机内进行。原理是在真空干燥机的密闭干燥箱内抽真空，降低干燥箱内的气压，使水的沸点降低，湿皮经加热后，皮中水分在低压下迅速蒸发并被抽走，皮得到迅速干燥。目前，国内使用真空干燥机干燥毛皮还处于试验阶段。国外已有定型的毛皮真空干燥机，如法国夏福公司生产的真空干燥机用于羔皮等的干燥，效率较高（比对流干燥高1～1.5倍），且皮板的收缩率小（比对流干燥小5%～6%）。

（5）转鼓干燥

转鼓干燥通常是指将毛皮与干锯末装入转鼓进行转动，锯末作为一种介质，通过摔打、揉搓等机械作用，吸附毛皮上的水分来进行干燥的方法。此外，还可使用滚筒干燥机，在滚筒中通入热风，既有摔软的作用，又达到干燥的目的。此法所得毛皮皮板丰满、柔软，手感好，适用于小型毛皮的干燥，如水貂皮、黄狼皮等。

除以上几种外，还有辐射干燥、高频干燥、红外线干燥、微波干燥、热泵干燥等。

不论采用何种干燥方法，都要使皮内的水分分布均匀，干燥后的毛皮均要堆置12h以上，以平衡皮内水分。

8.1.5　影响干燥的因素

影响毛皮干燥的主要因素是空气的湿度、温度、流速及气压等。此外，湿皮的状态（如皮纤维编织松紧，皮板厚薄、水分含量及所含的吸湿性物质等）也会影响毛皮的干燥。湿毛皮水分含量越高，则在同种干燥条件下所需的干燥时间也越长；湿毛皮纤维组织编织越紧密或皮板厚度越厚，其干燥时间也越长；皮板中含有吸湿性物质，也要影响水分的扩散及汽化。下面将讨论空气的湿度、温度、空气流速及气压等对毛皮干燥的影响。

（1）湿度

空气的湿度就是空气含水蒸气的程度。通常用绝对湿度和相对湿度来表示。绝对湿度是指单位体积空气中所含水蒸气的质量，它可以反映空气的干湿程度。但毛皮干燥的快慢不是由绝对湿度决定的，而是由水蒸气是否处于饱和状态来决定的。如果空气未达到饱和状态，空气还可以容纳水蒸气，则湿毛皮表面水分容易蒸发，皮也容易干燥。反之，则皮不易干燥。所以在讨论空气的湿度时，有必要讨论相对湿度。相对湿度是指单位体积空气中水蒸气的质量与在同温、同压下单位体积饱和水蒸气的质量之比，可用湿球温度计直接测定。

相对湿度对毛皮干燥有很大的影响。在一定温度下，如果相对湿度越低，此时空气中的水蒸气距达到饱和状态越远，则空气可容纳水蒸气的量就越多，这样皮中水分也越容易蒸发，湿毛皮就越容易干燥。相反，相对湿度越高，皮中水分就越难蒸发，湿毛皮也就越难干燥。毛皮干燥时，若相对湿度适中，且温度和空气流速等适当，则干燥出来的毛皮手感较好。若相对湿度太低，虽然皮干燥快，但是易造成皮板发硬，收缩率大。毛皮干燥初期，相对湿度可控制在60%左右，而后期控制在35%左右。

（2）温度

毛皮在干燥过程中，水分的蒸发随着温度的升高而加快，而相对湿度随着温度的升高而降低，故温度的升高提高了空气容纳水蒸气的能力。因此，温度越高，皮中水分蒸发越快，干燥速度也随之而加快。但是毛皮的耐温稳定性是有限的，且根据鞣法不同，其耐温性能也有差别。毛皮的干燥温度一般为干燥初期35～40℃，后期45～50℃。

（3）空气流速

毛皮干燥时，首先是湿皮受热，皮内水分蒸发并进入空气介质中，由于空气中水蒸气增多而逐渐接近饱和（即相对湿度逐渐增大），空气作为湿载体带走水分的能力降低，干燥速度也随之减慢。为使干燥持续进行并保持恒温，就必须鼓入干燥的热空气，排出被水蒸气饱和的湿空气，即调节空气的流速。如果空气的相对湿度低、温度又较高的话，则湿毛皮干燥太快，手感易受影响，此时可适当降低空气的流速。一般空气的流速控制在0.5～1m/s。

（4）空气的气压

水蒸发的快慢除受上述因素影响外，还与水的沸点高低有关，而水的沸点又与空气的气压有关。在相同条件下，空气气压越大，水的沸点越高，水蒸发就越慢；反之，空气的气压越小，水的沸点就越低，水分的蒸发就越快。真空干燥就是利用相对低压的条件，使水的沸点降低，水分更容易汽化，从而加快水的蒸发速度，使皮快速干燥。

在实际生产中，毛皮的干燥受到空气的湿度、温度、流速及气压等多种因素综合影响。例如，在干燥过程中，如果空气的相对湿度高，可适当升温来降低湿度，以便加速干燥；如果空气的相对湿度低，温度又高，皮干燥过快，则可减慢空气流速，以使干燥缓慢进行；如果空气的相对湿度过高，而温度又较低，湿皮难于干燥时，则可调快空气流速，以便加快干燥。总之，干燥条件应根据生产的实际情况进行灵活调控。

8.2 毛皮干整理

8.2.1 回　　潮

已经干燥的毛皮，因后续加工的需要，需使皮板重新吸收一定水分的操作过程，称为回潮。湿毛皮在干燥以后，纤维处于黏结状态，面积收缩，皮身显得板硬。回潮的目的是使干燥后的毛皮吸收适当的水分，变得较为柔软，以利于做软等机械操作的进行。如不经回潮直接进行做软等操作，则可能造成皮纤维折断，影响成品质量。正确的回潮要求皮不宜过干或过湿，全张皮水分均匀，经回潮后皮板能拉开且呈白色为宜。目前生产中常用转鼓回潮法和喷水回潮法。

（1）转鼓回潮

此法是将水分含量20%～30%的锯末和需要回潮的毛皮放在转鼓内转动从而使毛皮回软的方法。锯末的水分含量根据毛皮干燥的程度、皮板的厚薄以及纤维的紧密程度而定。锯末的水分含量大，皮板经回潮后含水分就多，虽然有利于做软的进行，但是做软后的皮容易重新变硬。而皮板含水分太少时，则不容易做软。实践证明，毛皮适合做软的水分含量应为18%～20%。

另外，回潮时转鼓的装载量以充满容积的3/4左右为宜，转鼓的转速为12～16r/min，一般转动的时间为1～2h。回潮所用的锯末应木质坚硬，不含树脂及鞣质，这样才可避免玷污毛被。在回潮时向鼓内添加适量的细河沙和滑石粉，可使皮板洁白，毛被松散、灵活、光亮。但需注意的是，此法不适宜毛绒细长的毛皮，否则会使毛皮擀毡。回潮后，通过转笼操作，将毛皮上黏附的锯末抖干净。

（2）喷水回潮

此法适用于张幅较大的毛皮，如山羊皮、绵羊皮等。其操作是将35～40℃的温水均匀地喷在皮板上，然后板对板堆放，周围盖好，以防风吹干毛皮边缘。24h后进行检查，以皮板拉开呈白色为宜。如有回潮不均匀的皮张，可以补充回潮一次。在回潮过程中，可在水中加入1～5g/L加脂剂或0.5g/L渗透剂，以加速皮板回潮，提升皮板手感。

8.2.2 做　　软

毛皮经干燥后，其皮纤维网络发生一定的黏结，且皮板僵硬，厚薄不均，面积缩小。做软就是用勾软机、铲刀、铲软机、拉软机及磨里机等对皮板施以一定的机械作用，使皮纤维松散、伸展，并去掉皮板上的肉渣，使皮板尽量变得轻、薄、软，表面洁净，厚薄基本一致。在施以机械作用时，一定要注意不要使毛根露出，不要掉毛。

(1) 勾软

勾软是将皮在勾软机上勾一遍，特别是要将边缘、脊线部分勾到、勾开，使皮板柔软，勾软一般使用钝刀，刀呈凹形为多。

(2) 铲软

铲软是在勾软的基础上，将毛皮皮板的脖头、脊骨、四腿各部分依次铲刮使皮板柔软的操作。铲软后要求皮板完整，厚薄均匀，板面洁净，无铲伤，无翻面。目前，绝大多数工厂都采用机器铲软代替人工铲软，这不仅减轻了工人的劳动强度，而且提高了生产效率。但机器的构造仍非常简单，一般有“一”字刀和“人”字刀两种。对于绵羊皮等较大张幅的毛皮，所用铲软机已向宽工作面、大型化方向发展，如使用工作面宽为1.2～1.3m的伸展机及振荡式拉软机，其优点是生产效率高，劳动强度低，但在操作前，要求皮张完整，无破皮。

在铲软后可用砂轮磨革机进行磨里加工，使皮板厚度均匀一致，皮板绒头细致、均匀。对于细皮和毛革产品，磨里尤为重要。

(3) 摔软

摔软通常在转鼓中进行，可使皮板柔软、丰满。对于服装用绵羊毛皮，可在转鼓中加入橡胶球，增加摔软的机械作用。对于细杂皮，回潮、上光等转鼓操作同样具有一定的摔软作用。

8.2.3　伸宽、拉长

伸宽和拉长主要用于细皮加工，通过伸宽机、拉长机的机械作用，皮纤维在纵、横两个方向受到反复、多次的拉伸，使皮纤维得到充分松散，增大皮板的延伸性和可塑性，从而得到柔软、丰满的成品毛皮。

8.2.4　皮板脱脂

对于油脂含量大的毛皮（尤其是绵羊皮），单靠鞣前准备的脱脂是不够的，因为在此阶段只能除去皮板表面的油脂，故除了鞣前准备的脱脂外，在干整理阶段还要进行溶剂脱脂操作。另外，经过油鞣处理的高档细皮（如水貂皮），也需进行溶剂脱脂（干洗）操作。该方法已在鞣前准备的脱脂一节进行了叙述，此处只作一些必要的讨论。使用的有机溶剂有汽油、松节油、石油醚、三氯甲烷、三氯乙烯和四氯乙烯等。这些溶剂有的容易着火（如汽油、石油醚等），有的有毒（如三氯甲烷、三氯乙烯等），并在低温下即可挥发，所以使用它们进行脱脂时，必须在密闭的设备（如干洗机等）中进行。

使用干洗机脱脂常用三氯乙烯或四氯乙烯，脱脂效率高，脱脂质量好，但毒性较大。脱脂之后，放出溶剂和油脂的混合液，用蒸馏的方法回收溶剂，同时对毛皮进行烘干，充分回收毛皮上的溶剂。

对于中等油皮可采用转鼓脱脂，即将皮板有油部位涂上溶剂，然后投入鼓中，再加入滑石粉，在转鼓中转动去油。如一次去油达不到要求者，可再进行一次。

8.2.5 打　毛

打毛的目的是除去毛被中的灰尘、锯末等，并使毛被具有良好的清洁性、松散性、灵活性等。打毛在专门的打毛机上进行。打毛机是把皮条平行地固定于轴上，当轴转动时，固定在轴上的皮条借离心力打击毛皮，轴的转速为 400r/min。打毛时由于有大量的灰尘飞出，所以应配备吸尘装置，以保障操作工人的身体健康。对于一些高档细毛皮也有采用人工打皮的，如用细杆抽打狐皮表面，使毛被更蓬松并除去灰尘等。

8.2.6 梳　毛

梳毛的目的是将黏结的毛梳开，使毛朝着一定的方向，同时除去残留在毛中的锯末、灰尘、浮毛，并消除毛的卷裹，使成品毛皮具有良好的外观。梳毛一般在梳毛机上进行，在转动的轴上安装钢针布（精梳机）或者锯齿形铁片（粗梳机），轴以 400～600r/min 的转速转动。

梳毛机的梳毛效果在很大程度上取决于针布或锯齿形铁片的种类、密度、粗细等。梳绵羊皮宜用直径为 0.7mm、长 20mm 的钢针。梳毛时应注意毛皮不要形成皱褶，先用粗梳机梳毛，后用精梳机梳毛。对珍贵毛皮或毛被松弛的毛皮进行梳毛时，要求操作细心，尽量少掉毛，尽可能不伤皮。对于水貂皮等珍贵毛皮宜用单鼓梳毛机梳毛。如在整形、验收时发现有少数的毛没梳开，可用针梳或钢针布进行人工梳毛，以保证成品质量。

8.2.7 烫毛、直毛

烫毛、直毛常用于剪绒羊皮产品的加工，在 6.3.3 节中已介绍了基本原理，其目的是使弯曲的毛向同一方向伸长和变直，使毛被获得良好的丝光感，它是热、化学、机械综合作用的结果。毛在湿热状态下可以拉长、伸直，此时角蛋白由 α-螺旋结构转变为 β-折叠结构。在蒸汽和高温作用下，再加上酸、碱、还原剂等的作用，毛纤维更易伸长拉直。实际操作中，应先用含甲酸、乙醇、渗透剂的水溶液润湿毛被，然后用烫毛机熨烫，以获得热与机械拉伸的综合作用，将毛拉直。角蛋白的 β-折叠结构是一种不稳定结构，在失去外力以后，角蛋白能自发恢复到原来的 α-螺旋结构。所以当通过熨烫使毛伸直以后，还需将伸直状态的毛固定下来，使之不再变形。目前最常用且固定效果最好的固定剂是甲醛，因为它能在毛中断裂的双硫键以及自由氨基间生成新的交联键。但是，甲醛在高温下可挥发，有强烈的刺激性，对人体危害较大。因此，低醛或无醛固定剂的开发及应用是发展的方向。目前市场上有一些商品低醛或无醛固定剂，主要成分为有机硅乳液等，能够增加毛的光泽，改善毛被的手感，但固定毛的效果有限。

8.2.8 除　尘

除尘是除去毛皮上的灰尘。要求毛皮在阳光下抖动以不见灰尘为好。而对于珍贵毛皮（如水貂皮等）则用塑料梳子梳，并要求梳子上无灰尘。除尘可用转笼进行。但对于白色毛皮则要求转笼本身不能掉色，否则会污染毛被和皮板。如果用铅丝做格网的转笼除尘，会使白色的毛或白色的皮板呈现铅黑色，严重影响成品质量。对于珍贵毛皮的除尘，应采用吸尘机除尘。

8.3 毛被美化

8.3.1 剪　　绒

剪绒又称剪毛，即利用剪毛机将毛被剪平、剪齐或剪成设定的立体几何形状以及规定的长度。剪绒是对长毛皮类毛皮染整精深加工的基础。低档原料皮（例如细毛绵羊皮、兔皮、海狸鼠皮等）经加工制成具有毛干直立、平滑而有弹性，丝光感强，毛被轻软、平齐、美观等特点的产品，最典型的代表产品是羊剪绒。

剪毛在剪毛机上进行。剪毛机分为干剪机和湿剪机，在干整理阶段通常使用干剪机。干剪机为刀轴类设备，根据刀辊上刀片的数目可分为粗剪机和精剪机，粗剪机一般有 4 片螺旋刀，精剪机有 5～10 片螺旋刀。

剪毛高度依毛皮的用途而异。剪毛前，要求毛皮的皮板柔软、有可塑性，没有粗硬的缝线；被毛清洁、不油腻，梳理良好，并能散开。在剪毛操作中，必须仔细磨刀，细心调整剪毛的高度和给料机构对刀轴机构的平行度。毛皮在输送装置上的移动速度和螺旋刀的转动速度应彼此协调，否则就会产生不均匀地剪毛，使毛被出现“梯形”等不规则现象。若毛皮未完全平放在传送带上，则会造成剪伤、机啃等现象。此外，毛皮在上机时不能夹杂任何金属及硬的杂质，否则要崩刀，影响剪毛的质量。

剪毛机有压线式、吸风式、带刀式和波浪式等类型。一般刀片较少的剪毛机及带刀式剪毛机多用于半成品剪毛或粗剪毛，而多片刀如十片刀剪毛机则多用于成品剪毛和精剪毛。而波浪式剪毛机带有可控进退的进皮机构，因此可以将毛被剪成波浪纹和棱形图案，适用于成品剪毛。

若要将毛被剪成较为复杂的立体图案，可使用电剪依图形线修剪，或作用激光剪裁机修剪。

剪毛操作中一定要将刀磨快，调整好上、下刀距以及剪毛长度，经调试合格后正式剪毛；另外，皮上不能有任何金属和坚硬杂质，否则会崩刀，损坏设备。

剪绒操作除剪毛外，也包含拉直、烫毛、上光等。

8.3.1.1　烫毛原理

在 3.6.2.2 和 6.3 章节中已述及毛的性质和剪绒的机理，现归纳如下：

① 毛在 100℃以内，变化不明显，105℃毛显干枯，130℃毛发焦变黄，135℃开始分解，260℃脆化，300℃炭化，600℃燃烧。由此可知，在生产剪绒时，熨烫毛时的接触温度不得超过 130℃。

② 毛在热水、蒸汽或酸、碱溶液中可以拉长。如果长度不超过原长的 2 倍，当拉力慢慢消失，毛基本上可缓慢恢复至原长；如果拉长部分超过原长，又较长时间受蒸汽、酸、碱溶液等作用，当拉力消失后，毛仍保持拉力作用下的长度。这是因角蛋白质由 α-螺旋结构转变为 β-折叠结构的结果，是毛的伸直原理之一。

③ 毛经酸或碱溶液处理时，毛的可塑性较好，当 pH ＞10 时，碱不仅使离子键断裂，而且使 50％以上的胱氨酸键断裂，其结果是毛的力学强度降低；酸性溶液对毛的

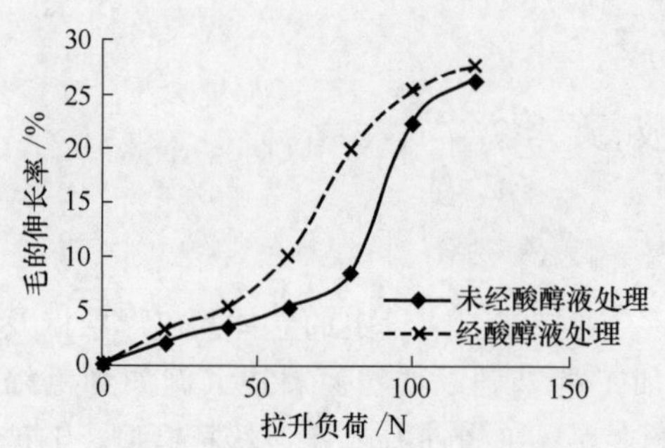

图 8-2 拉伸负荷与毛的伸长率

作用优于碱性溶液，它使酰胺基和氨基发生水解作用，破坏角蛋白的离子键和氢键。湿热机械处理会引起部分肽键水解，毛易塑化。

用一氯代醋酸、甲酸或巯基乙酸的酸性醇溶液处理毛效果良好，其次是醋酸、草酸和乳酸，如图 8-2 所示。

④ 乙醇不但能在有酸存在时提高毛的润湿性，并能与角蛋白的游离羧基产生酯化反应：

$$RCOOH + C_2H_5OH \longrightarrow RCOOC_2H_5 + H_2O$$

酯化反应导致角蛋白羧基封闭，排除在静置和烫熨毛中离子键复原的可能性，促进毛的塑化作用。另外，低分子醇比高分子醇的光泽效果好，因为低分子醇容易向毛内扩散，使反应进行得更快、更完全。在醇的作用下，角蛋白热裂解较激烈，因为醇的比热和沸点低于水，乙醇浓度达 30%效果显著。

⑤ 某些二价金属（钡、铅）盐类、醛类（甲醛、戊二醛）和重铬酸盐都具有交联能力，其中以甲醛效果最好。将断开的双硫链、氨基重新交联，使毛的伸直状态得以固定。

$$R_1CH_2SH + CH_2O + HSCH_2R_2 \longrightarrow R_1CH_2SCH_2SCH_2R_2 + H_2O$$

$$R_1CH_2NH_2 + CH_2O + H_2NCH_2R_2 \longrightarrow R_1CH_2NHCH_2NHCH_2R_2 + H_2O$$

8.3.1.2 剪绒工艺举例

【羊剪绒工艺】

① 伸展：用毛皮伸展机将皮伸展开、展平。

② 切割、缝合：切去硬边，使皮板平展，然后拼缝，要求缝口适中，无夹毛。

③ 剪毛：用剪毛机将毛剪至 20～22mm 长。

④ 回湿：液比 20（以干皮质量计，下同），温度 40℃，时间 18～20h。

要求：皮板充分回软，无硬心。

⑤ 复鞣：液比 20，温度 38～40℃，氯化钠 35g/L，三氧化二铬（碱度 33%～35%）4～5g/L，时间 22～24h。

操作：按分析结果补加上述化工材料，加温达到后划动逐张投皮，投完皮划动 30min，以后间歇划动，10h 后开始用碳酸钠缓慢调整 pH，最后达到 3.6～3.8，要求皮板鞣透，无白心，收缩温度大于 90℃。

⑥ 脱脂：液比 20，温度 45～50℃，碳酸钠 1g/L，洗毛剂 10g/L，时间 30～35min。

⑦ 梳毛：用梳毛机梳理，然后离心甩水。

⑧ 加脂（刷加脂）：合成加脂剂 100g/L，平平加 C-125 5g/L。

操作：加脂剂、平平加用 60℃热水冲化，要求充分乳化，无浮油，然后均匀地涂刷于皮板上，每张皮用量 200g 左右，板对板对折堆置 4h 以上。

⑨ 干燥：干燥至八成干，严禁曝晒，以免发硬。

⑩ 伸展：用毛皮伸展机将皮伸展开、展平。

⑪ 剪毛：再次剪毛至 18mm 长。

⑫ 检验：要求皮形完整，无结毛，无顶绒，无严重脱毛，皮板无油。

⑬ 刷酸Ⅰ：乙醇 220 份，甲酸 110 份，水 670 份。

操作：每张皮刷料液 300～350mL，刷完后堆置 10min，再进行搓刷，要求料液渗透深度为毛长的 1/2 以上，但不得透板。

⑭ 烫毛：设备为烫毛机，烫毛温度 130℃。毛要烫干、松散、无焦黄锈斑。

⑮ 精剪：将毛剪至 15mm 长。

⑯ 检验：将不合格的结毛、油毛等挑出，进行梳毛、脱脂等处理。

⑰ 刷酸Ⅱ：乙醇 280 份，甲醛 100 份，甲酸 160 份，水 460 份。

操作：同刷酸Ⅰ。

⑱ 烫毛：同⑭。

⑲ 剪毛：同⑮。

⑳ 染色前脱脂：液比 20，温度 50℃，洗毛剂 2g/L，氨水 2mL/L，时间 1h。

脱脂后温水划洗，离心甩水，然后毛朝外沿脊线对折码放整齐。

㉑ 染色（染棕色）：液比 20，温度 70℃，酸性橙Ⅱ0.4g/L，中性蓝 BNL 0.6g/L，甲酸（85%）1mL/L，OP-10 1mL/L，氯化钠 5g/L，时间 3～4h。

操作：将水量、温度调好，加入已溶解的染料、甲酸、OP-10 和氯化钠，划动均匀后，迅速逐张投皮，染至规定时间出皮，水洗，离心甩水，刷加脂，干燥。

㉒ 定型：乙醇 280 份，甲醛 400 份，甲酸 100 份，水 220 份。

操作：同⑬。

㉓ 烫毛：同⑭。

㉔ 剪毛：同⑮。

㉕ 转滚：每鼓装 200 张皮，麸皮 200kg，氨水 4kg，转 1～1.5h。以除去未结合的甲醛。

㉖ 除尘：用甩笼转 1h，除去尘土、麸皮。

㉗ 刷光亮剂：醋酸 60 份，水 800 份，乙醇 140 份。

操作：每张皮刷 150～170mL，刷均匀，不透板，然后烫毛、剪毛，毛剪至 15mm 长，剪平齐。

㉘ 验收：按剪绒皮质量检验，分级，然后量尺，打包，入库。

【兔皮剪绒仿豹皮工艺】

① 选皮：将已拔针、剪补、拼缝、平展、毛绒稠密的纯白色头路铬鞣肉兔皮张挑出组生产批。

② 剪毛：用剪毛机将毛剪至 10mm，剪平、剪齐，不得有剪伤、鸡鸽毛。

③ 脱脂：设备为划槽（下同），液比 20（以干皮质量计，下同），温度 40℃，洗毛剂 2g/L，氨水（25%）1mL/L，纯碱 0.5g/L，JFC 0.2mL/L，时间 3h。

出皮水洗 3 次，离心甩干。

④ 染底色：材料用量和工艺控制见表 8-1。

表 8-1　　染底色材料用量

材料名称	艾叶豹	云南豹	美洲豹
乌苏尔 P 用量/(g/L)	0.02	0.04	0.02
乌苏尔 NZ 用量/(g/L)	0.04	0.04	0.04
乌苏尔 4G 用量/(g/L)	0.02	—	0.02
乌苏尔 4R 用量(或盐基杏黄块)/(g/L)	—	0.02(0.015)	—
焦性没食子酸用量/(g/L)	—	0.02	—
过氧化氢(30%)用量/(g/L)	0.1	0.2	0.1
时间/h	1.5	1.5	1.5
温度/℃	40	40	40

操作：将皮投入染液中连续划动，届时出皮水洗，离心甩干。

⑤ 刷加脂：阴离子加脂剂 1 份，氨水 0.5g/L，水 6 份。

操作：用 50℃热水将加脂剂乳化；加脂液均匀刷于皮板上，板对板堆置过夜。

⑥ 干燥：晾晒干燥。

⑦ 转锯末：用无油锯末转 2h，甩笼转 1h，梳锈毛。

⑧ 钉板：先钉尾部、头部，拉开钉展。

⑨ 刷染：染豹花材料用量见表 8-2。

表 8-2　　染豹花材料用量

材料名称	艾叶豹	云南豹	美洲豹
乌苏尔 P 用量/(g/L)	—	2	4
乌苏尔 NZ 用量/(g/L)	2.5	1	5
乌苏尔 4R(或盐基杏黄块)用量/(g/L)	—	1.8(0.12)	0.5
焦性没食子酸用量/(g/L)	1.6	2.0	—
乌苏尔 4G 用量/(g/L)	0.1	—	—
乌苏尔 D 用量/(g/L)	—	—	0.6
乌苏尔 2R 用量/(g/L)	—	—	4
过氧化氢(30%)用量/(mL/L)	4	5	15
氨水(25%)用量/(mL/L)	0.5	0.5	1.5

操作：将上述刷染液配好，刷于相应豹花纹印花板上（喷染也可以），注意不要流淌、虚边。刷后干燥。

⑩ 刷染、黑花：材料用量见表 8-3。

操作：同⑨。

⑪ 转锯末：在干净锯末中转 2h，转笼除锯末 1h，梳顺毛被。

表 8-3　　染黑花材料用量

材料名称	艾叶豹	云南豹	美洲豹
乌苏尔 D 用量/(g/L)	20	20	20
乌苏尔 NZ 用量/(g/L)	20	20	20
乌苏尔 DB 用量/(g/L)	—	—	2
过氧化氢(30%)用量/(mL/L)	40	40	42
氨水(25%)用量/(mL/L)	2	2	2

⑫ 喷脊：乌苏尔 NZ 5g/L，乌苏尔 4G 0.2g/L，焦性没食子酸 3.2g/L，过氧化氢（30%）8mL/L。

将上述染液喷于背脊部位，用量要恰到好处，再干燥。

⑬ 整理、验收、入库。

【羔羊毛革产品】

澳大利亚羊羔皮经铬鞣后的革坯。盐湿皮经浸水、去肉后进行一次湿剪毛（毛长度16mm）。革坯干燥后须进行一次剪毛。

干洗（6min）、干燥（60min）、回潮、拉软、梳毛、剪毛、烫毛、剪毛、磨革起绒、除尘。

复鞣：液比 20，温度 35℃，高效脱脂剂 HAC80 0.5g/L，转动 20min；加脂剂 LP 4.0g/L，转动 30min；甲酸（85%）0.5～1.0g/L，转动 1h，pH 3.5；铬粉（碱度 B 33%）6.0g/L，转动 1.5h；甲酸钠 3.0g/L，转动 1.5h，pH 4.0。

出皮、搭马。

8.3.2 拔　　针

所谓拔针是指用手工或拔毛机对毛皮的针毛进行拔除，仅留下绒毛，通常用于针毛光泽与毛色差、针毛稀少的毛皮，通过拔针后能更突出显示绒毛的特质。最典型的是海狸皮，其绒毛非常细柔且丰厚，拔针后，不仅外观有平细的感觉，且有丝滑般的触感。

为了使拔针顺利实施，皮坯需经过软化，在针毛松动的情况下进行。

以拔针黄狼毛皮工艺为例。

黄狼原料皮经浸水、脱脂、去肉或削匀后，进行以下操作：

① 酶软化：液比 20（以干皮质量计），温度 35～37℃，中性酶 3942 10～15U/mL，元明粉 40g/L，硫酸铵 0.5～1.0g/L，时间视针毛松动而定。

操作：投料、投皮划动，检查针毛松动情况，当针毛松动而绒毛仍牢固时，出皮水洗，甩水，手工抖散毛被。

② 拔针毛：使用拔毛机拔除针毛。

经鞣制和后期整理后，仍需检查拔针的完全程度，最后再通过手工拔毛。

8.3.3 时尚印花

毛皮作为一种高档时尚服饰材料，除传统的高贵、奢侈与保暖特性外，当前更是流行与多种面料搭配制作时装，因此开发制作各类花色品种满足流行色与时尚需求是其必然趋势。在毛被上通过染色技巧营造出各种效应与风格，最大限度地满足人们的审美需求。目前比较流行的花色有草上霜、一毛双色、一毛多色、渐变色、扎染、印花、微风效应、梦幻效应等。此外也有通过物理方法制造出具有立体效果的图案，如剪花、碱烧花、压烫花、激光刻花等，以及化学与物理方法的结合，灵活运用制造出各式各样的花样产品。

8.3.3.1 “草上霜”印花

“草上霜”印花技术属于拔色技术。它是将上染到毛尖的颜色拔白，如同草上的霜，故称为“草上霜”；如果未拔白而变成其他色，则称为色拔。“草上霜”是受欢迎的产品，有两种传统的生产技术：一种是硫化铅氧化法，即把沉积在白毛被上的褐棕色的 PbS，经氧化变为白色的 $PbSO_4$ 而成为“草上霜”产品，这种方法简单，成本低，但色彩（底色）单调且铅盐有毒；另一种是防染技术，即在白色毛尖上涂上防染物质（例如木炭、树脂、淀粉等），使染料不接触毛尖，染色后洗去防染剂，毛尖呈白色。这种方法要求防染剂要好，操作精细，比较费工费时，否则易污染毛被。近年来国内兴起还原拔白工艺，它具有底色色谱齐全、工艺简单、拔白效果好的特点。还原拔白机理是在一定条件下还原剂破坏上染染料结构而使颜色失色，从而达到拔白目的。从染料结构来看，能还原拔白的染料结构多为偶氮类和三芳甲烷类。

（1）硫化铅氧化拔白法工艺

① 染色（米色草上霜）：液比 25（以干皮质量计），温度 30℃，$Pb(AC)_2$ 2.5g/L，$Na_2S_2O_3$ 5g/L，NaCl 30g/L，HAC 0.5mL/L，时间 4～6h。

操作：将皮投入到上述配好的溶液中，染至规定时间出皮，水洗，离心甩水，干燥。

② 拔白（喷）：过氧化氢（30%）40mL/L，盐酸 1.5mL/L。将上述溶液配好后喷于毛尖上，干燥。

（2）还原拔白“草上霜”简要工艺

① 选皮：挑选脱脂后的白色鞣制毛皮，要求毛被稠密、平顺、洁白。

② 染色：设备为划槽，液比 20（以干皮质量计），温度 65～70℃，平平加 1g/L，酸性橙Ⅱ 1g/L，元明粉 5g/L，甲酸（85%）1mL/L，时间 1.5～2h。出皮水洗，离心甩水。

③ 拔白：$SnCl_2$ 80g/L，淀粉 100g/L，HAC 14g/L，$H_2C_2O_4$ 7～10g/L。

先将淀粉糊化后冷却，加入 $SnCl_2$、HAC，$H_2C_2O_4$，搅拌均匀后涂刷于毛被或者皮板上（又分为印花板和无印花板），毛被涂刷深度 3～5mm，静置过夜或 75～80℃汽蒸 0.5h。

④ 流水划洗、皂洗：温度 35℃，洗衣粉 1～2g/L，15min 后，清水划洗，然后离心甩水，干燥，整理得到成品。

（3）草上霜工艺实例

【实例 1】

原料皮为醛鞣或铬鞣毛皮或褥子。针毛齐全，绒毛足，毛洁白，无油黄和尿黄。划槽内进行。

① 脱脂：液比 20（以干皮质量计，下同），温度 32～35℃，渗透剂 JFC 0.5g/L，碳酸钠 3g/L，氨水 2g/L，时间 1.5～2.0h。

操作：配好液，投皮划动 5～20min，停 20～30min，划动 15～20min，出皮流水洗 15min，甩水，抖散毛被。

② 浸铅盐：液比 20，温度 32℃，醋酸铅 5g/L，渗透 JFC 0.5g/L，时间 4～18h。

操作：配好液，使醋酸铅充分溶解后，投皮划动 5～10min，停 30min，以后每 1h 划动 5min。出皮甩干抖散。旧液可连续使用，醋酸铅每次补加 2g/L，渗透剂 JFC 补加

0.3mL/L。(注意防止铅中毒)

③ 显色：

方案Ⅰ：液比 20，温度 38～40℃，硫代硫酸钠 5g/L，硫酸（98%）0.25g/L，渗透剂 JFC 0.5g/L，pH 4.0，时间 6～8h。

方案Ⅱ：液比 20，温度 32℃，渗透剂 JFC 1.5g/L，硫化铵 2～3mL/L，甲酸 1g/L，时间 30min。

操作：方案Ⅰ显褐色，如加入氯化钠 5g/L 则颜色向灰色发展，加元明粉 5g/L 则向棕色调变化，因此每批都要严格控制消除色差。

方案Ⅱ显红色。显色很快，所以硫化铵需用 50 倍水稀释，显色时需加强搅拌。出皮后用渗透剂 JFC 1.5g/L，甲酸 1g/L，30℃温水洗 30min，中和残余硫化物。方案Ⅰ和Ⅱ出皮后均流水洗 15～20min，除去表面浮色和残余料。甩干，抖松。

④ 加脂：加脂剂 L-F 100 份，水（50℃）900 份，渗透剂 JFC 5 份，氨水 3 份。

操作：将配好的加脂液均匀地涂刷于皮板上，板对板堆置 4h。干燥，铲软。

⑤ 出霜：过氧化氢（30%）60～80 份，盐酸（37%）5～7 份，渗透剂 JFC 1 份，水 900 份。

操作：将配好的溶液用喷枪喷在毛被表面，喷出霜液的深度为毛干长的 1/5～1/4。注意不得在毛被滴落霜滴，不能喷深，喷后干燥。

⑥ 转锯末：每 1kg 锯末加 1mL 氨水和 1mL 酒精，转 4～6h。出鼓。要求毛被光亮，无异味，毛被松散。转笼除尘 30min。

【实例 2】

原料皮为铬鞣白色毛皮革坯，液比 25（以干皮质量计）

① 漂白：温度 40～50℃，漂白剂 Balnkit P 3.0g/L，漂白剂 Balnkit PO 2.0g/L，脱脂剂 Eusanpon S 0.5g/L，时间 3～5h。出皮，水洗，甩水，干燥。

② 刷防染剂：防染剂 Lubasin S 250g，颜料 Lepton 蓝 0.5g，防染剂 Lutonal M40（50%）250g，水 500mL。

将上述材料混合均匀，均匀地涂刷在毛尖上（深度约 2mm），全部刷到位，然后彻底干燥。

③ 染色（黑棕色为例）：温度 60℃，助剂 Leophen M 2.0mL/L，络合染料 Eukesolar 黑 RL 0.8g/L，络合染料 Eukesolar 棕 R 0.2g/L，络合染料 Eukesolar 橙 0.2g/L，时间 60min。

染色时划动 5min，停 10min，避免防染层被破坏。染色后用 50℃水划洗 2 次，将浮色洗去，然后再换冷水划洗，直至将防染剂全部洗掉为止，然后离心甩水，干燥，整理。

8.3.3.2　一毛双色效应

一毛双色或一毛多色效应是指毛干的下段或上段或毛被的下层与上层为两种颜色，自然界野生动物毛被绝大部分为一毛双色、一毛多色或渐变色，甚至一根毛呈现出多个色段的现象，如青紫蓝鼠。

一毛双色效应依据毛尖与底绒色调的深浅，分为喷一毛双色工艺或拔一毛双色工艺。前者的传统工艺是使用氧化染料刷染毛尖，使毛尖呈现一种较底绒色深的自然柔和的色调，主要适合于带粗针毛的毛尖着色，现行工艺多采用酸性染料、金属络合染料或活性染料等使毛尖染上各种颜色，该法可以用于底绒染色后的毛尖再着色。后者则是利用拔色技术，对经染色后毛被的毛尖部位进行拔色处理，实现双色效应。

【工艺实例 1】 刷或喷一毛双色

原料皮为铬鞣白皮或染色皮，收缩温度≥90℃。

喷色配方：毛皮刷染染料 Brushing Dyes 或酸性染料适量，助溶剂 C-10 65mL，甲酸 65mL，乙醇 100mL，水 770mL。

将上述染液刷或喷于毛尖上，然后在 75～80℃、0.2MPa 蒸箱中汽蒸 8～10min。干燥，水洗，甩干，干燥，转锯末，转笼。

注：如果是经过拨白的皮，也可保留部分白霜，部分喷或刷染料，形成不规则图案。

【工艺实例 2】 同浴一毛双色

原料皮为铬鞣白皮，收缩温度≥90℃。

① 染色：液比 20，温度 65～70℃，固色剂 SLO 10mL/L，元明粉 5g/L，迪力 S 系列染料适量，捷力毛皮染料适量，匀染剂 H-GL 0.8mL/L，甲酸 1.5mL/L。

冲洗，出皮，甩干，干燥，整理。

② 拔色：毛皮拔白剂 S 10 份，水 170 份，甲酸 20 份。

将配好的染液刷或喷于毛尖上，在 70～75℃、0.3MPa 蒸箱中汽蒸 5min，干燥，整理。

【工艺实例 3】 拔染一毛双色

原料皮为铬鞣白皮，收缩温度≥90℃。

① 染底色：按捷力染料染色方法染底色。干燥，整理。

② 毛尖拔色：毛皮拔色剂 S 10 份，固色剂 SLO 100 份，水 80 份，酸性染料（抗还原剂）适量，甲酸 30 份。

将配好的染液刷或喷于毛尖上，然后在 70～75℃、0.3MPa 蒸箱中汽蒸 5min。干燥，水洗，干燥，转锯末，转笼。

8.3.3.3 仿青紫蓝色工艺

青紫蓝色是专指原产南美洲安第斯山脉地区的毛丝鼠动物（俗称青紫蓝鼠）毛被所特有的毛色，该动物的典型毛被特征是背部和体侧的为灰蓝色，腹部逐渐变浅至白色。毛被主要由绒毛组成，绒毛密而均匀，毛纤维直径仅 5～11μm，细于蛛丝。背脊部毛干呈现出深浅交替的色带，接近毛根部为深瓦蓝色，毛干中段为白色，毛尖部位又可分浅、中、深等不同色带。因该毛皮手感细柔、毛色特殊，价格昂贵，现多用獭兔皮仿染此青紫蓝色。

仿染工艺的要点是染好底色（灰蓝色），再拔色，最后喷脊。

【工艺实例 1】 德科理樹公司獭兔皮仿青紫蓝工艺

原料皮为正常铬鞣獭兔皮。

① 清洗：液比 20，常温，LANAWET-SD133 0.3g/L，时间 20min。出皮，控水。

② 染色：液比 20，温度 68℃，元明粉 5.0g/L，LANALEVEL-P（匀染剂）0.5g/L，LANALVEL-LAP（匀染剂）0.3g/L，LANAWHTE-PPM（荧光增白剂）0.5g/L，

ACIDSNOW TOP BLACK-ATO 1.2g/L，ACIDSNOW TOP RED-R30 0.1g/L，ACIDSNOW TOP BLUE-AS-B31 0.2g/L，甲酸 1.0g/L。

操作：在水中加元明粉、匀染剂 P 和 LAP，以及荧光增白剂 PPM 后，下皮，划动 30min。加染料（溶解后）划染 120min，甲酸稀释后分两次加入，间隔 60min，最后划动 180min，终点 pH 3.5。出皮，甩干。

③ 洗板：液比 20，温度 30℃，LANAWET-SD133 0.5g/L，时间 30min。

④ 甩干，干燥，转鼓回软，钉板。

⑤ 拔霜：水 600mL，LANASTRIP-W 200g，甲酸 200mL，LANABRIGHTENER-G 20mL。

操作：配好拔色液，刷或喷于毛尖部位。在 85℃、3MPa 下汽蒸 5min。阳光下晾晒至毛被干燥。

注：拔色剂 W 溶入甲酸后，再加入水中。

⑥ 水洗：液比 40，温度常温，LANABRIGHTENER-B 0.3～1.0g/L，时间 15min。

甩水 10min，晾干（不能暴晒）。

⑦ 转毛：转鼓中加木糠转动 2～3h。

⑧ 喷脊：LANATIP BLACK-TKF 90g，LANATIP BROWN-RB 39mL，LANATIP RED-YR 1g，水 300mL，LANATIPFIX-TM 200mL，凉水 300mL，甲酸 200mL。

操作：先将染料 TKF、RB 和 YR 加入 300mL 水中一起煮沸，再混入固色剂 TM、凉水和甲酸。染液用喷枪喷成需要的图案，如单脊、双脊、葫芦形等。在 85℃、3MPa 下汽蒸 15min。

⑨ 干燥，整理。

【工艺实例 2】 泛博公司仿青紫蓝工艺

原料皮选择毛被洁白、密度好的铬鞣獭兔皮，收缩温度≥90℃。

① 洗涤。

② 染色：液比 20，温度 60～65℃，NaCl 10g/L，增白剂 W-HC 1.5g/L，甲酸 0.5mL/L，匀染剂 H-GL 1.0g/L，捷力毛皮灰 MN-CR 2.5g/L 或捷力毛皮灰 MN-DL 2g/L，甲酸（分 2 次加）1.5mL/L。60min 后，冲水，出皮。

③ 甩干，干燥，转锯末，转笼，钉板。

④ 拔白：

配方Ⅰ：拔色剂 S-R∶甲酸∶水＝1∶2∶4（质量比）

配方Ⅱ：拔色剂 S-R∶甲酸∶水＝2∶3∶7（质量比）

刷拔色剂后，在 75～80℃、0.2MPa 蒸箱中汽蒸 5～8min，干燥（最好日晒）。

⑤ 水洗：液比 20，温度常温，过氧化氢（30%）0.3mL/L，8min。

干燥，整理。

⑥ 喷脊：迪力毛皮黑 H-ND 110g，迪力毛皮棕 H-NN 15g，甲酸（85%）300mL，固色剂 100mL，水（80℃）600mL。

手工喷于獭兔皮的背脊线部位，喷后，在 80℃、0.2MPa 蒸箱中汽蒸 10min，转锯末，转笼，整理。

8.3.3.4 印染

印染是区别于浴染工艺而言，染料或涂料在毛被上形成图案的过程称为印染或印花。根据所用设备和工艺，可以分为滚筒印花、丝网印花、转移印花、喷墨印花、直接印花、防（拨）染印花等。它是技术与艺术相结合的特种技术。要求产品形象生动、高雅、端庄，还要有良好的经济效益。

印花和染色，都是蛋白纤维发生染着作用的过程，原理相同而外观不一。印花不同于染色的地方，在于同一蛋白纤维上能表现出多种颜色的花纹。所以，印花实际上是一种局部染色，只是加工方法有所不同而已。然而在毛皮的印花方面主要使用丝网印花，其他印花方式尚不实用，而活性印染因其色彩鲜艳、图案立体感强已有企业在尝试开发。

（1）仿兽皮印花

这种印花属于直接印花。要求印花色深于底色，盖住底色，不受底色干扰。它是毛皮业中最悠久的印花技术，也是应用最广泛的技术。底色、套色、花色依被仿兽皮花纹而定，但要求色调、风格源于兽皮，高于兽皮，以增强欣赏性和实用性。底色多采用氧化染料、酸性染料、金属络合染料、中性染料等；套色、花色多采用氧化染料，目前由板框印花向滚筒印花发展，由常温印花向加温印花发展。

【工艺举例 1】 羊剪绒仿虎皮印花工艺

① 选皮：选择合格的白羊剪绒皮为坯皮。

② 染底色：设备为划槽，液比 25（以干皮质量计），温度 65～70℃，中性黄棕 SRL 0.02g/L，中性深黄 GRL 0.1g/L，中性深棕 BRL 0.02g/L，元明粉 5g/L，甲酸（85%）0.7g/L，JFC 0.5g/L，2h。

染后洗浮色，离心甩水，干燥，烫毛，固定，剪毛。

③ 印花：乌苏尔 D（黑）20g/L，乌苏尔 NZ（棕）10g/L，过氧化氢（30%）30g/L，氨水（25%）5mL/L。

将虎花板紧贴毛被固定，把染液喷或涂刷或滚涂于毛被上，深度为 5～10mm，但不得流浆、污染底色，不能有虚边，小心取下花纹板，干燥。

④ 去浮色：用锯末转 2～3h，再转笼除锯末。

⑤ 整理、成品。

【工艺举例 2】 绵羊皮仿染豹猫（德）

① 脱脂：液比 20（以干皮质量计，下同），温度 35℃，小苏打 2g/L，氨水（25%）2mL/L，RemolganPM（润湿脱脂剂）0.5g/L，1h。

② 酸化：液比 20，温度 25℃，甲酸（85%）1mL/L，1h。离心甩水。

③ 媒染：液比 20，温度 25℃，醋酸（60%）0.6mL/L，硫酸亚铁 3g/L，过夜，离心甩水。

④ 染色：液比 20，温度 35℃，氧化纳靠棕 R 0.04g/L，匀染剂 Eganal GES 0.5mL/L，过氧化氢（30%）0.15mL/L，纳靠黄 GR（新）0.03g/L，3h。

染色进行 1h 后加入过氧化氢 0.25mL/L，染色共 3h，水洗，离心甩水。如底色要求更浅、更发黄，纳靠棕 R 的用量可以减少。

⑤ 刷加脂剂：毛皮加脂剂 W 1 份，水（40℃）3 份。

刷后干燥 2h，然后再转鼓回潮、拉软、熨平，放松，缓慢干燥。

⑥ 染条纹：温度 32℃，纳靠黄 3GA 1.4g/L，纳靠棕 R 0.7g/L，过氧化氢（30%）2.1mL/L。

喷洒或刷染液，缓慢转鼓干燥。

⑦ 棕色印色浆配方：纳靠棕 1.2g，纳靠黄 3GA 1.8g，纳靠灰 DMS 0.4g。

染料溶于 496mL 的 85℃水中，冷却后再加入印色剂 Tylose MH1000（4%）溶液 350mL，漂白剂 PEG400 50mL，白油或乙醇 100mL，过氧化氢（30%）3～5mL，共计 1000mL 溶液。

⑧ 黑色印色浆配方：纳靠棕黑 H 12g，纳靠灰 BK 8g，纳靠棕 GG 2g，纳靠黑 RN 8g。

染料溶于 90℃ 的 480mL 水中后，再加入印色剂 Tylose MH400（4%）溶液 350mL，漂白剂 PEG 50mL，白油或乙醇 60mL，过氧化氢（30%）45mL。

注：过氧化氢应在印色之前加入。

（2）活性印染

活性印染是在纺织行业较为流行的一种染色方法，特点在于印染过程中使用活性染料，能与被染纤维结合，染色牢度高，与涂料印染的区别在于活性印染的手感柔软，印染图案富有立体感，甚至有点像油墨画的效果。

一般选用高黏度海藻酸钠做糊料（具有流变性小，渗浆量小，能较好地保持花型原样的特点），大多采用双活性基 M 型活性染料（该染料具有较好的固色率和提升力，同时可减轻皂洗时沾色）。

基本配方：活性染料 x 份，尿素 $(1\sim2)x$ 份，防染盐 S10 适量，水适量，碱剂 15～30 份。可采用丝网印花。

8.3.3.5　蜡染印花

蜡染是民间传统的防染印花技术。以蜡为主要防染剂，将多种蜡按一定比例混合熔化，在一定温度下涂布于皮板或毛被上进行蜡染，蜡封部分保持了原来的底色或留白，此法用于毛皮印花，效果良好。

蜡染效果与蜡的种类、配比有直接关系，常用蜡有石蜡（矿物蜡）、白蜡（植物蜡）和蜂蜡（动物蜡）以及助脱蜡剂 N。从表 8-4 中可知，当蜡层变软时蜡层易发生变化，防染效果与蜡纹也发生变化，因此蜡染温度必须在 40℃以下。蜂蜡特别柔软，可搓性大，石蜡和白蜡的蜡纹均匀，不同的蜡染风格采用不同的蜡配比。

表 8-4　　**不同蜡的热变化温度**　　单位：℃

变化类型	石蜡	白蜡	蜂蜡	助脱蜡剂 N
开始变软	37	44	41	45
手挤压蜡层移动	41	49	44	48
搅拌有脱蜡现象	45	55	53	51
蜡层自行变化	50	57	55	53
脱蜡迅速	54	61	60	58

蜡染方法是将白坯或色坯的毛被或皮板展平固定，把熔融的蜡液（100℃以上）涂绘于其上，冷却后检查，不合格再补涂绘。毛被用氧化染料或冰染染料染色；皮板用反应染料、酸性络合染料、直接染料、水溶性染板的硫化染料和酸性染料等染色。染色按常规进行，染后洗浮色→离心甩水→干燥→干洗脱蜡→整理→成品。

8.3.3.6 其他美化工艺

（1）漂金

漂金属于退色工艺之一，是指将毛被包括针毛和绒毛退变成金黄色而得名，又可细分整张漂金、过渡漂金、边肷漂金等。

漂金工艺的关键是“开毛”预处理、高温和高 pH 条件下双氧化漂色，将有色水貂皮针毛和绒毛漂成均匀一致的黄色。由于水貂皮针毛上段的鳞片结构非常致密，为了能使氧化剂透入毛皮质层，更快、更好地作用于毛内色素，在漂毛前需使毛干上段的鳞片缘打开，俗称“开毛”。在漂金过程中，采用较高温度（36℃左右）和较高 pH（8 左右），以保证针毛和绒毛的颜色被氧化退掉，且颜色基本一致。

【工艺举例 1】

① 开毛：液比 15，温度 35℃，氯化钠 60g/L，润湿剂 2mL/L，纯碱 5g/L，1h 后水洗。

② 醛复鞣：液比 15，温度 32℃，氯化钠 50g/L，甲醛 10mL/L，pH 7.0 左右，12h 以上。

③ 水洗

④ 漂金：液比 15，温度 35～37℃，氯化钠 60g/L，润湿剂 1mL/L，缓冲剂 BL-15 20g/L，保护剂 MB 4mL/L，30min；过氧化氢 80mL/L（分四次加入，每次间隔 60min），加完后再漂 2～4h。

⑤ 盐洗：液比 15，温度常温，氯化钠 30g/L，30min。

⑥ 复鞣：根据需要，可用铝或铬复鞣（不染色皮用铝复鞣即可）。

【工艺举例 2】 水貂皮漂金工艺

原料皮为浅棕色醛鞣水貂皮。

① 漂色：液比 15，温度 35℃，氨水 2mL/L，BLEACH BL-15 10～20g/L，过氧化氢（35%）10～20mL/L，BLEACH ASSIST MB 5g/L，8h，出皮，水洗，甩干。

② 加色：液比 15，温度 35℃，明矾 30g/L，氯化钠 50g/L，ALIZARINE GOLD MK 0.15g/L，ALIZARINE YELLOW YF 0.1g/L，过夜。

出皮，甩水，干燥，转鼓回软，钉板。

③ 喷脊：乌苏尔 P 3g/L，乌苏尔 NZ 1g/L，乌苏尔 D 0.5g/L，Tipping Yellow G 0.3g/L，过氧化氢（30%）4mL/L，氨水 1.5mL/L。

喷脊后，干燥，转锯末，转笼，整理。

（2）扎染工艺

扎染是一种不均匀染色，利用革坯局部因捆扎致使染液不能透入，从而局部不着色或着色量小，形成不规则的图案。图案的大小及花纹取决于捆扎的技巧与方式。下面是铬鞣白色獭兔皮褥子（收缩温度≥90℃）的扎染工艺，也可用于染底色褥子。

① 洗涤。

② 捆扎：将兔皮褥子纵向沿一定方向折叠出若干个褶，然后用专用塑料卡子卡紧或用绳子捆扎。

③ 染色：液比 20，温度 60～65℃，酸性染料（或荧光染料）适量，甲酸 1.5mL/L，助剂 LP 0.5mL/L，1～2h。

染色后，打开卡子，水洗，干燥。整理被卡紧的部位最深处，由于染液渗透较少，着色浅或呈白色花纹，露在外面的部位则染色较深。整张褥子呈现不规则的花纹图案。

(3) 渐变染色工艺

渐变色毛被是指颜色由深到浅或由浅至深逐渐变化，且无色调跃变现象。其染色原理主要是依据染料浓度、染色时间的渐变过程，实现颜色的渐变。具体工艺分为漂渐变色和染渐变色工艺。

【工艺举例 1】 水貂皮漂渐变色

要求：头部浅金，尾保留本色，从头到尾颜色逐渐加深过渡自然。原料皮为醛复鞣棕色水貂皮。

① 氨洗：液比 15，温度 32℃，氨水 3mL/L，氯化钠 50g/L，2h。

② 漂皮：设备为塑料或不锈钢槽（配有可升降的挂皮框架），液比 20，温度 35℃，过氧化氢（30%）15～20mL/L，MF-3 4mL/L，氨水 1.0～1.5mL/L，时间 4～10h（视漂色要求而定），出皮，甩水，水洗，甩水。

③ 复鞣：液比 15，温度 35℃，明矾 30g/L，NaCl 50g/L，12h。

出皮，甩干，干燥，整理。

【工艺举例 2】 染渐变色

要求：头部米色，中段深色，尾段驼色，从头到尾颜色逐渐加深，过渡自然。

原料皮为铬鞣白狐皮或铬鞣白貂皮。

① 染底色：先用茜素米色 C-33 染米色。

② 染色：温度 60～65℃，渗透剂 JFC 0.5g/L，茜素染料 ALIZARINE BEIGE C-33（染米色）适量，元明粉 5g/L。

操作：头朝上挂皮，先染尾段，中后期加茜素棕 NB 适量，槽中染液的染料浓度逐渐加大，温度逐渐升高，加酸固色。染色后出皮，水洗，甩干，干燥，整理。

(4) 纳米喷金

几年前意大利一家毛皮公司开发了毛尖喷金技术。重点是针对长毛类毛皮如狐皮、貉皮的针毛，其技术关键是在毛干上喷涂一层含金属微粉（可分散于水中的微米级颗粒）的气溶胶，从而产生金属光泽。

基本工艺流程：洗毛（除油）→干燥→喷底漆（黏合层）→烘干→喷反射层（金属效应）→烘干→喷面漆→烘干。

① 毛被水洗：采用洗毛剂清除毛干表面的油脂，以利于喷涂。

② 喷底漆：底漆的主要成分是聚氨酯或丙烯酸类材料，喷涂厚度为 10～25μm，

30～60℃烘干，此层既能在毛干上形成平滑的表面，又能增强金属效应层的附着力。

③ 喷反射层：利用化学反应原理，通过直接喷涂的方式使涂膜中的金属离子与含有还原剂的溶液反应，形成相应的金属气溶胶并以混合状态附着于聚合物涂膜的表面上，在被喷物体表面呈现金、银、铬等金属镜面高光效果。

④喷面漆：在金属镀膜上涂一层保护涂料层，厚度为 5～10μm，以保护金属膜，提高其耐水、耐腐蚀和耐磨性能。同时通过对面漆颜色的调配，可使制品获得各种彩色效果。应考虑面漆与金属镀膜的附着力，同时面漆还要有极好的透明性和优良的耐候性，不易泛黄和变色，硬度高，耐腐蚀，耐磨，耐溶剂。

纳米喷镀是一种新型的材料表面处理技术，具有绿色环保、无三废排放的特点，是赋予毛皮毛被金属光泽的一种新技术，能增强毛被的艺术效果和梦幻色彩。

8.4 毛被上光

上光是为了使毛被光亮、柔软、滑爽、有弹性。经光亮剂等材料处理后的毛皮不仅光亮度大大增强，而且赋予毛被蓬松与灵动性，提高其防水性、防尘性、抗污性和抗静电性等。常用上光剂的主要成分是有机硅及其合成材料。

上光剂的使用有三种方式：一是在转锯末时加入，用量为 100kg 锯末中添加 1000～1500mL 光亮剂；二是在染色或加脂液中添加 1.5～2.0mL/L 光亮剂；三是烫毛液中添加 5～10mL/L 光亮剂。在细皮加工中，最通常的做法是将毛皮、锯末与光亮剂、滑爽剂、手感剂等一起加入转鼓中转动，以增加毛的光泽，提高毛皮质量。

8.5 皮板整饰

皮板整饰，就是对毛皮的皮板进行修饰，使毛皮的毛面和肉面均具有使用价值，这是近年来国际流行的毛革产品，又称两面革（double face）。特别是光面毛革更受欢迎，它具有轻、软、暖、平、亮、防水、不易脏污、易清洁、卫生性能好、正反两用等优点。毛革的应用范围越来越广，不仅低档的绵羊皮、兔皮可以制作毛革产品，高档的水貂、狐狸皮也有毛革产品投放市场，目前西班牙的毛革产品体现了世界一流水平。

我国暗缝白茬皮袄是毛革产品的原始阶段。现代毛革产品起始于苏联和美国，应用合成橡胶、胶乳等涂饰成膜，卫生性能较差。当今国际一流的毛革产品更注重皮板的整饰，具有广阔的市场前景。

毛革产品分类有以下几种方法：

① 按动物皮种类划分，例如水貂毛革、狐狸毛革、海狸鼠毛革、绵羊毛革、獭兔毛革等。

② 按皮板性质划分，有绒面毛革、光面毛革、光绒面毛革、印花毛革、压花毛革、贴膜毛革等。

③ 按毛被性质划分，分为剪绒毛革、本色毛革、印花毛革、草上霜毛革、菱形或条纹形毛革等。

8.5.1　毛革产品特点

毛革是介于毛皮与革皮之间的产品，既具有毛皮的特性，又具有皮革的特性，加工的难度明显高于一般毛皮。毛革的重点放在对皮板的加工上，但又与制革加工技术有很大区别。表现在：

① 毛革是在保毛、护毛的前提下对皮板进行加工处理，因此制革的脱毛、浸灰技术不允许在毛革上使用，而且尽量回避用碱，因此增加了皮板处理的难度。

② 毛革上毛的长短、厚薄、密度差异较大，简单地采用制革设备生产毛革产品是有困难的。

③ 毛革的皮板本身部位差比较大。背脊部厚、硬，纤维紧密；腹肷部松软，纤维稀疏。制革可以采用片皮机、削匀机等设备达到皮板厚薄一致的目的，而毛革需要保护毛被，在加工中不得伤及毛囊，且毛囊深浅程度又不一致，有部位差，因此片皮机等难以使用。毛革加工专用设备目前还达不到皮板均匀一致的目标，只能达到厚薄相随。

④ 毛和表皮层是毛革产品的组成部分，它们的存在大大地减弱了化工材料向皮板的渗透速度和作用强度，因此毛革加工周期长于制革。

⑤ 毛被和皮板在毛革加工中是互相影响和制约的。简单地采用毛皮和制革工艺来分别处理毛被和革面是不适合的，要将它们综合起来全面考虑，制定出一个适用合理的毛革工艺。

有关绵羊毛革产品的湿加工工艺参阅第九章，下面重点介绍皮板的整饰技术。

8.5.2　毛革染色

毛革染色分为染板不染毛、毛板同色和毛板异色三种类型。

8.5.2.1　染板不染毛

染板不染毛有三种方法，即刷染法、喷染法和浸染法。

(1) 刷染法和喷染法

刷染法和喷染法是选择着色牢固的皮板染料，在染液中加入专用渗透剂，在皮板上刷或喷一次或数次染液，可以透染。但是固色效果不够理想，易掉色。刷（喷）染后要补充洗涤，除去浮色。这两种方法染料用量少，但操作技术要求高，劳动强度大，质量不稳定，生产效率低等。

(2) 浸染法

浸染法是将毛革浸入染液中染色。在浸染中染板不染毛或尽可能不染毛的技术关键在于：①采取低温染色，染色温度低于50℃时，毛的鳞片层未撑开，同时又选择相对分子质量大的染料，毛不易上染而板易上染；②筛选出对皮板亲和力大而对羊毛亲和力小的染料进行染色；③使用毛防染剂，例如美国劳恩斯坦公司的防染剂PW、防染剂V；④经过调整pH使皮板和毛被具有不同的电荷或不同强度的电荷，利用其差异，使染料易上染皮板而不易上染毛被。

用于染板不染毛的染料有直接染料、金属络合染料和活性染料；德国BASF公司有露甘尼（Luganit）染料、水溶性硫化染料等。

部分直接染料、金属络合染料在微碱性低温下染色，可以染板不染毛或基本不染毛，例如有直接元青 E、直接湖蓝、酸性络合黄 GR 等。

活性染料 X 型和 K 型染料在 pH 7.5～8.5、温度 20～25℃、扩散剂 N 1g/L，时间 3h 的条件下，皮板染色效果良好；适当地加入磺化鱼油可防止毛被沾色。

苏联技术人员染色前用硫代硫酸钠 3～5g/L 在 45℃处理 1h 后，再用直接染料染色，可使皮板染得深透均匀，对毛被有防染作用。

8.5.2.2 毛板同色

毛的结构比皮板紧密，不易上染，为了使毛被和皮板着色一致，需要对毛进行预处理，例如用过氧化氢、氨水、轻微氯化等处理后毛易上染，同时筛选效果良好的酸性染料和金属络合染料、中性染料。其中以金属络合染料更为理想，它的颜色鲜艳，色光柔和，渗透性、匀染性和耐水洗牢度好。德国巴斯夫公司和美国劳恩斯坦公司生产的金属络合染料更适用。

8.5.2.3 毛板异色

毛板异色一般采用两浴法染色。先用染毛不染板的酸性染料、茜素染料（例如用美国劳恩斯坦的茜素染料）在 60～70℃染毛，水洗后再用染板不染毛的染料染皮板；由于染毛完全不染板的酸性染料几乎不存在，实际生产中使用染毛重、染板轻的并能在碱性条件下为还原剂（保险粉）拔白的酸性染料（如酸性红 SB，酸性天蓝 RS）染毛，再用保险粉将皮板拔白，最后用染板不染毛的染料（例如活性染料）染板。

8.5.3 皮板涂饰

制作毛革产品的 4 个关键工序是鞣制（含复鞣）、起绒、染色和涂饰。鞣制、起绒和染色等请参阅各有关章节，在此仅介绍皮板涂饰。

8.5.3.1 涂饰的目的与要求

（1）目的

① 使成品毛革色泽多样而光亮（含蜡光）美观。

② 改善手感，使其具有蜡状以及丝绸、滑爽的手感。

③ 具有防水性或拒水性、抗有机溶剂、耐摩擦性，革面不易沾污，容易保养，延长毛革使用寿命。

④ 扩大毛革的种类和用途。

（2）毛革涂饰质量要求

① 涂饰的毛革须色调美观，光泽协调柔和，真皮感强。

② 涂层必须有良好的黏着性，能与革面牢固黏着，不会脱浆，并具有与毛革相适应的延伸性。

③ 涂饰层应满足其加工工艺和使用条件对各种性能的要求。例如，耐光性、抗水性、耐寒性、耐摩擦、耐曲挠等，具有一定的物理强度。

④ 尽量保持毛皮的卫生性能，但涂饰后卫生性能一般都有所下降。

⑤ 具有防霉作用，久存不发霉变质。对环境的污染不超过有关规定标准。

（3）涂饰薄膜与毛革面的结合

涂层是依靠成膜剂的黏着力黏附于毛革面的，所以涂层与革面结合的牢固程度主要取决于成膜剂的黏着力和毛革的机械黏附作用。

成膜剂的黏着力与其表面张力和对毛革表面的润湿能力有关。表面张力小，润湿革面的能力大，则成膜剂与毛革面贴得近、靠得紧；分子引力作用大，黏附作用也大，结合就牢固。

毛革是多微孔体，成膜剂有可能渗入毛革纤维内，与纤维缠绕在一起，干燥后薄膜不易剥落，黏结牢固。这种作用称为机械黏附作用，对底层涂饰尤为重要。

成膜剂与毛革黏附的主要原因是分子间的范德华力和氢键作用，同时成膜剂的极性基团与毛革剩余的活性基团作用也有着重要意义。

8.5.3.2　光面毛革涂饰

光面毛革涂饰最关键的问题在于封底，也就是制作一个假底。德国采用有机氟化合物 FC228（3M）100 份、水 900 份，喷涂一遍，完全干燥。苏联要求涂层具有高的防水性和耐寒性，有足够的延伸性和耐摩擦性，用丙烯酸丁酯和丙烯酸乙酯的乳液与纳特橡胶乳液系列配合成封底剂封底。德国拜尔公司的拜登水性树脂（Bayderm Bottom）10UD 和巴斯夫公司的底涂剂（Astacin Ground）UH，荷兰斯塔尔公司的 WR5771，国产阳离子封底剂 FD-01 等均可选择使用。

底层涂饰要求涂层柔软、黏着力强而又有弹性，中层和面层涂饰剂不再往下渗透，不掉浆、裂浆，还要求具有良好的延伸性、耐寒性，在配方上多用软性树脂。（德）巴斯夫公司的配方是立通（Lep-ton Fller）填充剂 H 50 份，氨水 3 份，立通颜料（Lep-ton Colors）依色样而定，优加素油（Eukesol oil Ground）60 份，水 490 份，阿斯塔新（Astacin）涂饰剂 PUM 150 份，阿斯塔新（Astacin）涂饰剂 PUD 100 份，立通树脂（Lepton Binder）SD 150 份，优加素拉染料 150（Evke Solar Dyes 150）40 份。混合后喷 3 次，干燥，熨压（80℃，3MPa，2s），再喷 2～4 次，干燥。

中层涂饰是着色层，要求较硬，着色均匀，遮盖轻度伤残缺陷，改善网状层外观，要有较好的光泽以及耐寒、耐热、耐摩擦、抗溶剂等性能。毛革的中层涂饰往往与底层涂饰合并进行，但也有分开进行的。要求的树脂为中硬，常用丙烯酸树脂、聚氨酯、丁二烯、酪素等为涂饰材料。张家口第一制皮厂喷中层配方是水 10 份，1# 丙烯酸树脂 1 份，2# 丙烯酸树脂 2 份，高分散色浆 1 份，改性酪素 1 份。喷后干燥，熨压（60～70℃、1.5～2MPa、3～5s）。

面层是最上面一层，直接影响毛革外观和手感及耐干湿擦牢度。要求面层涂饰剂较硬而薄，同时手感要好。一般使用较硬的丙烯酸树脂、聚氨酯、硝化棉、丁二烯、蛋白干等成膜剂。德国巴斯夫公司的配方是高力整饰剂（CorialFinish）G 60 份，高力整饰剂 M 40 份，高力手感蜡（CorialWax）EG 5 份，高力手感蜡 EBJ 10 份，水 50 份，喷涂 1 遍，干燥，熨压（80℃、5MPa、2s）。

8.5.3.3　香味印花

毛皮都有自己特殊的气味，臭、膻、难闻者甚多。虽然在毛皮加工中尽量除去这些气味，但不少产品却难以除尽。解决这个问题，一方面采用先进的生产技术将臭异味除去，另一方面则采用香味印花，进行深加工和精加工。香味印花不仅饱人眼福，而且嗅觉上使人愉快满足，国际市场上已有这样产品。

香味的持久性与香料的相对分子质量和沸点有关。沸点低、相对分子质量小的香料，因为会很快扩散挥发到空气中，香味难以持久。反之，相对分子质量大、沸点高的香料的香味持久性长。但是要求无限持久是不现实的，故使香味持久仍是一个重要课题。

在香料生产中，常加入定香剂。定香剂是一种有机化合物，通过它与香料的结合，使香料相对分子质量增大、沸点提高，从而减缓香料分子挥发散失的速度，使香味持久。市售的香料多呈液态，它与毛皮纤维亲和力极低，难以在纤维上长期保存，因此引入了香料微胶囊技术即胶囊包裹香料，香料透过胶囊的半透膜扩散出来，使香味持续长久。

将香料微胶囊粒子混配入毛革涂饰剂中，进行印花涂饰处理。印花涂饰处理需注意：①香料微胶囊对温度敏感，在干燥、熨压过程中，尽量避免高温；②香料易受外界环境影响，因此要避免洗涤、曝晒；③香料的香型、浓淡对香味印花质量有很大影响，因此，要慎重选择与毛皮相匹配的长效香料。

8.5.3.4 转移印花

毛皮转移印花是从纺织品印花技术移植过来的。转移印花是将要印制的花形图案预先印刷在特定的离析纸上，得到转移印花纸，然后再将转移印花纸与所要印花的皮革材料复合，通过热和压力的双重作用，将转移膜上的有色物质或有色图案转移到革面上，形成彩色花纹的一种印花方法。理想的皮革转移印花技术较之皮革的其他印花技术具有两大优势：①与皮革其他常规印花相比，所印制的花形图案具有更加丰富的表达力，图案的线条更精细，层次更丰富；②具有环保特征，是一种清洁的印花生产方式。其原因是皮革的常规直接印花在皮革制品的表面进行，承印对象——皮革的表面粗糙、蓬松、充满毛细管等，所印制出的花形难以达到精细化水平。而转移印花，花形图案首先是印刷在转移印花纸上的，印花纸表面平整、细密光洁，从印刷的角度看，纸的表面可印性要比皮革的可印性强，所印花形图案层次会更丰富，线条会更细腻。转移印花主要用于绒面服装革、绒面箱包革、绒面鞋面革等。用印花革制作的服装、箱包和鞋靴等产品，典雅大方，花色美丽，雍容华贵，深受广大年轻女士的欢迎。

工艺步骤：坯革准备→贴转移膜→上机压烫→揭去转移膜底纸→皮革表面印花→印花革机械整理。

转移黏合剂属于热熔性高聚物黏合剂，用作转移黏合剂的材料有聚酯 PES、共聚尼龙 PA、聚乙烯 PE、乙烯-醋酸乙烯共聚物等。

转移印花纸上的各种图案通过熨革机或者电熨斗压印在皮板上。压烫时的温度、压力、时间与选用的转移黏合剂性能有关。一般压烫温度 80～170℃，压力 980～4900Pa，时间 10～40s。随着熨烫温度升高，转移黏合剂变软、熔融，具有流动性，熔融体黏附于皮板表面，冷却后，黏合剂便牢牢地将花纹与皮板黏结在一起。

转移印花又分为丝网转移印花和直接转移印花。丝网印花是先通过丝网在革坯上印上一种白色转印墨，再将有花纹图案转印膜与之贴附在一起，经热压将有色料花纹牢固地黏着在革坯表面；直接转移印花则是将花纹图案直接设计并印制在转移膜上，在转移膜的花纹线条处，既有色料，又有黏合剂。转移膜与革坯贴合后经热压，黏合剂与革坯黏合在一起并形成花纹。因此直接转移印花可通过购买商品转印纸较容易实施，如法国唯爱丝公司的转移印花纸。

8.5.3.5 贴膜印花涂饰

贴膜印花是在毛革的皮板上贴一层具有微孔结构的透气性聚氨酯印花预聚膜而成，它具有透气、透湿、耐摩擦、耐曲折等优点。此膜可以购买也可以自制。英国进口贴膜质量较好。

贴膜的制造方法：将聚酯或聚醚和二异氰酸酯制成端基含—NCO的预聚体。用二甲基甲酰胺（DMF）为溶剂，再用二元醇或二元胺进行链增长反应，制成聚氨酯树脂。随后加入着色剂、乙烯树脂类调成涂料。经真空脱泡后把涂料均匀地涂刮在光滑平整的玻璃板上或不锈钢带上，而后浸入水中或含水的凝固液中，使树脂凝固成膜，干燥后即成透气性微孔薄膜。再于其上印花，经整饰一并为印花贴膜。

透气原理是，聚氨酯溶液进入凝固液中后，溶质在瞬间内产生胶凝作用，溶剂DMF被排出，使溶质成为具有连续微孔的透气薄膜，贴膜厚度为0.3～0.5mm。

在贴膜上涂刷黏合剂，然后贴在毛革的皮板上，压平，上光亮滑爽剂，则称为贴膜印花。

这种方法可以充分利用原料皮资源，使涂饰工艺简单、高效，但是真皮感效应有所降低，适合于低档皮张。

除了上述具有透气性的贴膜外，也有一些具有特定亮度、似金属或珠光光泽的薄片等通过贴膜技术粘贴于皮板表面，形成特定的艺术效果。

8.5.3.6 荧光（夜光）涂饰

荧光现象是指光致发光物体在外界光源去除后能够在黑暗中发光的现象。发光（又称为余辉）时间由0.5s到4h不等。

将夜光物质用于毛皮印花便有奇异效果产生，即美丽的花纹不仅在白天可以看到，而且在晚上或黑暗中也能显示出晶莹美丽多彩的图案，这奇特的美是在有光条件下得不到的。另外，花纹图案由单调静态效果转变为灿灿发光的动态效果。

荧光印花有两个关键因素：一是发光体的保护；另一个是发光体与毛皮的黏结。用硅酸钾和高透明的高分子物质可作为发光体的保护剂；黏结则采用机械成膜或自交联成膜固着。目前已有10种国产荧光印花浆问世，见表8-5。在表8-5中绝大多数荧光印花浆均系发光物质、保护剂、黏合剂和其他有关物质组成。在使用这些印花浆时，一般不再混入其他物质，如黏度不合适，只能用水或O/W型乳化糊调节，不能使用其他增稠剂、黏合剂等，否则会影响发光效果和亮度。各种荧光涂料浆可以拼混，也可以在荧光涂料浆中拼入少量涂料，以便在白天图案也能清晰可见。起绒型荧光印花浆采用了微胶囊制浆，发光体在微胶囊遇热扩大后贴在囊壁上，用它们印花不仅在晚上发光，而且在白天具有绒绣效果。

在实际生产中，夜光印花一般都和染料或涂饰剂共印，这样在白天和晚上都有视觉效应。印花顺序应当染料和涂饰剂在前，荧光浆在后。同时印制的图案要注意荧光浆与染料或涂饰剂不要叠印，否则有碍发光的性能。

荧光印花工艺与常规印花工艺基本相同。

表 8-5　　夜光印花浆的性能与光致发光体组合

波长/nm	印花浆名称	发光色泽	光致发光体组合	亮度/%	余晖时间/min
525～528	绿 SL	亮绿	ZnS:Co、Cu	100	1/120
	绿 BGDL	亮绿→黄绿		170	15～20
	绿 BJ	黄绿		170	15～20
	绿 GL	黄绿		190	15～20
	起绒绿 GR	黄绿		100	15～20
585～595	红 GDL	橙红	ZnS:Cu～Mn	170	15～20
	起绒红 GR	橙红		100	15～20
565～570	黄 PL	亮黄	ZnS:Cu、Co ZnS:Cu、Mn	170	15—20
	黄 TL	纯黄		170	15～20
	起绒黄 PR	亮黄		100	15～20
465～470	蓝 QL	宝石蓝	(MgSrO)S:Cu、Pb	170	200

8.5.3.7　珠光或金属涂饰

珠光或金属涂饰是将具有珍珠光泽或金属光泽的微粉添加到皮板涂饰浆料中，通过光的多层次反射作用，最终在涂饰表面形成珠光闪烁或具金属效应的光泽效果。

珍珠光泽剂分为天然和人造两种。

天然珍珠光泽剂取自鱼鳞，主要成分是鸟嘌呤，天然鱼鳞粉是长方形微小晶体，其大小为 0.1mm×0.02mm×0.001mm，1g 中有 32 亿个结晶，总面积为 12.58cm^2，不溶于水、有机溶剂和弱酸，但溶于无机酸，加热至 220℃不起变化。鸟嘌呤结晶纯净无色，与涂饰剂混合，在一般情况下不影响色泽，并能反射光线，有一定持久性，无腐蚀性和毒性，但易粉碎。

人造珍珠光泽剂的原料有碱式碳酸铅、氯氧化铋、磷酸铅或砷酸铅等。其中碱式碳酸铅应用最广，它耐热、耐光性好。碱式碳酸铅是在碱式醋酸铅溶液中通入二氧化碳制得，为闪闪发光的正六角形薄片状晶体。

金属微粉则是由金属铜或铝经研磨制成的粒径小于 100μm 的微粉，常称为金粉和银粉。

将珍珠光泽剂或金属微粉 30～50g/L 加入到涂饰剂中进行中层或顶层涂饰，其余同正常工艺。

皮板涂饰的方法很多，可以借鉴皮革或纺织品的表面整理技术，以获得不同的艺术效果，如龟纹效应、仿旧效应、渐变效应、压花效应、雕刻效应等。

第九章　典型毛皮加工工艺

9.1　羊　剪　绒

羊剪绒，也称剪毛绵羊皮，多指绵羊皮毛革一体产品。具有保暖、舒适、实用性和装饰性强等特点，广泛应用于服饰类产品，如服装、帽子、鞋靴、毛领等，还用作各种毯垫，如工艺挂毯、床毯、沙发坐垫、汽车坐垫、医用床垫、背靠垫、玩具等。羊剪绒是我国毛皮加工业中的最大宗类产品，主要出口俄罗斯、欧洲、南美洲等国家和地区。

据初步统计，我国年加工羊剪绒皮在 8000 万张以上。用于制作羊剪绒的原料皮主要是细毛绵羊皮，如美利奴羊（MERINO），毛纤维直径为 21.5～25.0μm，毛密度约为 40 根/mm^2；英国土种绵羊皮和西班牙恩特菲奴羊皮，毛直径约为 35μm。

9.1.1　原料皮及特点

美利奴羊原产于西班牙，据说美利奴羊在 2000 多年前还是野羊，中世纪逐渐在西班牙成为家畜，并被当作奖品或礼物馈赠。1798 年，澳大利亚人从西班牙引进美利奴良种绵羊，经过不断繁育、改良、发展，养羊业成为澳大利亚的一大支柱产业。我国 1950 年从苏联引进并加以改良，在新疆、内蒙古、东北等地养殖。美利奴羊具有毛丛结构好，羊毛长而明显弯曲，毛被洁白、光泽好，净毛率高，毛密度大，细度均匀的特点。

澳洲美利奴羊皮表皮极薄，只有整张皮厚度的 0.82%～1.31%，而真皮层较厚，其乳头层占到真皮层厚度的 50%～75%；乳头层里有丰富的汗腺、脂腺和数目众多的毛囊簇；在乳头层和网状层的分界处，胶原纤维稀少并且编织疏松，使得两层之间的连接较弱，如果处理不当会导致两层分离；脂腺非常发达，在网状层的上层有一由游离脂肪细胞形成的脂肪层；弹性纤维在乳头层中分布发达，而网状层中却极少存在。

针对绵羊皮的组织结构和毛被的特点以及产品品质要求，在加工过程中，对于容易出现的分层、裂面、松面和结毛等问题，应加以特别重视。

9.1.2　前 期 准 备

9.1.2.1　浸水

浸水一般在划槽中进行，液比为 15～30L/张，水量根据毛的长度和皮张的大小而定。浸水的温度很重要，虽然温度高皮板能迅速回水，但同时也增加了细菌的繁殖速度，易产生掉毛问题。尤其是贮存不当的原皮，更易掉毛。因此，浸水的温度应在15～25℃，时间通常为 12～18h，皮即可良好地回水。对于贮藏时间长而特别干的皮，浸水时间相应延长至 20～24h。在这种情况下，可使用酶制剂帮助浸水。浸水时要使用杀菌剂来抑制细菌的生长。

① 预浸水（划槽中进行）：液比 25～30L/张，水温 25℃，划动 1～2min，停 2～3h，确保皮回软后，划动 10min，排水。

② 浸水：液比 25～30L/张，水温 25℃，ACTOL K2 浸水助剂 0.5g/L，DESLON NAT 或 DESLON NOS 脱脂剂 1.2g/L，BIOCIDE B7 杀菌剂 0.1g/L，划动 60min，过夜，夜间划动 2min/h，次日划动 15min，排水。

在浸水液中，可加少量甲醛（0.3～0.5g/L），能有效防止掉毛，尤其是对贮存不当的原皮，可起到固毛作用。

9.1.2.2 洗毛

液比 25～30L/张，水温 38℃，MECTAN BOU 洗毛剂 2～2.5g/L，乙醇 0.5g/L，DESLON NAT 或 DESLON NOS 脱脂剂 1g/L，纯碱 0.6～0.8g/L，划动 45～60min，查 pH 8.5，水洗，出皮。

MECTAN BOU 是一种专用洗毛剂，具有高功效的洗毛能力，使毛变得洁白、柔顺、有光泽，减少生产工序中的结毛或绿毛问题。对于像澳大利亚绵羊皮这样油脂含量较多的原料皮，洗毛中可加入 0.5～1g/L 的乙醇，起辅助作用。

洗毛阶段的机械操作：

① 刮毛：该工序是为了除去毛皮上的固体物质，如草刺、粪土等，同时刮掉因季节性换毛而残留在新毛里面的旧（死）毛，避免结毛，特别像澳皮这样的长毛皮常有这种情况。

② 甩水：用直径为 1.5m 的甩水机进行甩干，转速应在 700r/min，转动时间为 15min 左右。甩水后，毛含水分很少，湿剪毛时容易剪掉。

③ 湿剪：按照最终产品要求的长度，剪掉过长的毛。剪毛时务必注意预留出比最终产品多约 5mm 的长度，以防止毛长低于最终产品要求。比如：最终产品毛长要求 15mm，剪毛时所留毛长应为 20mm。所以，经过洗毛和甩干，湿剪后的毛才会均匀整齐、干净，避免在下道工序中产生结毛。剪毛机除了有锋利的刀片外，还应有两种不同用途的抽风装置：一种用于吸走剪下来的碎毛，另一种是把皮板紧紧吸附在传送带上，避免皮板向上接触刀带。

④ 去肉：该机械操作非常重要，通过去肉可以最大限度除去残留在皮板上的肉渣等物质，以利于后工序化料的渗透。去肉机除了刀片，还需有水力作用的帮助，使皮板回水和便于去肉。如果湿剪后毛的长度均匀一致，去肉机的压力可调大，以便在不出现刀洞或过度去肉的情况下，更好地去肉。

9.1.2.3 脱脂

毛革生产中常用的脱脂方法有如下 3 种。

(1) 化学脱脂

该类型脱脂适用于所有原皮。根据皮板天然脂肪含量的多少，调整脱脂剂的用量。像西班牙羔羊皮的天然脂肪含量（油脂含量为 5%～6%）很低，容易将油脂脱干净，无须干洗脱脂。

浸酸皮必须堆放 3 天，以使脱脂效果更好。因为酸有促进脂肪细胞水解的作用，使油脂容易被除去。另外，在脱脂工序中，用去酸的方法使裸皮的 pH 达到 7～7.5，这有助于皂洗掉已被表面活性剂乳化了的天然油脂。

【例 1. 含脂量低的原皮脱脂】

设备为划槽，浸酸皮 pH 2.0，已堆放 3d，液比 20L/张，水温 35℃，氯化钠 30g/L，DESLON NOS 或 DESLON NAT 脱脂剂 3g/L，划动 30min；甲酸钠 2.5g/L，划动 30min；小苏打 2.0g/L，划动 30min；纯碱 3g/L，划动 120min；静置过夜，夜间划动 2min/h，次日查 pH 7.0～7.5，水洗干净。

说明：此方法也适用于含脂量高的原皮，经过此阶段脱脂，这些皮还需在皮坯阶段进行干洗脱脂。鞣制前的划槽脱脂程度和均匀分散天然油脂的程度，应尽力达到最大限度，这样将使铬鞣均匀，避免形成铬皂和在染色阶段造成色斑，使染色更均匀。

【例 2. 含脂量高的原皮脱脂】

设备为划槽，浸酸皮 pH 2.0，堆放 3d，液比 20L/张，水温 35℃，氯化钠 30g/L，ACTIDIAL ST 脂肪醛鞣剂 3g/L，划动 45min；DESLON NAT 脱脂剂 3g/L，划动 45min；甲酸钠 2.5g/L，划动 15min；小苏打 3g/L，划动 30min；纯碱 3g/L，划动 120min；过夜，夜间划动 2min/h，次日划动 10min，查 pH 7.5，收缩温度 65℃，控水。

液比 20L/张，水温 45℃，DESLON NAT 脱脂剂 4g/L，划动 90min；ACTASE P10 蛋白酶（1000U）2g/L，划动 45～60min，查肷部软化程度后，水洗干净。

工艺说明：首先用 ACTIDIAL ST 脂肪醛预鞣，使裸皮的收缩温度增至 65℃，然后在去酸时将 pH 提高至 7.5。由于裸皮的收缩温度较高，允许脱脂时使用 45℃的水，使脱脂效果大幅度提高。要严格检查收缩温度，如控制不当，皮会烫坏。对于天然油脂含量较高（15%～20%天然脂肪）的英国本地直毛绵羊皮和澳大利亚春羔羊皮，可以采用上述方法进行脱脂，但须在严格控制工艺条件的情况下进行，以确保脱脂效果。如脱脂后的部分坯皮还留有少量油脂，只需对该部分皮进行轻微干洗即可。脱脂后进行软化，效果更好。

该脱脂方法非常有效，可以不用干洗。未经干洗的皮板，手感更好，染色效果更鲜艳亮泽。脱脂用表面活性剂必须具备如下性质：不上毛；乳化性强，脱脂力强；稳定性好，耐酸、耐盐；低泡沫；可生物降解度高、毒性低。

（2）表面活性剂与有机溶剂配合脱脂

这类脱脂方法过去使用较多，由于溶剂污染环境，所以渐渐用得少了，高污染问题将使此脱脂方法被前面的方法（见 8.1 中所述）所取代。溶剂渗透并作用于皮纤维之间，降解天然脂肪。非离子表面活性剂和纤维的亲和性低，有助于对皮进行脱脂。

具体脱脂方法（划槽中）：浸酸皮 pH 2.0，堆放 3d，液比 20L/张，水温 35℃，氯化钠 30g/L，煤油 9～10g/L，DESLON NAT 脱脂剂 1～1.2g/L，划动 120min；甲酸钠 2g/L，划动 30min；小苏打 2g/L，划动 30min；纯碱 3g/L，划动 60min；静置过夜，夜间划动 2min/h，次日甩水或去肉，水洗干净，水洗时可加一些 DESLON NAT。

（3）干洗脱脂

正如前边所述，表面活性剂不能 100%彻底脱脂，因此铬鞣剂也无法很好渗透，所以才要进一步干洗，旨在彻底洗掉高脂含量毛革中的天然脂肪。常用的溶剂有四氯乙烯或三氯乙烯。用专业干洗机进行脱脂，先使皮张浸泡在溶剂中，依据含脂量的多少转动2～20min。之后再甩干除去溶剂，以不高于60℃的温度对皮进行烘干，温度过高，易烘烤坏坯皮。

注：干洗前皮要干透，水分含量过多，会影响溶剂脱脂的效果，还会导致皮被烘烤坏或变硬。

9.1.3 浸酸、软化

在诸多类型的皮革加工中，只有毛革生产没有浸灰工序，因此不能像其他皮革那样获得浸灰的好处。所以必须通过特殊方式的软化作用，来达到同样的纤维松散效果，但要注意避免掉毛。

9.1.3.1 浸酸

用足量的中性钠盐抑制酸肿，对皮进行酸处理和水解胶原。浸酸和浸酸后的静置堆放，都是酸进一步水解胶原蛋白质、有效打开胶原纤维的过程。影响浸酸的重要因素有pH、温度、时间。

① pH：浸酸的pH是由所用酸的种类和用量来决定的。制作毛革过程中所使用的酸有甲酸、醋酸、乳酸、草酸、硫酸。一般几种酸结合使用效果更佳。

酸不仅可以分解无用的蛋白质，还具有一些利于鞣制的蒙囿作用。甲酸的蒙囿作用较强，乳酸、草酸的分散作用较强。因此，毛革加工常用甲酸，毛皮（像狐皮、紫羔皮等）加工则常用乳酸及草酸。硫酸没有蒙囿作用，大量使用硫酸，主要因为其价格便宜。酸的水解作用还有助于进一步的脱脂。浸酸最终pH被调整为2.5～3.0，如果酸皮需要更长时间的存放，则pH应调至1.5左右。

② 温度：浸酸的温度一般控制在30℃以下。温度超过30℃，酸对纤维会产生很强的破坏作用，不需要的分解作用也由此而产生。

③ 时间：一般浸酸时间为12～24h。浸酸开始4～6h后，酸液在皮板内的浸透达到首次平衡。之后，重点是确保酸液渗透至紧实或油脂含量高的部位，该结果可用溴甲酚绿指示剂来检查。浸酸结束后，酸皮堆放3～4天，最好一周（但这样会增加成本）。其他影响打开胶原纤维的因素是浸酸时加入的中性盐，其对胶原纤维有一些分散作用。但中性盐自身不能有效地打开胶原纤维。

9.1.3.2 软化

该工序可放在浸酸开始时进行，或在下一步脱脂和去酸后进行。软化多使用蛋白酶和脂肪酶，软化时要将pH和温度调整到能使酶发挥最大功效的范围，并十分小心地控制pH和温度，避免掉毛。软化还有一定的脱脂效果，有助于天然油脂含量高的皮脱脂。

9.1.3.3 软化工艺举例

① 浸酸、软化（划槽中）：液比10～15L/张，水温25℃，氯化钠50～60g/L，EDOLAN BSU加脂剂1.5g/L，划动30min；甲酸2.5g/L，划动30min，pH 4.5；ACTAZYM A酸性酶2g/L（活力800U），划动45～60min；甲酸5g/L，划动30min；硫酸1g/L，划动120min，pH 2.5～3.0；静置过夜，夜间划动2min/h，浸酸总时间12～16h。出皮静置3天。

注意：要将皮做得更轻、柔软度更均匀，在脱脂后或去酸后进行软化操作，效果会更好。但工艺控制要非常严格，避免在操作时掉毛。如控制不当，该方法很危险。可在酶作用的最佳条件下进行软化操作：pH 7.5～8.0，温度 38℃。根据产地不同、纤维结构不同、原皮保存方法的不同，软化时间一般在 45～60min。检查软化程度的方法是：用手轻推后肷部，表皮容易脱落，说明软化程度可以了，此时应停止软化，否则不久即开始掉毛。

② 软化（划槽中）：液比 20L/张，水温 38℃，纯碱 0.1g/L，划动 10min，pH 7.5～8.0；ACTASE P10 碱性酶（1000U）2g/L，划动 45～60min，轻推后肷部，检查软化程度，冷水洗。

9.1.4　鞣　　制

鞣制的主要目的是通过鞣剂来固定胶原纤维，要重视调整渗透的条件。对毛革产品来说，鞣剂是从肉面向粒面单向渗透的，非常困难。而有浸灰工序的皮鞣制时鞣剂可以从两面双向渗透。

9.1.4.1　铬粉

铬粉有两种：用葡萄糖或亚硫酸酐还原重铬酸盐所得。主要区别在于用有机物还原得到的铬粉的蒙囿性能更好。毛革生产中所用铬鞣剂有碱度 33%或 41%两种。毛革上采用铬粉的铬鞣工序要注意的几个要点：

① 预处理。控制好浸酸和软化效果，更有利于铬粉向皮内渗透和分散。

② 铬粉的碱度。提高碱度，鞣制作用也将提高，但渗透能力相应减弱。

③ 蒙囿作用。通过蒙囿作用，在提碱时避免产生沉淀，而且铬分子变大，阴离子属性增强，增进铬分子的固定，皮板丰满度更好。

④ 温度的影响。温度升高，能增加铬粉的分散渗透，结合速度更快，鞣制以后固定更好。

⑤ 时间的影响。给予足够的鞣制时间固然重要，但是鞣制后的堆放时间也很重要。因为皮板内的铬分子与胶原纤维完全结合需要时间，鞣制后的静置能使铬进一步被结合固定，使其丰满度得到一定程度的提高。

⑥ 铬粉的用量。鞣制时增加铬粉的浓度，铬粉的渗透量及渗透速度也相应增加，建议用量在 23～25g/L。

⑦ 机械作用。机械作用强，渗透的速度就快，但有结毛的危险。要平衡两者之间的关系，转动的速度应为 4～6r/min。

⑧ 液比。液比大小根据皮张大小和毛的长度来定。液比小，化料的浓度就高，渗透更好，但有结毛的危险。建议液比在 8～15L/张。

9.1.4.2　铝盐

铝盐主要用于毛皮鞣制，鞣后皮为纯白色。毛革加工中使用时，由于铝盐渗透缓慢，应在铬鞣加入之前，进行铝预鞣。常用铝盐有氯化铝、钾明矾、硫酸铝、甲酸铝。铝鞣皮紧实，延伸性小，磨革之后绒头细致，光亮度好。但铝鞣革的缺点是不耐水洗，因此一般不单独使用铝鞣，而是铬铝或醛铝结合鞣。为避免出现上述问题，毛革上主要是在浸酸或铬鞣前铝预鞣，以达到所需效果。

9.1.4.3 脂肪醛鞣剂

醛鞣与铬鞣、铝鞣有很大区别，醛预鞣能提高裸皮的收缩温度，在脱脂时避免掉毛，脂肪醛鞣剂用量在1.5～2.5g/L。铬鞣中，在铬盐加入前加醛鞣剂，鞣后皮板丰满度好、耐洗，透气性也好。

9.1.4.4 铬单宁

这类鞣料（如ACTAN OM）是铬粉和合成鞣剂复合而成的，鞣制后粒面紧实，磨革绒头细小，染色均匀。与铬粉鞣革相比，色度降低。这是因为该鞣料是强阴离子属性。鞣制后皮堆放1～2天，使铬单宁进一步固定，然后进行湿磨。湿磨很重要，它能更好磨掉去肉时没有除净的肉渣，有利于复鞣剂和加脂剂更好地分散、渗透。湿磨有专门的磨革机，在砂轮上用一定压力磨掉肉渣，同时砂轮上要有水流，以冷却皮板。

9.1.5 中　和

中和的目的是除去残留在皮板中的酸，使皮板的阴离子属性更强。常用的中和剂有钠盐、中和单宁。

9.1.5.1 钠盐

① 碳酸钠：pH 10.8～11.2（10%溶液），由于其碱性强，一般不用于中和。它易使表面中和过度，而横切面的中和却不均匀。

② 碳酸氢钠：pH 7.8～8.1（10%溶液），能深入渗透，但使用温度不能超过35℃，否则容易转变为碳酸钠。

③ 醋酸钠：pH 8.0～8.2（10%溶液），中和作用温和，中和后pH达不到所要求的高度，会漂白铬鞣皮。

④ 甲酸钠：pH 8.5～8.7（10%溶液），作用缓和深入，不会产生过度中和，一般与碳酸氢钠配合使用。

9.1.5.2 中和单宁

这类单宁（如ACTAN NH）对中和很有帮助，不会产生过度中和现象，渗透的速度和深度比钠盐要好。因为有鞣性，且阴离子属性强，能更好地促进加脂剂的渗透，因此，中和后坯革的丰满度有一定提高。

9.1.6 加　脂

毛革所用加脂剂的主要性能如下：容易渗透，与纤维的结合牢度好且不可逆转，溶剂萃取率低（耐干洗），不上毛，耐光性好，乳液稳定性好。

在毛革加脂工序中，加脂剂只能通过皮的肉面向粒面渗透。加脂后的干燥过程，也是油脂从肉面向粒面继续分散的过程，同时加脂剂占据了水在皮纤维间的位置。加脂剂的阴离子基团和纤维发生化学作用，非离子性基团和自由脂肪酸分子由肉面向粒面继续移动。因此干燥速度一定不要太快，确保加脂剂达到均匀的渗透和固定，确保粒面的弹性。干燥温度以40～50℃为宜。如果没有足够的弹性，烫毛和干洗之后，会产生裂面。所以生产毛革一体这样的高档产品，加脂应在中和后单独进行，以便加脂剂更好地分散、渗透。而生产其他低档产品，出于对生产成本的考虑，鞣制和加脂可在一起进行。

9.1.6.1　西班牙恩特菲奴和美利奴皮加脂（转鼓中）

① 鞣制：液比 8L/张，水温 30℃，氯化钠 50g/L，甲酸 3.5g/L，转动 60min；EDOLANBSU 加脂剂 2g/L，转动 90min，pH 3.6；TECTAN Al 铝鞣剂 2g/L，转动 30min；铬粉（碱度 33%）14g/L，转动 60min；ODINOIL KAG 加脂剂 2g/L，转动 30min；铬粉（碱度 33%）14g/L，转动 180min；甲酸钠 2.5g/L，转动 60min；小苏打 3.6g/L，在 90min 之内分五次缓慢加完，间隔 20min，再转动 180min；静置过夜，夜间转动 2min/h；次日转动 30min，查 pH 3.8～3.9，收缩温度 95℃，控水，水洗，出皮，堆放 1～2 天，湿磨。

② 复鞣：液比 8L/张，水温 40℃，铬粉（碱度 41%）5g/L，转动 90min；甲酸钠 1.5g/L，转动 90min，控水，水洗。

③ 中和：液比 8L/张，水温 30℃，甲酸钠 2g/L，小苏打 1g/L，转动 120min，pH 5.5，控水，水洗。

④ 加脂：液比 8L/张，水温 50℃，ODINOIL KAG 加脂剂 6g/L，ODINOIL BDN 加脂剂 2g/L，ODINOIL BTU 加脂剂 4.5g/L，转动 90min；甲酸 1g/L，转动 90min，pH 4.0，控水，水洗，堆放过夜，次日挂晾。

9.1.6.2　英国土种粗毛皮加脂（转鼓中）

① 鞣制：液比 9L/张，水温 30℃，氯化钠 50g/L，甲酸 3.5g/L，转动 60min；EDOLANBSU 加脂剂 1.5g/L，转动 90min，pH 3.6；ACTAN OMA 铬铝单宁 5g/L，转动 30min；铬粉（碱度 33%）15g/L，转动 60min；ODINOIL KAG 加脂剂 2g/L，转动 30min；铬粉（碱度 33%）15g/L，ACTIPELX AM 蒙囿剂 1g/L，转动 180min；甲酸钠 2.5g/L，转动 60min；小苏打 4g/L，在 90min 之内分五次慢慢加完，间隔 20min，再转动 180min；静置过夜，夜间转动 2min/h；次日转动 30min，查 pH 3.8～3.9，收缩温度 95℃，控水，水洗，堆放 1～2 天，湿磨。

② 复鞣：液比 9L/张，水温 40℃，铬粉（碱度 41%）6g/L，转动 90min；甲酸钠 2g/L，转动 60min，控水，水洗。

③ 中和：液比 9L/张，水温 30℃，甲酸钠 2g/L，小苏打 0.5g/L，转动 120min，pH 5.0，控水，水洗。

④ 加脂：液比 9L/张，水温 50℃，ODINOIL KAG 加脂剂 6g/L，ODINOIL BTU 加脂剂 5g/L，ODINOIL BDN 加脂剂 1.5g/L，转动 90min；甲酸 1g/L，转动 90min，pH 4.0，控水，水洗，堆放过夜，干燥。

9.1.6.3　澳羔皮加脂（转鼓中）

鞣制-加脂：液比 10L/张，水温 30℃，氯化钠 50g/L，ODINOIL KAG 加脂剂 6g/L，EDOLAN BSU 加脂剂 2.5g/L，ODINOIL BDN 加脂剂 2.5g/L，转动 60min；甲酸 3.5g/L，转动 120min，pH 3.7；TECTAN Al 铝鞣剂 3g/L，转动 30min；铬粉（碱度 33%）14g/L，ACTIPELX AM 蒙囿剂 1g/L，转动 60min；铬粉（碱度 33%）14g/L，TECIPELX AM 蒙囿剂 1g/L，转动 15min；SEDASIL QQT 光亮剂 0.5g/L，转动 210min；甲酸钠 2.5g/L，转动 60min；小苏打 3.3g/L，缓慢地分五次在 90min 内加

完，再转动 180min；静置过夜，夜间转动 2min/h；次日转动 30min，查 pH 3.9，收缩温度 95℃，控水，水洗，出皮，堆放 1～2 天，湿磨，干燥。

9.1.7 整　理

（1）干燥

革坯自然干燥后，水分含量约为革质量的 30%，革坯中的水分含量对下一步的操作和成品质量都有很大影响。干燥过程中，温度最高不要超过 70℃，最佳温度为 40℃。皮的各个部位都要干透，避免出现问题。

（2）回潮

回潮对磨革效果影响很大，在拉软和磨革之前进行。回潮时，把水均匀喷到革坯上；回潮后，最少要静置 6h，通常是过夜。

（3）拉软

通过机械作用分散纤维。拉软机有立式拉软机、卧式拉软机和手工拉软机 3 种类型。使用时要记住调节好压力和速度，达到最佳拉软状态，避免拉伤皮。

（4）磨革

在机械操作工序中，这道工序最重要。磨革机有轮式和通过式的。要获得好的磨革效果，需注意 3 点：湿度及水分布的均匀性，合适的手感（不干、不油腻）和机器本身的状态。要注意湿度的调节控制，革太干，则磨革作用剧烈，磨出的绒头过长；革太湿，则绒头不易切断，磨革不均匀。磨革时，革坯含水量 20%～25%为宜。另外，皮板手感太油腻，则磨革困难，没有切割作用。

（5）梳毛

由于存在原皮结毛或在生产期间所造成的毛被结毛现象，因此需用梳毛机将结毛梳开。

（6）烫毛

目的在于使最终产品有光泽、手感好和直挺。因此烫毛工序着重解决两方面问题，即拉直和固定。

拉直是通过化学和机械作用，拉直天然弯曲的毛；固定是通过化学和机械作用保持毛的直挺。毛纤维拉直后，角蛋白的肽链被打破，毛比原来要长 30%。

毛拉直有 3 种形态：①仅仅使纤维变形，并没有固定，遇冷水就恢复原状；②暂时拉直，遇冷水不变形，但遇热水恢复原状；③在沸水中也能保持拉直后的直挺状态，要达到此最好效果，烫毛前，毛含水分至少 40%。

烫毛液通常是甲酸、酒精和水配合起来一起使用。甲酸能打破肽链，乙醇渗透性好，使毛回湿快。用甲醛、甲酸、乙醇和水配制的溶液刷毛后，进行烫毛固定。烫毛温度一般为 170～190℃，如温度低，毛不易烫直。具体烫毛方法如下：

①（染色前）烫毛拉直：甲酸 100 份，乙醇 100 份，水 800 份。适量刷直毛液，烫毛温度 170～190℃。

②（染色前）固定：甲酸 40 份，乙醇 100 份，甲醛（40%）150 份，水 710 份。适量刷固定液，烫毛温度 170～190℃。

③（染色后）上光：甲酸 30 份，乙醇 50 份，光亮剂 SEDASIL QQT 15 份，抗静电剂 TExTAIC B 20 份，IRONNAL NNO 烫毛固定剂 150 份，水 720 份。适量刷上光液，烫毛温度 170～190℃。

（7）干剪毛

这道工序在烫毛之后进行，用专业剪毛机剪掉不均匀的长毛。最终产品的毛长：服装革为 12～12mm，汽车靠背革为 20～25mm。

9.1.8 染　色

毛革的染色在划槽中进行，分为染毛和染板两部分。

① 回湿：液比 15L/张，水温 45℃，ODINOIL BZU 加脂剂 2g/L，划动 90min。

② 复鞣：液比 15L/张，铬粉（碱度 33%）3g/L，ACTAN OM 铬单宁 3g/L，划动 60min；甲酸钠 42g/L，划动 60min，pH 4.0，控水，水洗。

③ 中和：液比 15L/张，水温 30℃，甲酸钠 2g/L，划动 10min；小苏打 2g/L，划动 60min，pH 6.5，控水，水洗。

④ 染毛：液比 15L/张，水温 65℃，染毛均染剂 WL-17 0.5g/L，划动 15min；染毛染料适量，划动 30min；甲酸 0.5g/L，划动 20min；甲酸 1g/L，划动 30min，pH 3.8，控水，水洗。

⑤ 染板：液比 15L/张，水温 35～45℃，氨水 1g/L，染板助剂 ACTYL FD 0.5g/L，划动 20min；染板染料适量，划动 45min；ODINOIL PAL 加脂剂 6g/L，ODINOIL BDD 加脂剂 2g/L；ODINOIL BTU 加脂剂 2g/L，划动 60min；甲酸 1g/L，划动 30min；甲酸 1g/L，划动 30min，pH 3.8，控水，水洗。

干燥、回潮、拉软、成品入库。

9.2　国产水貂皮工艺

水貂皮的胶原纤维的走向多是顺毛生长方向且平行于皮面（即沿皮首尾走向），除近表皮的真皮粒面处胶原纤维较细、编织较为紧密外，其余部分乳头层与网状层胶原纤维的粗细都差不多，但乳头层编织比网状层要紧密些。颈、脊部胶原纤维的粗细和编织紧密度相差不大，而腹部编织略疏松。弹性纤维较多，主要存在于乳头层，在脂腺附近交织成网，表皮下可见稠密的细小弹性纤维丛。貂皮中脂腺较发达，虽无游离脂肪存在，但有类似于猪皮的由脂肪细胞组成的脂肪锥。

国产的水貂皮原料品质不一，从激素皮到季节皮再到春皮，产皮季节最早可提前到 7 月份。因国产水貂皮多在貂养殖期注射激素，导致毛被密度低、皮板纤维疏松、毛针长、光泽差。所以在加工过程中需要不断地调节工艺，以适应不同的皮板，即看皮做皮。这对于技术人员的技术、责任心、企业管理水平的要求比较高。

工艺流程：组批称重→浸水→去肉→转木糠→转笼→复浸水→预鞣→铲皮→脱脂→微酸肿→消肿→揭里→复浸水→脱脂→软化、浸酸→鞣制→转锯末→转笼→拉宽拉长→转油→静置→踢皮→转锯末→转笼→削匀→翻毛向外→干洗→翻板向外→伸宽拉长→踢粉、转笼→翻毛向外→转锯末→转笼→除尘→烫毛、检验、打捆。

9.2.1 浸水、脱脂

9.2.1.1 激素皮

7月开始开剥的皮是激素皮，而且都是鲜皮加工，所以不需要进行浸水，重点是脱脂，水貂皮的油脂含量很大。为了避免刮油时伤到毛根，养貂厂在剥皮后很少进行去肉，所以皮板上带有大量的油肉。鲜皮入厂后需要进行仔细地削匀和去肉，然后尽量选用好的脱脂剂进行脱脂。激素皮毛的生长还没有完全成熟，毛的鳞片层容易受到破坏，毛根很不牢固，容易产生掉毛现象。所以在脱脂时不能采用很强烈的脱脂手段，如强碱和剧烈的机械作用。并且为了固毛，需要用甲醛预先鞣制一下。

参考工艺如下：

① 去肉：去肉时要注意毛根松动的皮不能用去肉机去肉，只能用大铲或大刀。

② 转鼓回软：转干皮板，以利削匀。

③ 削肉里：削去头、尾、无用物及过厚的皮板部分。注意不可削掉毛根。

④ 修边角肉里。

⑤ 脱脂：液比3L/张（公皮）、2.5L/张（母皮），温度30℃，氯化钠30g/L，甲醛1g/L，转30min；纯碱1g/L，脱脂剂80 2g/L，渗透剂HAC 1g/L，转2～4h，甩水。

⑥ 洗皮：液比3L/张（公皮）、2.5L/张（母皮），温度25℃，氯化钠30g/L，脱脂剂S80 2g/L，1h，甩水。

9.2.1.2 季节皮

11月开始生产的皮即季节皮，是已成熟的皮，此时的毛已经长成，能够承受相对较强的碱性处理和机械作用，同时皮板纤维编织的紧密程度和强度已经很高，可以用钢刷去肉。一般前期加工的季节皮以鲜皮为主，逐渐到半干皮再到干皮。由于国内鲜皮保存没有规范的方法，所以在保存和干燥过程中不可避免地有部分皮因为细菌腐蚀而产生掉毛现象。而且对于干燥后的原皮，在加工前无法检查出是否有掉毛情况，只有在进入浸水工序，皮板充水回软，纤维间隙打开后，已经被腐蚀掉毛根的毛才会松动。为了保险起见，在浸水时都要加入少量甲醛，以防止过多的毛松动。鲜皮没有经过上板和干燥过程，大部分皮没有经过仔细地去肉处理，加工前期仍然需要加强去肉和脱脂，和激素皮的脱脂工序相似，但是可以加入钢刷去肉的工序。

半干皮和干皮已经过仔细地去肉和上板干燥，皮下脂肪已经去除得比较干净，同时部分没有去掉的皮下脂肪细胞在干燥过程中被破坏，所以脱脂较容易。但是由于皮板的干燥使纤维黏结，所以浸水需要较长时间。同时为了及时阻止皮上的细菌在水中快速繁殖，使得毛根松动，在浸水时需要加入少量杀菌剂或甲醛。

参考工艺如下：

① 预浸：液比3L/张（公皮）、2.5L/张（母皮），温度25℃，氯化钠30g/L，渗透剂HAC 2mL/L，4h。

② 浸水：液比3L/张（公皮）、2.5L/张（母皮），温度25℃，氯化钠30g/L，渗透

剂 HAC 1mL/L，杀菌剂 0.5mL/L，过夜。

③ 转鼓助浸：每鼓 600 张皮，旧木糠 4 包，浸水液 8L/张，转动 30min，促使皮板尽快回水。

④ 削水皮：削薄头、尾厚部分的皮板，以利于更好的浸水和浸酸软化。

⑤ 钢刷去肉：进一步去除皮板上剩余的油脂，同时可以机械做软皮板，更有利于皮板回鲜。但是要注意，对于在鲜皮保存时过度刮去肉里已露出毛根的皮板，不能再进行机器去肉。

⑥ 脱脂：液比 3L/张（公皮）、2.5L/张（母皮），温度 25℃，脱脂剂 80 2g/L，纯碱 1g/L，转 2～4h。甩水。

9.2.1.3 春皮

2 月份开始生产的皮为春皮，即将开始退毛的春皮的皮板厚，有部分皮的新毛已经开始生长，底绒呈现高低不同的层次。这时的原料皮情况比较复杂，其中有大量的种皮。在做软皮板时需要更强的作用，但是部分皮更容易掉毛。浸水的基本工艺和季节皮相似，只是在时间和温度上掌握好就可以。

9.2.2 浸酸、软化

浸酸、软化是做软皮板的最主要工序，同时也是最容易引起掉毛的工序。

对于激素皮，由于皮板没有完全成熟，皮板纤维编织疏松，毛固定不牢固，在浸酸软化时应该以浸酸为主，软化为辅，轻微做开皮板的同时，重点关注毛根的紧固程度。酶用量偏少，1～2mL/L 较合适，保证毛的松动率不超过 10%为好。

对于季节皮和春皮，浸酸和软化的力度要加大，甲酸用量可以加大到 6～8mL/L。酶用量要加大到 3～5mL/L，时间可以延长到 24h 左右。

如果是种皮，需要进行两次浸酸来进一步分散纤维，或者将浸酸时间延长一倍以上。

浸酸参考工艺：液比 20，温度 32℃，氯化钠 60g /L，乳酸 4mL/L，SUPERLOTA 酸性酶 0.5～5mL/L，2h。甲酸 2mL/L，1h，甲酸 2mL/L，过夜，甩水。

9.2.3 鞣　　制

水貂皮的鞣制一律采用铝鞣和油鞣结合进行。由于水貂皮纤维较粗，而要用作服装原料，则要求皮板非常柔软，并具有较大的延伸性，对于其他指标如强度、收缩温度等要求不高。采用铝鞣和油鞣相结合能够获得皮板的柔软性和延伸性特征。

由于铝鞣剂的鞣制作用弱，所以要采用大量的铝鞣剂来促进结合。一般使用 40～50g/L 的铵明矾，同时加入少量的脂肪醛 PF，其对于油脂和鞣剂有分散作用，可以使鞣制更加均匀。NOVALTAN Al 的化学成分是三甲酸铝，比铵明矾的结合率高，可以在较高的 pH 下鞣制，能够产生更强的鞣制效果。助鞣剂 B 提碱的作用十分缓和，可以防止铝鞣剂产生沉淀和鞣制不均匀现象。加入少量油脂 GLS，可以润滑纤维，使鞣剂的渗透更加均匀，同时可以使鞣后干燥进行得缓慢而均匀，不至于失去结合水分，利于干燥后加油时踢皮油的渗透。使用大量的铵明矾鞣制时，提碱 pH 不能太高，鞣液 pH

不宜超过 3.7，因为铵明矾在 pH 3.6 时就开始产生沉淀，pH 提得过高会使皮板内外的 pH 差值过大，鞣制很不均匀。同时，pH 过高，鞣制作用过强，会使皮板的柔软性和延伸性降低，所以 pH 在 3.5 左右就可以了。

鞣制参考工艺：液比 20，温度 32℃，氯化钠 40g/L，铵明矾 40g/L，脂肪醛鞣剂 2mL/L，NOVALTAN Al 铝鞣剂 2g/L，2h；助鞣剂 B4g/L，2h；小苏打适量，调节 pH 至 3.5 左右，加脂剂 GLS 2mL/L，过夜，甩水。

9.2.4 干　　燥

水貂皮鞣制过程中的干燥是非常重要的，一是干燥的过程和程度直接影响到皮板的柔软性和延伸性，二是干燥的程度和均匀性对于后续的踢皮油的渗透性影响非常大，也就直接影响到油鞣的效果。一般工厂主要采用两种干燥方式，一是用转鼓转木糠干燥，二是挂晾干燥。用转鼓转木糠干燥省时省力，但是对于易掉毛的皮容易产生大量的掉毛情况；挂晾干燥虽然费时费力但是可以紧固毛根，减少掉毛。所以对于不同的皮张宜采用不同的干燥方式。干燥程度的掌握也要根据皮张和踢皮油的情况来确定，一般干至含水量 20%～40%。

9.2.5 油　　鞣

水貂皮的鞣制必须经过加油（加踢皮油）这道工序，可以有效增加皮板的柔软性和延伸性。加油必须要使踢皮油渗透得深透和均匀，深透就是要使踢皮油渗透到皮纤维之间的毛细管中，使加入到皮板中的油脂不能够被轻易洗掉。可以说皮板中渗入皮纤维之间毛细管中的踢皮油越多，皮板的柔软性和延伸性就越好。要想使渗透到皮纤维之间毛细管中的油脂尽可能得多，就要提高踢皮油的温度，使踢皮油的流动性增加。增加机械作用，进行转鼓和踢皮，使油脂能够尽可能地渗透到皮板的深处。并且保证皮板不会失水过度，以保证纤维之间的空隙尽量大。

9.2.6 干　　洗

加踢皮油后，大量的油脂填充于皮板内部，导致皮板增厚，油腻感很强。也会由于油脂的变质酸败，使皮板在贮存过程中的强度大大降低，所以必须进行干洗。干洗就是要将未结合的踢皮油从皮板中除去。但是要保留下吸附在皮纤维间毛细管孔内的踢皮油，以保证皮纤维的润滑作用。如果彻底除去踢皮油，则油脂的润滑作用也将失去，皮板的柔软性和延伸性就会明显降低。干洗的时间应根据加油的质量进行控制。一般在 1～5min。干洗后再进行转鼓鼓软、翻皮、上光、伸宽、拉长。

9.3　狐狸皮工艺

狐狸皮的毛被细柔丰厚，灵活光润，色泽美观，御寒性好，制裘后可制成大衣、皮领、皮帽、围脖、披风等，为裘皮中的上品。华丽的外层针毛和亮丽的毛纤维，富有光泽，长而柔软，具有保暖性。狐狸皮分红狐皮、蓝狐皮、白狐皮、银狐皮等几个品种。

与小毛细皮相比，长毛细皮加工过程要特别注意的一点是防止锈毛，因此加工前对毛皮应仔细检查，及时发现和挑出有掉毛、锈毛的皮张。在加工过程中，每一道水场工序后都应做手工打皮，以松散毛被，防止产生锈毛和结毛现象。

9.3.1 浸　水

狐狸皮同水貂皮一样，生皮均需刮油等预处理，故浸水操作较容易，也不需再去肉。但浸水时要特别注意油或肉未去净的皮张，须单独再去肉和脱脂，还要注意掉毛现象的发生。

浸水一般分两次进行。第一次浸水时要先洗去生皮上所附带的污物和细菌，使原皮基本回鲜，故应加入杀菌剂、润湿剂及能促进回湿和抑制细菌繁殖的氯化钠。第二次浸水则要求充分回鲜的同时，还要尽量除掉皮板中的可溶性蛋白成分，应根据生皮状态，添加浸水助剂，必要时可加入 0.5～1.0g/L 的甲醛以抑制细菌的滋生和固毛。第二次浸水时，可选用具有脱脂效果的浸水助剂，既简化脱脂工序，又避免过长的浸水周期而可能引起的掉毛、溜毛现象。

9.3.2 浸酸、软化

狐狸皮纤维略松，浸酸软化一般较简单，在保证纤维充分分散的同时，毛皮皮板的附着牢度要不受影响。在实际加工过程中，要尽可能慎重、安全，对于高档毛皮，切不可因操作不当引起掉毛现象的发生。建议采用活力单位较低的酸性酶制剂，以防造成损失。

由于无机酸的渗透性较差，应尽量合用有机酸，以达到均匀浸酸的作用，使皮板内的 pH 变化更小，获得合适的柔软性和鞣制效果。

9.3.3 鞣　制

长毛细皮与小毛细皮的鞣制方法完全不同，主要采用铝-油鞣，也有采用醛-铝鞣、以甲醛为主的鞣制方法。但甲醛鞣制的毛皮不耐存放，随着时间的推移，皮板会变脆，且因皮内存在游离甲醛的问题，目前欧盟等国家已禁止甲醛用于毛皮的加工中。

长毛细皮不能采用踢皮油进行油鞣，现在许多企业采用乳化油来代替踢皮油，以简化操作，并达到良好的润滑纤维效果。由于后期要合用踢皮油处理，故也不能合用铬预鞣，否则因氧化油脂引起皮内六价铬超标，也会出现退鞣现象。

9.3.4 整　理

狐狸皮的后期整理相对较简单，主要通过转鼓鼓软、伸宽、拉长等操作，达到去油、松散、增光的效果。

9.3.5 典型工艺

9.3.5.1 铝-油鞣国产狐皮工艺

① 浸水：液比 20，温度 30℃，润湿杀菌剂 HAC 1mL/L，氯化钠 20g/L，4h，甩水，翻皮板朝外。

② 脱脂：液比 20，温度 32℃，脱脂剂 2mL/L，浸水酶 1g/L，1h。

③ 去骨、拉大刀、削头尾。

④ 二次浸水：液比 20，温度 20℃，润湿杀菌剂 HAC 1mL/L，氯化钠 20g/L，过夜，出皮，甩水，打皮。

⑤ 浸酸：液比 20，温度 30℃，氯化钠 40g/L，草酸 2g/L，素波酶 A 2mL/L，6h；甲酸 2mL/L，增光液 B-20 6mL/L，过夜。出皮，甩水，打皮。

⑥ 鞣制：液比 20，温度 35℃，氯化钠 40g/L，铵明矾 45g/L，助鞣剂 B 4g/L，过夜。出皮，甩水，打皮，伸宽，拉长。

⑦ 刷油：鞣皮油 G 1 份，用 2 份热水乳化，刷于皮板，静置数小时。干燥过夜。

⑧ 翻毛朝外，伸宽，拉长，转鼓鼓软，转笼。

⑨ 翻皮板朝外，转锯末，转笼。

⑩ 翻毛朝外，转锯末，转笼，伸宽，拉长，整理。

9.3.5.2　醛-铝鞣国产狐狸皮

原皮：鲜皮。

① 浸水：液比 20，温度 25℃，氯化钠 30g/L，优沙邦 OC 1g/L，JFC 1g/L，甲酸 1g/L，过夜。甩水，削匀，全身大铲。

② 脱脂：液比 20，温度 38℃，优沙邦 OC 0.7g/L，优沙邦 LPK-E 0.7g/L，30min；纯碱 1g/L，30min；甩水。

③ 清洗：液比 20，温度常温，20min。甩水。

④ 浸酸：液比 20，温度 36℃，氯化钠 50g/L，优沙邦 OC 0.5g/L，甲酸（85%）2g/L，60min；乳酸 3g/L，素波酶（泛博公司产品）2.0g/L，120min；甲酸 3g/L，过夜（16h）。甩水。

⑤ 醛鞣：液比 20，温度 38℃，氯化钠 50.0g/L，JFC 0.5g/L，纯碱 1g/L，60min；甲醛 6g/L，过夜（8h）；纯碱 1g/L，6h；纯碱 1g/L，6h。甩水。

⑥ 洗皮：液比 20，温度 40℃，优沙邦 OC 0.5g/L，优沙邦 LPK-E 0.5g/L，60min。甩水。

⑦ 中和：液比 20，温度 40℃，氯化钠 40g/L，铵明矾 25g/L，JFC 0.5g/L，B-2 1g/L，VN 0.004g/L，过夜。甩水。

⑧ 打皮：从腹肷抖皮板，把毛抖散。

⑨ 验结毛：认真检查，特别是两侧和后臀部。

⑩ 塞头、烘烤头次毛：皮板不要干为准。

⑪ 翻板：即板朝外。

⑫ 刷白油：PSE∶NU OIL＝1∶1，油∶水＝1∶3，油乳液加 10mL/L 的 LPK-E，注意不要刷到毛上。堆置过夜。

⑬ 塞头、烘烤板：烤到六七成干，皮板拉开反白。

⑭ 伸宽、机器拉长：此次拉长对最后成品的长度有比较好的作用。

⑮ 翻毛、塞头、烘烤二次毛：毛一定要干，皮板也要八成干。

⑯ 抖笼、干洗：洗透，一次不要洗太多，洗 3min 左右，毛烘半干后翻板继续烘干。

⑰ 转毛：粗糠 6 包，LSX 2L，四氯乙烯 2L，抗静电剂 1L，转 50min。需要先热

糠，旧糠连续使用多次，除四氯乙烯不变外其他料补一半。

⑱ 翻板、转板：用成品旧糠 6 包，手感剂 1L，PSE 1L，水 4L，30min，旧糠连续使用 3 次，水第二次 3L，第 3 次 2L，其他不变。

⑲ 铲板、抖笼。

⑳ 伸宽：只伸展后 1/3 部位，这样皮形好，长度好。

㉑ 缝皮。

㉒ 翻毛、打毛、验毛、除结毛、过称、穿把、入库。

9.4　貉皮工艺

貉皮属长毛细皮，其加工工艺基本与狐狸皮相同。加工过程须小心，防止结毛，除液比要大外，更好打皮，使毛被保持松散。

国产貉皮铝鞣工艺如下：

原料皮为鲜皮，液比 4L/张。

① 洗皮：温度常温，润湿杀菌剂 HAC 1mL/L，60min。

② 去肉：削头尾，打皮。

③ 浸水：温度 20℃，润湿杀菌剂 HAC 1mL/L，氯化钠 30g/L，浸水酶 100-C 1g/L，过夜。次日甩水，打皮。

④ 浸酸：温度 30℃，HAC 0.5mL/L，氯化钠 40g/L，素波酶 2mL/L，4h；乳酸 2mL/L，甲酸 2mL/L，过夜。甩水，打皮。

⑤ 鞣制：温度 34℃，氯化钠 40g/L，铵明矾 50g/L，助鞣剂 B 5g/L，过夜。甩水，打皮，拉长。

⑥ 刷油。

⑦ 干燥、铲皮、转鼓鼓软、转笼。

⑧ 翻毛朝外、伸宽、转鼓鼓软、转笼、伸宽、拉长、扎把。

注：③④⑤投皮后划动 30min，以后间隙划动（转 5min/停 55min）4～5h，静置过夜。所用化料为泛博公司产品。

9.5　兔皮鞣制工艺

兔种类多，分布广，易饲养，繁殖快，剥量大。据初步统计，我国年加工兔皮约 8 亿张，其中肉兔皮约 7 亿张，獭兔皮约 8000 万张。

肉兔皮毛被底绒适中、平顺，针毛灵活、有光泽，皮板薄，易掉毛和断毛，价格低廉，其制品档次较低。通过对肉兔皮进行不同方法的染色和整理，可以增加花色品种，提高产品档次和附加值，拓宽了家兔皮的利用范围，我国兔皮产品主要出口日本、韩国、美国、丹麦、芬兰、俄罗斯等国家和地区。

兔皮的另一个大种类是獭兔皮，又名力克斯兔，为珍贵的皮肉兼用兔皮，獭兔毛具有白、黑、蓝、黑白花、海狸、青紫蓝、巧克力等十几种天然颜色，其中白色最多也最珍贵。獭兔皮轻而软，毛具有短、齐、平、密等优点，用獭兔皮制成的皮衣柔和保暖，可与水獭皮媲美，深受人们喜爱。目前，日本、美国和韩国等是獭兔皮主要进口国。近十几年来，国内獭兔养殖业取得了可喜的成就，使得中国成为商品獭兔的主要供货国，目前市场上流行的獭兔皮产品按染整方法可分为单色、草上霜、一毛双色、一毛三色、印花、扎染、过渡色、机械剪花、仿青紫蓝、毛革一体，尤以草上霜、仿青紫蓝和毛革一体最流行、最时尚。獭兔皮制品有各式长短大衣、披肩、围巾、衣领、帽子、坎肩、帽檐、袖口手提包及编织饰品等。

由于兔皮价值相对较低，大多采用醛鞣，因其操作简单，皮板轻软，化料成本低，在北方地区甚至獭兔皮也采用此鞣制技术。

9.5.1 醛-铝鞣制工艺技术

工艺流程：选皮组批→浸水→脱脂→浸硝（微酸肿→消肿）→揭里→复浸水→二次脱脂→浸酸软化→醛鞣→铝鞣中和→甩水→刷加脂→干燥→回潮→转锯末→铲里→转笼→整理入库。

① 选皮组批：盐湿皮。

② 回软脱脂：水 1.5～2.0L/张（肉兔皮 1.5L/张，獭兔皮 2L/张，下同），温度 42℃，浸水助剂 0.5g/L，JFC 0.4g/L，纯碱 1g/L，pH 8.5～9.0，时间 2.5～3.0h。

操作：放水加温，投皮划动，加入洗涤剂和 JFC，划动 30min，1.5h 后加入纯碱，间隙划动，到时间用水冲洗干净。

③ 微酸肿：温度 15～20℃，硫酸 0.8～1.0g/L，亚硫酸氢钠 0.5g/L，JFC 0.05g/L，时间 3h。

操作：放水投皮，边划动边缓缓加入稀释 20 倍的硫酸，再加入亚硫酸氢钠和 JFC，划动 1h 后，间歇划动，3h 后排液，冲洗。

④ 中和消肿：在原浸酸液中进行。氯化钠 5g/L，元明粉 5/L，总时间约 16h。

操作：加入氯化钠和元明粉，划动 30min，以后间隙划动 4 次（转 5min/停 55min），过夜，

⑤ 手工揭里：先手工揭里，从尾部向头部方向揭，用力适当，不要揭破皮。对浸水不到、揭不下里的皮不要强行揭。将厚硬皮挑出，跟随下批皮进行二次浸硝。揭里后，用小型去肉机或铲刀去净皮板上的油脂和结缔组织，通过机械作使皮纤维进一步伸展和松散。皮板铲净，无肉渣，背脊铲开。

⑥ 复浸水：氯化钠 50g/L，JFC 0.5g/L，保险粉 1.0g/L，硫酸 0.3g/L。

操作：放水，加氯化钠、渗透剂、硫酸，投皮，划动时加入保险粉（先化开），划动 30min，间隙划动 4 次（转 5min/停 55min），过夜。

⑦ 脱脂：对油脂大的皮需进行脱脂。温度 35～38℃，脱脂剂 TS-80 0.5g/L，JA-50 0.5mL/L，纯碱 0.5g/L，pH 7.5～8.5，划动 30min，停 30min ，甩水。

⑧ 软化浸酸：温度 32℃，氯化钠 50g/L，甲酸 3g/L，乳酸 1g/L，硫酸 1mL/L，537 酶 0.075g/L，WB 0.3g/L。

操作：放水，加氯化钠、甲酸（2/3）和乳酸，投皮，划动 30min，测 pH 2.8～

3.2，加酶和 WB，划动 30min，以后间隙划动 4 次（转 5min/停 55min），加余下的甲酸和硫酸（稀释），30min，间隙划动 3 次（转 5min/停 55min），过夜，pH 2.3～2.5。甩水。

检查方法：用拇指推后肷，能推掉绒毛，用手掌轻摩擦背脊，针毛有轻微脱，皮板松软即软化完成。

⑨ 鞣制：温度 32℃，氯化钠 50g/L，甲醛 8～10g/L，纯碱 1g/L，加脂剂 0.5g/L，pH 8.3～8.5（结束）。

操作：放水，加料、投皮，划动 30min ，间隙划动 3 次（转 5min/停 55min），过夜。

⑩ 提碱：次日，在鞣液中，分多次加入小苏打提碱，每次 0.5g/L（化开），间隙 1h，并补温至 35℃，最终 pH 达 8.0，过夜，甩水。

⑪ 铝鞣、中和：温度 35℃，铵明矾 8g/L，氯化钠 30g/L，芒硝 20g/L，初始 pH 2.3，6h 后加小苏打 1.5g/L，结束 pH 3.7～3.8，(以 pH 计测定为准)，时间 24h。

操作：下皮前加硫酸约 2g/L，调 pH 至 2.3。投皮 6h，加小苏打约 1.5g/L，调 pH 至 3.6 以上，过夜。至规定时间出皮控水，静置过夜，甩水。

⑫ 刷加脂：阳离子加脂剂 100g/L，平平加 C-125 5g/L，用氨水调 pH 为 7.8 左右，温度 50℃，将加脂液均匀刷于皮板，板对板静置过夜。

⑬ 干燥：自然挂晾干燥，先干燥皮板至八成干，再干燥毛被至九成干。室内烘干时，烘干室温度不得超过 45℃。

⑭ 回潮：将 35～40℃温水均匀地喷洒在皮板上，不要过干或过湿，堆放过夜后，伸展皮板呈白色为合适。

⑮ 转锯末：每鼓 1500 张皮，滑石粉 15kg，锯末 10kg，转 2h。

⑯ 机器铲里：除去肉渣，使皮板平整柔软，薄厚均匀，板面干净。

⑰ 转笼：约 2h，除去皮上的粉尘。

⑱ 整理入库。

9.5.2　兔皮毛革产品工艺（Clariant 公司）

原料皮为冷冻肉兔皮。

工艺流程：预浸水→主浸水→揭里、去肉→脱脂→软化浸酸→鞣制→中和→加脂→干燥、铲软、磨皮→回湿→铬复鞣→毛染色→中和→皮板染色→干燥、回潮、伸展、绷平、起绒。

① 预浸水：液比 2L/张（下同），温度 32℃，氯化钠 40g/L，Remolgan WS 1.0g/L，Remolgan ECW 0.5g/L，Diamoll C 0.2g/L，180min，过夜，排水、水洗。

② 主浸水：水温 25℃，氯化钠 20g/L，Remolgan WS 2g/L，Remolgan ECW 0.5g/L，120min；硫酸钠 20g/L，硫酸 0.6g/L，甲醛 0.5g/L，40min。

③ 揭里、去肉。

④ 脱脂：水温 25℃，Remolgan ECW 2g/L，小苏打 0.5g/L，90min，pH 8.0。

⑤ 软化浸酸：水温 30℃，氯化钠 60g/L，Paradol LP160 1g/L，甲酸（85%）1g/L，

30min，pH 4.5；DISTAN BAYE A 2.5g/L，120min，过夜；甲酸 4g/L，60min，pH 3.2，视皮板软化情况，可补加 DISTAN BATE A 适量，180min，pH 2.8～3.2。排水、静置 3 天。

⑥ 鞣制：水温 30℃，氯化钠 50g/L，PARADOL LP160 2g/L，60min；甲酸 0.5g/L，60min，pH 3.3；DISTAN FH 2g/L，DISTAN AC 1.5g/L，60min；铬粉（碱度 33%）12g/L，DISTAN HN 12g/L，240min；甲酸钠 2g/L，小苏打适量，240min，pH 3.8。静置 3 天，湿磨皮，水洗，

⑦ 中和：水温 38℃，小苏打 1.5g/L，PARVOL NBA 2g/L，90min，pH 5.5。排水、水洗。

⑧ 加脂：水温 50℃，Pelfour ND 3g/L，LEDER SFOT 100 4g/L，ParadolLP160 4g/L，90min；甲酸 1g/L，pH 3.8～4.0。排水，甩干，干燥，回潮，铲软，磨皮，除尘。

⑨ 回湿：水温 35℃，氨水 1g/L，Remolgan WS 1g/L，90min，pH 7.0。排水、水洗。

⑩ 铬复鞣：水温 35℃，PARADOL LP160 2g/L，60min；甲酸 1.5g/L，30min；铬粉（碱度 33%）6g/L，DISTAN HN 8g/L，120min；甲酸钠 2g/L，60min；小苏打 2.5g/L，过夜，pH 3.8～4.0。排水、水洗。

⑪ 毛染色：水温 65℃，甲酸 0.5g/L，DERMAGEN PK 2g/L，15min；DERMA FUR LANLU X（毛染料）适量，30min；甲酸 1g/L，30min；甲酸 1g/L，45min。排水、水洗。

⑫ 中和：水温 35℃，PARVOL NBA 3g/L，小苏打 1.5g/L，PELFOUR B PASTE 1g/L，90min，pH 6.5。排水、水洗。

⑬ 皮板染色：水温 25℃，氨水 0.5g/L，20min；DERMAGEN IP 1g/L，PELFOUR B PASTE 3g/L，Pelfour ND liq 1g/L，LEDER SOFT 100 2g/L，60min；HISAPEL（皮板染料）适量，90min，检查渗透；甲酸 1g/L，30min；甲酸 1.5g/L，60min，pH 3.8。排水、水洗。

⑭ 甩水、干燥、回潮、伸展、绷平、起绒。

9.5.3 无醛无铬鞣制獭兔皮工艺

原料皮：盐腌獭兔皮

工艺流程：预浸水→脱脂→揭里（去肉里）→主浸水→甩水→浸酸软化→甩水→鞣制→甩水→削匀→整理。

浸酸软化前工艺同 9.5.1。

鞣制：水 2L/张，温度常温，氯化钠 25g/L，元明粉 20g/L，防铁剂 NA 1.5g/L，净水剂 1g/L，鞣剂 PCW 5～6g/L，小苏打约 4g/L。

操作：水中先加氯化钠、元明粉、防铁剂和净水剂，划动至完全溶解，测浓度大于 5.0°Bé。加入鞣剂 PCW，下皮划动 4h。小苏打用 20 倍水溶解后分 6～8 次加入，间隔 20min，终点 pH 为 6.5～7.0。静置过夜，次日测 pH，若低于 6.5，需补加碱至 pH 6.5～7.0。出皮，甩水。

参考文献

[1] 中国皮革协会. 2015年中国貂、狐、貉取皮数量统计［J］. 皮革与化工，2016，33（3）：40-41.

[2] 2013裘皮行业分析报告［EB/OL］. http：//www. doc88. com/p-7009832078964. html.

[3] Austin W. E. Principles and Practice of Fur Dressing And Fur Dyeing［M］. New York：D. Van Nostrand Company，1922.

[4] Churchill J E. The Complete Book of Tanning Skins and Furs［M］. Mechanicsburg，Stackpole Books，1983.

[5] Hans B，Brian J L. The identification of mammalian hair［M］. Melbourne：Inkata Press，1994.

[6] Heidemann E. Fundamentals of Leather Manufactuing［M］. Darmstadt：Eduard Roether KG，1993.

[7] Lewis D. M. and Rippon J. A. The Coloration of Wool and other Keratin Fibres［M］. New Delhi：Perkin House，2013.

[8] SLTC. Leather Technologists Pocket Book［M］. London：Montreal Office，2018.

[9]（苏）斯切法诺维奇. 毛皮鞣制工艺［M］. 赵光华，译. 北京：中国财经出版社，1959.

[10]（苏）列维科. 皮革加脂新方法［M］. 赵光华，常新华，译. 北京：轻工业出版社，1988.

[11]（苏）П·И恰茨基. 毛皮染整工艺［M］. 陈兰芬，译. 北京：轻工业出版社，1986.

[12]（苏）斯特拉霍夫. 皮革的染整［M］. 张廷有，王照临，译. 成都：成都科技大学出版社，1990.

[13] 陈复兴. 蛋白质化学与工艺［M］. 郑州：郑州大学出版社，2012.

[14] 陈武勇，李国英. 鞣制化学（第四版）［M］. 北京：中国轻工业出版社，2018.

[15] 程凤侠. 现代毛皮工艺学［M］. 北京：中国轻工业出版社，2013.

[16] 程凤侠，张岱民，王学川. 毛皮加工原理与技术［M］. 北京：化学工业出版社，2005.

[17] 成都科技大学，西北轻工业学院. 制革化学及工艺学［M］. 北京：轻工业出版社. 1982.

[18] 丁海燕. 国外皮革化工材料手册［M］. 北京：中国轻工业出版社，1995.

[19] 范贵堂. 原料皮商品学［M］. 沈阳：春风文艺出版社，1993.

[20]（日）岡村浩，久保知義，白井邦郎，等. 新版皮革科学［M］. 东京：日本皮革技术协会，2008.

[21] 韩清标. 毛皮化学及工艺学［M］. 北京：轻工业出版社，1990.

[22] 何瑾馨. 染料化学（第二版）［M］. 北京：中国纺织出版社，2016.

[23] 李维红. 毛皮动物毛纤维超微结构图谱［M］. 北京：中国农业科学技术出版社，2011.

[24] 廖隆理. 制革化学与工艺学（上）［M］. 北京：科学出版社，2016.

[25] 骆鸣汉. 毛皮工艺学［M］. 北京：中国轻工业出版社，2000.

[26] 骆鸣汉. 皮革工业手册——毛皮分册［M］. 北京：中国轻工业出版社，2005.

[27] 骆鸣汉，兰先琼. 毛皮加工技术［M］. 北京：中国轻工业出版社，1997.

[28] 骆鸣汉. 毛皮化学及工艺学［M］. 成都：四川大学出版社，1992.

[29] 骆国民. 皮革大全［M］. 香港：香港三原出版社，1995.

[30] 毛皮生产技术编写组. 毛皮生产技术［M］. 北京：轻工业出版社，1976.

[31] 朴厚坤，李育红，许燕. 毛皮加工及质量鉴定［M］. 北京：金质出版社，2009.

[32] 单志华. 制革化学与工艺学（下册）[M]. 北京：科学出版社，2005.

[33] 佟煜仁，张志明. 毛皮动物毛色遗传及繁育新技术 [M]. 北京：金盾出版社，2009.

[34] 王江泰，尹万臣，毛皮染整 [M]. 北京：轻工业出版社，1985.

[35] 魏庆元. 皮革鞣制化学 [M]. 北京：轻工业出版社，1979.

[36] 吴恩培. 制革工艺学 [M]. 北京：中国轻工业出版社，1995.

[37] 吴兴赤. 制革工艺 [M]. 成都：四川科学技术出版社，1985.

[38] 徐士弘. 吕绪庸. 毛皮生产的理论与工艺 [M]. 北京：轻工业出版社，1989.

[39] 薛迪庆. 新颖印花 [M]. 北京：纺织工业出版社，1987.

[40] 张伟，徐春华，华彦. 毛皮学 [M]. 哈尔滨；东北林业大学出版社，2011.

[41] 赵涛. 染整工艺与原理（下）[M]. 北京：中国纺织出版社，2009.

[42] 郑燕. 皮革与皮草 [M]. 杭州：浙江科学技术出版社，2008.

[43] 郑超斌. 现代毛皮加工技术 [M]. 北京：中国轻工业出版社，2012.

[44] 周华龙. 皮革化工材料 [M]. 北京：中国轻工业出版社，2006.

[45] Antonio Fabregas，Jaume Rosich and Gao Feng. 西班牙毛革两用服装革加工理论及工艺技术应用 [J]. 中国皮革，2004，33（21）：28-31；33（23）：32-35.

[46] Bach E.，Cleve E.，Schollmeyer E. 超临界流体染色技术的过去、现在和将来 [J]. 印染，2003，(3)：42-45；2003，(4)：37-45.

[47] Ding W，Cheng Y H，Wang Y N，et al. Chrome-reduced combination tanning for cleaner dyed sheep for processing [J]. Journal of the American Leather Chemists Association，2015，110 (11)：363-371.

[48] Cai J Y. A new method for brightening wool in a dye bath [J]. Fibers and Polymers，2009，10 (4)：502-507.

[49] Hanukoglu I.，Fuchs，E. The cDNA sequence of a human epidermal keratin：divergence of sequence but conservation of structure among intermediate filament proteins [J]. Cell. 1983，31 (1)：243-52.

[50] Hanukoglu I.，Fuchs，E. The cDNA sequence of a Type Ⅱ cytoskeletal keratin reveals constant and variable structural domains among keratins [J]. Cell. 1983，33 (3)：915-24

[51] Hermann H Bragulla，Dominique G Homberger. Structure and functions of keratin proteins in simple，stratified，keratinized and cornified epithelia [J]. Jounal of Anatomy，2009，214 (4)：516-559.

[52] Holfeld W T. Role of fibre surface in dye rate uniformity [J]. Textile Chemist and Colourist，1985，17 (12)：231-238.

[53] Hyde R F. Review of continuous dyeing of cellulose and its blends by heat fixation processes [J]. Rev. Prog. Color，1998，28：26-31.

[54] Lee C. H.，Kim M. S.，Chung B. M.，et al. Structural basis for heteromeric assembly and perinuclear organization of keratin filaments [J]. Nat Struct Mol Biol. 2012，19 (7)：707-15.

[55] El-Hawary N. S.，Elshemy N. S.，and El-Sayed H. new thiol-disulfide Exchangers as Anti-setting Agents for Wool Fabric during Dyeing [J]. Fibers and Polymers，2016，17 (9)：1391-1396.

[56] MCKittrick J.，Chen P. Y.，Bodde S. G. et al. The Structure，Functions，and Mechanical Properties of Keratin [J]. JOM，2012，64 (4)：449-466.

[57] Mukhamedyanov M. M.，Plotnikov I. A. Use of a Chloroform by-Product in Raw Fur and Hide

Dressing Processes [J]. Russian Agrkultuural Science. 2014, 40 (4): 295-297.

[58] Mortazavi S M, Safi S, Moghadam M K, et al. Bleaching of black pigmented karakul wool fibers using copper sulfate as catalyst [J]. Fibers and Polymers, 2014, 15 (11): 2297-2306.

[59] Naebe M., Cookson P. G., Rippon J. A. et al. Effect of Leveling Agent on the Uptake of Reactive Dyes by Untreated and Plasma-treated [J]. Tesile Research Journal, 2010, (10) 611.

[60] Nelson G. Microcapsulates in Textile Coloration And Finishing [J]. Rev. Prog. Coloration, 1991, 21: 72-85.

[61] Nelson G. Microcapsulation in Textile Finishing [J]. Rev. Prog. Coloration, 2001, (31): 57-64.

[62] Perkins W S. A review of textile dyeing processes [J]. Textile Chemist and Colourist, 1993, 23 (8): 23-27.

[63] Robert R. Mather. Intelligent Textiles [J]. Rev. Prog. Coloration, 2001, (31): 36-40.

[64] Scholl M, 陈国光, 王根保. 用澳大利亚绵羊皮生产毛革两用服装革 [J]. 中国皮革. 1997, 26 (12): 16-19.

[65] Senthilkumar P., Vigneswaranl C., and Kandhavadivu P.. A novel approach in single stage combined bleaching and protease enzyme treatments on wool fabrics [J]. Fibers and Polymers, 2015, 16 (2): 397-403.

[66] Shroff J. J. Trends in Textile Finishing for Value-Addition: Officious and in The Offing [J]. Colourage Annual, 2001, 81-86.

[67] Uhl V W, Gray J B. Mixing dyeing theory and practice [J]. America' s Textiles International, 1998, 27 (8): 56-57.

[68] Wu Fanhua, Li Yao, Wu Lian, et al. Study on Yellowish Wool in the Tanning Process of Rabbit Skins [C]. The 9th Asian International Conference on Leather Science and Technology, Taipei, Nov. 2012.

[69] 陈敏, 程海明, 孙丹红, 等. 澳大利亚美丽奴绵羊皮组织结构观察 [J]. 皮革科学与工程, 2002, 12 (4): 11-14.

[70] 丁伟, 王亚楠, 李靖, 等. 染色毛皮少铬结合鞣工艺中有机鞣剂的选择 [J]. 中国皮革, 2016, 45 (6): 55-61.

[71] 程凤侠, 朱慎友. 剪绒羊皮流行花色制作工艺 [J]. 西部皮革, 2003, 25 (12): 14-17.

[72] 程凤侠. 家兔皮流行花色制作工艺 [J]. 中国皮革, 2003, 32 (11): 31-34.

[73] 程凤侠, 曹强, 徐娜, 等. 獭兔皮的鞣制与流行花色制作方法 (一) [J]. 中国养兔, 2004, (3): 27-30; 2004, (4): 31-32, 30.

[74] 程凤侠. 剪绒羊皮及其毛革一体染色工艺 [J]. 中国皮革, 2004, 33 (17): 52-53.

[75] 程凤侠. 变色效应在羊剪绒制品的应用 [J]. 中国皮革, 2005, 34 (1): 47-47.

[76] 冯社永, 顾利霞. 光敏变色纤维材料 [J]. 合成纤维工, 1997, 20 (3): 36-40.

[77] 高怀德. 毛革两用光面革及绒面革的纳帕修饰, 中国皮革, 1991, 20 (1): 16-18.

[78] 高雅琴, 郭天芬, 常玉兰, 等. 国内外毛皮市场现状及我国建立国际毛皮拍卖市场的必要性 [J]. 经济动物学报, 2007, 11 (3): 161-164.

[79] 高文玉. 关于家兔毛色遗传规律的探讨分析 [J]. 中国农学通报, 2012, 28 (8): 19-23.

[80] 郭永佳, 包秀芳, 周淑荣, 等. 狐的毛色类型和遗传 (1) [J]. 特种经济动植物. 2008, (9): 2-3; 2008, (10): 2-3; 2008, (11): 2-3.

[81] 郭菊花, 李涛, 赵婷婷, 等. 角蛋白改性材料及其应用研究进展 [J]. 高分子通报, 2014,

(4)：16-23.

[82] 郝俊恒. 毛皮染色的几种新工艺 [J]. 内蒙古石油化工，2007，(3)：52-53.

[83] 黄育珍，郭梦能，韩跃. 吉林水貂皮组织结构的研究 [J]. 皮革科技，1985，(9)：6-13.

[84] 李瑶，周裕婷，刘强，等. 有机磷盐鞣制兔皮性能比较 [J]. 皮革与化工，2011，28 (6)：5-7.

[85] 李敏，吴莲，周裕婷，等. 酸性酶 A 在家兔皮浸水工艺中的应用研究 [J]. 中国养兔，2013，(5)：7-11.

[86] 李敏，王浩，李瑶，等. 脂肪醛 FB 在肉兔皮鞣制中的工艺研究 [J]. 中国养兔，2014，(5)：17-21.

[87] 李瑶，张欢欢，刘晗，等. 超声波辅助铬鞣兔皮工艺的研究 [J]. 皮革科学与工程，2013，23 (4)：40-43.

[88] 刘保良. 獭兔、家兔皮毛革两用制作工艺 [J]. 中国皮革，2003，32 (9)：38.

[89] 刘红艳，陈莺莺，张宗才. 超声波辅助作用下獭兔毛染色性能的研究 [J]. 中国皮革，2016，45 (1)：51-55.

[90] 刘红艳，张宗才，李立新. 空气低温等离子体处理对獭兔毛纤维染色性能的影响 [J]. 皮革科学与工程，2016，26 (3)：35-39，54.

[91] 刘永庆. 皮革香味印花 [J]. 丝网印刷，2011，(12)：44-46.

[92] 刘智军. 兔皮裘革两用革标准工艺及生产问题解析 [J]. 北京皮革，2004，(9)：90-91.

[93] 蒋文佳，黄丽，石诗琦，等. 改性戊二醛鞣革染色性能研究 [J]. 皮革科学与工程，2012，22 (4)：11-15.

[94] 周永香，程凤侠，路周锋，等. 毛皮变色效应与渐变效应染色工艺 [J]. 皮革科学与工程，2005，(6)：38-41.

[95] 徐桂利，刘铮铮，巩元芳，等. 毛皮动物毛色调控基因的研究进展 [J]. 黑龙江畜牧兽医（科学版)，2015，(7)：52-54.

[96] 吴樊花，刘仕，张宗才. 碱性脂肪酶在兔皮脱脂工序中的应用 [J]. 皮革科学与工程，2013，23 (4)：32-35.

[97] 吴宇婷. 哺乳动物毛色形成机制与影响因素 [J]. 四川动物，2011，30 (6)：1003-1007.

[98] 易玉丹，雷应坤，吴伟，等. 水貂皮鞣制工艺中皮板关键成分含量和组织结构的变化 [J]. 中国皮革，2018，47 (12)：1-7.

[99] 于凤，刘鹏浩，张宗才，等. 兔毛皮染整技术新进展 [J]. 皮革科学与工程，2016，26 (4)：26-28，36.

[100] 赵玉生. 紫貂和水貂被毛形态结构研究 [J]. 兽类学报，1988，(3)：193-198.

[101] 张娟，郑来久，闫俊. 超临界二氧化碳无水工程化染色中羊毛纤维的力学性能 [J]. 纺织学报，2017，38 (2)：53-58.

[102] 张平. 迪力 FT 系列毛尖染料制作“微风”效应的工艺 [J]. 中国皮革，2004，33 (9)：50-50.

[103] 张美娜，高海琪，张宗才. 制革毛皮用非水介质的研究现状及展望 [J]. 皮革与化工. 2016，33 (2)：21-25.

[104] 张雪青，曾运航，周宇涛，等. 脂肪酶在绵羊皮脱脂中的应用 [J]. 中国皮革，2015，44 (16)：1-4.

[105] 张宗才，李瑶. 兔皮清洁生产与加工技术，中国养兔，2011 (5)：27-30.

[106] 郑德海. 转移印花技术 [J]. 网印工业，1997，(5)：20-23.

[107] 周华龙，张新申，蒋小萍，等．不饱和油脂氧化机理的研究与技术开发（Ⅰ）氧化机理研究中的几个重要问题［J］．中国皮革，2003，32（11）：27-31.

[108] 周华龙，张新申，陈家丽，等．不饱和油脂氧化机理的研究与技术开发（Ⅱ）—油脂游离基的反应特点与技术开发［J］．中国皮革，2003，32（13）：4-7.

[109] 周永香，田原，李闻欣．毛革两用兔皮手套革的工艺研究［J］．皮革科学与工程，2009，19（6）：39-43.

[110] 周裕婷，刘晗，刘公岩，等．超声波辅助有色兔皮的氧化漂白研究［J］．中国养兔，2015，（2）：11-14.

[111] 郑伟平．毛革两用黑毛（微风效应）黑板复鞣染色工艺［J］．北京皮革，2003，（9）：94-95.

[112] 刘永庆．皮革转移印花［J］．西部皮革，2011，33（4）：33-35.

[113] 张蕾，程凤林．绒面印花猪皮革生产工艺［J］．中国皮革，23（6）：44.

[114] 许棚铭，张宗才．转移印花技术在皮革涂饰中的应用［J］．北京皮革，2003，（2）：77-79.

[115] 薛朝华，贾顺田，崔祥涛，等．皮革的喷墨印花研究［J］．皮革科学与工程，2008（3）：37-39.